Franz Jung Werke in Einzelausgaben

BRIEFE UND PROSPEKTE
Dokumente eines Lebenskonzeptes

**Zusammengestellt und kommentiert
von Sieglinde und Fritz Mierau**

Werke 11
—

Publiziert bei Edition Nautilus

FRANZ JUNG WERKE 11
Editor dieses Bandes: Lutz Schulenburg

Editorische Notiz: Diese Sammlung von Briefen und Entwürfen (in Jungs Sprachgebrauch: *Prospekten*) veröffentlicht zum großen Teil bisher ungedrucktes Material.
Bewahrt wurden Eigenheiten der Schreibweise: Namensschreibung; ältere Orthographie (Socialismus, Convention, Bureau, Intrigue); wiederkehrende Abweichungen von der Norm (Rythmus, Packet); Interpunktion. Berichtigt wurden offensichtliche Flüchtigkeitsfehler und ältere Schreibungen für ß (ss oder sz). Alle Hervorhebungen der Briefschreiber erscheinen kursiv. Das Register korrigiert die Schreibung von Personennamen und Werktiteln.
Für Abdruckerlaubnis und freundliche Unterstützung des Bandes danken wir: Paul Guttfeld, Haifa; Prof. Dr. Walter Huder, Akademie der Künste Berlin; Dezsö Keresztúry, Budapest; Susanne König, Berlin; Kösel Verlag, (c) für Else Lasker-Schüler. Abdruck aus „Briefe" Band 2, München 1969; Dr. Jochen Meyer, Deutsches Literaturarchiv Marbach; Hertha Müller, Gröbenzell; Martin Nag, Oslo; Ellen Otten, Minusio; Martin Rector, Hannover; Bettina Schad, Bessenbach; Staatsarchiv Hamburg; Wolfgang Symanczyk, Neuss; Erika Szittya, Paris; Sophie Templer-Kuh, Wien; Cornelia Thater-Schulz, Berlinische Galerie; Dr. Kai Vinck, Berlin (für Piscator-Erben); Franziska Violet, München.

Originalausgabe
Edition Nautilus Verlag Lutz Schulenburg
Hassestr. 22 – D-2050 Hamburg 80
Alle Rechte vorbehalten
(c) by Verlag Lutz Schulenburg, Hamburg
1. Auflage 1988
ISBN: 3-921523-92-3 (Pb)
ISBN: 3-921523-93-1 (Ln)
Printed in Germany

Emil und Erika Szittya gewidmet

Fritz Mierau
DAS VERSCHWINDEN VON FRANZ JUNG

An der zweiten Jahrtausendwende stehen wir wieder vor einer Revolte gegen die Lebensangst. Das revoltierende Individuum ist den Einflüssen des Kollektivierungsprozesses ausgesetzt und schleppt ständig Rückstände davon mit sich, lähmende Hemmungen, die Versuchung zur Überheblichkeit, den Führungsanspruch.

1

Sanft, klein, kräftig. Keine Schwierigkeiten mit der Bettenlänge in Hotels und Gefängnissen. In dem Kleiderkasten auf dem Fischdampfer, sonst vermutlich Sarg, wenn einer unterwegs stirbt, fast bewußtlos vor Atemnot, aber heil zum Kongreß der Kommunistischen Internationale nach Rußland gelangt. Zurück später im Kettenkasten – am ganzen Körper taub, ein halber Meter zwischen Ankerkette und Lukendeckel, 3 Tage. Unerkannt mit Max Hoelz im Mansfeldischen. Dem Standgericht der Pfeilkreuzer in Budapest knapp entgangen. Ein Mann, der Ameisen in Schokolade besorgt und es spannend findet, die Geschichte des Volkswagenwerks in 1 Minute Radioansage zu erzählen. Schweizer Versicherungsmakler in Ungarn. Finanzstatistiker in New York. Name spielt keine Rolle. Als Franz Klinger in Holland verhaftet. „Joe Frank illustriert die Welt". Frank Ryberg plant mit John Heartfield einen Film. Franz Larsz eröffnet in Berlin und London die Kontinent Korrespondenz/Continental Press Agency. Paul Renard entwirft die erste moderne deutsche Fourier-Ausgabe mit Kenntnis der Revolutionsanalysen von Lenin und Trotzki. Die russischen Arbeiter von Petrograd danken ihrem lieben Administrator Franz Franzewitsch. Ruth Fischer schreibt in die Schweiz an François Jung. In Budapest wohnt Herr Ferenc Jung. Wohnungen: Ganz kahl. Manche sahen ein Grammophon außer dem Bett. Im Alter vergeblich auf der Suche nach einem Zimmer seiner Façon. Einzige Bedingung, daß ein elektrischer Anschluß vorhanden sein muß, wo ich auf einer Platte mir selbst Tee kochen kann – und zwar so oft ich will. Immer auf dem Sprung. In New York nach Kolumbien oder Oaxaca/Mexico. Mit 65 in die Majawa-Wüste, auf eine Insel, in einen ganz kleinen Ort, in dem nicht jeder Zug hält. Dann in Europa – schon 70 – von München oder Paris nach Südfrankreich, in die Ostpyrenäen, Mallorca. Dort hoffe ich dann – Dämonen gibt es da wie Sand am Meer – wie schon viele vor mir, einfach zu verschwinden. Er kommt überall zurecht. In Fregene am tyrrhenischen Meer bäckt er für Touristen Brioches, Marmeladenrollen und Napfkuchen. Er kann von Bananen leben und von rattle snakes, Klapperschlangen, die genauso schmecken, nur sauer statt süß. Die Kleidung löst sich auf, teilt er mit, und in Malaucène kriegt er seine Schuhe nicht repariert, weil er kein Italiener sei. Zuletzt mit 75: Ich werde hoffentlich bald sterben. Ich träume schon täglich davon – nicht daß ich mich bereits als Toten sehe mit den Leidtragenden um mich herum, sondern die Auflösung, wie sich aller Krampf in den Nerven und Organen löst.

Welt, dein Name ist vanitas. Leere, Schein, Vergeblichkeit. Das Urteil über meinen Zusammenbruch steht bei mir schon lange fest. Technik des Glücks ist, wenn man um sich schlägt. Da ist er 27. Wenn Deutschland vom Erdboden verschwinden würde, so verlieren wir daran niemand dort, der des Erinnerns wert wäre. Ein Frieden auf Kosten der anderen, der vereinzelte Frieden, ist näher dem Tod als der Krieg, der tötet. Gegen wen wollen Sie denn kämpfen, gegen die Verleger, die Leser, die Adenauer, die Ulbricht und Kennedys? Das sind doch höchstens lästige Fliegen, die Sie mit einem Ventilator entfernen können... und den letzten Fußtritt gegen Politik, gegen Frieden etc. – weil das alles Quatsch ist, einfach aufzuzeigen den Weg (und die Erlösung) zur Selbstzerstörung. Irgend etwas macht mir daran noch Spaß. Alle diese „Mißverständnisse" aufzuzeigen, Gott und Hitler und Chrustschow und die Sansculotten, unter denen heute die Kneipenwirte zu verstehen sind. 33 Stufen abwärts. Den Weg nach unten. Ich werde in der Hölle zu demonstrieren haben für Verständnis und Liebe zwischen den Menschen, für Kameradschaft und für die Erlösung vom Übel (wenn das gestattet ist).

Das Publikum? Es ist beschämend, daß ein Autor dem Leser ausgeliefert sein soll. Ich will keine Leser. Ich sehe kein Volk. Ich hasse meinen Namen als Autor. Mein eigener Konferenzier gegen meine Bücher. Sie wissen, ich schreibe nicht für einen Leser, sondern nur für mich und zwar ausschließlich gegen mich. Es ist vielleicht viel wertvoller, als Dünger zu dienen als Vorkauer von Sprüchen zu sein, die andere fertig machen. Die Arbeit mag im Augenblick und vielleicht überhaupt von keiner praktischen Bedeutung sein – na schön – sie ist aus der Entwicklung nicht auszumerzen. Nichts geht verloren. Revolte aus der Fülle. Gefühlswucht. Überschwang zum Amok. Immer in Furcht, es könnte nicht zu glauben sein, was einer durchmacht. Nicht nur Toben und wildes Drauflosschlagen. Stiller als Wasser und niedriger als Gras. Aber dahinter Sturm. Am liebsten aus dem linken Mundwinkel heraus erzählt oder: nebenbei vorweggenommen.

2

Was nicht mehr gelungen war vor der Revolution, keine Zeit oder das Problem unterschätzt, war der Entwurf eines differenzierten Übersetzungswerks für die Welteinheit-Vorstellungen des Bolschewismus: nämlich vom lebendigen Inhalt des Ganzen her zu den Mitteln zu raten, eine Organisation aufzurichten, in der alle sich unterdrückt Fühlenden, von Arbeit Kranken, vom Glück Gemiedenen sich erleben und zu neuer Gemeinschaft gesunden können. Es fehlte der Fourier des zwanzigsten Jahrhunderts, es fehlte eine Theorie der Ansprüche.
Als die Erlösungshoffnungen von 1917 zusammenbrachen, füllt daher Gewalt das Vakuum. Der Terror soll das erhoffte Mehr erzwingen. Da sind die mörderischen Exzesse nicht das Werk weniger, gar Psychopathen, sondern das Werk von Millionen tief, tödlich Verletzter: angesichts der greifbaren sozialen und politischen Gleichheit erfahren sie schneidend die künftige untilgbare Ungleichheit, die Ungleichheit im Anspruch, im Geistigen. Die anderen ausrotten ist der panische Reflex. Die Verfolgung der politischen Gegner des Bolschewismus und der bürgerlichen Intellektuellen, die Liquidierung der Kulaken als Klasse und die Vernichtung der Parteielite des Bolschewismus, seiner Gelehrten, Künstler und Militärs – alles steigt aus dieser tiefen Ohnmacht im Umgang mit der geistigen Ungleichheit. Jung sagt: mit der Lebensangst. Es sei die millionenfache Angst vor dem Ungenügen, die die Abgabe von Macht, den Aufbau von Diktatoren ermögliche.

Jung erfährt diese Ohnmacht wie keiner der westeuropäischen Intellektuellen am eigenen Leibe und entwickelt Praxis und Perspektive eines verzweigten Übersetzungswerks, das auf die Zurücknahme von Führungsanspruch aus ist.
Spartakus, KPD, dann KAPD. In Berlin befreundet mit den Bevollmächtigten der Kommunistischen Internationale. James Reich-Thomas, Jakob Reichenberg – „der Dicke" (später Arnold Rubinstein) weiht Jung ein. Für Tschitscherin, den Kommissar des Äußeren, entwirft Jung einen Prospekt über die Aufgaben der russischen Botschaft in Berlin. Aus der Haft in Holland geht er – vorübergehend russischer Staatsbürger – zwei Jahre als Werksadministrator nach Sowjetrußland. Als die KAPD in die Komintern nicht aufgenommen wird, bleibt er an der Seite der Internationale. Wieder in Deutschland bis zur Amnestierung einige Jahre halb illegal Wirtschaftsmann in Berlin. Entwurf einer vierbändigen Fourier-Ausgabe und einer Lenin-Monographie. Roman Arbeiter Thomas.
Ich arbeite an einer Geschichte des Parteiapparates, soziologisch in der Hauptsache und vermutlich durchsetzt mit einer Form, die sich dem Romanhaften nähert, schon um das Verständnis breiterer Lesermassen dafür zu gewinnen. Für diese Geschichte ist der Arbeiter Thomas gewissermaßen der Auftakt, weil er eine Analyse desjenigen gibt, der als Masse dann gewonnen von einem Partei-Apparat regiert wird (Wenn Parteigelehrte das als Trotzkismus betrachten, so sollen sie meinetwegen damit Recht haben, obwohl mich die Problemstellung überhaupt zwischen Trotzkismus und Stalinismus in diesem Falle nicht berührt.)
Kominternkuriere und sowjetische Diplomaten sind seine Freunde. Arkadi Maslow, der mit Ruth Fischer vor Ernst Thälmann an der Spitze der KPD stand, arbeitet nach seinem Ausschluß für Jungs Kontinent Korrespondenz; er kommt kurz nach Trotzkis Ermordung in Havanna unter ungeklärten Umständen ums Leben. Mit Ruth Fischer bleibt Jung bis über die Nazizeit in Verbindung. Nach ihrem Tod schreibt er eine Analyse über ihre Rolle in der KPD, die an seine geplante Geschichte des Partei-Apparates erinnert. Neben Sowjetrußland kommen aber auch Irland, Norwegen, Italien, Spanien als Arbeitsgebiete in Betracht. London und Paris sind anschließend die Schauplätze seiner wirtschaftlichen Zusammenarbeitsprojekte. Die Russenwechsel der Weimarer Republik sind seine

Spezialität, die bei einer Verdienstspanne oft bis zu 30% beinahe den normalen deutschen Außenhandelswechsel am Weltfinanzmarkt ersetzen. Während der Nazizeit von Prag, London und Wien aus der Central European Service, dessen Ziel es war, die politische und wirtschaftliche Unterwanderung Südosteuropas durch von Nazis geleitete Apparate und deutsche Konzerne zu enthüllen. Nach dem Krieg von San Francisco aus eine amerikanisch-europäische Außenhandelsfirma, Gespräche mit den Chinesen über eine direkte Verbindung Tientsin-San Francisco, von Paris aus zum Schluß noch ein Finanzbulletin für Afrika. Wirtschaftlich heißt das, man sollte dem Schwindel des Afrika-Booms, mit all den Riesenprojekten, der westlich-russischen Konkurrenz entgegentreten – das Ganze zum Schutz von Kapitalinvestors. Erziehung statt Kapitalbluffs, keine direkte kommunistische Ideologie, aber mit Kursen für die hier studierenden Afrikaner, sogenannter Kader-Aufbau, ökonomisch. Wer wie Jung die Übersetzungs- und Wandlungsfähigkeiten im Menschen für völlig ungenutzt und von Führern usurpiert hält, ist nirgends gern gesehen. Persona non grata im Osten und im Westen. Außenseiter bestenfalls. Sein mobiler Geist arbeitet gegen Erstarrungen. Er gerät mit der Komintern und mit Willi Münzenberg von der Internationalen Arbeiterhilfe genauso in Streit wie mit seinem Verleger Wieland Herzfelde vom Malik-Verlag. Becher, Kurt Kersten, Kracauer, Lukács – alle hinter ihm her, so daß er dem Ende der fünfziger Jahre erwachenden Interesse an seinen Büchern nicht traut.

Die Interessenten, die du in deinem Brief aufzählst sind den Leichenfledderern gleichzusetzen. Je mehr ich mich mit der inneren soziologischen Konstruktion perspektivisch zu beschäftigen habe, etwa dem Automatismus der konservativen Gesellschaftsform in Rußland, umso widerlicher werden mir die vorgeschobenen Zwischenstationen und die "Nachläufer" wie die Ostzone. So wenig an dem Siege Moskaus über Washington zu zweifeln ist, je mehr hasse ich das literarische Gesindel in der Ostzone, die sich wie Zecken in einen Gesellschaftsbau eingenistet haben, von dem sie nichts verstehen, weder von den notwendigen Opfern noch von der energieschöpfenden Perspektive, von der ja die Gesellschaft leben muß.

Was ihm Mißliebigkeit in den politischen und literarischen

Apparaten einbringt, gewinnt ihm die Liebe derer, die die Erkenntnisnot peinigt und deren Leiden ursprünglich die Apparate gebar. Als dieser Vertrauensmann entwickelt und lebt Jung sein Wandlungs- und Sammlungskonzept. Städte schützen sieht ihn Else Lasker-Schüler und tatsächlich ruft ihn einer an aus der wolgadeutschen Marx-Stadt. Paul Sehren-Zöllner, der ihn tiefer verpflichtet als es ein Statut je vermöchte.

Warum ich an Dich schreibe? Aus verschiedenen Quellen entspringt es. Du bist ein Dichter, Du kennst Hamburg, Du kennst die deutschen Arbeiter. Wenn Du auch selbst kein Proletarier bist, so hast Du die Seele des Proletariers ganz gut erkannt, und hast manches (was man nur Seelen ablauschen kann bis heute) aus dieser großen Seele erlauscht. Das damalige Kommune-Haus ist vollständig zerfallen, die deutschen und ausländischen Genossen sind fast jeder in irgend ein Loch geschlüpft. Die Partei ist im Begriffe vollständig zu russifizieren und verliert immer mehr die lebendige Verbindung mit dem armen Volk, dies spricht denkt und fühlt deutsch, natürlich – dumpf – muffig – nationalistisch. Gewiß die führenden Genossen glauben weil im gegenwärtigen Augenblick der hiesige Bauer sowjetfromm und kommunistengläubig ist, daß alles zum besten bestellt ist, sie verstehen nicht in der hiesigen Volks-Seele zu lesen, sie hören nicht mit ihren schlecht hörenden Ohren die Unter-Strömungen rauschen. Es sind und bleiben bitter arme Menschen, auch wenn dies Gebiet wieder in Weizen schwimmen wird, und unsere führende Wolga-Kolonisten-Kommunisten – sind doppelt arm. Mein kleines Leben hier ist ein großes Martyrium, aber bedeutet das Davonlaufen nicht Desertation? Müssen wir Kommunisten nicht da am festesten stehen, wo es am schwersten ist? Und doch – und doch – und doch – Franz Jung! Wie bitter schwer – wie bitter schwer ist das alles. Die körperliche Not? Die wäre noch zu ertragen. Die geistige Not ist viel – viel riesengrößer. Kein lieber Mensch der mit mir kämpft, ganz einsam – allein in dieser Menschen-Not-Wüste, und – keine grüne Oase ist zu sehen.

3

Wir bewegen uns heute unter Führerpersönlichkeiten, wir suchen Führer und wir zerstören zugleich die Möglichkeiten, Führerqualitäten zu entwickeln, wir sind auch zum Teil grundsätzlich gegen den Begriff des persönlichen Führers eingeschworen, weil solche Führer in ihren Zielen und den nächsten praktischen Auswirkungen eine Dynamik zur gesellschaftlichen Form entwickeln, die aus dem *Vergessenwollen* ihre motorische Kraft zieht. Die Krise der Demokratie wie die der Diktatur ist gleicherweise darin bedingt, daß der Führerqualität eine unreine Dynamik anhaftet. Es ist die unreine Dynamik des Theatralischen, des Rollenwechsels, gegen die Jung sein Konzept der Wandlungen, der Gedächtnisse, des Düngers setzt. Nichts geht verloren. Nietzsche hat die Vergeßlichkeit des politisch-theatralischen Menschen beschrieben: Er ist keine Person mehr, höchstens ein Rendezvous von Personen, von denen bald dieser, bald jener mit unverschämter Sicherheit herausschießt. Eben darum ist er groß als Schauspieler: Alle diese armen Willenlosen, welche die Ärzte in der Nähe studieren, setzen in Erstaunen durch ihre Virtuosität der Mimik, der Transfiguration, des Eintritts in fast jeden *verlangten* Charakter. Den neuen Menschen, der im Begriff ist, den politisch-theatralischen abzulösen (den er übrigens exemplarisch in Ruth Fischer vor Augen hatte), sah Jung sich sammeln aus verstreuten Anstrengungen über Jahrtausende. Alle seine Unternehmungen, seine Stücke, seine Prosa, die Arbeit für die Internationale, seine Zeitschriften und Wirtschaftspressedienste zielten auf die Sammlung von Elementen für eine neue Übereinkunft. Die Utopie hat sich jeder schon besser ausgedacht, aber dafür eine Convention zu finden, das ist der Sinn der Revolution. Mit Otto Gross, dem Psychoanalytiker, hieß das: Jeder Größenordnung ihren Rhythmus. Mit Charles Fourier hieß das: Dem Begriff der Minderwertigkeit in der Gesellschafts*ordnung* wird die Steigerung des Glücksempfindens in der *societären* Gesellschaft entgegengestellt. Jungs Zeitschrift *Gegner* übt 1931 die Entzauberung der Führer. Sie deckt Schäden des pseudokollektivistischen Systems auf und untersucht die Voraussetzungen westlichen Kollektivismus. Erinnert sei, daß im pseudokollektivistischen System 1930 Stalin allgemein zuerst als der Diktator erlebt wird: Selbst Michail Bulgakow beschreibt das Telefongespräch, das Stalin nach dem Brief, den der Dramatiker ihm geschrieben hatte wegen des vollständigen Boykotts, mit ihm führte, als stark, klar, staatsmännisch und elegant. Jung will diese Entzauberung politisch, wirtschaftlich, wissenschaftlich und kulturell. *Gegner* soll heißen – Umgang mit entgegengesetzten Positionen üben, beziehen und entziehen, aktive Aufnahme des Entgegenstehenden, Umwandlung, Anreicherung durch Außenseiterenergie. 1961 faßt Jung das Ganze noch einmal vom Naturwissenschaftlichen oder besser von der Naturforschung her zusammen in der Frage: Ist der Mensch in seinen naturgegebenen Fähigkeiten, der Konstruktion wie der Anlage und der Entwicklung nach endgültig fertig? Ist er voll ausgenutzt? Eine große Kette von Forschern und Wissenschaftlern durch alle Zeiten hindurch, meist zu Außenseitern gestempelt, hat dies verneint. Jung zeigt das an den Welteinheit-Konzepten von dem Mathematiker und Physiker Roger Boscovich, von dem Psychoanalytiker Wilhelm Reich, dem Anthropologen Teilhard de Chardin und dem Biologen Ernst Fuhrmann. Alle dazu angetan, die Revolte gegen die Lebensangst nicht in die monströse Bindung an Führer münden zu lassen, die Völker, gar die Menschheit vertreten, sondern in die Bindung an den Nächsten, in der jeder nur sich selber vertritt.

Ich hasse meinen Namen als Autor – als Autorität.

Technik des Glücks ist wenn man um sich schlägt – sich der aufgedrängten Befugnisse der anderen entschlägt.

Das Verschwinden von Franz Jung ist das Verschwinden, die Selbstzerstörung des Führers.

Dazu wünschte Jung sich und seinen Nächsten kosmischen Mut und freien Humor.

4

Wie Jung sein Verschwinden technisch bewerkstelligt, zeigen die Briefe und Prospekte. Jung hat sich stets so hartnäckig als Mann der Vorarbeit, Randfigur und Außenseiter geschildert, als einer, der lediglich Akzente setzt, daß niemand auf die Idee kommen konnte, er habe je im Zentrum gestanden. Vergessen Sie nicht, daß uns das niemand wegnehmen kann, weil das Ganze milde gesagt, ein Bluff ist. Wir interpretieren in Wirklichkeit die großen Autoren in die vorgezeichnete Richtung, das Ganze bleibt Perspektive. So hat er seine „Geschichte des Gemüts" entworfen und seine „Technik des Glücks" geschrieben. So hat er zu seiner Novelle über Anton

Wenzel Groß, den vom Verfolgungswahn geplagten Erfinder, den er als Identifikationsfigur seines Lebens begriff, eine „Hitlerversion" schreiben können: Der Erfinder erfolgreich auch noch als Erfinder eines neuen Lebens für sein Volk. So hat er seine Autobiographie geschrieben und sein letztes Buch geplant, ein Blaubuch in der Strindberg-Tradition, für das er Vergleichbares in Ernst Fuhrmanns und Gerhart Hauptmanns Tagebüchern fand, ein Blaubuch, das den Menschen zurücktransferiert auf das Erlebnis des Ich als Basis einer neuen Convention im Frieden. Für diese permanente Basis einer Revolution, den Kampf gegen das Parasitäre im Menschen auch in jedem Einzelnen und bei mir selbst, verlohnt es sich ein Werk zu schreiben. Daß ich das Albigenser nenne bisher, ist, weil ich einen längeren Essay über die Albigenser fertig habe – aber nichts von Sentiments, Voltaire und alles das. Die Albigenser sind gescheitert, wie vorher die Pythagoräer, die Bar Kochba, die Christen von Lyon, die Manichäer und die verschiedenen Gruppen im Mittelalter bis auf unsere Tage, politisch und national drapiert, Reformer als Revolutionäre oder im kleinen Verein – das ist alles Teil der gleichen Magie, die für den Menschen nicht gelöst ist, gelockert meine ich. Das mit frei zu stoßen, glaube ich mich befähigt.

Spandauer Tagebuch Seite 115: „... folgt die Idee eines Lebenswerkes: Die Technik des Glücks. In 4 Stufen zu je 12 Kapitel. Jede Stufe nimmt die ihr vorhergehende in sich auf. Explosion. Steigerung. Atemholend weitersprechen." 1915.

VORARBEIT 1913–1918

1913 Franz Jung kommt von München nach Berlin. Bekanntschaft mit Franz Pfemfert und dem Aktions-Kreis. Mit seinem Freund, dem Psychoanalytiker Dr. Otto Gross, den er in München kennengelernt hat, plant er „Sigyn", eine Zeitschrift für psychologische Probleme des Anarchismus. Setzt sich für Otto Gross ein, der auf Betreiben seines Vaters Professor Hans Gross in die Landesirrenanstalt Troppau gesperrt worden ist. Der Roman „Kameraden...!" erscheint.
1914 Meldung als Freiwilliger. Verwundung. Rücktransport nach Berlin. Desertion.
1915 Flucht nach Wien zu Otto Gross. In dessen Wohnung verhaftet. Festungsgefängnis Spandau. Einige Wochen zur Beobachtung in der Irrenanstalt Berlin-Wittenau. In Spandau Besuche seiner Frau Margot. Nach seiner Freilassung Gründung des „Industrie-Kuriers" und im Herbst des Verlages Freie Straße, in dem bis 1917 sechs Folgen der „Vorarbeit" erscheinen. Zusammenarbeit mit Cläre Oehring, die er aus dem Aktions-Kreis kennt. Sein Roman „Sophie" erscheint.
1916 Roman „Opferung" erscheint. Tochter Dagny geboren.
1917 Mit John Heartfield Herausgeber der beiden Wochenausgaben der „Neuen Jugend". Unterstützt die illegale Propagandaarbeit der Spartakusgruppe.
1918 Gründet mit Georg Fuchs die „Socialistische Wirtschafts-Korrespondenz". Studium der Utopisten. Mitherausgeber von „Club Dada". Roman „Der Sprung aus der Welt". Am 9. November mit Georg Fuchs Besetzung von Wolffs Telegraphenbüro. Am gleichen Tag in „Die freie Straße" sein Aufsatz „Gegen den Besitz".

Wilmersdorf, den 18.XI.13.
Berlinerstr. 19

Sehr geehrter Herr,
Sie werden vielleicht schon erfahren haben, daß ich in die Auslieferungsaffäre des Dr Gross verwickelt bin. Ich muß jede Minute gewärtig sein, Berlin verlassen zu müssen. Ich möchte Sie nun bitten, mir bitte umgehend mindestens einen Teil des Honorars zu senden. Jeder Pfennig erhöht meine Bewegungsfreiheit. Sollten Sie dazu nicht in der Lage sein, so würde ich Sie bitten mir per Eilbrief die Novelle zurückzusenden, ich kann sie hier sofort verkaufen u. würde Ihnen gern für eines der nächsten Hefte event. eine andere zusenden
ergebenst
Franz Jung

An Heinrich F. S. Bachmair.
Jung gibt am 20. Dezember die Nummer 5 der im Verlag Bachmair, München, erscheinenden Zeitschrift „Revolution" zur Unterstützung von Otto Gross heraus. – Die Novelle „Achab" druckt Bachmair in „Die Neue Kunst" Band 1, 1913/14.

Halensee, den 9.2.14
Lützenstr. 8 I

Sehr geehrter Herr Bachmair,
obwohl ich auf jedem Brief meine Adresse angebe, bekomme ich doch immer die Antwort an die (alte) falsche Adresse. Deswegen habe ich auch eine von Herrn Amberger unterzeichnete Redaktionskarte nicht erhalten. Es hätte sich sonst mein letzter Brief erübrigt.
Den Artikel über Frau Schiemann bitte ich endgültig dem Papierkorb zu überantworten. Er hatte für die Zeit Mitte Oktober-November Zweck. Ich wünsche ihn jetzt nicht mehr gedruckt. (Ich schrieb Ihnen auch damals in diesem Sinne.) Ob ich an dem 4. Heft werde mitzuarbeiten in der Lage sein,

ist sehr fraglich. Die Gross-Angelegenheit, von der Herr Carl Otten in seinem beiliegenden Brief spricht, (ich erwidere seine Grüße übrigens herzlichst) ist im Gegenteil sehr geklärt, es wird wie nicht anders zu erwarten war, zu einer Anzahl Prozesse kommen, die in dem Vorleben basieren. Ich kann allerdings vorläufig keine näheren Mitteilungen machen.
Mit vorzüglicher Hochachtung
ergebenst
      Franz Jung

Die Malerin Elsa Schiemann zählte zu den Mitarbeitern von Jungs Zeitschrift „Vorarbeit". In der Fünften Folge sind zwei Zeichnungen von ihr abgedruckt.

Herr Franz Jung, Schriftsteller, befindet sich in meiner (psychoanalytischen) Behandlung wegen einer complicierten Neurose, die sich aus psychogenen und degenerativen Elementen und aus den Consequenzen eines schweren physischen Traumas zusammensetzt.

Die Prognose quod sanitudinem ist dem entsprechend reserviert zu stellen, als die Symptome der eigentlich traumatischen (Narben-Reflex-) Neurose der Psychotherapie natürlich unzugänglich sind.

Reizherd ist eine über Markstück große, flache, gerade noch verschiebbare und mit gespannter, augenscheinlich etwas atrophierender äußerer Haut bedeckte Narbe in der Mitte der Haargrenze über der Stirne, herrührend von einer plastischen Operation nach einem Substanzdefect nach Säbelhiebwunden (Skalp).

Die Untersuchung des Narbengebietes läßt bereits die intensiven Reflexsymptome zur Geltung kommen: Erröten und Erblassen, Zusammenzucken, Contractionen der Erectores pilorum, anscheinend (?) auch Nystagmusartige Zuckungen.

Anamnestisch berichtet – und geradezu selbstverständlich – sind verschiedentliche Ohnmachtsanfälle infolge verschiedenartiger Reizungen des Narbengebietes.

Prognose bezüglich dieser Symptomengruppe sehr reserviert.
D.Otto Gross
vormals Privatdocent für Psychopathologie
a.d. Universität Graz. –

Das Attest wurde vermutlich Anfang 1915 geschrieben, als Jung, desertiert, bei Gross in Wien Zuflucht suchte.

L.M. herzlichen Dank für Deinen Besuch u. die viel zu vielen Sachen. Ich möchte Dich aber bitten, mir doch noch die Bücher zu senden. Lieber an dem anderen sparen, ich muß doch 14 Stunden jeden Tag hinbringen u. dabei zunächst versuchen, sie *nützlich* zu verbringen. Wenn ich auch momentan schon nicht die Kraft habe, selbständig für mich zu arbeiten, so kann ich doch noch Lücken auffüllen, zu denen später kaum Zeit bleibt. Hierher gehört für den Plan einer Geschichte des Romans (in Einzelanalysen u. doch einheitlich zusammengefaßt) noch manches, was ich auch so *ohne* Bibliothek jetzt gut vorarbeiten kann. (Bleibt es sich auch gleich, ob ich überhaupt an eine Ausführung denken kann). Jedenfalls wäre es doch töricht, einem eigensinnigen Vorurteil gegen Bücher zugunsten von Eßwaren die gebotene Gelegenheit zu verscherzen. Zu solchen Büchern, die bei der Billigkeit Reklams keine Rolle spielen, mögen sie mir auch schon bekannt sein, aber nicht genügend und doch nötig für eine Analyse:
Lagerlöf: Gösta Berling 3983/86 / Jakobsen: Niels Lyhne 2551/52 / Andersen: Nur ein Geiger 633-36 / Gallet: Kontraste u. Paradoxe 574-76 / Jean Paul, Eichendorff, Dickens, Stifter / Immermann, Anzengruber u. Goethes Wahlverwandtschaften (ein Abguß von Jean Pauls Hesperus) habe ich bereits skizziert fertig. (Zum größten Teil noch in Wittenau gemacht.) Fehlen noch die Balzac u. Stendhal / mit Lemonnier / Zola vielleicht / Flaubert, dann Fogazzaro / auch schon skizziert – Nerval-Mozatti / und – Sterne und Thackeray. Die verbindenden Deutschen nur Mitte des vorigen Jahrhunderts noch sowie die Russen stehen für später aus.
Gesundheitlich bin ich nicht wohlauf, ich habe mir ein gehöriges

Magen- und Darmleiden zugezogen. Immerhin übersteigt die Zeche bis jetzt nicht den Gewinn –
Dies möchte ich besonders dringend nochmals bitten, ruhig und selbsicher allem entgegenzusehen, dich keinerlei *neuen* Demütigungen auszusetzen, denen ich nichts entgegensetzen kann u. an denen ich doch schuld wäre. Es lohnt sich nicht mehr u. wird durch nichts gerechtfertigt. Wenn du endlich damit rechnest, daß du selbst ob so oder so (im Erleben) auf absolut eigenen Füßen stehen willst u. mußt – nur darum dreht sich alles – so hast du mit dir genug zu tun und meine Situation ist dir ein Ansporn, den du eigentlich solange wie möglich noch hinauszuziehen wünschen müßtest. Wie ich mich damit abfinde, das laß ganz *meine Sorge* sein /// Es fällt mir nicht ein auch nur im geringsten mich weiter damit zu beschäftigen und seinen Folgen *etwa* vor- und nachzujammern.
Das Urteil über meinen Zusammenbruch steht bei mir schon lange fest.
Herzlichen Gruß
           Franz.

An Margot Jung.
Brief im „Spandauer Tagebuch" unter dem 27. Mai 1915. –
In der Irrenanstalt Wittenau war Jung vom 1. April bis 4. Mai.

Anschließend den wieder wilder nach Auflösung drängenden Auseinandersetzungen mit Margot (Ansprache für den kommenden Besuch) folgt die *Idee eines Lebenswerkes:* Die Technik des Glücks. (In 4 Stufen zu je 12 Kapitel. Jede Stufe nimmt die ihr vorhergehende in sich auf. Explosion. Steigerung. Atemholend weitersprechen.)

           *

Ich muß für die *Geschichte des Romans* fest bleiben. Ich fühle, wenn es *auch* im Titel noch nicht ausgedrückt ist, daß es für eine allgemeine Entwicklungsgeschichte des Gemüts eine Hilfe u. Vorarbeit ist. Und auch die Psychiatrie. Die Kunst, die Menschen anzuschaun, *befreiend* aufzulösen, zergliedern, entwickeln lassen, der Blick von Mensch zu Mensch – und die schüchternen Anfänge seiner Darstellung. Wirkungsmöglichkeit durch *Erzählung. (Nicht vergällen lassen!)*

Prospekte aus dem „Spandauer Tagebuch" 1915.

19 VII 15

Lieber Jung
Ich will versuchen alle Hemmnisse in mir niederzubrechen. Alles zu Ihnen zu sprechen: Sie haben uns allen so unendlich viel geholfen. Sind so voll Kraft und Güte. Alles, was wir ersehnten, zu dem wir zu kommen suchten, war durch Sie geschehen und bestätigt.
Bei Ihnen die Qualen und Verzweiflung zu fühlen, muß mich sehr belasten und quälen im Gefühl meiner Ohnmacht und Hilflosigkeit. Da Sie reden von Verschwinden, Erschießen, Zum-Militärgehen. Wir sehen uns so ohne Mittel. Und in mir ist immer noch die Furcht den andern zu vergewaltigen, wenn ich doch nur ganz einfach hart meine ganze Kraft einsetzen will, etwas für ihn oder mit ihm zu tun.
Ich weiß, daß Sie an alle glauben. Und wir müssen viel tun, uns zu beweisen. Aber wenn Sie mit Literaten umherlaufen anstatt zu Oehring zu gehen. Sie wissen doch alles. Müssen fühlen, wie er darauf wartet. Gehen Sie am Mittwoch Abend zu ihm. Augusta-Kaserne. Tempelhof. Eingang Friesenstraße. Um 1/2 8 Uhr.
Was ist das Gemeinsamkeit, wenn einer nach Transvaal will, einer zum Militär rennt und wieder einer sich überhaupt versteckt. Ich habe Ihren Roman gelesen.
Lieber lieber Kamerad.
Cläre
Ich hätte Sie gern gesprochen.

Von Cläre Oehring.
Roman *Vermutlich „Kameraden...!"*

Liebe Frau Claire,
außer daß die Gemeinsamkeit nicht in einem auf Angst u. Unsicherheit gegründeten Beieinander*hocken* besteht, das Eintreten u. Einsetzen einer Kraft für jemanden erst *gefordert* sein muß *oder* aus der klaren überschüssigen *Freude* sich zu verschenken entsprungen sein muß – woraus sich die notwendige sichere glatte u. erforderliche atemlose Abwicklung des Verkehrs zueinander ergibt, trifft mich der nur zu oft gehörte Vorwurf eines Umherlaufens mit Literaten wie nur wiederum zu oft auch diesmal nicht; er hängt völlig und absolut in der Luft.
Ich habe nicht den Eindruck, daß mich jetzt Richard braucht und fordert – er hätte sonst nicht mich an dem an entscheidende Taktlosigkeit grenzenden Essen teilnehmen lassen (ich schalte die Angelegenheit an sich in Bezug auf die anderen ganz aus), andererseits hätte er mich für Sonntag bestellt, oder mich aufgesucht – und: der zweite Fall – der des Verschenkens – trifft für meine momentane psychische Situation wahrheitsgemäß nicht zu, wobei ich bereit bin alle sich daraus ergebenden Konsequenzen ruhig auf mich zu nehmen.
Ferner: nunmehr lediglich von mir aus gesehen: Ist meine Lage nicht derart, daß *ich* jemanden um Hilfe, Wärme etc. bitten darf, müßte oder könnte. Ich weiß: dieser Brief ist gerade keine Leistung. Immerhin liegt irgendwo auch außer mir ein kleiner Teil Schuld, daß eine Verständigung in dieser Form notwendig ist. Ich muß sogar das *Paradox* sagen, daß noch zuviel Theorie Ihrerseits in die Dinge hineingetragen wird. Soweit die Sache.
Ich könnte mich Mittwoch nur in einem fest bezeichneten Lokal oder Cafe einfinden, da es unsicher ist, wann ich mit der Correspondenz fertig bin und es gerade Mittwoch auch gut bis nach 8 Uhr werden kann.
Herzlichen Gruss
    Franz Jung

An Cläre Oehring.
Richard *Oehring.* – Correspondenz *Vermutlich bei dem Wirtschaftsblatt „Industrie-Kurier", gegründet 1915.*

Liebe Frau Claire,
ich habe gestern Ihre Antwort erwartet, vergeblich. Und dann: Ich brauche dringend etwas Geld. Ich habe für die vielerlei Gänge u. Dinge keinen Pfennig mehr. Auch kaum was zu essen. Entweder kommen Sie selbst oder brieflich bitte.
(Nach 8 Uhr abends)
Herzl. Gruß
      Jung

Liebe Frau Claire,
ich muß doch den ganzen Tag in *bestimmter* Weise herumlaufen, auch habe ich den Rapportbr. erst jetzt nachmittags bekommen. Gerade um 6 Uhr konnte ich nicht kommen. Sie haben mir Ihre Telefon Nummer nicht gesagt. Dagegen sagte ich Ihnen, Sie könnten mich in dringenden Fällen Amt Nollendorf Zentrale *Büxenstein* (1450 etc) *Büro Dr. Zeitlin* mit großer Wahrscheinlichkeit erreichen. *So* aber wird es derart, daß Sie mich hier in Unruhe einfach sitzen lassen. Warum erschweren Sie eine an sich so furchtbare Tagessituation noch besonders –
herzlichen Gruß
      Jung

VERLAG FREIE STRASSE
RICHARD OEHRING

Berlin=Wilmersdorf, den .... 191..
Nassauische Straße 47 – Fernsprecher: Amt Pfalzburg 2548

BEMERKUNG

Thomas von Kempen sagt in der „Nachfolge Christi": Was suchst du Ruhe, da du zur Unruhe geboren bist – zur Unruhe in Wissen und Fühlen nach seinem Gott, um die Gnade der Sicherheit, in Gott zu sein. In übertragenem Sinne: Um das Fortfließende des Bewußtseins, für das Bewußtsein des Ichs, in der Wucht des expansiven verantwortlichen Selbstseins.
Es erscheint u. a. auch notwendig, das Bewußtsein zu wecken, den Ablauf eines Bewußtmachens vorzubereiten, eigenes und fremdes Selbst zu entblättern, zu bekennen, sich und andere. In diesem Sinne war von Otto Groß und mir eine Zeitschrift geplant, doch sind die Vorbereitungen durch Überwindung der eigenen Widerstände sehr langwierig. Es soll in der Zwischenzeit gesammelt werden.
Dieses Heft stellt eine damit nur in losem Zusammenhange für sich alleinstehende Veröffentlichung dar. Es kann eine Vorarbeit und auch werbend sein und soll mich selbst für meine Aufgabe sicherer machen.
Es ist schwer noch möglich, sich verständlich zu machen; überhaupt zueinander zu sprechen. Ein Versuch weiter ist die von seither übernommene Form der Kunst literarischer und bildlicher Darstellung. Auch wird man Zeichen und Klang neu und im wechselnden Rhythmus zueinander fühlen, hören und wissen lernen. Und sich weiterhin um die Verständigung und ihrer Mittel bemühen.
Vom gleichen Verlage wird demnächst ein Heft Zeichnungen von Georg Schrimpf versandt werden.

Franz Jung

In „Was suchst du Ruhe, da du zur Unruhe geboren bist. Erste Folge der Vorarbeit". Verlag Freie Straße. November 1915.

Vorbemerkung.

[Die vorliegende vierte Folge unserer Arbeit ist zusammengefaßt in den Mythen um Mahlzeit und Leben. Je ist schwer des Lebens ~~wenn es~~ Haben sein soll, ~~ist es ein sicheres Haben~~ Wer und und das ~~Wegwerfens~~ es ist uns niemand ander und der das Sein noch entschädigen Können in allen seinen Richtungen und seiner Weise, aber es ist dieses und das geben und nützen und das Wegwerfens nicht. Sollten wir seinen Sinn für den und die Menschen und seine Folgerungen nicht erfahren können, und von Atem zu Atem begleitet haben. So wagen wir denn das Meister, das Wesen, die Weise dem Leben voranzustellen. Und alle die Zueignungen, die zu einander Freundschaft, May und Zuhörung des Wenige, was uns die anderen in und um und sagen können, ist kurz nebeneinandergestellt es handelt sich nicht darum, durch Worte überzeugen zu

wollen Gedankengänge enthalten, an die
man sich klammern soll, vielleicht spenden
uns unsere Ohnmacht, Verzweiflung, laufende
Verantwortung und die Sekunden leisten und
unwichtigen Glücks zu besorgen. Wenn ein
kleiner Theil der Beiträge unseren neuen äußeren
Freunden bereits bekannt ist, so ist zu bemerken,
daß ℞ diese Versuche unserer Mitwirkung erst in
einer Zusammenfassung ihrem Wollen nach
klarer zur Geltung kommen und uns selbst
weiter helfen können sollen.

   Dr. Otto Groß   Franz Jung

Soll gesetzt werden in die Mitte der
2. ten Seite (1. Kat.)

WEITERE MITTEILUNG

Diese zweite Folge einer Vorarbeit bezweckt wie die erste und die nachfolgenden, alle uns nahestehenden Menschen aufzurufen zu einem großen umfassenden Bekennen. Dieses soll nicht auf eine bestimmte Form, und auch nicht auf irgendein festgelegtes Programm hinarbeiten, es beruht vielmehr auf der Kraft und Sicherheit des einzelnen, der von vornherein restlos von sich selbst überzeugt ist. Die Vorarbeit wendet sich daher nur an Wenige, nach außen hin Getrennte und bisher Alleingehende. Die Geschlossenheit, das Miterleben des einzelnen und das Bewußtsein einer Erfüllung ist die erste und wichtigste Voraussetzung. Das Entscheidendste ist dasjenige – das alle Philosophie und Religion in den Schatten stellt – das Herantreten und Eingehen in den einzelnen, das gegenseitige Aufrichten, der Glaube an den Menschen und seine Intensität, der restlose Wille zur Bejahung von Mensch zu Mensch. Alle anderen Dinge, die dazu beitragen zu einer Verständigung und Mitteilung, wie die literarische und bildliche Darstellung, sind nur Mittel und Zweck, an den einzelnen näher heranzutreten. Vorläufig werden wir alle Mittel heraufholen und neue hinzustellen, die es ermöglichen, sich noch besser und klarer zu verständigen.
Eine weitere Folge wird demnächst im gleichen Verlage von Richard Oehring erscheinen.

In „An Dich – Erde! Zweite Folge der Vorarbeit". *Verlag Freie Straße. Dezember 1915.*

Lieber Franz Jung
Ich reise heute abend und sage Ihnen Lebewohl. Gestern war ich im Café wie verabredet um vier; saß mit Herrn Flaschenberg zusammen, der immer so gut zu mir ist, vielleicht der einzige Mensch in Berlin gegenwärtig, der meine Misère versteht und alle Schmach. Wir sprachen auch über Ihr Buch „Opferung" fanden es beide sehr schön. Sie irren sich sicher über ihn. Ich wollte Ihnen einen anderen Brief schreiben, aber ich kann nicht. Sie haben ja so viel Freunde und alle lieben Sie. Um mich sind nur rechnende Leute.
   Prinz. Ich fahre auf Umwegen nach Cöln um weiter zu fahren. Vielleicht schreiben Sie mir für J.H. dorthin alles. Ich lese *es ihm vor*. Mein Freund ist er nicht, ich auch nicht der seine, ich bin hoffentlich für ihn streng der B von Tiba. Aber ich glaube er ist ein guter junger Mensch, hat viel durchgemacht. Man schilderte ihn mir, wie ich mir den Kaiser von Mexico denke.

Von Else Lasker-Schüler Sommer oder Herbst 1916.

Montag
Lieber Franz Jung
Ich weiß nicht, warum Sie gar nicht schreiben. Mir geht es sehr schlecht, aber bald werde ich weiter reisen und dann zurück wohin ist mir noch nicht klar. Ich war hier die sechs Wochen wie scheintot und wenn ich abends einschlafe ist es so als ob ich im Gewölbe liege und doch noch atme. Ich kann Ihnen gar nicht sagen wie traurig ich bin, wie herumgefahren und geirrt, ich flattere nur noch und immer werde ich ins Herz geschossen. Gestern glaubte ich auch plötzlich nicht mehr an Gott, das war wie eine ernste Unmöglichkeit. Die Menschen, welche Ihn mit ihrem Maßstab messen, haben noch immer den Ausweg, daß er prüfen möchte, aber ich habe Gott nie wie einen Lehrer betrachtet, nie wie einen Strafenden oder Starren.
Ich konnte ihn mir nur so wie einen innigen Menschen denken, der auch geliebt sein will weich und ohne Nebengedanken, daß er nicht vereinsame unter seinen so vielen Figuren. Manch-

mal glaubte ich sogar, er helfe mir bei meinen Streichen. Aber ich habe, als ich hier ankam aus Schwäche, aus Müdigkeit Ihn verleugnet. Nun denke ich, er kann nicht mehr über mich leuchten mit seinen Sternen all oder aber alles war ein mächtiges Märchen von mir und er ist nicht.
Ich bin sooft im Dom gewesen, aber es ist wie eine kühle Strafe hart alle die Kirchen alle die Menschen, so wie sie Gott aussprechen nur manchmal bei uns im Tempel war eine tröstende Süßigkeit auch oft eine Freude, als ob die Engel singen, aber immer saß ich alleine und dachte an ein Wunder, daß mir draußen begegnen könnte. Der Wetterscheid hat recht, er sagte früher zu mir, Sie seien auch eine Maria und ich dachte an die Rosengärten darin Sie sitzen –. Ich weiß nicht wie das möglich ist, da Sie doch auch Bonaparte sind ebenso stark im Auge wie weich, vielleicht sind Sie heilig und darum komme ich zu Ihnen und denke ich bin ein sterbender Prinz und knie vor einem Heiligen in einem Tempel und weine ein ganzes Meer, daß seine Füße bespült werden still mit meinem Herzbluten. Nur Sie könnten noch auf Erden zwei große Flügel tragen und Städte schützen und gut sein. Ich schreibe Ihnen das alles so, weil ich schon so lange fort bin und Sie mich kaum mehr kennen und sich ein Bildniß aus mir machen können wie Sie eines schön ausdenken können. Wie sollte mich Jemand gern sehen mögen da ich selbst vor mir fliehe. Es singt kein Vogel mehr in meinem Innersten und ich will mich fällen lassen, ich kann Ihnen gar nichts Schönes sagen, lieber Franz Jung. Immer wenn ich zu Ihnen sprechen wollte, sagte ich etwas anderes, bei dem Maler Schrimpf war ich eine Schlucht von Ihnen entfernt, Wetterscheid versammelt alle Menschen, die reich an Herzgaben sind und die meisten sind arm und darum wollen sie immer rechnen. Ich las Ihre Geschichte in der Aktion. Es macht mich so traurig, daß *ich* nie herumwandele in Ihren Geschichten! Das hab ich noch nie zu einem Menschen gesagt. Ich bin ja überall fremd und würde noch fremder im Gefühl eines Menschen sein. Ich möchte Ihnen eigentlich auch immer nur schenken, weil gewiß Niemand Ihnen schenkt. Manchmal bleibe ich hier am Schaufenster stehen und denke so, die große grüne oder rote durchsichtige Cigarettenspitze kaufe ich dem Kaiser von Mexico, daß er sich freut. Aber ich bin auch so arm im Denken geworden und im Begreifen wie geplündert und manchmal kann ich nicht mehr richtig atmen.

Daß Sie mir schreiben sollen, will ich nicht schreiben, wenn Sie aber müssen, ich meine mir eine Weichheit schreiben müssen, dann will ich Sie herumtragen. Aber wer weiß wie Sie von mir denken in Wirklichkeit, ich weiß uns von ihrer frommen Schönheit
        Ihr Prinz immerfort

Von Else Lasker-Schüler 1916.
Bezug auf die Namen, die sie ihren Freunden im Roman „Der Malik"
gab. Helmut Herzfeld Wetterscheid. *Franz Jung* Kaiser von Mexiko
„wie Bonaparte *schön und glorreich".*

An
Franz Jung
Falkenberg/Grünau i.M.

Sehr geehrter Herr Jung.
Ich las den Roman „Opferung" – und fühle mich verpflichtet, Ihnen daraufhin – ohne weiteres – ein paar Zeilen zu schreiben: Seien Sie überzeugt, daß ich Ihnen aufrichtig danke: Für dieses Buch. Endlich einmal spüre ich einen ganzen Menschen hinter seinem Werk; endlich ist da die tiefe Ernsthaftigkeit, Absage an Spielerei, Textimpressionen, an Fabel und Maske.
Vielleicht klingt es brutal: (aber –) dieses Buch ist kein Ziel, keine Vollendung – dennoch: hier ist der Weg von Qual zu Glück, von Haß zu Liebe; hier ist die ungeheure Geste, Zeit riesenhaft überragend, Erstarrung festgehalten bis zum Über-die Kraft; hier glüht!! der tanzende Stein aus dem Chaos.
– Nicht wahr: Der wahre Künstler ist Lebens-Bejaher, weil er der Erfüllung des Mensch-Seins am nahesten kommt .. Und so gestatten Sie mir, Ihnen die Hand zu drücken. Denn, schwiege ich, beginge ich eine Unwahrheit.
Und so: in herzlicher Freude seien diese Worte gegeben.
Gestatten Sie, daß ich bin – in Hochachtung –
        Hermann Kasack

Potsdam 23/9 1916

NEUE JUGEND

IM JUNI 1917 **PREIS 20 PF.**

PROSPEKT
zur Kleinen Grosz-Mappe

Prospekt zur Kleinen Grosz-Mappe
Der Malik-Verlag, Berlin-Südende

14. Stieglitzer Strasse, Südende.

CHRONIK Friedrich Adler ist zum Tode verurteilt, Stockholm-Getöne gegen internationale Teuerung - das Leben weiterhin billiger Lebensmittel bleiben in Cornerstimmung. Nach Reuter verhungern in Ovamboland die Ovambos, keine Kaffern - in den European Dominions niemand! Verhungert doch - Steigerung!! Spinoza ist eingestampft für Bedarf diplomatischer Sendschreiben - Liberia, Pseudoliberia - Molière verreiselt in Sternheim (Zukunft vom 26. 5. 1917), Umfassungsmanöver gegen Wallner in Wien, Durstl - das Aktionsbuch ist erschienen. Frühlingswende fiebert Sexualität, Heufieber. Liebeloh la l'au! Sich hinzu-schmeissen! Lichtmord!! - unsere Seelen sind so wund. **Amokläufer .... Die Nasser raus!!!**

Man muß Kautschukmann sein!

Ja, Kautschukmann sein — erstmal den Kopf zwischen die Beine stecken oder durch Fuß springen — und spiralig in die Luft schnellen! sich, ein Paragraph respekh Dich an,
eine Allüre,
aus Plotzikus ...

Plotzikus reime zu zeigen an Schlingen dauerfarren ausgezeichnet — Springen von Plohen auf Kommande, Paradenarsch der Flohe . . . .

Immerhin wichtig ist, das Gleichgewichtes behalten! Wo wurden die gotische Kirche, musselt sich heute das Warenhaus kost? ...

— Das Fahrstühle sausen .... Eisenbahnungücke, Zeplotenekaelerseten
— quer durchtail die Bekanxag Mitteleuropa, doch gibts auch Reumlhöm und Edelmarmeldierferarierung.

Wie gesagt, Kautschukmann sein beweglich in allen Knochen
nicht bloss im Dichter-Sessel düsen oder vor die Staffelei schön geölte Bildchen pinseln.

Den Bequemen gibt es zu stören beim Verdauungsschlächlen
Ihm den pazifistischen Popo zu kitzeln, rumsti! explodirts!! zerplatzt! — oder hängt noch aus Fensterkreuz . . . .
Ladet unsere Kadaver in die Braunsweinzgasse haumeln! Ja! Wieder staatlich werden, noch allen Seiten höchst ledertad — auch verlangen — ambauen! Kino- oder Herzgrosheduhk!

Ladies and gentlemen!!
jeder hat Zutritt!

Nur näherstraten!! ... nur näherstraten! ...
Schon beulen uns der Wehbrauskikesseit ein Nervös rutscht das weiche Gesäß hin und her!

Ja! Wenn sich sämtliche Flohe an Schlingen legen! . . . .

Dieses Blatt ist der

PROSPEKT ZUR KLEINEN GROSZ-MAPPE

Die Sekte 1917

Die Sekte Neunzehn Siebzehn wächst aus dem Intellekt der umstehenden Zuhörer empor und zwingt ihre Mitglieder gegen den Block der Überzeugten. Die ohnmächtige Wut unserer Leser verpflichtet, einen bereits in Schwingung umgesetzten Glauben wieder zu fixieren, um mit den Gläubigen von neuem dagegen loszugehen. Die Leute wollen halt nichts alleine tun.

Sekten. Mehr Sekten. Noch mehr Sekten.

Das Wunder der Christian Science ist über unseren kürzlich veranstalteten Werbe Abend gerauscht und schüttet Glück aus über diejenigen, die uns lieben, um uns hinterrücks zu erdolchen.

Darum muss Einer seine Stimme erheben: Nicht mehr glauben, überhaupt nicht glauben. Sich selbst. (Sich und selbst) Beten.

Wenngleich jeder schuldig ist an der Unfähigkeit der andern, Feind zu sein, sondern schlotternder Neidhammel, soll keiner an dieser Schuld sich selbst beruhigt genug sein lassen. Nicht das Peinliche dieser Schuld schmatzend zu fressen, soll es ankommen, sondern Genuss auch noch auszukotzen — und wiederum zu fressen und wiederum!

Es ist in jeder Sekunde, als ob ein hundertmalverfluchtesLebensschenkt (unsägliche Wonne durstend das galizische Petroleumgebiet zu durchfahren, die Gestänge der Bohrtürme verrusst) so unendlich vieles zu tun.

Betet mit dem Schädel gegen die Wand!!

Wir — aha! — wir treten gegen die Menschen nicht auf. Wir treten geduldig noch mit den Menschen auf. Die Sekte Neunzehn Siebzehn schlägt gegeneinander, Sturmflut aus unseren Gebeten, die aus der Ohnmacht der Gläubigen emporwachsen sind. Unsere Mitglieder verrecken, weil die Sekte sie nicht mehr locker lässt. Betet aus unseren Gebeten zu diesem Ende. Damit ihr endlich in die Schlinge kommt. Es ist ein so ungleiches Spiel mit diesen Sanften, Zeppelinzeh will das alles nicht mehr verdauen, immer wieder dasselbe, die Ohnmacht der Gläubigen, der Block der Ueberzeugten, das Einfangen, Verarbeiten, Auskotzen, Fressen,

98 8 TELEPHON

REKLAME-BERATUNG

das Ich triumphierend über Puntas Arenas, Michigan See, Sachalin bis Sorau. Dort wurde der Dichter Heinrich Steinhausen geboren, steht in der Zeitung.

Halt dich, Junge.

Die Frist ist um. Her die neue Ladung. Sektierer, los! Wieviel zappeln schon wieder?

Die Arbeit Arbeit Arbeit Arbeit: Triumph der Christian Science. **Das Wunder der Sekte Neunzehn Siebzehn.**
1917.
SCHREIT!!

Kannst du radfahren?

Die vor einigen unverblühten Erklärungen und Dokumenten unseres Lebens gehören jene Bilder auf den Rückseiten der Häuser, dort Erlass des Kaufmanns oder anderer Herrn dieser Zeit — von unverletzter beiblichkeit vorgezogen, gigantisch eingeteilt wie auf alten Pyramiden, präsent an das psychologische und korreale Erleben des in kostklösinze Stadfierkonung Dahinschließen. Palcheh kont und blau, wie wie ein Telefonbüchen, — von keramischen Komik, brutal, materiell, bleichstellig, verwachen — dröhned und anlererd glück Regierungsplanerentsche diese wesender den Giniers bekannt. —

Das prosit ist einen fast!

Zeiegt uns ein prudendes Marmebilo, in Gedioer (gans freuden Buchstaben), Veneltgarke, Spruchhildragb, Wallwerengrem, und Smithärs Kessa —

Messenhorns beshnen auf, ...

Champagner-Flasche — der Korken knallt davon, ha! ha! **Sekt Schlosz Vauk.**

Ha! Ha! aholas brülten die Hänsersköden —

Dürrenssne-Zigarren schein im Maut, Zeitung — nor man buntes den Kinderouweren — hat überhalb sich Sturbard der der Aufshan!

Regle-Zigarrelten. Garrop, Palent-Befeld, Teppich-Thurian, **bade su Bart.** Steiners Paradiesbretzl ... hos!! ... Sarg's Kalodent — **Passage-Cafe ... AEG ...** Cerasil.

sen ... sa. vom Training kommend, am Punching-Ball ... Der Brel Nicket Du nicht.

B. ... Du regelmet bieichich in die Chaussee, ehen uoch Sag Du der Fullstat an der immunsten Nase. Du böngst eben im Autoplan oder der Bergmanue — zwischen den Pylonen knallte Desau Weschenlafeziechen gibt Sag! Oho! des Gumini, Ircnel!

Abends in den Aspahhträgern, in Giebluch-Hilfe, zwischen Poter-Baroheinien, eber an der Tet kaj Kaulravernu, im Eise qualles oder pitho vor seitena Noved adguel bei Adins, olor Schafter **Phin Corcialle Erazeln** und Apinken, Apeilenthakloon und Kirchdawen — **AEG** ... kimi Traiba im bellen Herrichnic! ...

Sag mal? ... **gessehe Dir is slcht** in des Karsafdelvur?! es in den Eitzerische Sedetzten ...?

Die alte Feleie?
Kannest Du Schiller und Goethe — ? — ja!
Aber kannst Du radfahren?

Weitere Marken Jahresminute welken sich noch melden.

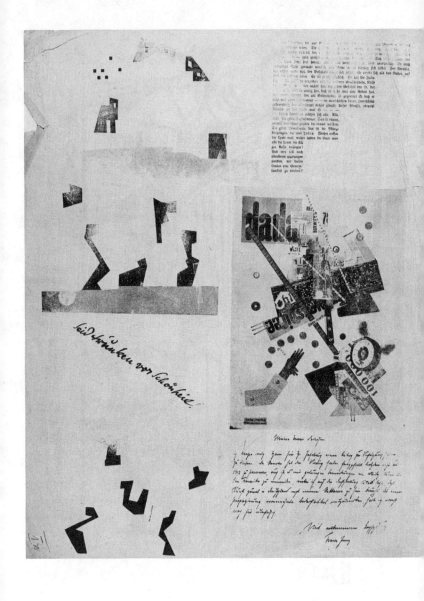

Meine Herren Dadaisten

ich beehre mich Ihnen für Ihr Jahrbuch einen Beitrag zur Verfügung stellen zu dürfen. Der Roman hat den Vorzug soeben fertiggestellt trotzdem nicht aus 1912 zu stammen, auch ist es mir gelungen Bemerkungen von Whisky Huren und San Francisco zu vermeiden, wobei ich auf die Feststellung Wert lege, daß Kunst zumal in Deutschland nicht immer Reklame zu sein braucht. An einer Propagierung vorerwähnter Bedarfsartikel mitzuwirken, halte ich vorerst noch für überflüssig.

Mit vollkommener Hochschätzung
Franz Jung

Jahrbuch *Dadaco. – Andruckbogen Blatt V. Herbst 1919. Aus dem Besitz von Tristan Tzara. Berlinische Galerie. – Nicht erschienen. – Jungs Brief stammt vermutlich von 1918 und spricht von dem Roman „Der Sprung aus der Welt".*

Jung, ich bin seit gestern in München. Hab' Groß noch immer nicht getroffen. In Graz hieß es, er sei seit 3 Wochen weg, also mußte ich annehmen, daß er längst über die Grenze kam. Hierher schrieb er, daß er knapp vor München umkehren mußte. Er hatte bloß Einreiseerlaubnis nach München, keinen Paß bei sich. Den bekommt er nicht, weil er in die Ukraine (Czernowitz) zuständig ist. Jetzt bekommt er Zuständigkeitsrecht nach Oesterreich, erst dann dürfte er kommen.
Was ich in Graz gehört habe waren so ganz unbegreifliche, unklare Dinge. Zafita unsicher und verlogen. Die Mutter ganz gegen mich. Nur mehr für Nina. Sie tat so, als bestünde zwischen Otto und mir keinerlei Verbindung. Sie sprach davon, daß Otto überhaupt nur nach München will, dort eine Anstellung hätte. Ich soll das friedliche Zusammenleben von ihm und Nina nicht stören. In der Weise.
Von Nina hör ich daß Otto noch vor wenigen Wochen voll Sehnsucht von Berlin gesprochen hat. Er zu uns wollte. Sich gefreut hat. Mittlerweile hat Nina ihm hier eine Anstellung

gefunden. Und hat sich überdies ins Spital gelegt. Sie soll Lungenspitzenkatarrh haben. Das im Moment als Otto nach Berlin wollte. Jetzt glaubt er natürlich bei ihr bleiben zu müssen. Und es ist nur mehr von einem Besuch nach Berlin die Rede. Wie alles das ist und warum, werd' ich wohl schriftlich von Groß hören. Ich hab ihm heute ausführlich geschrieben. So ziemlich alles das, was ich ihm gern gesagt hätte. Und warte hier Antwort ab. Werde daraus ersehen, was ich weiter tun soll. Würde auch gern von Ihnen hören, was Sie da meinen; ob ich nochmals nach Graz soll. Oder hier auf ihn warten.
Ich kann selbst momentan nicht viel denken. Belgradst. 57 Ich wohne bei Fürmann.
Wenn von Graz Brief da ist lesen Sie ihn und schicken Sie mir ihn nach.

Vermutlich von Marianne Kuh 1917 oder 1918.
Im Herbst 1919 kommen Otto Groß und Nina Kuh nach Berlin und wohnen zeitweilig bei Cläre und Franz Jung in der Kaiserallee 64–65.

GEGEN DEN BESITZ!

Es gibt Menschen, die auf ihre eigenen Kosten leben, und es gibt Menschen, die auf Kosten anderer leben. Die meisten Menschen tun beides zusammen. *Nur derjenige, der sich selbst erlebt,* der von sich weiß, wozu er lebt, lebt nicht was ab, sondern lebt was zu ——— zum großen Fonds menschlicher Gemeinschaft. Sich selbst erleben aber heißt: Hart sein, frei heraus, Natur und menschlich sein. Und unerbittlich. Es muß fortgesetzt Kasse gemacht werden. Der Arme erlebt ständig sich selbst. Der Ärmste, der nichts mehr hat, der Besitzlose erlebt sich selbst. Er erlebt sich als den Boden, auf dem die anderen leben. Er ist gewiß glücklich. Er hat die Fröhlichkeit selbst zu verzeihen und die anderen abzuschütteln, Kasse zu machen. Der, der nichts hat, der jedes Gefühls bar ist, der nichts weiß und so wenig hat, daß er nicht mal eine Arbeit hat, der immer schwitzt, der als Kulturboden so gehemmt ist, daß er nicht mal vorwärts kommt –– im menschlichen Leben, (menschlich gesprochen), der überhaupt nichts glaubt, dieser Mensch, obwohl Mensch an sich schon was ist --- um diesen Menschen mühen sich alle. Alle. Alle. Da gibts Sozialismus. Das ist etwas, womit diejenigen zahlen, die etwas *wissen*. Da gibts Demokratie, das ist die Münze derjenigen, die was *haben*. Woher wissen die Leute was, woher haben die Leute was, alle die Leute, die sich zur Kasse drängen? Und wer soll noch obendrein gezwungen werden, mit diesen Leuten eine Gemeinsamkeit zu erleben?

Es ist verächtlich, von Vergesellschaftung zu reden, wenn keine Gesellschaft vorhanden ist. Gesellschaft heißt Lebensgemeinschaft und Gemeinsamkeit im Erleben. Die Lebensgemeinschaft ist nicht erfüllt. Noch streiten sich hohle Köpfe über Aufbau und Wirksamkeit solcher Gemeinschaft. Noch hat die politische Bewegung nur diese Lebensgemeinschaft zum Ziel. Ein Ziel, das nur Form und Rahmen ist. Einen toten Begriff. Inhalt ist erst die Gemeinsamkeit im Erleben. Beides ist nicht zu trennen. Beides vereint sich in der Forderung: Mensch zu sein und menschlich zu sein. Noch niemals hat jemand gewagt, diesen frohen Glauben auszusprechen, daß Mensch sein und menschlich sein dasselbe ist.

Man verwechselt fortgesetzt beides miteinander, getragen von der schrankenlosen Gier nach Besitz. Besitz ist die Form und Gier der Inhalt. Es besteht kaum ein Unterschied zwischen Privatbesitz und Besitz schlechthin.

WIR SIND GEGEN DEN BESITZ.

Wir wollen gierig sein, aber nicht besitzend sein. Meinetwegen gut und böse, träge, voller Eifer, verlogen, glühend, gehässig und mitteilsam, besessen und froh. Alles das Menschliche vollzieht sich auf der breiten Plattform des Erlebens, der menschlichen Verbindungen der Einzelnen, die dem Zwang des Menschseins unterliegen, untereinander. Moral und ähnliches ist technisch gesehen ein Verkehrsproblem. Eine Technik, für die unsere Erfahrungen vom Menschen als Individuum, als Objekt, und im weiteren Sinne als Politik und politisches Ziel einer Lebensgemeinschaft wirksam und letzten Endes gesetzgebend sind.

Unsere Vorstellung von Besitz tritt einem reibungslosen Ineinanderaufgehen zu gemeinschaftlichem Erleben hemmend entgegen. Die Natur, das Glück wird zur Kulisse, zum beziehungslosen Objekt. Es mag jetzt nicht an der Zeit sein, Einzelheiten fortzuspinnen. Sicher ist, daß unsere Erfahrung von Freud und Leid, gut und böse, reich und arm sich bricht an dem Fels jener Widerstände und so gebrochen erst als Zustand, dem wir dann den einen oder anderen Namen geben, uns ins Bewußtsein tritt. Sicher ist, daß wir arm sind, weil wir nicht reich sein wollen, wodurch wir reich werden, weil wir arm sein wollen. Daß wir böse sind, weil wir uns unter gut nichts vorstellen können und damit gut werden, weil wir böse sind. Daß wir froh sein wollen, weil wir unglücklich sind.

Denn die gemeinsame Art der Menschen zwingt uns die Gemeinschaftlichkeit menschlichen Erlebens auf. Wir werden uns bewußt und wider besseres Wissen gegen diesen Zwang sträuben, solange wir selbst durch freie Konvention, durch äußere Kompromisse eine Verbindung herstellen zu können glauben -- auf der Grundlage von Besitzbildung. Wir besitzen uns selbst. Wir besitzen Waren, d.h. Güter, die verschieden sein können, d.h. Werte, die etwas oder weniger und mehr oder nichts sind. Wir besitzen Kenntnisse, Mittel, Ziele, Glauben und Verzweiflung. Sträuben werden wir uns, weil wir einen Willen besitzen und nicht solchen in uns erleben können. d.h. wollen. Gegen den Zwang, weil in solcher Verfassung wir zutiefst menschlich Natur und Glück als Zwang erleben und somit lieber unglücklich sind.

In „Die freie Straße" Nr. 9. November 1918.

REVOLUTION 1919–1923

1919 Jung wird Mitglied der KPD. Eröffnung des Büros Jung & Co. Correspondenz-Büro Informations-Dienst Presse-Vertretungen, Berlin C, Burgstr. 17. Mitbegründer der Wirtschaftsnachrichtendienste „Berlin-Express" und „Ost-Europa-Dienst Wien Sofia Konstantinopel". Generalvertretung der „Deutschen Auswanderer-Zeitung", Breslau für Berlin und Hamburg. Mitarbeit an Alfons Goldschmidts „Räte-Zeitung".
1920 Mitarbeit an der „Russischen Korrespondenz". Nach Ausschluß aus der KPD Oktober 1919 Mitbegründer der KAPD im April. Mit Jan Appel aus Hamburg nach Moskau entsandt. Hermann Knüfken organisiert ihren illegalen Transport auf dem Fischdampfer „Senator Schröder". In Moskau Gespräche mit den Führern der Kommunistischen Internationale über den Beitritt der KAPD und mit Volkskommissaren, darunter Georgi Tschitscherin. Nach seiner Rückkehr Verhaftung wegen „Schiffsraubs auf hoher See" und Untersuchungshaft in Cuxhaven und Hamburg. „Reise in Rußland" erscheint.
1921 Im Gefängnis geschrieben, erscheinen die Erzählungen „Joe Frank illustriert die Welt" und „Proletarier", die Romane „Arbeitsfriede" und „Die Rote Woche", die Schauspiele „Wie lange noch?" und „Die Kanaker", der Essay „Die Technik des Glücks". Uraufführung der Stücke in Piscators „Proletarischem Theater". Internationaler Vertrieb seiner Bücher durch den Berliner Arbeiter-Buchvertrieb. Nach Entlassung aus der Haft im Februar Teilnahme an den Kämpfen in Mitteldeutschland. Begegnung mit Max Hoelz. Im Mai als Franz Klinger mit Cläre Jung Aufbruch nach Irland und Schottland. Verhaftung in Holland. Im Untersuchungsgefängnis in Breda entstehen der Roman „Die Eroberung der Maschinen", der Essay „Die Technik des Glücks II. Teil" und die Einleitung zur Otto Gross-Auswahl „Von geschlechtlicher Not zur sozialen Katastrophe". Ausweisung nach Sowjetrußland im August. Arbeit in der Internationalen Arbeiterhilfe.
1922 Leitung des Wiederaufbaus der Zündholzfabrik von Tschudowo bei Nowgorod. Das Schauspiel „Annemarie" und der Bericht „Hunger an der Wolga" erscheinen.
1923 Administrator im Petrograder metallurgischen Betrieb „Ressora". November Rückkehr nach Deutschland.

Nr. 17   Als Manuskript gedruckt   **Den 29. April 1919**

SOZIALISTISCHE WIRTSCHAFTS-KORRESPONDENZ

SCHRIFTLEITUNG: BERLIN SW II, HALLISCHES UFER 32. FERNRUF: LÜTZOW 947. ZUSCHRIFTEN UND GELDSENDUNGEN NUR PERSÖNLICH AN DEN HERAUSGEBER GEORG FUCHS, NEUKÖLLN, SCHIERKESTR. 35

Zum 1. Mai.
Nicht der gute Wille — die Tat!

Ist das Tempo der Revolutionsbewegung zusammengebrochen? Ist die Revolution müde geworden? Wird diese Bewegung in Diskussionen und Kompromissen verflachen?

Nein! Sie kann es nicht und sie wird es nicht.

Weil Revolution nicht das Erreichbare, das Ziel vor Augen hat.

Weil diese Revolution um die Grundfrage menschlichen Wesens kämpft, um Menschen-Geltung und Existenz.

Weil diese unsere Revolution die wirtschaftliche Erhebung des Proletariats bedeutet.

Weil sie Klassenkampf ist und bleiben wird.

Darum vermag jede Gegenwirkung die Revolution zu stärken.

Darum lodert das Feuer proletarischen Klassenkampfes heller.

Darum überstrahlt alle Fragen nur ein Wort, die brennendste Frage: W a n n ?

Nicht so wichtig ist heute das Wie. Wenn alle nicht bereit sein werden, einzutreten in diesen Kampf, die es als Eigenstes, als Lebensinhalt angeht, fallen beide Fragen in eine zusammen.

Nicht so wichtig ist heute die nur von Gegnern behandelte Frage der Einigung des Proletariats. Proletariat sein heißt an sich schon: einig sein. Es gibt keine Abarten von Proletariat. Der proletarische Gedanke, das bedeutet Zusammenfassung!

Darum mögen sie ablassen, die sich bescheiden wollen, die Verständigung suchen, die an der wirtschaftlichen Machterhebung des Proletariats zweifeln. Der revolutionäre Gedanke des proletarischen Klassenkampfes gewinnt dadurch neu an Kampfkraft.

Wir dürfen gerade heute nicht vergessen: diese Kraft, alles Feuer stammt von der Gemeinsamkeit der Arbeit, der „proletarischen" Arbeit. Diese Arbeit braucht niemand mehr zu vergesellschaften. Sie ist schon gemeinsam. Ihr allgemeine Geltung zu geben, sie über alle Menschen auszudehnen, das ist die Technik dieser Revolution.

Aber es ist nicht ihr Inhalt. Es ist ein Instrument. Es ist nur ein Mittel, das beliebig in verschiedener Stärke angewendet werden kann.

Wichtiger als alle Mittel, wichtiger als alle Taktiken, wichtiger als alle Programm ist: Revolution. Das Programm einer proletarischen Revolution faßt sich zusammen in dem einen Wort: Revolution.

Darum: nicht die Frage, wie ist es gemeint, wie soll es sein, wie kann es werden. Nicht die Frage, darf man und darf

wirklichen Verhältnisse in Deutschland nicht sehen sollten. Die Verpflichtung, die die jetzige deutsche Regierung einem fremden Staat gegenüber unterzeichnen würde, bedeutet in der Tat nichts weiter als denselben Fetzen Papier, der für das alte Regime jeder Friedensvertrag bedeutet hat. Die deutsche Regierung will sich einer verspotteten Nationaleigenschaft der Deutschen würdig erweisen: sie will g e l e h r i g sein und lernt doch dabei nur die Schattenseiten von Amerika, den Bluff, den Schwindel.

Der Krieg gegen Rußland beginnt!

Die Börse beginnt nervös zu werden. Die Börse hat den Weltkrieg ein halbes Jahr vorausgesehen. Jetzt hat sich der Börse ein Freudentaumel bemächtigt. „Spezialwerte", wie und nach dem augenblicklich geltenden Börsenjargon Rüstungswerte, die chemischen Fabriken, die Pulverfabriken, Fabriken, die direktes Rüstungsmaterial herstellen, Metallwerke, die Automobilfabriken, alle solche Aktienunternehmungen sind in den letzten Tagen sprungweise gesteigert worden. Am Schluß der vergangenen Woche erzielten solche Werte Kurssteigerungen von 20—30 Prozent!

Was bedeutet das?

Auf der einen Seite klagen die Unternehmer, „sie werden zu Tode gestreikt", unterstützt von den amtlichen Telegraphenbüros. Immer drohender werden für jede einzelne Unternehmung die Forderungen der Arbeiterschaft nach Mitbestimmung, Kontrolle und schließlich Uebernahme des gesamten Betriebs. Immer drohender wird für die Aktionäre die Forderung nach Beschlagnahme des Aktienkapitals, nach Annullierung der Kriegsschulden, nach Beschlagnahme des Privatkapitals. Und trotzdem hat eine Hausse eingesetzt, ein Börsentaumel, der an die hitzigsten Tage der Kriegszeit erinnert. An allen Ecken droht der Generalstreik. Ringsum wird Berlin bald von Räterepubliken eingekreist sein und trotzdem finden sich Leute, die Horde der Börsenspekulanten, die ihr ganzes Vermögen in diesen Spezialwerten jetzt anlegen.

Was bedeutet das?

Es bedeutet, daß der Krieg gegen Rußland beschlossen ist und die Börse die entsprechende Witterung vorausgenommen hat. Es bedeutet, daß Abmachungen getroffen worden sein müssen, wonach die Fabriken, deren Aufrechterhaltung für einen Krieg gegen Rußland notwendig erscheint, nicht nur aus jedem Sozialisierungsprogramm ausgeschlossen werden, sondern eine besondere Unterstützung, was Preise und Lieferungen anbelangt, zugesagt erhalten.

Man weiß, daß gewisse Ententekreise, vor allem die französische Bourgeoisie, sich mit dem Plan tragen, über Deutsch-

Nachrichten

**Eiliges
Manuskript**

**Ost-
Europa-Dienst**
Berlin-Wilmersdorf, Paretzer Str. 10
Wien – Sofia – Konstantinopel

Schutzbund deutscher Auswanderer / Breslau – Berlin

Centrum 9775

Liebe Claire,
ich bitte Dich *Ernst* zu benachrichtigen, daß er die Post *Auswanderersachen* vom I.K. zum neuen Büro Burgstr. mit hinübernimmt. Ich werde wohl hier noch länger zu tun haben, damit ich die Kontrakte fertig mache. Jedenfalls kann ich Dich heute nicht anrufen.
     Gruß Jung

Juli/August 1919.
I.K. *„Industrie-Kurier". – Das neue Büro Jung & Co. Correspondenz-Büro, Berlin C, Burgstr. 17. – Dort weiterhin die Generalvertretung der „Deutschen Auswanderer-Zeitung", Breslau, zuerst für Berlin und Hamburg.*

Generalvertretungen
der Deutschen Auswanderer-Zeitung.

Berlin-Hamburg
Jung & Co.,
Berlin,   =====   Hamburg,
Hallesches Ufer 32.   Neuer Wall 54.

Provinz Sachsen und Thüringen
H. Zimmermann, Halle a. S. II,
Fach 100.

**Hannover, Braunschweig, Oldenburg,
Mecklenburg, Schleswig-Holstein,
Bremen, Lübeck**
Hugo Fiebert, Celle.

Westfalen
J. Kohlhaas, Gelsenkirchen.

Bayern
H. Brndt, Nürnberg, Comeniusstr. 9.

Schutzbund deutscher Auswanderer / Breslau-Berlin

Vertretung der wirtschaftlichen und kulturellen Interessen der deutschen Auswanderer und des Deutschtums im Auslande
Hauptgeschäftsstelle: Breslau, Ohlauer Straße Nr. 82 / Fernsprech-Anschluß Nr. 7424

Verwaltung: Freiherr von Wolzogen, Handkerl Stein, Berlin — Syndikus: Rechtsanwalt Henning, Berlin, Mohrenstr. 91
Bankkonto: „Auswandererschutz", Bank für Handel und Industrie (Darmstädter Bank) Breslau

Breslau _____ 191__

Liebe Clara,

/Centrum 9770/

ich bitte dich gleich zu benachrichtigen, daß
er die post Auswanderfragen vom D.B. zum
neuen Büro bringt mit Einverständnis.
Ich werde noch heut noch längere zu dir
haben, damit ich die Dentralste
schaftlich mag. Frühmorgens kann ich
dich heut nicht ansehen.

Grüße Franz

An den Rat der Volkskommissare zu Händen
des Gen. Tschitscherin.

Werter Genosse, in meinem Auftrage als Vertreter der kommunistischen Arbeiterpartei zu Verhandlungen mit dem Exekutiv-Komitee der III. Internationale benutze ich zugleich die Gelegenheit, die Stimmung des deutschen Proletariats über die Behandlung des für die deutsche Revolutionsentwickelung so wichtigen Aufgabenkreises einer russischen Vertretung in Berlin durch die augenblickliche wiederzugeben, und aus den Erfahrungen und Erkenntnis der gegenwärtigen Situation Vorschläge für dieselbe in der beigefügten Denkschrift zu unterbreiten.
Zwecks näherer Begründung dieser Denkschrift ersuche ich um eine persönliche Unterredung zugleich im Namen des hier zum Studium des volkswirtschaftlichen Aufbaus Sowjetrußlands anwesenden Dr. Goldschmidt, der ein spezieller Kenner der deutschen Volkswirtschaft und ihrer augenblicklichen Tendenzen ist.
Mit kommunistischem Gruß

z.Zt. Moskau,
Delowoj Dwor

Moskau, den 23. Mai 1920
Die augenblicklichen politischen und ökonomischen Verhältnisse in Deutschland stellen an die Vertretung der russischen Sowjetrepublik in Berlin besondere Aufgaben. Die *politische* Lage ist dahin zu charakterisieren, daß die Ebert-Regierung nur mühselig den Schein einer Autorität im Lande aufrechterhält, während der Beamten- und Geheimratsapparat, mit dem sie arbeiten muß, den Staat defakto beherrscht. Ein großer Teil der Beamten ist gegen die Regierung, davon aber auch wiederum nur ein Teil für die Militärs. Die nach dem Kapp-Putsch sich immer mehr entwickelnde Desorganisation des politischen Verwaltungsapparates wird die Regierung zwingen, nach diplomatischen Erfolgen zu greifen, so daß konkrete Verhandlungen über die Aufnahme diplomatischer und vor allem wirtschaftlicher Verbindungen mit Rußland der deutschen Regierung zweifellos überaus erwünscht

sind. Die ökonomische Lage ist dahin zu charakaterisieren, daß ein Anschluß an den Weltmarkt, den man zu Beginn des Friedens erwartet hatte, noch nicht gelungen ist. Man sieht immer mehr ein, daß eine wirtschaftliche Hilfe vom Westen nicht zu erwarten steht, d.h. man beginnt den Charakter des Versailler Friedens zu begreifen. Die völlige Desorganisation der Wirtschaft und die daraus folgende Verzweiflung drängt nicht nur einsichtige Deutsche nach Osten. Jedenfalls ist die Stimmung für wirtschaftliche Verhandlungen mit Sowjetrußland augenblicklich recht günstig.

Das Schwergewicht der politischen Vertretung Rußlands in Berlin muß sich auf eine in Wirtschaftsfragen wirklich sachverständige Vertretung konzentrieren. Es hat sich gezeigt, daß bei der herrschenden wirtschaftlichen Anarchie für einen nicht genauen Kenner der deutschen Wirtschaftsverhältnisse die Gefahr entsteht, die Konzernbildung des großkapitalistisch gewordenen Schieberkapitals zu übersehen und Werkzeug des großkapitalistischen Schmuggels zu werden. Es liegt im politischen Interesse der deutschen Regierung, diesen Schmuggel nicht nur zu unterstützen, sondern als alleiniges Mittel für die auch von ihr angestrebten Verbindungen mit Sowjetrußland zu empfehlen. Die gegenwärtige Vertretung Rußlands, die das auf Grund mangelnder Sachkenntnis übersehen hat, ist deswegen in ihren politischen Zielen nicht vorwärtsgekommen, weil sie sich für die Unterstützung der politischen Ziele derjenigen deutschen Wirtschaftskreise bediente als Faktor gegen die Regierung, die gerade ein Interesse an der nicht offiziellen Verbindung mit Rußland haben. Sie hat es nicht verstanden, eine brauchbare Macht zur Legalisierung dieser Beziehungen bezwe. zur legalen Aufnahme dieser Beziehungen hinter sich zu bringen und sie darf augenblicklich aus der Entwickelung der Verhandlungen in der bezeichneten Form in den Augen der russischen Regierung sowohl wie in den Augen des deutschen revolutionären Proletariats als schwer kompromittiert bezeichnet werden, zumal sie von der augenblicklichen deutschen Regierung nach rechts und links als Gelegenheitsmittel benutzt wird und sie selbst trotz Erkennung der Lage sich kaum dagegen wehren kann, ohne die von Anfang an schon vorhandene Möglichkeit einer breiteren Verhandlungsbasis zu gefährden.

Daraus ergeben sich zwei Folgerungen: Politische Aufgaben sind augenblicklich in Berlin nur zu lösen durch sachverständige Benutzung der ökonomischen Lage. Ferner kann die jetzt festgefahrene Situation nur dadurch gelöst werden, daß entweder die augenblickliche Vertretung völlig neu ersetzt wird, oder durch Absendung einer Handelskommission mit besonderen Vollmachten in dem angedeuteten Sinne erweitert wird. Die gegenwärtige Situation ist dafür jetzt besonders günstig, da man in Berlin diese Kommission als Parallele zu der Londoner Mission Krassins besonders freudig aufnehmen würde, andererseits aber auch die Mission Krassins wirksam dadurch unterstützt werden kann.

Franz Jung

4. November 1920
Mein lieber Franz,
Deine beiden Arbeiten sind für mich ein Rückhalt und Ansporn und eine große Bestätigung. Ich schicke sie in diesen Tagen ab.
Der Buchvertrieb nimmt einen ganz guten Verlauf, von Deiner Broschüre sind 60 Exempl. bereits bestellt. Ich habe in unsern Zeitungen ein paar Inserate aufgegeben und schreibe zunächst an alle von der Interessengemeinschaft und der Partei bekannten Provinzadressen, da ich hoffe, dort größeren Absatz zu haben als in Berlin.
Gestern traf ich den Norweger Hansen, der auch Dich kennt. Man hat Dich dort in sehr guter Erinnerung. Ich habe ihm Deine Broschüre in mehreren Exemplaren gegeben und besprach mit ihm die Möglichkeit einer Übersetzung ins Norwegische. Goldschmidt wird ihm diesen Vorschlag auch noch mal ganz besonders nahe bringen, er fährt mit ihm zusammen nach Bremen. Ich hoffe es wird gelingen. Hansen interessiert sich jedenfalls sehr für Deine Arbeiten und bat mich, Durchschläge Deiner neuen Schriften nach Italien, wohin er geht, zu schicken. Gleichzeitig schreibt H. auch nach Norwegen an die Partei. Ich versuche auch eine Verbindung zu bekommen wegen einer Übersetzung Deines Buches ins Englische und auch wegen eines Films. Es sind viele neue Möglichkeiten, und man könnte viel und gut in

diesem Winter arbeiten. Ich wünsche nur ganz stark, Du wärest wieder hier, gelt Du auch?
Bitte schicke mir *umgehend* eine Postvollmacht zum Empfang größerer Geldsendungen. Ich hatte mit der Frankfurter Lebensvers. wegen Auflösung verhandelt, man schlug mir jedoch ein Darlehen vor, da bei Rückzahlung auch nicht mehr Geld herauskäme. Ich erhalte nun das Darlehen nach Abzug der beiden letzten Prämien also 1500 Mk.
Wenn Du Stendhal ausgelesen hast, bitte sende ihn zurück, ich schicke Dir in den nächsten Tagen weitere Bücher.
Herzlichen Gruß
   Cläre
Bitte sende *alle* Postsachen an die Adresse meiner Schwester mit Innenkuvert für mich.
   C.

Die beiden Arbeiten *wahrscheinlich „Proletarier" und „Die Technik des Glücks". – „Berliner Arbeiter-Buchvertrieb". – Cläre Jungs* Schwester *Henriette Otto (Henny).*

Oslo, 1.10.84
Liebe Sieglinde Mierau!
Dank für den freundlichen Brief und die Frage nach Franz Jung (1888–1963) in Norwegen. Die NKP hat mir Deinen Brief an sie auch geschickt; nun beantworte ich beide Briefe mit einmal...
Mir scheint, die Begegnung Franz Jungs, des 32jährigen deutschen Jungkommunisten und Revolutionärs mit dem 18jährigen Rudolf (Rulle) Nilsen (1901–1929) in Christiania (Oslo) 1920 hat bei dem späteren großen norwegischen proletarischen Dichter Spuren hinterlassen...
Ja, man glaubt den „Niederschlag" dieser Begegnung – in einer etwas anderen Richtung – in zwei, drei Novellen von Rulle Nilsen zu finden: „Der kleine Desperado" (Den lille desperado; Klassekampen, 11.8.1923), „Die Stille" (Stillheten; Klassekampen, 7.7.1923) und „Der Schatten der Revolution" (Revolutionens skygge; Klassekampen, 1.10.1921). (Siehe im beiliegenden Buch „Rulle erzählt", Rulle forteller, S. 18–19 und S. 44).

Jener „Hansen", dem Jung begegnet ist und mit dem er in Verbindung stand, ist Arvid G. Hansen (1894–1966), über ihn habe ich speziell in meinen Büchern „Kollontai in Norwegen" (Kollontaj i Norge; 1982) und „Gorki in Norwegen" (Gorkij i Norge; 1983, S. 108–113) geschrieben.
Rudolf Nilsens Übersetzung von F. Jungs „Proletarier" – Proletarer. Fortalling fra revolutionens Tyskland – ist, soviel ich weiß, 1923 im Verlag Ny Verden erschienen. (Siehe die beiliegende Broschüre über Otto Luihn, S. 4).
Soviel für heute.
Freundlichen Gruß
       Martin
       Viele Grüße an Fritz!

Von Martin Nag.
„Otto Luihn som kulturformidler mellom Sovjet-Unionen og Norge" von Martin Nag. In: „Meddelelser" Nr. 39/84 der Universität Oslo, Slawisch-Baltisches Institut. *„Proletarer. Fortaelling fra revolutionens Tyskland"* *Proletarier. Erzählung aus dem Deutschland der Revolution. – Aus dem Norwegischen.*

Liebe Claire, ich versuche auf Umweg Dir mitzuteilen, daß es *auf diese Weise* mit der Verteidigung nicht weitergehen kann. Ich sagte dir schon, *jetzt* muß sie arbeiten. Nicht einfach bloß Schriftsätze losschicken, die ad acta gelegt werden. Es muß auch die Presse mobilisiert werden, am wichtigsten die *Hamburger Volkszeitung*. Die Untersuchungsführung ist *so* ein Unding. Abgesehen von dem ganz unglaublichen Ton, in dem der Untersuchungsrichter die Verhandlung führt (ich habe Fraenkl darüber geschrieben) ist sie auf einem falschen Gleis. Ich stehe doch darauf, weder eine Beschlagnahme beabsichtigt, noch davon gewußt zu haben. Davon werden weder die Matrosen noch die ((unleserlich)) viel aussagen können, außer es werden Einzelheiten, Äußerungen etc. gewaltsam konstruiert gegen mich, wie das jetzt der Fall ist – gegen die ich natürlich gar nichts machen kann. Zudem scheinen die Matrosen merkbar aufgehetzt, da sie auch in ihrer Auffassung als mitbeteiligt angesehen werden, so bemühen sie sich die Schuld abzuwälzen. Auch hier muß eingegriffen werden. Ich sehe darin deutlich die Beeinflussung des Amtsrichters, da ja für die Matrosen selbst mein Fall ganz außerhalb liegt. Jedenfalls müßte schleunigst die Objektivität des Verfahrens hergestellt werden. Der Unterschied gezogen werden zwischen dem was *vorher* war, was mich betrifft, und dem, was *auf dem Schiff*, was mich *nicht* so sehr betrifft – worauf aber die Untersuchung fußt, und dem was *nachher* war, was mich wieder nur betrifft. Wird gegen die Art der Untersuchung nicht mit den schärfsten Mitteln nur in der Presse protestiert ist ein Ende nicht abzusehen, auch daß ich die Unverschämtheit nicht mehr lange zu ertragen gewillt bin.

Ich beabsichtige noch einige Tage zu warten u. dann offiziell an Fraenkl zu schreiben, daß ich gegen Ende d.M. wenn keine Änderung eintritt, in den *Hungerstreik* treten werde. Ich lasse über Termin noch nähere Nachricht zukommen. Dann muß auch die Öffentlichkeit aufgerufen werden. Es ist ja möglich, daß ich daran krepiere, denn der Hungerstreik hat nur Zweck, wenn er ganz konsequent u. scharf durchgeführt wird. Die Leute hier haben natürlich ein Interesse mich verrecken zu lassen. Meine Waffe ist Protest gegen die politische Überreiztheit des Untersuchungsrichters, Protest gegen die Art der Untersuchung u. gegen die Haft. Fälle, auf die ich mich stützen kann, sind genug vorhanden. Schreibt etwas über die Zustände im Cuxhavener

Amtsgericht. Ein 28jähriger Amtsrichter, der sich durch Schneidigkeit die Sporen verdienen will, weiß nicht, daß die Untersuchung *objektiv* die Wahrheit erforschen soll, brüllt seine Untersuchungsgefangenen im Kasernenton oder schnoddrigen Studentendeutsch an, beeinflußt die Zeugen, indem er das tatsächliche Verfahren verschweigt und sie im Glauben läßt, es richtet sich gegen sie etc. etc. 4 Matrosen, die wegen einer einfachen Schlägerei, die von Sicherheitswehr auf dem Tanzboden angefangen worden ist, verhaftet sind, sitzen schon *ohne Verhör* seit 5 Wochen in Untersuchungshaft, obwohl sie am Ort wohnen und können überhaupt erhebliche Strafe zu ((unleserlich)) haben. Ein Autoritätsschützer, der Exempel statuieren will. Ein kranker Häftling, dem der Arzt bescheinigt, wird nicht ins Krankenhaus gebracht, weil der Arzt sagt, die Haftzelle ist dort schlimmer für Sie als hier. Er wird aber auch nicht nach Hamburg transportiert, sondern bleibt ruhig hier, weil man auf dem Standpunkt steht, der Mann kann *nach* Verbüßung seiner Strafe ins Krankenhaus. U. so weiter. Herzlichen Gruß. Hoffentlich geht es Dir gut. Nimm die Sache nicht zu schwer, nur Lärm muß geschlagen werden.

November 1920.
Der Brief wurde nicht auf Gefängnisvordruck geschrieben. – „Hamburger Volkszeitung" *Nr. 300 vom 12.12.1920:* „Zur Inhaftierung von Franz Jung".

                                                  Fasanenstr. 13
                                                    bei Kurtz
Lieber Jung,
soeben sprach ich Frau Cläre. Bitte verlassen Sie sich ganz auf Kurtz u. mich. Was wir Ihnen an unleidlichen Bedrängnissen erleichtern können, tun wir. Bei den Verlagssachen Ihrer Schriften werde ich Frau Cläre beistehen. Außerdem planen wir einen Aufruf für Sie, der hoffentlich bald von Ihnen zu hören und bitten Sie nochmals, versichert zu sein, daß wir alles, was möglich ist, unternehmen werden.
Herzlichst!
                Ihr Fritz Drach.

Lieber Jung.
Zufällig komme ich dazu. Ich wünsche Ihnen alles Gute und das unvermeidlich Schlimme möglichst kurz und schmerzlos.
Ganz Ihr
    John Hoexter.

Lieber Jung,
auch von mir herzliche Grüße, hoffentlich sehen wir Sie ganz bald in Berlin wieder.
Ihre
    Ida Bergmann
Else Lasker-Schüler läßt Sie sehr grüßen, ferner Grabisch, Gutmann etc.

Eingangsvermerk der Gefängnisverwaltung 18. November 1920.

                                        22.11.20
Lieber Franz,
seit ich wieder zurück bin, habe ich mich ganz intensiv auf die Arbeit eingestellt, eben komme ich von Harden, mit dem ich eine halbe Stunde gesprochen habe und dann ein Stück Weg zusammengegangen bin. Er läßt Dich herzlich grüßen, hat sich für alles sehr interessiert. Ich habe ihm Deine Rußlandbroschüre gegeben und das Manuskr. J.G. hatte ihm einen guten Brief geschrieben.
Am Donnerstag abend waren J.G., Go. und der Amerikaner Griffith und ich bei Reichenb. zusammen. Go, der ihn nochmal sprechen will in diesen Tagen, möchte einen Vertrag mit ihm auch für Dich machen.
Mittwoch abend bin ich bei Gr. eingeladen, Beierle und Reichenb. sind auch da, B. hat gefragt, ob er nicht irgendwo ein Buch von Dir verlegen könnte. Man wird noch darüber sprechen. Sonst ist es unmöglich mit bürgerlichen Verlegern zu verhandeln, schon allein wegen der unglaublichen Lektoren. Ich habe jetzt noch einen letzten Versuch gemacht bei einigen sozial. Verlagen, bis Mittwoch erwarte ich Bescheid, sonst drucke ich Deine Erzählung noch in der nächsten Woche. Geld habe ich jetzt dafür. Go. und

Reichenb. werden über das Buch schreiben. Macke über die Technik, von der ich – wenn Du es willst – ein Kapitel über Arbeit oder Revolution im Proletarier oder der neuen R.J. bringen möchte. George Gr. will über die kleinen Arbeiten schreiben, schlug auch vor, eine Sammlung davon (außer der von Go.) im Malik-Verlag erscheinen zu lassen. Wie denkst Du darüber?
Auch mit J. habe ich die Möglichkeit einer Übersetzung besprochen, er will einige Sache gern lesen. Auf jeden Fall schicke ich die Bücher an Landa durch jemanden. J. läßt Dich bestens grüßen, er unterstützte mich freundlich, ich habe auch wieder an unsere Freunde in C. geschrieben.
Jedenfalls sowie die Sachen heraus sind, die alle sehr schön finden, wird man den Kreis erweitern. Wie denkst Du darüber, an Wells, der wieder zurück ist, etwas zu senden?
Willst Du nicht über Gos Wirtschaftsbuch etwas ausführlich schreiben, er würde sich sehr freuen. Sein anderes Buch wird überall erwähnt, angegriffen und besprochen. Über die wichtige Arbeit schreibt keiner. Wahrscheinlich traut sich kein Mensch ran, weil sie es nicht verstehen.
Ich habe solange ich hier bin noch keine Nachricht von Dir und bin beunruhigt. Ist irgend ein Grund?
Ich grüße Dich herzlich
    Cläre

J.G. *Josef Grabisch.* – Go. *Alfons Goldschmidt.* – Reichenb. *Bernhard Reichenbach.* – Gr. *Griffith (?).* – B. *Alfred Beierle.* – Erzählung *„Proletarier".* – Macke über die Technik *Max Herrmann-Neiße „Franz Jung: Technik des Glücks". In: „Der neue Merkur" H. 11, Februar 1922.* – R.J. *„Rote Jugend".* – George Gr. *George Grosz.* – J. *James.* – C. *Christiania.* – Gos Wirtschaftsbuch *„Die Wirtschaftsorganisation Sowjet-Rußlands" von Alfons Goldschmidt. Berlin 1920.*

6/XII. 20

Liebe Claire, der Artikel von Harden ist leider ziemlicher Blödsinn und wird mir eher schaden als nützen. Er enthält vor allem eine *ganz falsche* Darstellung, direkt auf den Staatsanwalt zugeschnitten. Es war ja eben nicht so. Die gleiche Kenntnis brachte gestern der neue Anwalt Dr. Levy mit. *Wer verbreitet denn das?!* Ich habe auf Fraenkl gewartet, obwohl ich mir schon dachte, daß er nicht kommen würde. Dr. Levy ist ein recht schwacher Ersatz und laß Dir nur keine Illusionen machen. Wenn diese falsche Note bleibt, so wird zwar ein sehr interessanter Prozeß, der aber alles noch mehr verwirrt. Wo dabei alles so einfach liegt. Legt Fraenkl die Verteidigung nieder? Ich kann mir nicht denken, daß Dr. Levy, *so wie er die Sache betrachtet*, mit seinem Einverständnis hinzugezogen worden ist, oder man hätte ihm die Sache jedenfalls nicht in Berliner Literatenromantik schildern müssen. Ich gerate von hier aus als Einzelner mit der Gesamtheit der Leute draußen immer mehr in direkten Gegensatz. Für mich war es vorher, auf der Fahrt, nachher und jetzt alles andere als romantisch. Sondern so schwer, wie es einem Benutzten und Dupierten, auf dessen Kosten man sich jetzt obendrein lustig macht und romantische Vorstellungen aufbaut, nur sein kann. Betreffs der Malik-Verleger bin ich einverstanden, wenn er *schnell* druckt, von sich aus Schritte unternimmt event. für Übersetzungen sorgt. Die Technik wünsche ich ohne Zeichnung und Titelbild. Dagegen erscheint mir der Plan von den Fortsetzungen für den Siemens-Konzern (es handelt sich wohl um die Angestellten) lächerlich. Dieses Buch kann nur mit Rückhalt eines großen propagandafähigen Verlages gemacht werden. *Oder überhaupt nicht.* Ist das Buch schon da, so kann man die Propaganda durch eine billige Ausgabe in dieser Form stärken, *vorher* doch aber nicht.

Nun, gesundheitlich geht es mir den Umständen entsprechend leidlich gut. Ich bin vor allem ganz ruhig. Ich möchte Dich bitten, dem Anwalt zu sagen, er möchte sich mit dem Altonaer in Verbindung setzen. damit wenigstens beide Anwälte der gleichen Meinung sind. Ich habe jetzt so oft immer wieder alles dargestellt, daß ich jetzt keine Lust mehr habe. Und es kommt immer wieder so ein seltsames verworrenes Durcheinander heraus. Ich sagte Dir schon hier, daß ich es aufgebe, noch zu hoffen, daß jemand von denen, die sich jetzt draußen damit

wichtig machen, noch einmal begreift, um was es sich denn überhaupt handelt. Von Fraenkl hatte ich noch die meiste Hoffnung.
Hier ist übrigens mein Geld bald alle, wenn möglich lasse nächste Woche etwas schicken. Und mache nur ruhig Deine Sachen weiter und laß Dich nicht mehr in diese Privat-Mißverständnisse hineinziehen. Ich werde schon letzten Endes doch noch damit fertig.
Herzlichen Gruß
   Franz.

Maximilian Harden „*Adventivknospen. Irischer Wall*". In: „*Die Zukunft*" Nr. 10 vom 4. Dezember 1920.

27. 12.
Liebe Claire, Packet erhalten, herzlichen Dank. Auch Packet von Unterstützungskommission. Da ich nur je *einen* Brief schreiben kann, bitte ich Dich nach Gürtelstr. 25 Buchladen zu gehen und dort mit meinem besten Dank zu bestätigen, daß alles erhalten. Die Leute haben wirklich fast zuviel getan. Ich war aber auch hier schon am Ende, seit 10 Tagen ohne die geringste Möglichkeit. Was ich bestellt hatte, ist nicht geliefert worden bisher. Nun bitte ich Dich, den Druck der Bücher zu beschleunigen, sie müssen *jetzt* erscheinen. Auch das letzte. Wie ist gleichgültig. In Groschenheftchen, meinetwegen u. *ohne* Verlag, wenn es nicht anders geht. Arbeitsfriede ist schneller fertiggeworden als ich dachte. Sehr schön und sehr wichtig. Die Woche soll nicht in 7, sondern höchstens 3 Fortsetzungen gedruckt werden, je 2 und 3 Kapitel. So paßt es zusammen. Bitte verschicken an Tageszeitung, gleich wo, das Schauspiel ist, wie ich nochmal betone nur Rahmen. Man kann, *wenn man den Rhythmus versteht** /das/ Aktuelle hinein improvisieren. Bitte genau den Rythmus der Bilderfolge einhalten, nicht Rythmus der Dialektik und des Acht-Groschen-Socialismus, wie *Prinz Hagen,* der in seinem Ressentiment *nicht gut* ist. Das Problem ist falsch. Sinclair kennt den Bolschewismus nicht! Bitte Malik-Leuten mitteilen. Möchte später darüber schreiben. Auch gegen Robert Müller (in Form eines offenen Briefes). Bitte sag Pfemfert Dank. Schickt mir soeben einen Wells. Vergiß das nicht, schon der Form wegen. Hat mich angenehm überrascht. (Gerade mitten im Schreiben) Druck von Arbeitsfriede auch vorbereiten. (Malik-Verlag?) Stendhal müßte schon vor Wochen in Deinen Händen sein. Auch Wäsche muß noch in Cuxh. sein. Erkundige Dich mal danach. Nun das Wichtigste: Von der Anfrage habe ich gelesen. Ich muß bezüglich derselben noch einmal mit einem Anwalt konferieren. Ich habe gerade darüber nur so oberflächlich bisher gesprochen, daß man sich kein Bild machen kann. Vor allem fehlen die Zusammenhänge Cuxhaven-Hamburg. Außerdem, *wenn* der Fall nun schon einmal behandelt wird, soll er auch ausgedehnt werden. Ich bitte dringend meine Bitte betreffs Fränkl oder Vertreter zu erfüllen. Es soll nichts Halbes gemacht werden. Vielleicht zieht man jetzt Liebknecht *doch* hinzu. Er ist unbedingt mir lieber als der Altonaer, der mir gar nichts nützt. Bitte Fraenkl kann das nicht übelnehmen, es ist auch kein Mißtrauensvotum

Absender: Franz Jung **Unters. Gef. Hamburg.**
Empfänger: Clara Jung Berlin Koppenplatz 9

Absendung richterlich genehmigt.
Notiz!
Die Annahme von Wäsche findet nur Sonn[tags]
von 2—5 Uhr nachmittags statt.
Den Paketsendungen muß neben den vollen Vornamen des
Adressaten auch ein Verzeichnis des Inhalts beigelegt werden.

Liebe Clara, heute hat mich Goldschmidt besucht, doch konnte er die Briefe nicht mir ablesen. Der aufsichtsführende Beamte machte die Bemerkung, es läge für mich eine besondere Verfügung vor, wonach mir Briefe u. Zeitschriften nicht ausgehändigt werden dürfen u. die gesamte Kontrolle nur über Cuxhaven ginge. Ich bitte dich Krantz mitzuteilen. Er soll beschleunigt feststellen, wer zuständig ist und an wen Sachen für mich zu adressieren sind. Es tritt ja eine beispiellose Verzögerung ein, so wurde mir heute ein Telegramm Krantz an mich vom 15.ten Untersuchungsrichter Cuxhaven eingehändigt. Dies ist von Euch. An das Amtsgericht Hamburg Abt. für Requisition in Strafsachen gegangen. Vielleicht ist dort die zuständige Stelle, an die Anträge einzureichen sind. Bitte sage auch Krantz, ob es sich nicht empfiehlt, mit der Interpellation betr. meiner Behandlung nicht länger zu warten, auch mit den übrigen Schritten keinen 1 Tag warten. Ich halte nach allem, was mir dieser Krantz Ausflug der Staatsanwalt nicht für stichhaltig. Depesche mir oft bitte, oder sende ausschließlich über Cuxhaven, bis Krantz das genau abklärt

gegen ihn. Liebknecht wird seine Freunde unterrichten können. Unterschätzt das jetzt nicht. Ich habe auch sehr schon beklagt, daß wir die Berliner Wohnung aufgegeben haben. Sieh doch zu, daß Du ein möbliertes Zimmer mieten kannst. Oder auch etwas nahe an der Stadt, frage auch mal in Birkenwerder oder Tegel an oder Umgebung (Frage Lehmann, Reinikendorf), das ist noch immer näher als Grünheide. Vielleicht geben wir das auf, wenn wir anderes mit besserer Verbindung haben. *Du* machst mir jetzt mehr Sorge, wie *ich* Dir. Warum bist Du so unruhig, warum geht Deine Arbeit mit dem Buchvertrieb nicht? Schreib doch mal, woran es liegt? Hast Du Ärger mit den Leuten? Bist Du mit James noch mal in Verbindung gewesen, eventuell laß ihm ein Manuskript da. Ich sehe auch, daß Amerika schwer sein wird, und Norwegen? Unternimmt denn der Malik-Verlag nichts? Auf Goldschmidt zähle ich gar nicht. Sind denn die Novellen gedruckt, auch Fertig etc, sowie Irland? Ich glaube mit Frank zusammen kann das Pfemfert im roten Hahn bringen. Der Ton eurer Zeitung gefällt mir nicht, sags Bernhard. Das ist jetzt, wie die Dinge geworden sind, zwecklos und beraubt uns der guten Position. *Tatsächliche* Unterschiede in der Praxis *ohne* Schimpferei eher wohlwollend, nur etwas höhnisch aufzeigen. Nicht *Verrat* schreien.
Herzlichen Gruß
    Franz

Sende mir die Voss.Ztg. und schicke später an Dr. Herrmann Müller (Hamburg) meine Bücher mit Gruß.

* Und den Gesamtrythmus nicht stört, vorläufig besser bleiben lassen

Buchladen *Buchhandlung E. Radtke.* – Das letzte *wahrscheinlich "Die Rote Woche".* – Das Schauspiel *"Wie lange noch?".* – Die Berliner Wohnung *Friedenau, Kaiserallee 64–65.* – Die Novellen *"Joe Frank illustriert die Welt".* – Fertig *"Fertig machen".* – Eure Zeitung *"Kommunistische Arbeiter-Zeitung" (KAZ).* – Bernhard *Reichenbach.*

Bemerkungen für Claire:
Titel des Ganzen:
WIE LANGE NOCH?
Schauspiel von Joe Frank
Es ist mehr eine technische Probe. Der Inhalt ist ganz gleichgültig. Man darf *heute* keine Inhaltsstücke psychologisch etc mehr aufbauen. Die müssen in bürgerlicher Ideologie enden. Alles kommt auf rhythmisch betontes Spiel an. Bilder – nur bei den geringen technischen Mitteln muß man erst üben so einfach wie möglich halten. *Schnelles* Spiel. Die Personen dürfen nicht psychologisieren. *Aber* genau abgestimmt nach der Tendenz sprechen. Die bürgerlichen Scenen können einen leichten Stich ins Karikaturhafte haben. *Die Rede* kann *anfangs* etwas übertrieben pathetisch sein und allmählich natürlicher werden. Die Zwischenrufe *sehr* laut. Immer das Publikum im ganzen berücksichtigen, zu dem *hingespielt* werden muß. Eine Art Urform der Komödie. Buchstäblich muß das Publikum annehmen hier wird *Theater* gemacht *alles ist Technik und Regie*. Ich glaube nicht, daß es sich lohnt die Sache zu drucken. Wenn ja, dann nur in einem Sammelband: Proletarisches Theater. (Ich würde dann noch andere machen)
Jedenfalls aber gib die Sache dem Malik-Verlag, er soll mal versuchen, die Sache im proletarischen Theater aufführen zu lassen. Sage dem Hellmut Herzfeld, wie ich die Sache meine, er wird mich glaub ich schon dann verstehen.
Dann schreib mir mal, was daraus geworden ist, ob was damit gemacht werden kann u. wie man es aufnimmt. Herzlichen Gruß
    Franz.

Prospekt in der Gefängniskladde.

1.1.21
Lieber Franz,
eben kommen 2 Briefe von Dir vom 23.12. und 27.12. Ich hatte gehofft, daß Dr. Bessmertny, der jetzt in Hamburg war, Dich besuchen würde wie ich Dir schrieb. Leider ist es mir durch die Entfernung nicht möglich, alle diese Dinge selbst in der Hand zu behalten. Ich bitte Dich, laß Dich nicht durch irgendwelche Mißverständnisse, die durch Verzögerungen entstehen, irritieren. Es ist sehr schwer, gerade dadurch, daß der Fall ausgedehnt wird und jeder etwas unternehmen möchte. Fraenkl sperrt sich gegen vieles, hat Liebknecht veranlaßt, die Verteidigung niederzulegen. – Bitte schreibe ihm nichts darüber. – Ich werde schon mit allen fertig werden. Ein Hbg. Rechtsanwalt, der bisher Staatsanwalt war, Dr. Herbert Frank soll, falls er sich dazu eignet, Dich alle Tage besuchen. – Mitte Januar will der Hbg. Goethebund und einige Literaten einen Abend für Dich veranstalten.
Ich hoffe, daß man Dir dort nicht alles so erschwert, nachdem sich anscheinend einige Leute in Hbg. dafür verwandt haben. Denn ich bin der ganzen Situation wegen nicht beunruhigt, nur sind die sehr gehemmten Äußerungen und Verkehrsmöglichkeiten besonders erschwerend. Gestern habe ich ein Paket an Dich geschickt mit dem Neu-Guinea-Buch aus dem Scherlverlag, es freut mich, daß Du es haben wolltest, ich wollte es schon immer besorgen.
Mittwoch war Goldschmidt bei Dr. Kommer, früher United Press und Telegraph, der jetzt nach London fährt, er nimmt Durchschläge Deiner 3 neuen Bücher mit, um evtl. für England und America Autorisationsrecht zu erwerben, denn er behauptet, man brauche dort sehr dringend gerade solche Bücher. Hat sich allerdings bis Ende Februar Frist ausgebeten. Ich hoffe, daß etwas zustande kommt, auch will Kommer uns amerikanische Adressen besorgen. Ich habe gerade jetzt wieder stark das Gefühl, wie Du auch vor längerer Zeit – es wäre gut, ganz westliche Verbindungen anzuknüpfen und zwar im großen Umfange und dann zurückwirkend hier mit der A.A.U. und den Betrieben (Siemens, A.E.G.) zu arbeiten. Meiner Ansicht nach muß man alles darauf einstellen und zielsicher darauf hinarbeiten, das habe ich auch Goldschmidt gesagt, wenn man ihm einen Halt geben könnte, glaube ich

daß man doch ganz gut mit ihm arbeiten kann. Montag ist nun hoffentlich die – schon verschobene – Zusammenkunft mit den Leuten vom Siemenskonzern, mit denen die Einzelheiten des Vertriebes und der Abnahmebedingungen für „Die Woche" (in 3 Fortsetzungen) evt. auch Arbeitsfriede, wenn sie darauf eingehen. Dann sollten sie Empfehlung für andere Betriebe geben, an die man gleichfalls herantritt. Ich habe einen Durchschlag des ersteren Buches James zum Lesen gegeben, möchte gern, daß er mir die Druckkosten vorschießt – da ich schon für beschleunigten Druck des andern Buchs 5000 Mk beitragen muß) vielleicht ein Buch selbst in Verlag nimmt, hoffentlich gelingt es mir nun, ihn in den nächsten Tagen zu sprechen. Vielleicht auch Seehof-Verlag, der ja wohl nicht ganz angenehm ist, aber sehr von James abhängt. Fuchs hat mir vorgeschlagen für die R.F., die jetzt täglich 2 x erscheinen soll, fortlaufende Fortsetzungen aber ich weiß nicht, ob sie nicht die gegen sie gerichtete Tendenz merken und dann, ob Du das willst. Evt. auch Hbg. Volkszeitung wäre möglich. Oder unsere Zeitung, die täglich herauskommen soll? Deine Novellen sind alle gedruckt, Irland erscheint nächste Nr. K.A.Z., nur „Über Disziplin" und die Kritik des Goldschmidtbuches habe ich noch nicht gesehen.

Arbeitsfriede und das Schauspiel sind sehr schön, ich wünschte nur, ich könnte Dir schon etwas gedruckt schicken, sowie ein Buch erscheint, will ich ausführliche Briefe nach Norwegen, Frankreich etc. schreiben. Es mußte erst eine gewisse Vorarbeit geleistet werden, jetzt wird es sicher gehen.

Ich hörte aus Cuxhaven, daß man Dir die Wäsche nachschicken wollte, hoffentlich hast Du sie erhalten.

Mit Fraenkl werde ich nochmals morgen alles ausführlich besprechen.

Viele herzliche Grüße
      Deine Cläre

Goethebund *zum Schutze von Kunst und Wissenschaft e.V., gegründet 1900.* – A.A.U. *Allgemeine Arbeiter Union.* – R.F. *"Die Rote Fahne".* – Unsere Zeitung *"Kommunistische Arbeiter-Zeitung"(KAZ).* – Novellen *"Joe Frank illustriert die Welt".* –

Die Kritik des Goldschmidtbuches „*Die Wirtschaftsorganisation Sowjetrußlands*". – In: „*Der Kampfruf. Organ der AAU*" Nr. 33 von 1920. – Das Schauspiel wahrscheinlich „*Wie lange noch?*"

4.1.21
Liebe Claire, ich habe das Packet mit den Schuhen wie das neue Packet mit Neu-Guinea Buch erhalten, herzlichen Dank. Mit dem was ich noch zu Ende arbeiten wollte, bin ich fertig und es ist die seit langem erwartete Reaktion eingetreten. Ich bin so müde, daß ich mich kaum auf den Beinen halten kann, obwohl ich nachts nicht schlafen kann. Es fällt mir schwer ein paar Seiten hintereinander zu lesen. An dem Erschöpfungszustand mag auch die schlechte Luft hier schuld sein, jedenfalls muß ich jetzt alle Energie anwenden, nicht einfach zusammenzuklappen. Sobald ich die Balzacs ausgelesen habe, sende ich sie Dir zurück mit der Wäsche und den anderen Schuhen. Hast Du denn für die Woche was unternommen? Man kann nicht länger damit warten. Hast Du mit Herzfeld betr. des Stückes gesprochen? Auch die Woche läßt sich leicht *filmen,* Hennigsdorf bietet doch die schönsten Naturaufnahmen dafür. Du schreibst immer so allgemein, ich weiß gar nicht, ob überhaupt Aussicht ist, daß die beiden andern Bücher erscheinen. Pfemfert hat vor Jahren von mir deutsche Übersetzung (in Schundromanformat) der Fille Elise Goncourts bekommen. Sieh doch zu, ob er sie noch hat u. mir mal leihen will, auch die Germinie Lacerteux möchte ich noch mal lesen, dann den Louis Lambert Balzacs und einen von Zolas letzten Romanen. Vielleicht kann Herrmann Dir welche leihen. Sieh nur zu, daß Du mir recht viele Zeitungen schickst, von den großen Berliner laß die Inseratenseiten weg, damit sie weniger Platz einnehmen. Möglichst viele Richtungen durcheinander wie kann ich mir sonst ein Bild machen. Fraenkl muß darauf achten, daß in der Beschwerde genau unterschieden wird, gegen wen. Die Behandlung kann doch nur so verstanden werden als durch die *Hinausziehung* des Verfahrens, der Untersuchung etc. Dafür hat doch Fr genug Material, schriftliches wie mündliches. Ist schon festgestellt, was das für eine Verfügung aus Cuxhaven gewesen ist, die hier niedergelegt gewesen sein soll, und die Bücher etc. verbietet.

Ich bekomme doch jetzt welche, also um was handelte es sich da? Ist die Frage der Kompetenz entschieden und wie? Werde ich den Besuch eines Anwalts oder Fraenkls Vertreter erhalten? Ich hatte so eingehend mit Fr. darüber gesprochen, aber ich habe den Eindruck, er hört manchmal gar nicht zu. Ich werde jetzt eine Zeitlang nicht mehr schreiben, nur bei dringendstem Fall.
Herzlichen Gruß
        Franz

Woche *„Die Rote Woche"*. – Betr. des Stückes *„Wie lange noch?"* – Die beiden anderen Bücher *„Arbeitsfriede"* und vermutlich *„Die Technik des Glücks"*. – *Max* Herrmann-*Neiße*.

14.1.21
Lieber Franz,
das Schauspiel ist vorgelesen worden und hat einen sehr großen Eindruck auf die Zuhörer ausgeübt, es ist das, was gebraucht wird. Das Prol. Theater ist im engen Zusammenhang jetzt mit der Berliner Zentrale und hat einen Ausschuß von unseren Leuten. Man will davon absehen, immer in verschiedenen Sälen wie bisher zu spielen und ein Theater pachten. Die technische Regie wird Heartfield übernehmen. Plakat Gross. Durch Scheinwerfer wird die Wirkung der Duplizität der Geschehnisse erzielt. Nun wollen der Malik-Verlag das Stück gern als Sondernummer des Gegner als Textbuch herausgeben. Schüller aber möchte es im Parteiverlag als Bücher Prol. Theater erscheinen lassen oder ganz oder auch teilweise in der K.A.Z. abdrucken. Ich wäre für den Parteiverlag, wenn er es in besserer Aufmachung brächte wie die Broschüre, weil größere Verbreitungsmöglichkeiten bestehen. Sagte Schüller, Du wolltest kein extra Buch für das Stück, mehr Sammelheft, aber er will eine kleine Bibliothek machen, deren 1. Band es sein soll.
Über die andern Bücher habe ich schon geschrieben, es ist vieles eingeleitet, doch dauert es eine Weile, bis alles heraus ist. Der Junge hat geschrieben und sich für das Weihnachtspaket mit den Schlittschuhen bedankt. Deine Mutter scheint

auf der Straße einen leichten Unfall gehabt zu haben, er schrieb, sie wäre von einem Schlitten gestoßen worden.
Im Verlag 3 Masken, München ist von S.Rubinstein ein Buch erschienen: Romantischer Sozialismus (Ein Versuch über die Idee der deutschen Revolution) Willst Du es lesen?
Ich hatte an Dr. Ewald bezgl. der 500 Mk. geschrieben, er teilte mit, daß 484,95 nach Hbg. Gefängnisdirektion geleitet seien, von dort fehlt mir noch die Antwort, ich hoffe aber, Du hast das Geld inzwischen, sonst schicke ich Dir welches. Hoffentlich geht es Dir nicht schlecht, ich bin etwas beunruhigt, wenn ich gar nichts weiß. Ich habe mit Fraenkl gesprochen, daß er in Verbindung mit den Hamburger Anwälten etwas unternimmt.
Viele herzliche Grüße
               Cläre.

Schauspiel/Stück *Wahrscheinlich „Wie lange noch?"* – Parteiverlag *Verlag der K.A.P.D. Berlin.* – Broschüre *„Reise in Rußland",* erschienen im Verlag der *K.A.P.D. Berlin 1920.* – Der Junge *Franz Jung jun.* – Mutter *Clara Jung.*

Berliner Arbeiter-Buchvertrieb
Berlin NW 6
Luisenstr. 28, I. links   17. Januar 1921

W.G.
Wir machen Ihnen heute eine Reihe Vorschläge, die dazu dienen sollen, eine nähere Verbindung der proletarischen Organisationen der verschiedenen Länder und eine bequeme Austausch-Gelegenheit der gegenseitigen Publikationen zu schaffen.
Der *Berliner Arbeiter-Buchvertrieb*, der nicht einseitig an eine bestimmte Partei gebunden ist, hat die Aufgabe, dem revolutionären Proletariat aufklärende Literatur zu billigen Preisen zu verschaffen, gleichzeitig will er den ausländischen Genossen das Publikationsmaterial der deutschen Arbeiter-Parteien vermitteln. Daher wenden wir uns heute an Sie mit folgenden Vorschlägen:

Mitglieder der Ansiedlung Ost

lest und verbreitet

die Schrift des Genossen Eberhard Fink

Die
Agrarkommune

Wirtschaftsprogramm für Landbau, Forst, Fischerei und die Landindustrie!

Bestellt dieselbe im Buch-Verlag „Räte-Bund"
Berlin NW 6, Luisenstraße 28.

Diese äußerst billige Schrift ist für Euch, die Ihr als Siedler nach Rußland geht, ungemein wichtig!

Das erste Wirtschaftsbuch über Sowjet-Rußland

Vom Genossen Alfons Goldschmidt ist im Verlag von Ernst Rowohlt, Berlin

„Die Wirtschaftsorganisation Sowjet-Rußlands"

erschienen.

Unentbehrlich für alle, die die Wirtschaftsarbeit Sowjet-Rußlands kennenlernen und wissen wollen, wie eine proletarische Wirtschaft aufgebaut wird.

Unentbehrlich besonders für Betriebsräte und Gewerkschaften.

Für Organisationen
zu Vorzugsbedingungen nur durch die „Räte-Zeitung"

1. Fordern wir Sie auf, alle Broschüren, Flugschriften usw., die die deutschen proletarischen Organisationen herausgeben, durch uns zu beziehen.
Wir senden Ihnen als Probe die Broschüre unseres gefangenen Genossen Franz *Jung* „Reise in Rußland", die sich gewiß gut zum Abdruck in Ihrer Presse eignet oder auch gesondert als Broschüre übersetzt, den Genossen wichtige Aufklärung über den Geist der russischen Revolution geben würde. Von Franz Jung, der nicht nur ein klarer entschlossener Führer der Arbeiter-Bewegung, sondern auch ihr künstlerischer Gestalter ist, liegen noch mehrere z.T. unveröffentlichte Arbeiten vor; für den Fall, daß Sie Interesse dafür haben, können wir Ihnen die Manuskripte einsenden, und Sie können entscheiden, ob Sie Übersetzungs- und Verbreitungsrecht innerhalb Ihres Landes erwerben wollen.
2. Schlagen wir Ihnen vor, für Ihren Zeitungsdienst regelmäßig in beliebigen – etwa 14 tägigen – Abständen unsere Berichte über die politischen und wirtschaftlichen Ereignisse in Deutschland zu beziehen. Auch hierfür geben wir Ihnen beifolgend Proben: einen Wirtschafts- und einen politischen Artikel, die zusammenfassend die Situation der deutschen Arbeiter-Bewegung an der Jahreswende darstellt. Für diese Artikel stehen bekannte Führer und Theoretiker zur Verfügung; z.B. ist der heutige Wirtschaftsartikel von Dr. Alfons *Goldschmidt*, dessen Buch „Die Wirtschaftsorganisation Sowjet-Rußlands" die erste große wirtschaftswissenschaftliche Darstellung des russischen Wirtschaftskörpers ist.
Wir schlagen vor, daß Sie die Artikel, die Sie von uns bringen, nach den bei Ihnen üblichen Tarifen honorieren und dadurch, ohne daß es für Sie eine allzugroße Belastung bedeutet, eine international gerichtete Arbeit deutscher Arbeiterkreise unterstützen.
Ebenso werden wir sicher über das Publikationsrecht der erwähnten Arbeiten von Jung, Goldschmidt usw. schnell zu einer Verständigung kommen und erbitten hierüber ihre Vorschläge.
Mit revolutionären Gruß
Berliner Arbeiter-Buchvertrieb F. Jung

Adresse identisch mit der der Räte Zeitung von Alfons Goldschmidt.

Berliner Arbeiter-Buchvertrieb

Berlin NW 6, den _____ 19___
Lutzenstraße 28, I. links.

Schriften-Verzeichnis.

1.)	"Die Wirtschaftsorganisation Sowjet-Rußlands" (Dr. Alfons Goldschmidt)	Mk. 25,00
2.)	"Moskau 1920" (Dr. Alfons Goldschmidt)	" 9,00
3.)	"Die Reise in Rußland" (Franz Jung)	" 1,50
4.)	"Die Agrarkommune" (Eberhard Finck)	" 2,50
5.)	"Jimmie Higgins", Proletarischer Roman (U. Sinclair)	" 15,00
6.)	"Was Peterchens Freunde erzählen", Märchenbuch für Arbeiterkinder	" 6,00

Voranzeige.

1.)	"Proletarier", Erzählung von Franz Jung	ca. Mk. 8,00
2.)	"Technik des Glücks" von Franz Jung	" " 12,00

Bestellschein.

Ich - Wir - bestelle folgende Bücher:

1.) _____ á Mk. _____ Mk. _____
2.) _____ " " _____ " _____
3.) _____ " " _____ " _____
4.) _____ " " _____ " _____
5.) _____ " " _____ " _____
6.) _____ " " _____ " _____

Zusammen Mk. _____

Name _____ Wohnung _____

Betrag wird bar bezahlt. - Betrag soll per Nachnahme erhoben werden.

Berlin-Zehlendorf 18.1.1921

Lieber Franz Jung,
durch Ihre Frau, die mich anrief, hab ich endlich Ihre Adresse erfahren und wie man Ihnen schreiben kann. Seit 8 Wochen habe ich den Versuch auf alle mögliche Weise gemacht, – zuletzt glaubte mir Freundlich (der Sie herzlich grüßen läßt) durch Herrn Justizrat Fraenkl den Weg zeigen zu können. Da erfuhr Ihre Frau meine Telefonnummer und wir trafen uns am Sonnabend. Sie wird Ihnen ja schreiben was wir besprochen haben. Ich will Ihnen kurz dies sagen: Ich habe seit Anfang Dezember Verbindung mit einem großen süddeutschen Verlag (neu gegründet) und mache in Berlin dessen Zweigniederlassung und, ganz selbständig und unabhängig, von hier aus einen Buchverlag in meinem Sinn (während man in Süddeutschland sich auf das Westliche (namentlich die Rheinlande) konzentriert. Ich möchte sehr sehr gern von Ihren neuen Büchern haben, was Sie mir geben können, und könnte sie voraussichtlich sehr schnell herausbringen – und billiger als jeder andere Verlag, da wir eine eigene Druckerei haben! Claire sprach mir vor allem von der „Technik des Glücks" (und will mir das Ms. bald schicken). Sie wußte nicht gleich, ob von den anderen Arbeiten noch etwas frei war.

Dann habe ich doch noch Ihr Ms. „Gott verschläft die Zeit". Ich habe deswegen schon im Dezember mit meinem Verleger gesprochen, ihm gesagt, daß mir (formal gesprochen) das Buch gehört, daß ich aber nicht ohne Ihr erneutes Einverständnis es publizieren würde. Lieber Jung, ich bitte Sie sehr: geben Sie mir das Einverständnis. Das Buch halte ich für wichtig, – einmal an sich, dann als Mittelglied zwischen Ihren früheren Romanen und Ihren neuen Büchern (ich kenne noch keins, freu mich aber sehr darauf). Man muß *jedes Mittel* der Verbreitungsmöglichkeit benutzen: dies Buch, neben Ihren neuen ist ein wichtiges (für viele Leute!).

Bitte schreiben Sie mir, wenn Sie können, ein paar Worte. Ich wünsche Ihnen alles Gute – hoffentlich geht das Amnestiegesuch durch – und grüße Sie herzlichst.

Ihr Walther Rilla

Liebe Claire, bitte beschaffe doch *sofort* für Fraenkl bezw. den hiesigen Untersuchungsrichter das offene Schreiben des Exekutiv Kommittees der III.Internationale an die K.A.P.D. sowie das Protokoll der Verhandlungen unserer Delegation mit der III. Internationale. (Beide Sachen sind abgedruckt in der *Roten Fahne* Anfang Juli 1920) Oder in der Juli No der Komm. Internationale (Große Ausgabe) da diese nicht zu beschaffen sein wird so schnell, besorge die *Nummern der R.F.* Ferner einen Sitzungsbericht bezw. Protokoll des damaligen Parteitages (4.4.1920) aus dem der Zweck unserer Reise hervorgeht (Vielleicht Kommunist. Arbeiter Ztg) ferner 1 Exemplar Reise in Rußland (hier noch zu den Akten) Bitte besorge das alles *sehr schnell*, da es hier gebraucht wird.
Herzlichen Gruß Franz
Das kleine Packet habe ich erhalten.
Ich warte sehr auf Nachricht bezgl. der Bücher, *wann* und ob sie erscheinen.

Ausgangsvermerk der Gefängnisverwaltung 25. Januar 1921.

Werter Herr Gorter! Herr Senkpiel fährt zu meiner Unterstützung nach Holland. Er soll in Amsterdam oder Rotterdam die Verbindung mit der Seemannsunion aufnehmen, um die aus England kommenden Berichte und Personen weiter zu befördern und einen dauernden Weg offen zu halten. Ich bitte Sie, ihm Rat und Unterstützung angedeihen zu lassen.
Mit komm. Gruß
      Franz Jung

Etwa Anfang Mai 1921.

8.6.
Liebe Claire, bisher habe weder ich noch die Anwälte auf zahlreiche Briefe um Material an die verschiedensten Leute Antwort. Ich hoffe, daß Du jetzt zu Hause bist. Das Versprechen dich noch sprechen zu dürfen ist natürlich nicht gehalten worden. Also ich brauche das Presse-Material (Voss Ztg, B.Z. Berl. Tagebl.) Nachrichten über den Prozeß, Anfrage und Antwort an Dr. Levy im Reichstag, Anklage und Urteil (gegen Knüfken) sodann Material über den Unterschied zwischen der Behandlung der Matrosen und mir (da man Heyde in Christiania doch ausgeliefert hat, auf welches Delikt?) inwiefern bin ich anders zu behandeln. Material über Taktik der deutschen Gerichte, überall nur das Strafrechtsdelikt zu konstruieren. *Beispiele.* Ablehnung der Auslieferung Hölz Tschecho-Slowakei, Levins in Wien (nach Bayern) etc. Fraenkl oder sonstwer soll längeres Gutachten darüber schreiben. Sodann Material über Bielefelder Abkommen, Parteigründung und daß Ruhe in Deutschland nicht wiederhergestellt war. Die Enthüllungen über beabsichtigten Aufstand im Mai in Mitteldeutschland (Deutsche Tageszeitung. Mitte Mai). Sodann bitte ich mir von Berliner russischen Gesandtschaft Bescheinigung zu besorgen, daß ich im Juni 1920 russischer Untertan geworden bin. Eventuell Paß besorgen und Visum nach Reval, daß ich von hier aus evtl. nach Rußland ausgewiesen werden kann. Meine Sache steht hier so ungünstig wie möglich. Von Hamburg ist Anklage noch nicht eingetroffen. Trotzdem ist aber keine Zeit zu verlieren. Ich hoffe, daß wir uns in Rußland oder schon in Reval wiedersehen. Ich bin an sich sehr ruhig, nur geht es mir nicht besonders gut. Ich schreibe hier auch ein Buch als Fortsetzung der Technik des Glücks, so eine Art Taschenbuch für den Reiss-Verlag. Es ist trotzdem schwer hier auszuhalten. Ich fürchte manchmal, daß Du mir große Vorwürfe machst und mir sehr böse bist.
Ich habe jetzt noch einen zweiten Anwalt, Herrn Bekker, Amsterdam, Prinsengracht 721, den mir die Partei gestellt hat. Gib bitte bald Nachricht, daß du gut angekommen bist, am besten an den Bredaer Anwalt durch Telegramm Van der Hurk, Breda (associe von Dr. Pels Rycken). Ich finde es ganz richtig, daß wir nicht sehr weit gekommen sind, weil wir zu wenig vorbereitet waren und noch zu viele Fehler machen. Wir müssen noch lernen. Und selbst wenn ich ausgewiesen werde, so bleibt auch nichts

Ein moderner Seeräuberroman.
Kommunistische Schifferäuber vor Gericht.
(Von unserem Korrespondenten.)

Hamburg, 18. Mai.

Wie ein Seeräuberroman mutet die Entführung des Kuxhavener Fischdampfers „Senator Schröder" an, der das außerordentliche Schwurgericht in Hamburg beschäftigte. Zu einer Fangreise nach Island hatte der genannte Dampfer am Abend des 21. April 1920 Kuxhaven verlassen. Der Dampfer hatte aber kaum das Feuerschiff Elbe 1 in der Elbenmündung passiert, als der 1895 in Düsseldorf geborene Seemann Knüffen unter einem Vorwand den Kapitän Gewold von der Kommandobrücke in den Mannschaftsraum lockte, wo ihm außer dem Knüffen noch drei an Bord geschmuggelte Männer, nämlich der „Schriftsteller" Jung, ein gewisser Klahre und Appel entgegentraten und ihn unter Bedrohung mit geladenen Schußwaffen zwangen, mit dem Ersten Offizier und einem als Passagier an Bord befindlichen Kapitän Wolter zusammen als Gefangene ins Kabelgatt zu gehen, wo sie eingeschlossen wurden. Mit dem gleichfalls zu den Verschwörern gehörenden Matrosen Heyde zusammen zwangen die Aufrührer nun die übrige Mannschaft, der hohe Belohnung von der Sowjetregierung versprochen wurde, das Schiff an der norwegischen Küste entlang nach dem Weißen Meere zu führen, um den „Courier" Jung nach Rußland zu bringen.

Als sie am 1. Mai in Murmansk ankamen, erklärten Knüffen und Jung, das Schiff sei für die Sowjetregierung beschlagnahmt. Die Offiziere wurden zunächst in einem schmutzigen Gefängnis untergebracht, dann aber nach Petersburg geschafft. Erst am 24. Juni durften sie mit Erlaubnis der Sowjetregierung nach Deutschland in einem Gefangenentransport zurückkehren. Der streng bewachten Mannschaft des Dampfers gelang es unter dem Vorwand, auf den Fischfang zu fahren, auf See die Aufrührer Heyde und Klahre zu überwältigen und auf eigene Faust nach Kuxhaven zurückzufahren, wo sie am 24. Mai ankamen. Auch Jung, der als Beauftragter der Kommunistischen Partei Deutschlands an der dritten Internationale in Moskau teilnehmen sollte, aber keine Einreiseerlaubnis nach Rußland erhielt, war inzwischen nach Deutschland zurückgekehrt und gegen Kaution auf freiem Fuß gelassen worden. Er ist zur Verhandlung als Angeklagter vorgeladen worden, aber nicht erschienen. Das Gericht verurteilte Knüffen unter Verweigerung mildernder Umstände zu 5 Jahren Zuchthaus und Heyde zu 18 Monaten Gefängnis. Das Verfahren gegen Jung wird stattfinden, sobald man seiner wieder habhaft geworden sein wird; er soll sich in Berlin befinden.

anderes übrig als die Zähne zusammenzubeißen. So schlecht es auch steht, hoffe ich es noch nicht. Es hängt alles von der Herbeischaffung von Material und einer möglichen Intervention bezw. Anfrage der russischen Regierung ab.
Herzlichen Gruß
                Franz

1921. Aus dem Untersuchungsgefängnis Breda (Holland). Cläre Jung, die mit Franz Jung in Zundert verhaftet worden war, blieb dort einen Monat in Haft und wurde dann nach Deutschland abgeschoben.

18.6.21
Mein lieber Franz,
durch ein Telegramm des Anwalts erfahre ich eben, daß nun im letzten Augenblick doch noch die Auslieferung verlangt wird. Wir tun hier alles, um Deine Sache zu fördern. Dennoch trifft es mich wieder von neuem, ich hatte gehofft, Dich bald in Rußland zu sehen. Ich will in jedem Augenblick arbeiten, damit ich das, was ich als meine Aufgabe hier gesehen habe, bald erfüllen kann und wieder bei Dir sein darf. Ich hoffe sehr, daß es Dir nicht zu schlecht geht, Liebling.
Telegraf und andere holl. Blätter haben Artikel geschrieben und Bilder von Dir verlangt, ich bat den Anwalt sie Dir zu besorgen. Das von Dir gewünschte Material habe ich Herrn van den Hurk mitgegeben, ich denke, er hat hier gesehen, wieviel Wert alle darauf legen für Dich einzutreten. Ich wende mich sogleich an die russ. Regierungsvertretung in Berlin. Eventuell wird, wenn es zweckmäßig ist, eine Interpellation im Reichstag eingebracht.
Viele herzliche Grüße
                Deine Cläre

26.6.
Liebe Claire, ich bin sehr neugierig zu erfahren was und wie du zu arbeiten angefangen hast, ich werde wohl damit aber noch mehrere Monate warten müssen. Bezüglich deiner Manuskripte wird der hiesige Anwalt Schritte unternehmen. Die Untersuchungshaft hier gilt als Vorstufe für die Strafhaft, für die der Gefangene erst mürbe gemacht werden soll. Du kannst dir also denken wie mir zu Mute ist. Es ist gerade für mich sehr grausam und bitter. Der Brief von Reiss, der mir übrigens in *jedem* Falle im Ton nicht gefällt, hat nichts genutzt. Die Sachen von Gross bekomme ich nicht raus, einen *einzigen* Aufsatz habe ich bekommen; was ich allerdings damit anfangen soll, weiß ich nicht. Was die Polemiken über meine Sache angeht, so könnte man in Deutschland höchstens darauf hinweisen, daß aus der ersten Anklageschrift jetzt für die Auslieferungsfrage alle diejenigen Punkte einfach herausgelassen sind, die das politische Delikt klar hervorgehen lassen. Es liegt also ein *nachweislicher* Täuschungsversuch der Deutschen Behörden vor (der allerdings sehr schnell aufkommt). Und die Frage aufwerfen, ob das Ansehen der deutschen Justiz im Auslande nicht erheblichen Schaden dadurch leidet. Daran anknüpfend das *Grundsätzliche* betonen, ob eigentlich jeder Untersuchungsrichter und jedes Gericht *ohne* Prüfung einer Centralinstanz solche Gesuche stellen kann, wodurch doch einer persönlichen Rachejustiz Tor u. Tür geöffnet wird. Und schließlich eine Antwort auf die *Grundfrage* verlangen, ob Communisten überhaupt als „politisch" oder von vornherein als „Verbrecher" gelten. *Das ist das Kernproblem,* und es scheint eine internationale Verständigung stillschweigend zu bestehen. Deswegen scheint mir eine Intervention der russischen Regierung notwendig. Obwohl mein Fall so sonnenklar liegt, *kommt* das Auslieferungsgesuch, ich werde hier *monatelang* festgehalten (allein schon ein Erfolg des deutschen Gerichts) und es ist trotz allem durchaus nicht sicher, daß ich nicht ausgeliefert werde. Auf alle Fälle dauert es hier noch *Monate!* Also völlig rechtlos! Machen dagegen kann man fast nichts, es ist nur möglich eine grundsätzliche Klärung im Hinblick auf *spätere* Fälle. Ich selbst habe hier meinen Kampf um *geeignete* Selbstbeköstigung, um geeignete Arbeitsmöglichkeit für mich jetzt aufgesteckt als zwecklos.
Was meine Arbeiten anbetrifft, so bitte ich die „Technik" an

die socialistisch-wissenschaftlichen Zeitschriften als Rezensionsexemplar zu versenden, *auch ins Ausland,* an die aktivsten Rob. Müller, Hiller, Flake (mit Einlage: im Auftrage des Verfassers), an Harden, Mühsam, Müller-Ysenburg, Fuhrmann und einige solcher Leute. Grabisch kann dir vielleicht auch einige nennen. Ich möchte eine Diskussion darüber hervorrufen, gerade an die Gegner und sonstwie populär-wissenschaftlichen Feuilletonisten. Dann bitte dränge auf Herausgabe der beiden Romane. Nach Rußland kann man den Zeitungsabdruck schicken. Ich arbeite hier noch an einer größeren Arbeit, die für das Feuilleton einer Zeitung geeignet ist. Man könnte dann *dieses Werk* zugleich mit *Jack London Iron Heel* (das ich bitte dir durch die Goethe-Buchhandlung in englisch besorgen zu lassen, damit du mir es mal später mitbringen kannst) mit Bogdanoff und einem Zola in einer Bibliothek societärer Utopien in Romanform in allen größeren Sprachen zugleich erscheinen lassen von einer Centralstelle des Proletkults aus. Es kommen sicher 10-13 Bände dafür insgesamt in Betracht, nur moderne Utopien, die noch in der Gegenwart wurzeln und mehr wirkliche Tatsachen als Utopien sind. Vielleicht kannst du so einen Plan anregen. Dann bitte ich zur Auffrischung meiner russischen Sprachkenntnisse einen deutschrussischen Sprachführer mir zu besorgen, eventuell auch *finnisch* (was ist mit Karelien?) Schicke beide hierher, vielleicht bekomme ich sie ausgehändigt. Wenn nicht, so bleiben sie mir ja für später, sogleich wenn ich frei bin. Vergiß nicht, unsere Sachen in Berlin und Grünheide zu sammeln an *eine* Stelle, vor allem die Bücher. Wir werden eine Anzahl Sachen auch nach Rußland mitnehmen müssen, vor allem Kleidung und solche Sachen. Rüste dich nur schon jetzt gut aus, *du bekommst dort nichts,* und wir müssen uns einrichten dort zu bleiben. Sollte ich hier freikommen, so will ich mir hier auch noch einiges kaufen. Ich hoffe, daß die finanzielle Seite der Verteidigung mit Herrn von der Hurk geregelt ist. Nimmt diese Schrift, die du jetzt in Berlin hast, Reiss nicht, so gib sie dem Malik-Verlag oder Hanf in Hamburg. Von diesen bekomme ich noch Geld, vielleicht kannst du schon jetzt den versprochenen Vorschuß einziehen. Du wirst viel Geld benötigen, um dich gut und warm auszuequipieren, daß du die Strapazen auch überstehst. Denke rechtzeitig daran und *spare* nicht an guter Ausrüstung. Sollte es hier noch länger als 2 Monate dauern, *so fahre doch nach*

Rußland voraus. Das ist vielleicht überhaupt das beste! In jedem Fall!
Herzlichen Gruß
                Franz

Manuskripte *Cläre Jungs Texte zur Frauenfrage aus ihrer Haftzeit in Zundert (Holland).* – Gross *Otto Gross.* – Herausgabe der beiden Romane *„Arbeitsfriede"* und vielleicht *„Die Rote Woche".* – Zeitungsabdruck *„Arbeitsfriede". In: „Die rote Fahne"* 1921. – Größere Arbeit *„Die Eroberung der Maschinen".* – Diese Schrift *„Mehr Tempo Mehr Glück Mehr Macht. Ein Taschenbuch für Jedermann".*

Lieber Genosse!
Herzlichen Dank für Ihren Brief. Leider habe ich noch immer keine Zustimmung zu einem Besuch bekommen. Sobald ich sie habe komme ich.
Ich möchte Ihnen schon jetzt sagen daß Sie auf meine Hilfe (auch finanzielle) rechnen können für die Reise nach Rußland.
Telegrafieren Sie mir sobald Sie etwas sicheres wissen.
Kann ich noch etwas anderes für Sie tun?
Ihre Grüße habe ich den Berliner Freunden übermittelt.
Mit herzlichsten Wünschen
Ihr
    Hermann Gorter

Ende Juni 1921.

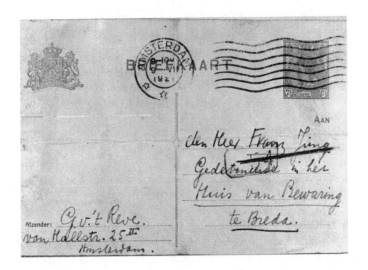

Huis van Bewaring te Breda 3. 7. 21
Liebe Claire, am 24.6. sind an dich eingeschrieben ein Heft Manuskripte abgegangen in diesen Tagen gehen hoffe ich drei weitere Hefte an Dich ab. Sind oder wird schon abgegeben. *Ich bitte um Bestätigung des Empfangs.* Bei der 2. Sendung ist in dem 1. u. 2. Heft dasselbe wie bei Sendung 1, nur befindet sich darin noch ein *Film*, weswegen ich die Sachen nochmal schicke. Der Sinn des Films ist durch analytische Technik etwa in *Form eines Determinismus* Spannung und Interesse zu erwecken, ohne Massenaufgebot, wodurch der Film ja so verteuert wird. Es ist nichts weiter als ein erster Versuch. Ich bitte Heartfield das Manuskript zu geben, mit ihm zu besprechen, ob so etwas möglich ist, ob es sich bei den deutschen Filmsnobs durchsetzen läßt, welche Aussichten vorhanden sind, eventuell soll er weitere Ratschläge geben, dann könnte ich später eine Reihe solcher Filme herstellen u. er könnte sie vertreiben bei den Gesellschaften u. registrieren. Man könnte auch Theoretisches darüber schreiben, um sich einzuführen. Dieser Film selbst als Erstling taugt natürlich noch nichts. Die Novelle Der Brisbane-Fellow gib *Fuchs* für die Redaktion. Das 3. Heft ist der Anfang von einem utopischen Roman: *Die Eroberung der Maschinen* (NICHT für Reiss, *nur* für Fuchs oder ähnliches). Es kommt noch einmal soviel. Ich bin bereits

so gut wie fertig damit. Druckanweisung und Inhalt folgt im nächsten Heft, das ich im Laufe der Woche noch abgebe. Ich bitte Dich überall Verbesserungen oder Streichungen vorzunehmen, wo Dir notwendig erscheint. In dem Roman kann das Kapitel Oh – dieses Deutschland! wegbleiben oder vielleicht nur die Überschrift, je nachdem falls es zweckmäßig erscheint. Dann die *Arbeit über Grosz*: Wenn ich auch die Mskripte nicht rausbekomme, so kann ich mir doch ein Bild machen. Zwei Aufsätze habe ich zudem freibekommen. Es ist viel schwerer, als ich entfernt geahnt habe. Es sind schließlich nur wenige Gedanken, und alles ist krampfhaft ins wissenschaftlich Medizinische immer wieder umgebogen. Trotzdem möchte ich, *daß Reiss am 1. August das Manuskript erhält.* Schon damit ich diese wenig erfreuliche Arbeit los bin. Ich bitte Dich also mir dabei zu helfen. Den Plan habe ich fertig. Ich werde schreiben: 1) Eine Einleitung, 2) etwas Biographisches, in das Du die Daten dann ergänzen mußt, 3) eine Darstellung der Grosz'schen Idee (mit meinen Worten zwar, aber nur mit Grosz'schen Gedanken). Das kann ziemlich umfangreich werden, und ich denke zusammen 2/3, so daß ich davon 1/3 vom Gesamttraum fülle mit einigen Aufsätzen von Grosz (Ich habe sie doch allmählich wieder ziemlich im Gedächtnis). Nicht *zuviel* von Grosz, denn die Leute werden sehr enttäuscht sein. Die Reihenfolge denke ich mir so: Organisation der Geistigen (Sowjet) Klassenkampf (Manuskript) Zur neuerlichen Vorarbeit (Forum). Eventuell dann, wenn grundlegend verschieden die beiden Aufsätze aus der Räte Zeitung, dann Paradies-Symbolik (Sowjet) Konflikt des Eigenen und Fremden (Freie Straße) Die *3 Aufsätze aus der Aktion*, mit Anmerkung unter dem Strich beim 2ten, daß Rubiner eine Diskussion hervorgerufen hat, eventuell Rubiners Ansicht in einem Satz wiedergeben, dann den Aufsatz Konflikt und Beziehung aus der Broschüre bei Markus und Weber in Bonn 1919 erschienen. *Dieser Aufsatz enthält sehr präzis u. klar alles, was Grosz überhaupt geschrieben und gewollt hat.* Eigentlich würde sich die Herausgabe auf diesen Aufsatz beschränken müssen. Aber das ist medizinische Fachliteratur! Ich bitte Dich nun, diese Sachen schon fertig zu machen. Ich habe hier nur die Sachen der *Nina Kuh,* das ist kaum die Hälfte von dem. *Ich selbst hatte aber alles!* (in Grünheide noch damals) *Sowjet.*

Forum. Räte Zeitung habe ich hier nicht! Das was ich hier habe, schicke ich Dir dann noch mit, mit meinem Manuskript zusammen. Als Titel schlage ich vor: *Von der geschlechtlichen Not zur sozialen Katastrophe.* – Von Dr. Otto Grosz. Der gesammelten Schriften I. Band nebst Einleitung, biographischem Material und einer eingehenden Darstellung der Grosz'schen Lehre. Mein Name soll am liebsten nur am Schluß der Einleitung stehen. (Vielleicht auch dort nicht.) So, nun hoffentlich hast Du alles verstanden, und ich bitte Dich nun die Sache in die Hand zu nehmen u. fertig zu machen. *Ich werde meinen Teil gegen den 20ten fertig haben.* Ich verlasse mich dann auf Dich.

Hier hat mich Gorter u. der Redakteur aus der Tribune, mit dem Du gesprochen hattest, besucht. Sende Gorter auch die Technik. Die Vernehmung hat hier stattgefunden, Resultat noch unbekannt. Jetzt dürfte alles darauf ankommen, darauf zu drängen, daß sich das Ministerium in Haag schnell entscheidet. Man sagte mir aber, die Leute lassen sich manchmal Monate Zeit. Ob man da etwas zur Beschleunigung tun kann weiß ich nicht. Jedenfalls sicherlich nicht von Deutschland aus. Denn alles was dort in meiner Sache geschieht, ist den Leuten hier verdammt gleichgültig. Bereitest Du etwas vor für Rußland? Gern fahre ich nicht hin, aber was soll man machen? Es ist doch immerhin vielleicht besser als nach Deutschland ins Gefängnis. Und von dort kann man sich überhaupt erst finden, was weiter werden soll. Herr v. d. Hurk hat seine Ferien angetreten, an seine Stelle tritt jetzt hier Herr Pels Rycken. Von Bekker habe ich nie mehr etwas gehört. Es ist Aussicht vorhanden, daß der Vorschlag des hiesigen Gerichts dahin geht, mich *nicht* auszuliefern. Sobald ich näheres erfahre, werde ich es Dir mitteilen lassen, allerdings entscheidend allein ist die Stelle in Haag.

Herzlichen Gruß
    Franz
Hoffentlich geht es Dir gut, Du brauchst nicht zu hetzen. Wir haben Zeit.

Film *„Vorbestimmung. Im Kampf gegen das Verhängnis".* – Grosz *Otto Gross.*

VORBESTIMMUNG
Im Kampf gegen das Verhängnis
Erster Ryberg-Film

Mancher Leser wird finden, daß die Entwicklung der Gedanken *eine* ungezwungene fröhliche Empfindung des Einverständnisses hemmt. Es dauert alles so lange, und ehe alles heruntergeschrieben und gelesen ist, sind die anfangs gefesselten Gedanken längst wo anders. Es muß eine Form des Schreibens gefunden werden, die die Schlußfolgerung technisch an die Spitze stellt, und es muß jedem überlassen bleiben, aus dem Nachfolgenden sich die Assoziationen herauszusuchen, die ihm noch interessant scheinen. Dies wird das exakte Nebeneinander der Buchstaben und Worte aufheben. Wie man nicht mehr jeden Vorgang mit Worten begleiten wird, zu allem sprechen und sprechen, so wird man auch anders schreiben müssen der gleichen Umordnung und demselben psychischen Tempo entsprechend. Satzbau und Gedankenentwicklung werden bildhafter und gleichzeitiger.

Vorbemerkung zu einem Filmexposé

10.7. Liebe Claire, inzwischen ist auch das letzte Heft von dem Roman an Dich abgegangen, so daß du jetzt im ganzen 5 Hefte Manuskript dort haben mußt. Bei dem Roman bitte ich *Zeitroman* zu setzen. Wenn die Leute jetzt doch noch *Arbeitsfriede* bringen, so könnten sie es doch gleich als Buch auch bringen, wie sie schon einmal wollten! *Malik* ist froh, wenn er es los ist. Sieh doch zu, daß sie die *Eroberung* aber als Buch bringen, ich wüßte sonst dafür keinen Verleger. Es ist schade, daß Reiss den II. Teil der Technik nicht bringt, ich hätte ihn dort lieber als bei Malik. Die australische Novelle kannst du ja dem *Gegner* geben, kann auch als Feuilletonmaterial dann gebracht werden, daß du die Fuchs-Leute nicht zu überlaufen brauchst. Ich bitte dich aber, bevor du abfährst, betreffs *beider* Manuskripte *feste* Vereinbarungen zu treffen u. mir je ein Exemplar Manuskript mitzubringen. Ebenso erhältst du noch

Von geschlechtlicher Not zur sozialen Katastrophe

von

Dr. med. Otto G r o s s

nebst einer Einleitung, Biographischen und einer
grundlegenden Darstellung psychoanalytischer Ethik
als Lebensglaube und Lebensform des Dr. Gross.

Nachlass und der gesammelten Schriften I. Teil

Herausgegeben von Franz Jung

Verlag E r i c h R e i s s Berlin.

diese Woche *meinen* Teil der Grosz-Arbeit. Er wird Mitte der Woche fertig und befriedigt mich eigentlich sehr. Obwohl ich eine große Menge Eigenes hinzu tun muß zu dem „Trümmerfeld Grosz" ist doch die Perspektive von O. G. eine gewaltige. Es wird ein ganz neuartiger Typ von Monographie. Sieh zu, daß du die Aufsätze noch alle zusammen bekommst. Mir fehlen dann nur noch Geburts- und Todesdaten. Ich habe übrigens von Reiss bei Ablieferung 2000 M zu bekommen. Vielleicht bringt er noch den II. Teil Technik. Mir sind die Malik-Leute zu sehr zuwider als Verleger, ich fühle mich bei allem Entgegenkommen immer wie zum Narren gehalten. Sonst biete ihn Hanf an. Ich bitte dem Malik noch zu sagen, daß Arbeitsfriede keinesfalls die Bezeichnung „Proletarier-Roman" trägt, wie sie in der Technik ankündigen. Aber handle ganz selbständig, wie es möglich ist. Du mußt unbedingt sehen, daß du gute und dauerhafte Sachen mit nach Rußland bringst. Man bekommt dort nichts und ich weiß ja auch selbst noch nicht, was ich anfangen soll. Jedenfalls kannst du jetzt noch etwas von ihnen verlangen zur Ausrüstung, *dann* wahrscheinlich nicht mehr. Wir werden kaum sehr gut mit den dortigen Leuten stehen und es ist mir jetzt schon heiß und kalt bei dem Gedanken Radek um etwas bitten zu müssen. Es wird uns also nicht gerade gut gehen, und ich hoffe nicht über Petrograd hinausfahren zu brauchen. Vielleicht kann ich dort am Smolny irgendeine kleine Beschäftigung bekommen bis irgendeine Möglichkeit wieder geschaffen und diesmal etwas besser gesichert ist nach einem andern Land. Ich glaube es ist nur notwendig zu warten und sich auch entsprechend vorzubereiten. Dann ist auch die Atmosphäre in der Internationale erträglich. Frage doch mal bei Levits, ob der Sohn noch in Petrograd ist. Zeitungen braucht man hierher nicht zu schicken, denn ich bekomme sie doch nicht ausgehändigt. Dagegen erhielt ich die beiden Sprachlehren. Besten Dank an Grete, von der sie wohl anscheinend stammen. Betreffs der Frauenpropaganda lies das Buch von Bebel „Die Frau", das insofern wichtig ist, als dieser marxistisch-socialdemokratische Standpunkt die Grundlage ist, von der aus du erst irgend etwas Psychologisch-Menschliches-Politisches entwickeln kannst. Sonst versteht man dich nicht, oder du hängst „mit gutem Willen" in der Luft. Überhaupt rate ich dir viel noch darüber zu lesen –

auch wenn das überholt und falsch alles ist. Es schafft so eine Sicherheit im Weiterwirken. Wenn ich kann und von hier nach Rußland entlassen werden sollte, so schreibe ich dir vorher eine lange Reihe von Sachen, die du mitbringen sollst. Heute kann ich schon sagen, daß ich auch einige neuere Sachen der Psychoanalyse gern möchte. Zwinge Malik aus dem Wiener Internationalen Psychoanalyt Verlag mir einiges zu besorgen (Ich hatte schon im März darum gebeten, aber –) Den *Roman Groddek,* vielleicht je ein letztes Heft oder Band Imago, Jahrbuch für psychoanalyt Forschung und Zeitschrift für Individualpsychologie (Die muß man woanders besorgen) Eventuell kaufen – ich möchte Proben, um die Entwicklung zu sehen. Ich werde auch wahrscheinlich meine jetzt grob kollektivistische Produktion (belletristisch) nachdem ich die Technik jetzt raus habe, wieder individualisieren zum Einzelschicksal und nur immer den Zusammenhang zur Masse andeuten. Daneben aber auch noch das Arbeitsproblem weiterbearbeiten. Für beide werde ich mich wieder mehr auf Psychoanalyse stützen. Hier ist zunächst mein Programm jetzt beendet. Bringe auch meinen Roman „Sprung aus der Welt" mit. Dann die beiden neuen Sinclairs, der eine bei Malik, der andere glaub ich bei Kiepenheuer. Und eine Reihe deutscher *Zeitschriften,* die dir doch die Leute geben können. Ebenfalls aus Grünheide die Bände Considerant und Enfantin, Saint Simon. Auch wenn du sonst noch etwas über Fourier bekommst. Bei dem Verlag Arbeiterbuchhandlung in Wien ist darüber eine Schrift erschienen, auch bei Cassirer. Ich denke, daß du *mit allem in ca 3 Wochen* fertig sein kannst. Dann fahre ruhig voraus, mit der nächsten Gelegenheit und wartest auf mich im Hotel International in Petrograd. Wenn es geht versuchen wir wo anders Wohnung zu bekommen. Schreib bitte, wenn die Manuskripte einlaufen, etwaige Fragmente. Abgesandt sind sie.

Herzlichen Gruß
    Franz

Roman „*Die Eroberung der Maschinen*". – Die australische Novelle „*Der Brisbane-Fellow*". – Grete *Margarethe Kuh, verh. Oehring.* – Roman Groddeck „*Der Seelensucher*" *von Georg Groddeck.* Schrift bei Cassirer „*Saint-Simon und der Sozialismus*", *1919* und „*Charles Fourier und der Sozialismus*", *1920.*

Das Schlußkapitel: Das *Arbeitsproblem* und
Mut oder Feigheit/
Narkotika anfangs vom Schlußkapitel.

Die Utopie – hat sich jeder schon besser ausgedacht,
aber dafür die Convention zu finden – das ist der
Sinn der Revolution// Jeder Mensch hat eine Vorstellung/
(Niemand will ((unleserlich)) oder unterdrücken oder ausbeuten)
vom Paradies, es ist Pflicht sich eine von der Revolution z.
machen u. zwar eine *gemeinsame*!

Für Kameradschaft	Orgie, die
Für Glück	Arbeit, die
Für Genialität	

Glück ist überall, es ist nur gebunden. Glück ist wichtiger wie Leid *u.* Einsamkeit. Man soll den Menschen sagen, daß sie glücklich sind. Das ist, wenn sie da sind.

| Ist Gehorsam im Gemüte | Gott u.d. Bajadere |
| wird nicht fern die Liebe sein | |

Das Ewge regt sich fort in allen.	
Denn alles muss in Nichts zerfallen	Eins u. alles
Wenn es im Sein beharren will	

Notizen zur Otto Gross-Monographie im Gefängnis in Breda.

FÜR GENIALITÄT

Kameradschaft und Glück legen die dritte Stütze frei, mit der unser Erleben sich aufbaut: Genialität. Genialität ist für beides im Grunde genommen nichts als eine Bindung, eine lebendigkeitsgesteigerte Convention. Da es sich um eine Verbindung zum Kampf von Befreiung von Konflikten handelt, nicht um Ausgleich zur Balance in der Verdrängung, so darf man es statt Convention einen Kampfbund nennen, eine Verständigung. Ohne Wertung gewinnt das Mittel auch Lebendigkeitsintensität, während sonst

Mittel an sich wieder konfliktbildend wirkt. Genialität ist für unsern Begriff noch eine lebendigkeitswirkende, das ist schaffende Zusammenfassung von Techniken und Instinkten, zu einem lebenssteigernden Bündel von Associationsformen zusammengenommen, ein Ganzes gegenüber dem Teil, Sein gegenüber Sehnsucht. Wir erleben sie nicht, sondern leben sie, oder wir sagen dafür: sie ist an Einzelpersonen gebunden. Es ist der Zufall und – das Sonntagskind. Diese nämliche Genialität aber ist allgemein. Sie wirkt in jedem Menschen, und es ist notwendig, sich keinen mehr drücken zu lassen. Was für Kameradschaft und Glück gilt, als Vorstufe sozusagen, gilt erst recht für Genialität. Sie schmerzt. Sie steht um vieles näher der Krise, wo der Mensch sich seines Konfliktes bewußt wird, der ihn allein sein läßt. Aber sie geht auch schon darüber hinaus, sie bewegt schon selbst. Die Erstarrung der Umwelt beginnt, wenngleich unter Mühen und Schmerzen sich zu lösen. Es ist noch nicht das Erleben an sich, ohne associative Konfliktbindungen und nur in Allsexualität, sondern Lebendigkeit zum Erleben hin, das erste Licht im Dunkeln. Zum ersten Mal wird bereits etwas von der Wesenheit des Menschen frei. Und daher stammt auch ihre Begriffsbildung. Genialität ist Menschsein. Sie wirkt als Technik zur Vermenschlichung. Diese Associationen werden von Kameradschaft und Glück gebildet und getragen. Die verdichten sich zum associativen Ganzen, zur Menschheit und Gemeinschaft. Die Gemeinschaft wird in Genialität erst erlebensfähig. Darum ist es notwendig, die Genialität in jedem Menschen freizulegen. Es ist die erste und wichtigste Aufgabe. Jeder Mensch hat zu wissen, daß er Mensch ist, daß er menschlich, daß er genial ist. Erziehung wird zum Unsinn, zum Hemmungsmittelpunkt. Legt die Menschlichkeit frei!

Kapitel in „Von geschlechtlicher Not zur sozialen Katastrophe".

17/7. Liebe Claire, ich schreibe weniger weil ich etwas Neues mitzuteilen habe, als weil ich grade diesen einen Tag in der Woche Schreibgelegenheit habe. Das Grosz-Manuskript ist jetzt auch an Dich abgesandt. Den Aufsatz Klassenkampf sende ich ab, sobald ich hier freikomme, da er in meinen Sachen hier liegt und ich ihn seltsamerweise nicht herausbekomme. Eventuell sende ich ihn direkt an Reiss, soviel ich gesehen habe ist er schon in Schreibmaschine geschrieben. Ich selbst arbeite zur Zeit nichts mehr außer Belanglosem. Was ich noch tun will, ist ein größeres Buch über das Arbeitsproblem schreiben. Dazu brauche ich Material. Bringe bitte auch das Büchelchen mit von Mayer, Geschichte der socialen Theorien (oder so) bei Teubner Leipzig verlegt. Ich weiß nicht, damals habe ich mirs bei Pfemfert gekauft. Vielleicht ist es bei den Sachen, aber ich brauche es *sicher*. Deswegen bring es nochmals mit. Ebenso wenn möglich Zolas *Fruchtbarkeit* (Insel-Verl.) Eventuell aus Bibliothek. Ich brauche den Roman unbedingt. Vielleicht findest du selbst noch etwas über Arbeitstheorien oder Utopien, alles das mitbringen. Sieh dich mal bei Pfemfert im Laden u. in der Vorwärtsbuchhandlung um. Dieser soll Malik die Technik zum Verkauf anbieten. Wenn Fuchs nicht *sicher* versprechen kann, daß er den Roman bringt, gib ihn Malik oder Pfemfert. Aber so daß Sicherheit besteht, daß er nicht vermodert. Vielleicht kann man ihn andern Blättern als Feuilleton anbieten. Malik soll auch sehen, daß er Arbeitsfriede noch andern Blättern anbietet, gratis meinetwegen, vielleicht der Neuen Zeitung München, dem Wiener Organ u.ä. Wenn ich dir geschrieben hatte, du solltest nach Rußland auf alle Fälle vorausfahren, so dachte ich gerade weil noch der Kongreß ist. Du hättest dort aus anderen Ländern Leute getroffen und dort bereits den Eindruck gewinnen können, welche Möglichkeiten gegeben sind und wohin wir uns wenden sollen. Ich kann mir nicht denken, daß wir in Rußland bleiben können. Bei einem Kongreß läßt sich manches nebenher schnell erledigen, was sonst sehr schwierig ist. Die Russen werden mir in keiner Weise helfen wollen u. ganz mit Recht. In Betracht kommt England oder Italien (bringe auch *italienischen* und *spanischen* Sprachführer mit) aber nur wenn ich so ziemlich legal dahin fahren u. mich aufhalten kann. Aber ob das die Russen werden durchsetzen wollen, Pässe besorgen etc. zweifle ich sehr. So wird also zunächst nichts übrig bleiben, als ein elendes Leben zu führen in Petrograd. Mir graust schon davor. Ich würde glaub ich sogar Wien vorziehen. Wenn irgend möglich werde ich Moskau nicht berühren. Doch würde ich dir raten, erst *dahin* zu fahren. Bringe auch neue Ausweise unserer Partei für mich mit. (Für Glasgow oder Turin oder sonstwo.) Ich schreibe das ruhig, obwohl ich mit ziemlicher Sicherheit annehme, daß man deine Post überwacht. Aber ich werde, wo ich auch bin, derartig das deutsche System enthüllen, daß die Regierung bald merken wird, in welchem Lande ich bin. Wenn Deutschland vom Erdboden verschwinden würde, so verlieren wir daran niemanden dort, der des Erinnerns wert wäre. Von der Denkschrift des Dr. Blass halte ich nichts, ebenso wenig von den Besuchen im A.A. Das ist die einzige Stelle, die man *jetzt* nicht aufsuchen darf, weil sie an dem Prestige D., das durch Ablehnung des Auslieferungsgesuchs erschüttert wird, interessiert ist. *Vor* der Verhandlung wäre das anders gewesen, dann hätte das Gesuch zurückgezogen werden können. Herr Bekker wollte in der Sache damals in Berlin vorsprechen. Ich habe nie mehr wieder etwas von diesem gehört. Die Zurückziehung durfte auch nicht politisch sondern nur juristisch begründet werden. Na, jedenfalls jetzt ist *nichts* mehr zu machen. Nach 9 Wochen Drängen bekomme ich hier jetzt Milch, Weißbrot und 2 Bananen täglich. Viel ist es nicht, aber schon besser. Dagegen verhält sich die Verwaltung, wahrscheinlich weil das gegen ihren Willen geschah, feindlicher. Ich halte es bald hier nicht mehr aus. Manchmal denke ich, ob ich nicht überhaupt einen groben Fehler gemacht habe. Ich hätte vielleicht, gestützt auf solche Denkschriften u. entsprechende Schritte beim Justizministerium, die auf die Rachejustiz hingewiesen hätten, das Risiko der Auslieferung auf mich nehmen sollen – *dann wäre ich jetzt schon frei!* So, hier ist gar keine Aussicht. Es verschlechtert sich alles mit jedem Tag. Der Fall ist zu einer diplomatischen Aktion zwischen Holland u. Deutschland aufgebauscht also Holland doppelt vorsichtig, d.h. nicht etwa voreilig und schnell mit Entschlüssen, Deutschland wird jetzt erst recht alles dransetzen, mich doch noch irgendwann mal zu erwischen, inzwischen sitze ich hier schon im 3.ten Monat, weit furchtbarer wie je in Cuxhaven oder Hamburg und verliere das beste, worauf ich überhaupt aus arbeiten kann, die geistige Elastizität. *Ein sehr schlechter Tausch!* Alle Konflikte sind hier gleich Gespenstern lebendig geworden. Was ich von Grosz

geschrieben habe, gilt viel akuter für mich. Wenn ich hier wirklich freigelassen werde, so komme ich erst noch wieder als Gefangener in ein Internierungslager. Aber mit mehr Freiheiten. Dann würde ich aber an Deiner Stelle mindestens fahren.
Herzlichen Gruß Franz

Roman *„Die Eroberung der Maschinen"*. – Kongreß *III. Kongreß der Kommunistischen Internationale 22. Juni bis 12. Juli 1921.* – A.A. *Auswärtiges Amt.* – Grosz *Otto Gross.*

Deutsche Gesandtschaft   Haag, den 23. Juni 1921

„De Courant" beschäftigt sich in seinen Nummern vom 15. und 20. Juni ausführlich mit der von der Deutschen Regierung beantragten Auslieferung des deutschen Reichsangehörigen Franz Jung, um die in jüngster Zeit wegen Vorliegens von Schiffsmeuterei ersucht worden ist.
Nachdem der Courant zunächst eine ausführliche Schilderung des Sachverhalts gegeben hat, spricht er sich über Jung folgendermaßen aus:
„Wer Jung persönlich kennt, sieht seine aus dem Rahmen fallende Expedition mehr als ein Abenteuer eines unbesonnenen Dichters als ein Verbrechen an. Ihm Schiffsraub zur Last zu legen, ist eine Verdrehung der Tatsachen. Keinen Augenblick hat er daran gedacht, sich den ausrangieren ‚Senator Schröder' anzueignen."
Dann bringt der Artikel die Ansicht der deutschen Presse und sagt:
„Daß Jung in allererster Linie nur wegen eines politischen Verbrechens verfolgt werden darf, ist auch die Auffassung der gesamten deutschen Presse, die sich lebhaft für das Los dieses Schiffsräubers und Dichters interessiert hat." –
Zur Beleuchtung führt der Artikel die Urteile etlicher bedeutender deutscher Publizisten an, u.a. das Urteil Maximilian Hardens, der sich dahin ausgesprochen habe, daß kein „Ritter vom Geist" in Deutschland es ruhig mit ansehen werde, wenn die Hamburger Justiz es wagen sollte, diesen jungen, vielversprechenden Künst-

ler unter der Scheinschuld eines gemeinen Verbrechens zu verurteilen.
Ferner das Urteil Georg Bernhardts in der „Vossischen Zeitung", der die Tat des Jung mit den Taten Richards III. vergleicht: „Ebenso wenig wie man Richard III wegen Pferdediebstahls unter Anklage stellen könne, weil er das Pferd seines auf seinen Befehl ermordeten Neffen sich angeeignet habe, könne man Jung wegen eines Eigentums-Vergehens unter Anklage stellen, das er im Rahmen eines politischen Fanatismus sich habe zuschulden kommen lassen."
Schließlich bringt „De Courant" noch ausführlich die Ansicht des holländischen Verteidigers des Jung, des Mr.v.d.Hurk. Dieser steht auf dem Standpunkt, daß es sich um ein politisches Verbrechen handelt, dessentwillen nicht ausgeliefert werden darf. Hurk vergleicht den Jung mit dem Holländer Herman Gorter, eine Persönlichkeit, die in Holland ebenfalls als Kommunist und als Dichter bekannt ist. – Jung falle weder Meuterei noch Freiheitsberaubung zur Last. Er habe die Reise als blinder Passagier auf dem „Senator Schröder" mitgemacht und sei aus seiner freiwilligen Gefangenschaft erst erlöst worden, *nachdem* die Meuterei stattgefunden habe, und der Schiffskapitän bereits seiner Freiheit beraubt worden war. Auch habe Jung das Schiff der Sowjet-Regierung nicht zum Verkauf angeboten. Die widerrechtliche Aneignung des „Senator Schröder" habe ihm völlig fern gelegen; die Schuld hierfür treffe den Mitangeklagten Knüfken.
Für die Abteilung VIII Str. 3458 ist ein besonderer Durchschlag beigefügt.
gez. v. Vietinghoff.

An das Auswärtige Amt in Berlin.

Frau Stadtrat Jung Kochstr. 6 Neiße

27.8.1921

Liebe Mama, ich gratuliere also noch nachträglich zum Geburtstage und wünsche Dir noch manches Jahr des Lebens jetzt erst in Ruhe zu genießen. Mach Dir mit beiliegendem, das Dir der Papa wechseln wird, eine vergnügte Fahrt nach Breslau. Du wirst wohl den Jungen dazu mitnehmen, denke ich mir.
Du hast wohl gehört oder gelesen, daß ich auf Veranlassung der deutschen Regierung hier aufgehalten worden war.
Nachdem aber jetzt die Schwierigkeiten beseitigt sind, fahre ich weiter. Allerdings muß ich erst jetzt nach Rußland fahren, wo man mich in Moskau schon erwartet. Cläre ist schon vorausgefahren vor einigen Wochen.
Von Moskau aus werde ich Euch dann wieder schreiben, wohin die Reise geht. Vorläufig ist meine Adresse:
Moskau Hotel Lux
Hoffentlich seid Ihr alle noch recht gesund und munter. Es wird wohl noch einige Zeit dauern bis ich Euch wieder mal besuchen kommen kann, denn ich werde wohl sobald nicht nach Deutschland zurückkehren. Trotzdem bin ich aber fest überzeugt, daß wir uns noch wiedersehen werden.
Zunächst werde ich so oft als möglich was von mir hören lassen. Wenn ich allerdings nicht pünktlich Papas Geburtstag oder Weihnachten einhalten kann, so müßt ihr das entschuldigen. Es liegt dann nicht an mir. Denken an Euch werde ich dann jedenfalls.
Also herzliche Grüße an Dich, Papa und den Jungen
Dein Sohn Franz

Junge *Franz Jung jun., der in Neiße (Oberschlesien) bei seinen Großeltern aufwächst.*

Neiße d. 6.9.1921

Mein lieber Sohn!
An meinem Geburtstag lag ich noch im Bett als mir das Mädchen das Telegramm brachte, also die erste Gratulation von Dir ich habe Freudentränen geweint. Jetzt am vergangenen Freitag kam Dein Brief mit Einlage, 2 Scheine ich war sehr überrascht über so viel Geld und Papa hat es nach Berlin zum Wechseln ge-

schickt, ist aber noch nicht da, ich habe unter merkwürdigen Empfinden gelebt, ich freute mich über das Geld und weinte über den Brief, denn es kam mir vor als bist Du uns lebend gestorben. Wir werden also das Geld tatsächlich in Breslau umsetzen, verschiedene Einkäufe machen und vielleicht 2 oder 3 Tage dortbleiben. Der Franzel freut sich auch schon sehr darauf und hat gleich festgestellt daß den 22.September die Ferien beginnen, also ich danke Dir herzlich und gebe Dir einen Kuß. Lieber Franz warum schreibst Du so gar nicht und läßt uns in stetem Kummer über Dich, gewiß wir haben verschiedene Zeitungsnachrichten über Dich anonym zugeschickt erhalten, wußten aber doch nichts richtig, haben sogar das Berliner Tageblatt gehalten, um was von Dir zu hören, der gute Papa der selbst sehr niedergedrückt ist, hat mich noch immer erheitert und zugeredet es nicht so schlimm zu nehmen, politische Konflikte sind nicht ehrenrührig aber desto gefährlicher, siehst du, liebes Kind Du begibst Dich in furchtbare Gefahren und der Schluß kann womöglich eine Ermordung sein, ach wie furchtbar, auch Rußland ist gefährlicher Boden, ich las dieser Tage, daß in Moskau die Hunger Blockade ist. Mußt Du lange fort bleiben? ach, schreibe doch mal ausführlich denn siehst Du wir werden alt Papa 68 und ich 62 Jahr da hat man ja nicht all zu viel mehr Leben zu erwarten und ich möchte doch noch einmal sehen, wie Familien Glück aussieht. Denke im Mai kam eines Tages Frau Scholz mit dem kleinen Mädchen bei uns an, Margot schickt uns das Kind zur Erziehung, die kleine Dagne ist ein süßes Geschöpf und zwitschert wie ein Vogel, aber es ist doch ausgeschlossen, erstens sind wir alt und brauchen Ruhe dann kostet es auch viel Geld und bei den Zeiten kommen wir nicht aus und müssen fortwährend zusetzen. Sie fuhr nach Breslau, sagte sie darf das Kind nicht zurückbringen, Margot werfe es in die Spree oder bringt es anders um, so eine Mutter steht doch unterm Vieh. Von Breslau bekommen wir vom Armenkommittee, weil sie Dich nicht finden das Gesuch zu bezahlen. Der Papa hat aber nicht geantwortet, somit ist alles ruhig und weiß nun nicht, wie alles gekommen sein mag. Hoffentlich lassen sie uns in Ruhe, wenn Du nun fort bist. Also lieber Franz begib Dich nicht in Gefahren bleib gesund und schreib so oft als möglich und nochmals herzlichen Dank Es grüßt und küßt Dich Deine Dich liebende Mutter. (Viel viel Glück)

Meine liebe Cläre!
Wo haben Sie den Mut her, so allein nach Moskau zu reisen ob denn Franz schon bei Ihnen ist, ach liebes Kind warum schreiben Sie uns nicht einmal, ich hätte mich schon gern nach Ihnen Beiden bei Ihren Eltern erkundigt, aber leider weiß ich weder Namen noch Adresse. Warum haben Sie uns nicht einmal als Schwiegertochter besucht? Ach ich hätte so 100 Fragen mindestens, denken Sie das ist seit Februar der 1. Brief den ich schreibe, ich bin so verärgert und auf die ganze Welt böse. Einmal durch den Krieg sind die Leute so schlecht geworden und in die Wahnsinnspreise kann ich mich nicht zurecht finden. Gesundheitlich geht es mit uns dreien Gott sei dank ganz gut und hoffe dasselbe auch von Euch. Liebe Cläre wenn Franz den Kopf voll hat, so schreiben Sie doch bitte öfter, ich antworte recht bald. Nun alles Gute für die Zukunft. Es grüßt und küßt Sie Ihre Sie liebende Mama. Papa und Franzel wollen auch schreiben. Lieber Franz Papa sagt, Du wolltest was von meinem Geburtstag hören, nun es war wie üblich, um 11 Uhr fanden sich die Gratulanten ein und blieben bis ½ 12 Uhr. Herr Seliger Du kennst ihn ja und Frau, Frl. Seliger, Frau Baumeister, Frau Klinge, Frau Hauptmann, Frl. Käte, Frl. Tuma, Frau Reichelt und Frau Lindner. Ich hatte 4 Torten gebacken, Käse, Pflaumen, Grieß und Apfeltorte Sträuselkuchen Mohnbabe und Plätzchen. Eine Ananas Bowle von 5 Flaschen Wein. Um 2 haben wir erst zu Mittag gegessen, als die Korona fort war, ja auch Frau Linich war da. Diesmal gab es keine Rebhühner da die Jagd erst Ende September eröffnet wird. Somit gab es Entenbraten. Nun habe ich Dir meinen Geburtstag beschrieben. Mittwoch fährt Frl. Tuma nach Dresden denn die Erbtante feiert ihren 70. Geburtstag. Herr Baumeister Krutzsch geht am 1. Oktober nach Schweden. ((unleserlich)) also von Spielvogel weg, er bekommt das Jahr 200 000 Mark was sagst du und die Familie bleibt noch 2 Jahr hier, weil der Siegfried noch das Einjährige haben soll und für jedes Jahr das die Frau mit den Kindern noch hier sind, extra 36000 Mark. Also nun Schluß.

Liebes Vatel!
Ich bin sehr erschrocken als ich Deinen Brief gelesen habe daß Du so weit von uns fort bist. Ich hätte doch gern die Ferien wieder bei Dir verbracht. Hoffentlich dauert es nicht gar zu lange

bis ich Dich wiedersehe. Liebes Vatel schicke mir doch ein paar ausländische Marken denn ich bin ein großer Freund von Markensammeln. Seit Ostern gehe ich auf das Realgymnasium und habe ein sehr schönes Zeugnis zu Hause gebracht. In der Schulzeit machen wir auch öfter Ausflüge. Einmal waren wir auf der Bischofkoppe und im klein Briesener Walde. In der Neiße haben wir jetzt ein Familienbad eingerichtet und bin ich fleißig dahin baden gegangen. Liebes Vatel bleibe gesund und munter und komme glücklich nach Deutschland zurück. Viele herzliche Grüße und Küsse an Dich und die Muttel von Deinem Franzel.

Mein lieber Sohn!
Frohen guten Mutes begleite ich Dich auf Deinem Wege; mit der Sehnsucht im Herzen hoffe ich auf ein Wiedersehen in diesem Leben. Wenn auch die elenden Verhältnisse unseres Landes und die Last der Jahre mich stark gebeugt haben so glaube ich trotzdem noch den Tag Deiner Heimkehr zu erleben.
In dieser Voraussagung will ich schließen. Da alle sonstigen Dinge in dieser Stunde an Wert verlieren so möge meine Liebe und mein väterlicher Segen Dich begleiten.
Herzliche Grüße an Dich und Frau Claire
von Deinem
      Vater

Armenkommittee *Brief vom Kinderschutzverein für Schlesien, Breslau 3. Juni 1921.*

Familienfoto in Neiße um 1901. (V.l.n.r.: vorn: Clara Jung (Schwester), Franz Jung. Oben links: Franz Jung sen. Mitte, 3.v.l.: Clara Jung (Mutter))

22.11.78

Meine lieben Mieraus,
ich hatte mich in Reichenhall prima erholt – fahre anschließend zu meiner Schwiegertochter an den Bodensee + erkälte mich derart, daß ich fast 3 Wochen „Zimmerlinde" bin + noch bin! –
Jetzt zu dem Bild das ich von Claire schon hatte!
Von Euch aus gesehen:
hinten auf dem Sofa:
1. links mit *Vollbart* Onkel Franz (Vater v. Franz)
2. die Dame mit Brille:
   Elisabeth Tuma
die Klavierlehrerin von Cläre + Franz + tägl. Gast bei Jungs
3. der stehende Herr ist Freund v. Jungs + Wanderfreund *meines Vaters* Lubeck (ich glaube Theodor) wohnte als Mieter bei Jungs (dicke Freundschaft)
4. die *Mutter* Clärchen v. Franz + seiner Schwester *guckt* ihren Mann beseligt an (die beiden liebten sich sehr)
sitzt auf dem Sofa also *Sofa Mitte*
5. die Frau die vor Onkel Lubeck sitzt ist Bertha der gute Hausgeist + Köchin
6. die erste kniende Dame kenne ich nicht
7. in der Mitte kniet Franz (das bête noir)
8. neben ihm kniet Clärchen seine Schwester (starlet von 22 J.)
9. der Herr neben Claire ist ein Liebhaber von Clärchen
Name unbekannt
10. die Dame auf dem Sofa neben Frau Jung eine Kränzelkaffeeschwester.
So + nun muß ich verzichten auf die Reise – Ihr müßt nach Bautzen kommen. Möglichst in der Zeit v. 8. – 15.1.
Meine Hand ist vollkommen ausgeheilt. Grüßt Clärchen ich schreib ihr noch. Herzlichst
     Eure Tante Lisl
Ich fahre am 3.1.79

Von Elisabeth Hirn. Cousine Franz Jungs, Tochter des Goldschmieds Josef Jung aus Bautzen.

Werte Genossen,
Im Auftrage einer Anzahl deutscher Genossen, die teils Mitglieder der K.A.P. sind, teils als Mitglieder der ausländischen Sektionen der R.K.P. mit unserer Partei sympathisieren, grüßen wir den Parteitag der K.A.P.D. und bedauern, nicht persönlich an den Beratungen über die künftige Haltung unserer Partei, die wie schon so oft in ihrer noch so kurzen Geschichte an einem kritischen Wendepunkt angelangt ist, teilnehmen zu können.

Wir müssen Euch offen erklären, daß wie aus den letzten Veröffentlichungen unserer Presse und aus den offiziellen Parteibroschüren der letzten Wochen hervorgeht, sich in unserer Partei eine Strömung bemerkbar macht, die nach einer direkten Frontstellung gegen Sowjetrußland drängt. In den Aufrufen der K.A.Z. wird in zunehmender Weise die Kritik der taktischen Grundsätze der K.I. ausgedehnt zu einer Kritik der Sowjetregierung und der proletarischen Diktatur in Rußland, die den Charakter der solidarischen Unterstützung der außerordentlichen Anstrengungen unserer russischen Genossen um Aufrechterhaltung von Sowjetrußland als Kraftquelle der Weltrevolution verloren hat. Wir brauchen Euch nicht zu sagen, unter welchen Verhältnissen die russischen Genossen diese in der Geschichte der internationalen Arbeiterbewegung ungeheure Kraftanstrengung Tag für Tag leisten, und es ist auch gerade in unserer Partei unnötig zu sagen, daß die Hauptverantwortung für die schwierige Situation des Kommunismus in Sowjetrußland der opportunistischen Haltung und der mangelnden revolutionären Initiative der westeuropäischen und besonders der deutschen Arbeitermassen zuzuschreiben ist. Die Begründung unserer Partei und die immer schroffere Herausarbeitung unserer taktischen Grundsätze ist doch gerade darin bedingt. Die Beschlüsse des III. Weltkongresses der Komintern haben unserer Auffassung unrecht gegeben, aber die Folgerungen, die aus dieser unserer Niederlage zu ziehen sind, scheinen uns gerade, die wir in Rußland sind, so eindeutig klar zu liegen und so fest begründet in der Tradition unserer Partei, daß wir die Haltung unserer Parteipresse kaum mehr verstehen.

Wenn wir entsprechend unserem Parteiprogramm die aktive revolutionäre Angriffspolitik gegen den imperialistischen Kapitalismus nicht aufgeben wollen, und damit die Grundlage unserer

Partei, so dürfen wir den Kampf um die Durchsetzung unserer Ziele in der III.Internationale nicht aufgeben. Es bedeutet aber zweifellos ein Aufgeben dieses nächsten und wichtigsten taktischen Ziels, wenn die Partei losgelöst als Ganzes in eine Kampffront gegen die III.Internationale sich drängen läßt, wobei die Solidarität im Kampf um den Kommunismus zerstört wird zugunsten spekulativer, psychologisch zu wertender Abweichungen in der Auslegung einer Wissenschaft vom politischen Klassenkampf. Wir verlassen den Boden einer proletarischen Politik und setzen dafür eine aus Verärgerung über unsere Niederlage geborene Schlagwortpropaganda. Die Arbeitermasse, die wir zur revolutionären Aktivität und zum Kampf gegen die opportunistischen Tendenzen laut unserem Programm aufrufen wollen, werden uns nicht mehr verstehen. Sie werden in ihrem stärksten Gefühl der Liebe und Solidarität zu Sowjetrußland irre gemacht durch Bestrebungen, die in von Euch in der Presse gebrauchten Wendungen zum Ausdruck kommen, daß wir in Rußland lediglich eine bürgerliche Revolution gesehen haben, daß die Sowjetregierung eine pseudokommunistische und die Komintern ein Organ zum Aufbau des Kapitalismus geworden sei. Wir müssen Euch offen sagen, daß wir hier Eure Erklärung eines offenen Krieges gegen die Komintern und Sowjetrußland nicht ernst nehmen können, aber solche Entgleisungen beweisen nur zu deutlich, daß in unserer Partei Kräfte am Werke sind, die den proletarischen Charakter und vielleicht sogar das Verständnis für die inneren Wesenheiten des Proletariats verloren haben.

Es ist für uns nicht möglich, in diesem Augenblick zu diskutieren über die Gründe unserer Niederlage auf dem III.Kongreß, aber wir stehen auf dem Standpunkt, daß gerade diese unsere Niederlage einen neuen Impuls geben muß, uns erst recht durchzusetzen. In dieser Grundeinstellung ist unsere Partei groß geworden, und darin liegt auch ihre historische Aufgabe. Aktiv um unsere Auffassung und Taktik im proletarischen Klassenkampfe kämpfen, heißt immer wieder von neuem um die Anerkennung unserer Grundsätze innerhalb der Komintern ringen. Es versteht sich von selbst, daß die Frage eines Aufgehens in die K.P.D. indiskutabel ist. Wir werden also nach dem Beschluß wahrscheinlich außerhalb der Komintern bleiben, aber den Schritt, den Ihr anscheinend plant, nunmehr eine neue Internationale zu gründen, sieht aus wie ein feiges Aufgeben unserer

Grundsätze, denn die Kraftquelle unserer Politik liegt in der Komintern und dem Sowjetregime, und nicht nur das, sie liegt sogar in der engen Verbindung des Sowjetregimes mit der Komintern. Wir können, wie das ja schon einmal der Fall war, zurückgewiesen werden, werden aber deswegen nicht aufhören, um unsere Anerkennung zu ringen. Wir werden weiter wie bisher unabhängig von der Staffage des organisatorischen Zusammenhanges uns trotzdem weiter zur K.I. zählen, weil wir wissen, daß wenn nicht heute, so doch morgen die Komintern uns nicht nur brauchen und zurückrufen, sondern sich zu unseren Grundsätzen bekennen wird. Wollen wir statt dessen jetzt dem internationalen Kapitalismus das Schauspiel bieten eines Bruderzwistes, der im Grunde genommen zwischen Personen ausgefochten wird, der die Zerreibung des aktivsten revolutionären Vortrupps zur Folge haben muß?

Eine 4. Internationale bedeutet den Kampf um die Zerstörung der dritten. Wir glauben, daß unsere taktischen Grundsätze im aktiven Kampf und der Erziehung der Arbeitermassen durchgesetzt werden müssen in jener Organisation, die wie die Komintern, mag sie im Augenblick zusammengesetzt sein wie sie will, und mag die Struktur der Weltkrise taktische Regierungsmaßnahmen Sowjetrußlands erfordern, wie sie auch sein mögen, trotzalledem der Generalstab der Weltrevolution der Sammelpunkt aller Kämpfer um den Kommunismus bleibt. Den wahren kommunistischen Kämpfer schreckt nicht, wo er in der Minderheit geblieben ist, der Verlust der Organisationskarte, das ist durch ein Plus an revolutionärer Arbeit wieder einzuholen und wettzumachen, aber nur dann wenn das Grundziel der beiden taktischen Gegner das gleiche bleibt. Ein Versuch um diese Anerkennung des gleichen Grundziels sich herumzudrücken und durch äußerliche Sammlung durch verschiedenste Gesichtspunkte verärgerter Elemente und Organisationen ist kein revolutionärer Kampf und verdient nicht die Bezeichnung proletarisch. Unsere Aufgabe als ausgeschlossene Partei ist gewiß schwer, aber je schwerer die Aufgabe, desto schneller zum Ziel für denjenigen, der in der Anspannung einer höchsten politischen Aktivität die höchsterwünschte revolutionäre Arbeit sieht.

Wir legen dem Parteitag daher folgende Entschließung vor: Der Parteitag der K.A.P.D. hält fest an dem taktischen Grundprogramm unserer Partei.

Er weist die Zumutung einer Vereinigung mit der K.P.D. als undiskutabel zurück.
Die K.A.P.D. wird aber trotzdem nicht aufhören, in der Komintern den Sammelpunkt der revolutionären Kämpfer für die kommunistische Weltrevolution zu erblicken, und sie betrachtet es als ihre Aufgabe, in Verbindung mit gleichgerichteten Bestrebungen linker Minderheiten der Komintern noch organisatorisch angeschlossenen Parteien ebenfalls wie der gewerkschaftlichen und unionistischen Minderheiten innerhalb der Profintern alle Vorbedingungen im Sinne eines aktiven revolutionären Kampfes und für eine Revidierung der Beschlüsse des III. Weltkongresses zu schaffen.

An die KAP-Genossen in Deutschland 4. September 1921. R.K.P. Russische Kommunistische Partei. – K.A.P.D. *Kommunistische Arbeiter Partei Deutschlands. –* K.A.Z. *Kommunistische Arbeiter-Zeitung. –* K.I. *Kommunistische Internationale. –* Profintern. *Rote Gewerkschaftsinternationale.*

Moskau, den 14. September 1921
Hotel Lux Zimmer 304

Werter Genosse Radek,
ich bitte Sie mir mitteilen zu lassen, wann ich mit Ihnen noch einmal kurz über die Möglichkeiten hier zu arbeiten, sprechen kann. Um Ihre Zeit nicht unnötig zu beanspruchen, gebe ich Ihnen im folgenden kurz einen Überblick, über das was ich vielleicht hier tun könnte.
Was meine politische Stellung anbelangt, so habe ich jetzt an die Partei einen offenen Brief gerichtet, der sich gegen ihre jetzige Haltung ausspricht, und wenn es mir von hier aus möglich ist, werde ich gestützt auf die Ortsgruppen Berlin und Rheinland-Westphalen eine Opposition organisieren. Ziel die Verbindung mit der Komintern aufrechtzuerhalten über die A.A.U. die in das Kartell der Unionen und damit in die Rote Gewerkschaftsinternationale eintreten soll. Die Bedingungen hierfür sind nach meinen Informationen gegeben, und es wäre gut, wenn von

№ 42

...и капиталистический мир.

НАШИ МЕЖДУНАРОДНЫЕ ДРУЗЬЯ.

(В МЕЖДУНАРОДНОМ КОМИТЕТЕ ПОМГОЛА КОМИНТЕРНА).

Тов. ЮНГ.

Представителем комитета и организатором всех видов оказания помощи является тов. Франц Юнг. Русским рабочим полезно запомнить имя этого неустанного борца за рабочее дело.

Тов. Юнг родился в Германии. Ему ?? года. Уже в университете он по?????? себя делу защиты рабочего класса. После исключения из университета и продолжительного заключения он по выходе на свободу тотчас же становится во главе редакции синдикалистской (революционно - профсоюзной) газеты «Пионер».

1 августа 1914 г. он был в числе организаторов рабочей демонстрации против об'явленной империалистической войны.

За это он был арестован и после некоторого времени заключения был в виде наказания отправлен в ряды армии Вильгельма на фронт.

Вследствие категорического отказа служить в армии, он был военным судом приговорен к отбыванию 1½ лет крепости. Просидел это время в знаменитой по своему жестокому режиму крепости Шпандау (недалеко от Берлина).

В армию он уже не вернулся, а сразу после освобождения перешел на нелегальное положение и работал до самой германской революции в подпольных организациях «союза спартаковцев» вместе с великими германскими вождями—Францем Мерингом и Розой Люксембург.

Это время он занимался нелегальной перевозкой литературы из Швейцарии и Голландии, что при военном положении и невероятных строгостях на границах было сопряжено с большими опасностями и затруднениями.

Во время народного восстания в Берлине, в ноябре 1918 года, тов. Юнг стоял во главе отрядов, занявших редакции газет и был комиссаром Германского Телеграфного Агентства Вольфа. В январе и марте 1919 года он последовательно принимал участие в баррикадных боях в Германии, которые берлинские коммунисты вели против офицерских отрядов социал-предателя Носке.

В том же году на учредительном конгрессе Германской Коммунистической партии он был одним из ее организаторов.

Во время контр-революционного переворота, организованного Каппом, Юнг был начальником всех рабочих воинских отрядов Берлина.

После падения Каппа он был послан морем в Россию, чтобы связаться с РКП. С большими трудностями ему удалось добраться до Мурманска и оттуда в Москву.

Исполнив поручение, он вернулся в Германию, где снова жил нелегально.

Когда наши войска вели в 1920 г. наступление на Варшаву, Юнг был вместе с отбывающими ныне каторжные работы Максом Гельцем во главе рабочего движения в Рейнской провинции.

Посидев за «нарушение нейтралитета» до февраля 1921 года, он был выпущен под залог, но уже в следующем месяце мы снова видим его, как одного из вожаков движения в Геттштетте (Саксония), во главе которого стоял Макс Гельц.

В Германии оставаться было невозможно. И вот тов. Юнг получает командировку в Англию, чтобы помочь английским коммунистам при проведении грандиозной забастовки горнорабочих.

До Англии тов. Юнг не успел добраться и был в Голландии задержан по требованию германских властей.

Благодаря стараниям Советского правительства, он был выслан в Россию и теперь целиком ушел в работу по оказанию помощи голодающим, а параллельно и по восстановлению государственных предприятий.

Тов. Юнг еще и поэт, и писатель. В тюрьме он написал много рассказов, повестей, романов и стихотворений на противоенные темы и из жизни рабочего люда.

Кроме того, он постоянно сотрудничал в центральном органе Германской Коммунистической партии «Красное Знамя» и в «Коммунистическом Интернационале».

В последнее время им написана пьеса для театра «Племя людоедов», где в качестве людоедов выведена мировая буржуазия.

Побольше бы таких честных, самоотверженных и героически-преданных товарищей и друзей.

Братский подарок немецких рабочих.

Рабочие машиностроительного завода Зюрта в Кельне (Германия) решили притти на помощь русским в тяжелую годину голода и Советской ??????

АМЕРИКАНСКИЕ РАБОЧИЕ ОТДАЮТ НАМ СВОЙ ТРУД.

Группа швейников при нью-йоркском отделе Технической помощи Советской России в конце прош...

hier aus jetzt die Frage organisierter Zusammenschlüsse mit ausgesprochen aktivem Kampfcharakter wie nach Kartellen, Konzernen und Trusts parallel den entsprechenden Unternehmerorganisationen diskutiert würde. Dieser Gedanke findet in der Agitation in Deutschland guten Boden. Es wird Ihnen vielleicht bekannt sein, daß ich im März dieses Jahres kurz vor der Aktion über diese Frage eine Verbindung zwischen der A.A.U. und der damaligen Kommunistischen Reichsgewerkschaftszentrale hergestellt habe, aus der gute Aussichten für ein Zusammenarbeiten zwischen der A.A.U. und den kommunistischen Gewerkschaftlern hervorgingen. Das gegenseitige Mißtrauen war soweit geschwunden, daß ich mit Genehmigung unserer Zentralinstanzen für die „Internationale" und die Rote Fahne in mehreren Aufsätzen die Kalifrage bearbeitet habe (März-April 1921). Vielleicht würde sich mir hier die Gelegenheit bieten, nach dieser Richtung hin weiter zu arbeiten.

Sollte aber nach Lage der Dinge jetzt meine Mitarbeit nicht erwünscht sein, so besteht die Möglichkeit, rein literarisch zu arbeiten, um wenigstens ähnlich wie im Gefängnis die Zeit nicht ganz nutzlos verstreichen zu lassen. Sie haben vielleicht gelesen, daß im vorigen Monat ein Roman von mir im Feuilleton der Roten Fahne erschienen ist. Bei dem Mangel an belletristisch propagandistischer Literatur in Deutschland ist meine Mitarbeit der Feuilletonredaktion nicht unerwünscht. Ich hatte auch eine Vereinbarung getroffen, von England aus regelmäßige Beiträge an sie zu senden; augenblicklich ist natürlich diese Verbindung technisch abgerissen, vor allem auch solange nicht grundsätzlich die Frage meiner Arbeit hier geklärt ist.

Schließlich besteht noch die Möglichkeit für mich als Telegrammspezialist journalistisch zu arbeiten. Ich habe in der kurzen Zeit meines Hierseins bereits sehen können, daß, und wenn es nur zu Beobachtungszwecken sein sollte, den englischen und amerikanischen Journalisten ein Attaché, der sich nicht offiziell sondern „privat" um sie „bemüht", nicht nur wünschenswert, sondern auch sehr dienlich wäre. Es ist selbstverständlich, daß derartiges überhaupt von der Sowjetregierung gewünscht sein muß, worüber ich im Augenblick nicht orientiert bin.

Das sind ungefähr meine Arbeitsmöglichkeiten. Ich höre, daß Lunatscharski das Schauspiel „Kanaker" von mir hier hat übersetzen lassen und es im Winter aufführen will. Natürlich kann

ich darauf allein keine Arbeitsmöglichkeit gründen. Ich hoffe mit Hochdruck in kürzester Zeit russisch zu lernen, daß ich mich über das Notwendigste in den Büros verständigen kann.
Ich habe Ihnen diese meine Situation geschrieben, weil es sich wenn man die Grundlagen kennt, nachher besser darüber sprechen läßt. Ich möchte noch betonen, daß mir wenn ich überhaupt hier arbeiten kann, *jede* mir zugewiesene Arbeit recht ist. Ich bitte Sie nur, mir behilflich zu sein, recht bald eine Entscheidung herbeizuführen. Unter der gegenwärtigen Situation des Stilliegens gehört mein Aufenthalt im Lux einschließlich der Intrigen und Beobachtungen der zahllosen kleinen Geister nicht zu den Annehmlichkeiten. Es läge mir viel daran, bevor ich auf eigene Faust bei einzelnen Stellen um Arbeit nachfrage, mit Ihnen gesprochen zu haben, schon allein weil ich nicht weiß, wessen Fürsprache ich Wohnung und Verpflegung schulde, und ob man mich überhaupt hier haben will. Ich bin augenblicklich so weit erholt, daß ich auch ohne weiteres abfahren kann, wenn keine Arbeitsmöglichkeit vorhanden ist.
Mit kommunistischem Gruß

Von Franz Jung. A.A.U. *Allgemeine Arbeiter Union.* – Roman *„Arbeitsfriede".* – Lunatscharski *war zu der Zeit Volkskommissar für Volksbildung.*

BETR. AUSBAU DER PROPAGANDA-ABTEILUNG

Für die augenblickliche Situation wäre es gut, die Nachrichten aus Sowjetrußland für die Intenationale Presse mehr wie bisher journalistisch zu zentralisieren. Die Einreise zahlreicher bürgerlicher Journalisten nach Sowjetrußland hat es mit sich gebracht, daß mitunter die bürgerlichen Blätter umfangreicher mit Nachrichten bedient werden über Rußland als die kommunistischen und ins besondere auch die menschewistischen Zeitungen, von denen insbesonders die letzteren völlig auf die Nachrichten der bürgerlichen Presse angewiesen sind. Was den Nachrichtendienst über Rußland anbelangt, so herrscht jetzt zum Beispiel über die Auswirkung der neuen ökonomischen Politik und über die wirtschaftliche Aufbauarbeit ein völliges Chaos. Die bürgerlichen Correspondenten senden entweder ihrem konterrevolutionären Auftrag entsprechend falsche Berichte durch Übertreibungen, oder soweit sie neutral sich einstellen, stehen sie ihrer Aufgabe der Berichterstattung, die ihnen dadurch erschwert wird, daß sie erstens nur ganz mangelhaft informiert werden, zweitens meistens das Grundproblem nicht verstehen, hilflos gegenüber. Auf solche hilflose Berichte ist die öffentliche Meinung weiter an und für sich dem Kommunismus nicht feindlich gesinnter Massen von Arbeitern, Handwerkern und kleinen Angestellten angewiesen.

Notwendig ist die Berichterstattung für die kommunistische Presse über die russische Aufbauarbeit in einem planmäßigen Umfange mit einem journalistisch geschulten Apparat, eine Berichterstattung, die alle Zweige der politischen Verwaltung und der ökonomischen Aufbauarbeit umfaßt, mit dem Ziel, die Arbeiterschaft Westeuropas fortlaufend mit der russischen Aufbauarbeit, ihren Schwierigkeiten und ihren Fortschritten vertraut und auf dem Laufenden zu erhalten. Es ist notwendig, der Arbeiterschaft als einigendes Objekt wiederum Sowjetrußland vor Augen zu halten, damit der Kontakt durch das Anwachsen der parteipolitischen Auseinandersetzungen nicht zu zerreißen beginnt.

Eine solche Berichterstattung kann im Augenblick je nach den in den Mittelpunkt gerückten internationalen Fragen propagandistisch für diese oder jene Aufgabe eingestellt werden, wie für den Hunger, die Arbeiteranleihe, den sich zuspitzenden Konflikt mit der Entente u.a. Wichtig ist, daß der Apparat des Nachrichtendienstes als ein zentraler und *journalistisch* organisierter vorhanden ist. Es wäre notwendig, daß die kommunistische Presse aller Länder mehr wie bisher eine ständige Rubrik von der russischen Aufbauarbeit enthält, diese Rubrik muß *planmäßig* vom Zentrum über die bestehenden Correspondenzapparate der einzelnen Länder mit Namensartikeln führender Genossen, Leitern der ökonomischen Verwaltungen, Nachrichten, Informationen und Polemiken bearbeitet werden. Es ist zu erreichen, daß eine solche planmäßig durchgeführte Arbeit zu einem Informationszentrum wird auch für die übrige Presse, die menschewistische und bürgerliche, praktisch ausgedrückt: wer sich über Rußland informieren will, muß zuerst zur kommunistischen Presse greifen. Man darf auch nicht die moralische Wirkung unterschätzen, die solche Berichterstattung für den Arbeiter hat. Sie trägt ja das Agitationsziel in sich, der Arbeiterschaft Mut zu geben zum Kampf im eigenen Lande, eine Dosis von jetzt gerade sehr notwendigem Optimismus. Die bisher planlos verstreuten Nachrichten über die Wirtschaft in Rußland, die durch die Rosta oder auf anderen privaten und zufälligen Wegen in die kommunistische Presse gelangen, sind einer solchen Aufgabe nicht gewachsen, ebensowenig wie die russische Correspondenz, schon allein, weil diese nicht journalistisch bearbeitet ist.

Die zweite notwendige Arbeit wäre, eine zentrale Organisation der Nachrichten, Informations- und Auskunftsvermittlung an die in Rußland sich aufhaltenden Correspondenten. Die meisten dieser Leute sind an und für sich nicht feindlich. Der Journalist, darauf steht sein Beruf, will Material haben und Nachrichten. Gerade über die ökonomischen Fragen des Aufbaus ist er meist völlig unorientiert. Er kann, da ein zentraler Vermittlungsdienst nicht existiert, nirgends Auskunft erhalten. Die meisten der in Rußland anwesenden Journalisten beherrschen nicht einmal die russische Sprache, um sich aus der hiesigen Presse zu informieren, solche Leute werden gerade Nachrichten über den wirtschaftlichen Aufbau, über die ökonomische Lage ohne weiteres an ihre Presse übermitteln. Wenn die erste Arbeit organisiert ist, und der Apparat steht für die kommunistische Presse, so läßt er sich leicht in anderer Form auch für die zweite Form verwerten, das eine mit dem anderen verbinden, wo es möglich und notwendig erscheint.

Schneider   Jung

Herbst 1921.
Rosta *Russische Telegraphen-Agentur.*

29/IX. 21

Lieber Freund!
Hör mal, wo bleibt Deine Menschenkenntnis!! Daß Du auf einen kleinen verächtlichen Menschen, der um seine Existenz bangt, wie E.W. hereinfallen konntest.
Ich bin sicher, daß Du bald schon, nein jetzt schon anders denkst – schick doch umgehend eine Erklärung, daß Du Deine Unterschrift zurückziehst (wenn eine solche nicht schon unterwegs ist)
Unsere Situation ist gewiß schwer aber Gott sei Dank doch klar und gegeben. Ich kann es nicht glauben, daß Du nicht zu uns stehen solltest!
Herzlich
       Bernhard R.
Gruß an Cl.

Von Bernhard Reichenbach an Franz Jung.
E.W. Emil Wetterwald. – Cl. Cläre Jung.

ERKLÄRUNG

Ich erkläre hiermit, daß der Gen. Emil Wetterwald, den ich hier in Moskau getroffen habe, mit verschiedenen Stellen für seine speziellen Aufträge verhandelt hat und daß nach der erfolgten Liquidierung der bereits erfolgten Aufträge durch einen bureaukratischen Apparat hervorgerufene Schwierigkeiten sich ergeben haben. Die Bemühungen, die Gen. Wetterwald unternommen hat, auf dem schnellsten Wege nach Deutschland zu gelangen, haben niemals das politische Gebiet berührt, noch haben sie selbst das geringste mit seiner politischen Einstellung zu tun. Im großen Ganzen habe ich diesen Bemühungen selbst beigewohnt und mitgeholfen. Es ist uns bekannt geworden, daß gegen den Genossen Strömungen im Gange sind, ihn des parteischädigenden Verhaltens zu verdächtigen. Ich erkläre das ausdrücklich für Verleumdung, hervorgerufen durch Intriguen von Personen, gegen die selbst die begründetsten Verdachtsmomente, was ihre politische Stellung anbelangt, vorliegen. Es sind Leute am Werk, die alles Interesse daran haben, eine Verwirrung in unserer Partei

hervorzurufen und diese bis zur Aktionsunfähigkeit zu steigern, um auf diese Weise Teile der besten Arbeiter von uns abzuspalten.
Ich erkläre weiter, daß unser Brief vom 4. September nicht nur nicht im Auftrage oder unter Wissen der Komintern geschrieben worden ist, sondern daß die Übermittlung desselben nach Deutschland, die durch den Weg der Komintern möglich gewesen wäre, geradezu verhindert worden ist. Gleicherweise haben wir auch keine Möglichkeit gehabt, auf einen Artikel der Prawda berichtigend zu antworten.

Moskau, den 7. Oktober 1921
       Franz Jung

       Gefängnis 2 in Fuhlsbüttel, 28.11.1921
Werter Genosse!
Soweit ich es als notwendig erachte, werde ich in den folgenden Zeilen nochmals auf die Voraussetzungen sowie auf die eigentliche Fahrt mit dem Fischdampfer „Senator Schröder" von Cuxhaven nach Rußland zurückkommen.
Während sich in den verschiedenen Teilen des Reiches die blutigsten Kämpfe zwischen Konterrevolution und Reichswehr auf der einen Seite und der revolutionären Arbeiterschaft andererseits abspielten, liefen wir, von Island kommend, in den ersten Apriltagen 1920, also noch während des Kapp-Putsches in Cuxhaven ein. Jeder klassenbewußte Arbeiter war sich des Ernstes der Lage bewußt, und wohl jeder rechnete mit einem entscheidenden Zusammenstoß des gesamten revolutionären Proletariats /mit/ der Konterrevolution und der damals unzuverlässigen Reichswehr. Gerade in den Tagen, als General Watter an der Spitze der „republikanischen" Truppen, die Offensive gegen das bewaffnete Ruhrproletariat begann, als die Erregung unter der Arbeiterschaft bis zur Siedehitze stieg und niemand heute sagen konnte, was der morgige Tag an Überraschungen bringen werde, weilte ich als Delegierter der Ortsgruppe Cuxhaven auf der Bezirkskonferenz der KAPD in Hamburg. Schon seit längerer Zeit, etwa 6 Wochen, war mir bekannt, daß die Absicht bestand, eine Delegation nach Rußland zu entsenden. Durch den Kapp-Putsch und die

politischen Kämpfe wurde die Delegation zur dringenden Notwendigkeit. Es handelte sich hauptsächlich darum, den Transport der bestimmten Delegierten sowie insbesondere des Gepäcks von vornherein sicherzustellen. Deshalb auch mußte ein extraordinärer Weg gewählt werden, und zwar in diesem Falle der von mir vorgeschlagene Weg nach Murmansk. Wohl niemand war während der Kapp-Tage und kurz nachher in der Lage, für den Fortbestand der Regierung Ebert-Noske-Scheidemann zu garantieren. Wo man hinsah – Anarchie! In Cuxhaven stand die „republikanische" Kommandantur offen auf Kapps Seite. Hamburgs Garnisonsältester Wangenheim trat offen als Kappist hervor. Im nahen Mecklenburg hausten die monarchistischen Banden des Hottentottengenerals Lettow-Vorbeck. Von dort wurden in ganz kurzer Zeit 115 bestialische Morde gemeldet, die, wie heute festgestellt ist, von der monarchistischen Soldateska außer anderen Verbrechen: Raub, Diebstahl usw. unter den Augen der führenden Offiziere verübt wurden. Selbstverständlich war dies alles für mich von Bedeutung bei der Entschließung und nachher auch bei der Ausführung der Fahrt. Die bestehende Regierung war meiner Ansicht nach nicht lebensfähig und konnte in Bälde durch eine rein-sozialistische resp. proletarische Regierung ersetzt werden. Die Beschlagnahme des Dampfers war nötig, um die Fahrt, welche bekanntlich im Interesse eines Teils des revolutionären Proletariats lag, sicher durchzuführen. Ebenso die Schutzhaft, welche während der zehn Reisetage an Bord über die Schiffsleitung verhängt wurde. Die Requisition des Dampfers erfolgte ja dann auch im Namen der „Deutschen Räteregierung". Wir nahmen auf See und nachher in Murmansk ja auch als bestimmt an, daß dieselbe sich bereits konstituiert hatte. In der Verhandlung vor dem Schwurgericht zu Hamburg vom 12. und 13. Mai wurde der Antrag der Verteidigung auf Anwendung der Amnestie vom August 1920 abgelehnt. Die Verurteilung erfolgte wegen schweren Raubes in Tateinheit mit schwerer Meuterei und schwerer Freiheitsberaubung zu 5 Jahren Zuchthaus, nachdem die bürgerlichen Geschworenen sämtliche Schuldfragen, auch des schweren Raubes, bejaht hatten, trotzdem gerade hier der Oberlandesgerichtsrat May anderer Meinung war.

In der Begründung ist vom Vorsitzenden des Gerichts denn

auch folgendes ausgeführt worden:
Knüfken war noch unbestraft und zu einem wesentlichen Teil geständig. Seine Handlung entsprang nach Ansicht des Gerichts nicht ehrlosen Motiven oder gewinnsüchtigen Interessen, wenn er auch bestrebt war, eine führende Rolle zu spielen oder zu erlangen: Sein Hauptziel war die Erreichung parteipolitischer (kommunistischer) Pläne, hier insbesondere die Beförderung von Jung und Genossen nach Sowjetrußland. Er hat offenbar den Dampfer nicht für sich geraubt, sondern um ihn der Räteregierung zur Verfügung zu stellen!
Die bürgerlichen Ehrenrechte sind mir trotz der Zuchthausstrafe belassen worden. Daraus ist schon die Ansicht des Gerichts über meine Handlung zu erkennen. Am 25. Februar dieses Jahres habe ich das erste Jahr meiner Strafe verbüßt. Meine Handlung hat mit einem gemeinen Verbrechen nichts zu tun und dürfte auf jeden Fall mit der bereits verbüßten Zeit oder einer entsprechenden Festungshaft gesühnt sein. Rechtlich kann ich die Gleichstellung mit den amnestierten Kapp-Lüttwitz-Leuten verlangen. In einer Abhandlung über den Erlaß vom August 1920 (Kapp-Amnestie) fordert ja auch Prof. Radbruch, der heutige Justizminister, die gleiche Ausdehnung der Amnestie nach links wie nach rechts. Vom ethischen Standpunkt wird die spätere Geschichte die Fahrt des „Senator Schröder" ja wohl etwas anders beurteilen, als die Justiz es heute tut.
Im Juni 1920 habe ich in Rußland die Rechte eines russischen Staatsbürgers erworben, bin also naturalisiert. Vielleicht ist es möglich, daß die Verhandlungen wegen meiner Abreise nach Rußland zu einem günstigen Abschluß kommen und dadurch die noch zu verbüßende Strafzeit aufgehoben wird. Soviel mir bekannt ist, sind meine Gerichtsakten bereits in Petrograd eingetroffen. Sollten noch irgend welche besonderen Punkte der Erklärung bedürfen, so bitte ich Euch, mich davon zu verständigen. Übrigens ist Justizrat Dr. Fränkel oder Rechtsanwalt Timpe oder Dr. Herz, z.Zt. Bürgermeister in Spandau, jederzeit bereit, Auskunft über die rechtliche Seite der ganzen Angelegenheit zu geben.

Offener Brief von Hermann Knüfken. In „Kommunistische Arbeiter-Zeitung" Nr. 258 vom 1. Januar 1922.

Marxstadt, d. 10. Feb. 1922

Lieber Franz Jung!
Warum ich an Dich schreibe?
Aus verschiedenen Quellen entspringt es. Du bist ein Dichter, Du kennst Hamburg, Du kennst die deutschen Arbeiter. Wenn Du auch selbst kein Proletarier bist, so hast Du die Seele des Proletariats ganz gut erkannt, und hast manches, (was man nur Seelen ablauschen kann) bis heute, – aus dieser großen Seele erlauscht.
Ich bin seit zwei Tagen krank, vielleicht ist es nur Überarbeitung, u. ich bin bald wieder gesund, vielleicht ist's aber auch Fleck Typhus, das ist jetzt die Geißel, die jetzt über dieses notreiche Land erbarmungslos ungeheure Menschenopfer fordert. Die Leichen liegen bergehoch auf diesem Friedhof und können nicht in die Erde gebracht werden weil es ungeheure Mühe macht in die fast eisenharte Erde Löcher zu graben. Doch – ich will an alles das nicht denken.
Am 3. Febr. ist am hiesigen Theater, während des Räte Kongresses vor den Delegaten desselben, Dein Stück – Wie lange noch – gespielt worden. Ich muß Dir beschämt gestehen, – es ist sehr schlecht gespielt worden. Die Kursanten unserer Sowets Partei Schule haben gespielt. Gewiß – es sind Bauern, und sie sollen ja nicht Theater spielen, sondern gute Sowets – Bauern werden, mit dem Anfang des Begriffes einer kommunistischen Weltanschauung. Und doch habe ich an diesem Abend ein tief-bitteres Weh Gefühl im Herzen durchgelitten.
Zwei haben es aber doch verstanden, u. zwar ein junger Leipziger Genosse u. ein junger Genosse aus dem Gebiet. Ungeheure Arbeit ist von den wenigen Genossen dieses Gebietes geleistet worden, und was jetzt in der aller nächsten Zukunft geleistet *werden muß*, ist noch viel – viel mehr.
Die Frühjahrs Saat Kampagne muß durchgeführt werden. Weit über eine Million Pud Samen muß in das letzte Dorf gebracht, und mit den ausgehungerten Menschen, und mit dem wenigen vollständig abgehungerten Vieh unter die Erde gebracht werden. Angesichts des hart vor uns stehenden ungeheuren Pflichten-Berges, möchte man beinahe die Hände schlaff sinken lassen, denn die automatische Sprache, will die Worte formen: Es ist zu viel! Und – doch, das darf nicht sein, wir müssen es zwingen!

Du bist ja nur wenige Tage hiergewesen, und damals war im Vergleich zur Jetztzeit noch goldene Zeit, die Preise für Lebensmittel sind gegen damals um /das/ zehn-, fünfzehn- bis zwanzigfache gestiegen, während die Gehälter noch nicht um das dreifache gestiegen sind. Einige Proben: Ein Krug Milch heute 50,000 Rbl. ein Pfund Schw. Brot 35,000 Rbl. ein Ei 10,000 Rbl. ein Pf. Kartoffeln 25,000 Rbl. u.s.w. Jeden Tag Mittagessen, das kann man nicht, denn eine Portion kostet 80,000 Rbl. und 2,8 mill. ist mein Gehalt.

Das damalige Kommune Haus ist vollständig zerfallen, die deutschen und ausländischen Genossen sind fast jeder in irgend ein Loch geschlüpft. Die Partei ist im Begriffe vollständig zu russifizieren und verliert immer mehr die lebendige Verbindung mit dem armen Volk, dies spricht denkt und fühlt deutsch, natürlich – dumpf – muffig – nationalistisch.

Gewiß – die führenden Genossen glauben weil im gegenwärtigen Augenblick der hiesige Bauer sowjetsfromm und kommunistengläubig ist, daß alles zum besten bestellt ist, sie verstehen nicht in der hiesigen Volks-Seele zu lesen, sie hören nicht mit ihren schlecht hörenden Ohren die Unter-Strömungen rauschen.

Es sind und bleiben bitter arme Menschen, auch wenn dies Gebiet wieder in Weizen schwimmen wird, und unsere führenden Wolga-Kolonisten-Kommunisten – sind doppelt arm.

Mein kleines Leben hier ist ein großes Martyrium, aber bedeutet das Davonlaufen nicht Desertation? Müssen wir Kommunisten nicht da am festesten stehen, wo es am schwersten ist?

Und doch – und doch – und doch – Franz Jung! Wie bitter schwer – wie bitter schwer ist das alles. Die körperliche Not? Die wäre noch zu ertragen. Die geistige Not ist viel – viel Riesen – Größer. Kein lieber Mensch der mit mir kämpft ganz einsam – allein in dieser Menschen – Not – Wüste, und – keine grüne Oase ist zu sehen.

Vielleicht lachst Du wenn Du dieses alles liest und denkst im Innern: Na – ja, auch einer von denen die in Rußland gute Tage leben wollen, weil sie sich Kommunisten nennen.

Nein – ein gesunder Idealismus kann nur aus dem Boden eines gesunden Rationalismus erwachsen, alles andere muß in Zwerg – und Mißgewächse ausarten. Und in der Periode in der wir im gegenwärtigen stecken und der wir mit kapitalistischem Volldampf entgegensteuern brauchen wir körperliche und geistige *Kommunisten-Riesen* sonst muß das russische und internationale Proletariat noch einen ungeheuren langen Marter-Weg gehen. Der Genosse Kurz der im Januar Monat von Moskau n. hier gekommen ist hat uns berichtet das Du ihm als Beauftragter der internationalen Arbeiter Hilfe, die Vollmacht erteilt hast, hier im Gebiet als Bevollmächtigter die Verteilungs Organisation nach seinem Gutdünken zu organisieren, zu führen und zu leiten. Ich will nicht etwa schlechtes über Kurz berichten denn um ihn zu charakterisieren, dazu kenne ich ihn zu wenig, und auf das Geschwätz der Hintertreppen gebe ich nichts.

Nur über eine Nachricht habe ich mich gewundert u. zwar die, daß man v.d. Komintern den Genossen Spielmann ebenfalls mit, (ich weiß nicht was für Vollmachten) u. Produkten n. diesem Gebiet abgeschickt haben soll. Nun – offen gesprochen, (ich kenne Spielmann v. Hamburg u. zwar im 19er Jahre, während der Rev. Obleute Bewegung mit Jan. Appel) und will nicht sagen: Er ist ein hundsschlechter Kerl, aber meine ganz bestimmte Meinung ist, daß seine Ansichten u. Thaten so wirr u. kraus sind, daß er unbewußt u. ohne Willen nur Unheil anstiften würde.

Weitergeschrieben am 15. März.

Ich bin einigermaßen wieder gesund, nur einen ungeheuren dumpfen Druck im Kopf, u. ein Schwächegefühl in den Knieen habe ich noch.

Ich habe heute durch einen Genossen erfahren, daß in Deutschland die Eisenbahner streiken u. daß die Stellung der Regierung sehr geschwächt ist, das hat mich freudig gestimmt. Brubacher der Sekretär vom hiesigen Jugendverband fährt am Ende dieser Woche nach Moskau dem werde ich diesen Brief mitgeben. Ich habe schon im Dezember Monat durch einen Kurier einen Brief an den Genossen Brandler mitgegeben, ich befürchte sehr, daß derselbe ihn *nicht* bekommen hat, würdest Du Dich einmal erkundigen? Doch – ich will nun zum Ende kommen.

Wie sieht und steht es denn eigentlich in Moskau? Was macht der Sepp Schneider? u. die anderen deutschen Genossen? Ich komme mir hier vor wie ein Mensch, den man auf eine ganz ferne Insel abgesetzt hat, wo nur noch ganz schwach

der große Pulsschlag der Zeit hindringt. Und diese Insel ist die Insel des grauen Todes, der tiefsten Not u. des schrecklichsten Grauens.
Zum Schluß möchte ich Dich noch bitten, dem Brubacher die neuen Zeitungen aus Deutschland mitzugeben, u. einige Bücher wenn es möglich ist. Doch worum ich Dich am meisten bitte, das ist: Einen kurzen schriftlichen Bericht von Dir, über die Fragen die ich in diesem Brief aufgeworfen habe.
Nun grüße recht herzlich den Genossen Sepp Schneider von mir, u. den Schweizer der im October Monat sehr viel bei Schneider war. (ich weiß seinen Namen nicht.) Überhaupt, grüße alle die, denen an meinem Gruß etwas gelegen ist.
Nun – zum Schluss sei Du u. Deine Frau recht herzlich gegrüßt von Paul Sehren-Zöllner

4. Dezember 1922
Moskau
Hotel Lux
Zimmer 315

Lieber Wieland Herzfelde,
vor einigen Tagen hat Jung mit dem Genossen Arbatow vom russischen Proletkult eine Besprechung gehabt; es soll vom Proletkult hier eine proletarisch-literarische Zeitschrift herausgegeben werden, für welche Arbatow Franz um Beiträge bat. Sie wünschen besonders kleine populäre Schilderungen aus dem deutschen Proletarierleben und Zeichnungen von Gross usw. Einige Sachen, die in Ihrem Verlage erschienen sind, auch Bilder von Gross ließen sich sehr gut dazu verwenden. Jung bittet Sie, Bücher und Zeichnungen an ihn zu senden, über Münzenberg erreicht ihn jede Post. Da Jung hier in Moskau der Vertreter der Arbeiterhilfe ist, erhält er sowieso jede Woche ein bis zwei Sendungen von Gen. Münzenberg.
Ein Exemplar von Jungs Buch „Die Rote Woche" haben wir über Radek erhalten. Das Buch gefällt Franz sehr gut in der Ausstattung. Ist Arbeitsfriede auch schon erschienen?
Bitte senden Sie uns auch die in Ihrem Verlage erscheinenden Bücher und Broschüren über die Hungerhilfe zu.

Beiliegend übersende ich Ihnen ein Manuskript von Jung „Annemarie", ein soziales Schauspiel. Da Franz annimmt, daß Sie mit einem baldigen Druck vielleicht Schwierigkeiten haben würden, bittet er Sie, das Stück einem Theater, vielleicht dem Großen Schauspielhaus, im Manuskript anzubieten.

Als Münzenberg nach Berlin fuhr, hat er das Manuskript des Romans „Die Eroberung der Maschinen" von Jung mitgenommen, das für den Druck in der R.F. bestimmt war; Münzenberg wollte es für die Herausgabe als Buch dann Ihnen übergeben.

Leider haben wir in der ganzen Zeit von Ihnen nicht einmal gehört, Franz hatte Ihnen im September geschrieben, hat aber keine Antwort erhalten. Ich hoffe, bald von Ihnen eine Nachricht zu haben.

Grüßen Sie bitte alle Freunde von Jung und mir.

Mit bestem Gruß

Ihre

Von Cläre Jung.
Arbatow *ist Arwatow.* – Gross *George Grosz.* – R.F. *Rote Fahne.*

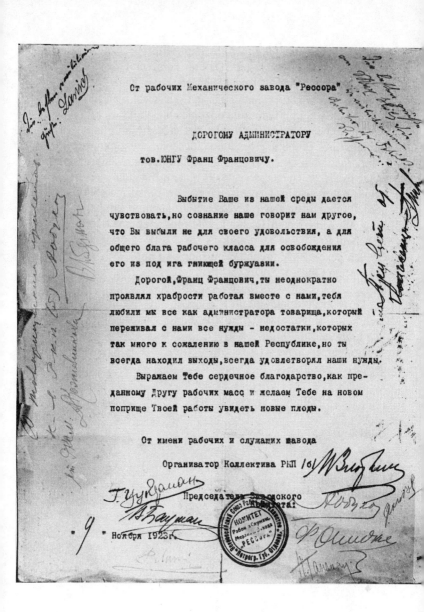

Abschiedsbrief der russischen Genossen der Fabrik „Ressora" 1923.

Von den Arbeitern der Metallurgischen Fabrik „Ressora"
An den lieben Administrator
Gen. Jung Franz Franzowitsch

Ihr Ausscheiden aus unserer Mitte empfinden wir sehr, aber unser Bewußtsein sagt uns etwas anderes – daß Sie nicht zu Ihrem Vergnügen ausscheiden, sondern zum Wohl der Arbeiterklasse, zu ihrer Befreiung aus dem Joch der verfaulenden Bourgeoisie. Lieber Franz Franzowitsch, viele Male hast Du Tapferkeit bewiesen, als Du mit uns arbeitetest, wir alle haben Dich als Administrator geliebt, einen Genossen, der mit uns alle Nöte durchmachte – Mängel, die es leider in unserer Republik noch viele gibt, aber Du hast immer Auswege gefunden, hast immer unsere Not gelindert.
Wir drücken Dir unsere herzliche Dankbarkeit aus als einem ergebenen Freund der Arbeitermassen und wünschen Dir, auf dem neuen Feld Deiner Arbeit neue Früchte zu sehen.

Im Namen der Arbeiter und Angestellten der Fabrik
Der Organisator des Kollektivs der RKP (B)
Der Vorsitzende des Fabrikkomitees

9. November 1923

Mit einem Gruß an Max Hoelz und von dem deutschen Genossen Emil Larisch, einem ehemaligen Schmied, der mit Jung die Fabriken in Tschudowo und Petrograd aufbaute. Aus Larisch entstand der Name Larsz, unter dem Jung bis zu seiner Amnestierung 1928 lebte.

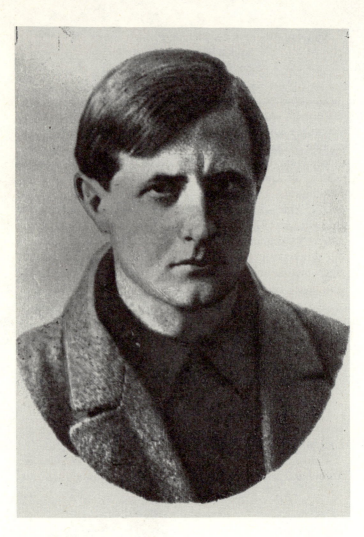

Porträt Franz Jung ca. 1921.

VERBINDUNGEN 1924–1931

1924 Im Frühjahr erscheinen „Die Geschichte einer Fabrik" und „Das geistige Rußland von heute". Mit Theodor Beye Gründung der „Kontinent Korrespondenz". Reise nach London. Zusammenarbeit mit Malcolm Campbell, dem Vertreter der „Continental Press Agency". Vorschlag einer Fourier-Auswahl. In russischer Übersetzung erscheinen „Proletarier", „Die Rote Woche", „Arbeitsfriede", „Die Eroberung der Maschinen", „Jack London – Ein Dichter der Arbeiterklasse", „Die Geschichte einer Fabrik".
1925 Angebot soziologischer Aufsätze an die Redaktion des „Querschnitt".
1926 Arbeit an den Theaterstücken „Legende", „Heimweh", „Geschäfte", „Astoria". Schickt „Legende" an Piscator. In tschechischer Übersetzung erscheinen „Proletarier", „Die Rote Woche", „Arbeitsfriede". Aus Prag Bitte um Mitarbeit am Almanach „fronta". Romanprojekt „Gequältes Volk". Vorschlag einer Lenin-Monographie.
1927 Plan einer Zeitschrift „Sklaven". Beendet den autobiographischen Text „Das Erbe". Mitarbeit im dramaturgischen Kollektiv der Piscatorbühne. Uraufführung von „Legende" in Dresden. Gründung des „Deutschen Feuilleton-Dienstes", geführt von Cläre Jung, und der „Deutschen Wirtschafts-Berichte".
1928 Uraufführung von „Heimweh" in Berlin an der Piscatorbühne. Schreibt die Stücke „Der verlorene Sohn", „Arbeiter Thomas", „Abenteuer eines Fremden". Einstellung des Verfahrens von 1920 gegen Jung.
1929 „Das Erbe" erscheint. Arbeit an dem Roman „Hausierer".
1930 Beendet den Roman „Arbeiter Thomas". Neue Fassung des Schauspiels „Der verlorene Sohn" und Roman „Samtkragen. Der verlorene Sohn".
1931 Bricht die Dialogbearbeitung der „Amerikanischen Tragödie" von Theodore Dreiser für ein Inszenierungsprojekt Piscators ab.

BETR. KONTINENT KORRESPONDENZ

Die Kontinent Korrespondenz ist dabei, sich zu einem alle Zweige des Nachrichtendienstes umfassenden kontinentalen Nachrichtenbüro auszubauen. Die Firma ist in das Handelsgericht eingetragen. Zu ihrem Programm gehören:

Englischer Dienst. Über diesen Dienst berichtet ein besonders beigefügtes Rundschreiben. Der Verkehr ist aufgenommen, und nach einer Tätigkeit von ca. zehn Tagen sind zu verzeichnen
3 Voll-Abonnements von à MK. 250,-- pro Monat
und 8 kleine Abonnements von à Mk. 100,-- pro Monat
Es ist zu erwarten, daß die Zahl der Abonnements sich erhöht, da in der letzten Woche die Propaganda erst aufgenommen worden ist.

Deutscher Wirtschaftsdienst. Dieser Dienst arbeitet gestützt auf Interviews mit führenden Persönlichkeiten der deutschen Wirtschaft, bringt Informationen aus den Verbänden über die Marktlage in der Ein- und Ausfuhr, und ist bei allen in Betracht kommenden größeren Handelszeitungen eingeführt. Der Dienst hat jetzt vier Wochen geruht und soll wieder aufgenommen werden.

Informationsdienst und Auskunftei. Dieser Dienst wendet sich an die Industrie- und Handelskreise direkt, eine Fortführung von Rosams Konjunkturberichten, die in acht Nummern bereits gedruckt vorliegen und wieder aufgenommen werden sollen.

Korrespondenzdienst nach England. Die Verbindung mit dem „Associated News Services, London", gibt der Kontinent Korrespondenz die Möglichkeit, ihre Nachrichten in der englischen Presse unterzubringen, insbesondere im „Daily Chronicle" und „Daily News", deren Redaktionen sich aus den „Associated News Services" zusammensetzt.

Feuilleton-Korrespondenz. Die von Rosams Korrespondenzbüro betriebene Abteilung „Kurzgeschichten" ist von der Kontinent Korrespondenz übernommen worden und wird alle ihre Abonnenten weiter informieren. Der Dienst soll als Korrespondenz in größerem Umfange aufgenommen werden. Bisher besteht nur ein Einzelbetrieb und zwar ausschließlich für Berlin, der bereits eine sichere Einnahme von monatlich Mk. 300,-- garantiert.

Deutsch-englische Korrespondenz. Die Verwertung des von der „Associated News Services, London", gelieferten Materials zu-

züglich der von unserem eigenen Korrespondenten im besonderen Abonnementsdienst gemeldeten Nachrichten wird in einer deutsch-englischen Korrespondenz vorgenommen, um auch an Nicht-Abonnenten Artikel englischer Publizisten, Wirtschaftsberichte, Feuilleton-Nachrichten der englisch-sprachlichen Welt unterzubringen. Das Interesse für eine solche Korrespondenz ist sehr rege. Der Betrieb ist aber noch nicht aufgenommen.
Telefon- und Telegrafendienst. Eine Anzahl mit der Kontinent Korrespondenz bereits in Verbindung getretener Zeitungen hat angeregt, einen eigenen Telefon- und Telegrafendienst einzurichten. Interesse-Äußerungen liegen bereits vor. Dieser Dienst wird besonders erfolgen durch das Austauschverhältnis zum „Daily Chronicle" und „Daily News", der dem Berliner Dienst in gewissem Umfange als Austauschdienst eingegliedert wird.

Im Rahmen der Gesamtarbeit lassen sich unter ähnlichen Voraussetzungen auch ein Balkan- und ein Ostdienst einrichten.

Unter den augenblicklichen Verhältnissen betragen die
Einnahmen aus den bereits betriebenen Diensten:

Englischer Dienst – Vollabonnements	Mk. 750,--
Englischer Dienst – kleine Abonnements	Mk. 800,--
Feuilleton-Korrespondenz	Mk. 300,--
zusammen :	Mk. 1850,--

Ausgaben, vorgesehen für den laufenden Monat:

Auf das Büro ---	Mk. 150,--
Technisches Personal ---	Mk. 450,--
(drei Stenotypistinnen)	
Allgemeine Betriebsunkosten ---	Mk. 400,--
Geschäftsführer ---	Mk. 300,--
Geschäftsleiter ---	Mk. 500,--
zusammen:	Mk. 1800,--

Allgemein ist zu sagen, daß die Kontinent Korrespondenz die einzige Korrespondenz ist, die rechtzeitig erkannt hat, daß das Schwergewicht des Wiederaufbaus Deutschlands bei England liegt. Die Kontinent Korrespondenz wird eines der hauptsächlichsten Mittel sein, die englische Geschäftskritik der deutschen

Industrie zu vermitteln, umgekehrt ein Schrittmacher der deutschen Industrie für den deutschen Weltmarkt. Die bereits veröffentlichten Interviews haben in Regierungskreisen wie in Wirtschaftskreisen ungeheures Aufsehen erregt. Von diesem Interesse ausgehend wird auch der Informationsdienst großes Interesse finden und von allen Wirtschaftskreisen in England wie in Deutschland abonniert und beachtet werden. Eine Unterstützung dieser Bestrebungen stellt die Korrespondenz nach England dar, da es für die kreditsuchenden Großkonzerne und Verwaltungen von außerordentlichem Wert ist, auch in der englischen Presse in einem ihnen günstigen Sinne beachtet zu werden.

Die Kontinent Korrespondenz kann aus eigenen Mitteln sich weiter entwickeln, doch ist dieser Weg der Entwicklung für die heutigen Verhältnisse zu langsam, und sie sucht daher für die noch aufzunehmenden Dienste um jeweils monatlichen Kredit, um die Vorarbeiten und Propagandaarbeiten in breitestem Maße und Umfange durchführen zu können. Dies gilt insbesondere von dem Informationsdienst. Insgesamt dürfte sich dieser Kapitalbedarf für einen Monat auf ca. *Mk. 3000,--* stellen.

Gründung der „Kontinent Korrespondenz" Frühjahr 1924.

Kontinent Korrespondenz   Berlin, den 18. Juni 1924
Vereinigte Pressebüros   Bülowstr. 81

Sehr geehrte Herren!
Bei der Bedeutung, welche die politischen und wirtschaftlichen Strömungen in England während der nächsten Monate für die Entwicklung der Lage in Deutschland und für das gesamte kontinentale Europa gewinnen, haben sich die unterzeichneten Nachrichtendienste zusammengeschlossen, um einen gemeinsamen Englischen Dienst einzurichten, den wir Ihrer besonderen Beachtung empfehlen.

In wirtschaftlicher Hinsicht wird die englische Tarif- und Zollpolitik von einschneidender Bedeutung sein für das deutsche

Wirtschaftsleben der nächsten Monate, umso mehr, wenn die Kreditpolitik der Golddiskontbank, die Tarifpolitik einer privatisierten Reichseisenbahn und Abruf und Regulierung der Reparationslieferungen ihre Directiven aus London beziehen ...
Alles das wird die *Kontinent Korrespondenz* in ihrem *Englischen Dienst* Ihnen liefern. Sollten Sie schon einen eigenen Vertreter und Büro in England haben, so wird die Kontinent Korrespondenz diese Vertretung wertvoll und auf die heutigen Verhältnisse zugeschnitten ergänzen.
Wir beginnen zunächst mit Artikeln aus dem öffentlich politischen und wirtschaftlichen Leben von englischen Schriftstellern, die wir unverbindlich als Korrespondenz Ihnen zusenden und für die wir Ihre Aufmerksamkeit gewinnen möchten.
In der Folge berichten wir unter Berücksichtigung der oben genannten Gesichtspunkte über die Wembley-Ausstellung, gleichfalls in der für Sie unverbindlichen Form einer Korrespondenz.
Unabhängig davon haben wir einen besonderen Wirtschaftsdienst organisiert, der in der Hauptsache sich auf Interviews wirtschaftlicher und politischer Persönlichkeiten stützt, den wir im Abonnement abgeben, ebenso eine Serie englischer Reisebriefe. Unser Ziel ist, einen wirklich erstklassigen Englischen Dienst als Abteilung unserer Kontinent Korrespondenz zu organisieren, dem wir auch einen Telegrafen- und Telefondienst demnächst anzugliedern beabsichtigen.
Wir möchten noch bemerken, daß unserer Londoner Vertretung die Referenzen der deutschen Botschaft sowie der Pressestelle beim Auswärtigen Amt in Berlin in besonderer Weise zur Verfügung stehen.
Mit vorzüglicher Hochachtung
Associated News Services, London
Peter Swasdich
                          Rosams Korrespondenzbüro, Berlin
                                      Franz Larsz

Rundschreiben an die Presse. – Vorlage unvollständig.

Berlin W 15 Knesebeckstr. 48
den 12. Januar 1924

Herrn Franz Larsz, hier.
Anbei sende ich Ihnen aus den Essaybändchen von Jack London „Revolution" und „Klassenkampf" einige Essays, die ich auf Grund der Besprechung in Ihrer Wohnung deutsch übersetzt habe. Soweit ich sehe, läßt sich aus den beiden Bändchen ein recht wirkungsvolles Propagandabuch zusammenstellen, indes, ehe ich weiter in der Arbeit fortfahre, möchte ich Sie freundlichst um die Bedingungen und um etwaige besondere Wünsche bitten, wenn irgend möglich auch um einen entsprechenden Betrag als Vorschuß.
Es empfiehlt sich Ihnen Ihr ergebener
                                            Grabisch

Kontinent Korrespondenz   Berlin W 57, den 10. Juni 1924
Vereinigte Pressebüros   Bülowstr. 81

Mrs. Charmian London, Glenellen Kalifornien U.S.A.

Sehr geehrte gnädige Frau!
Beiliegend beehre ich mich, Ihnen ein Buch des Jack London, das der Einführung des Jack London dient, zu übersenden. Ich hoffe, daß dieses Buch dazu beitragen wird, Jack London auch unter den deutschen Lesern die große Zahl von Freunden zu verschaffen, die er verdient. Leider ist es durch besondere Verhältnisse schwierig, die notwendigen Schritte für die Popularität Jack Londons in Deutschland zu tun. Your publ. haben die gesamte Autorisation der Übersetzung einem Herrn Magnus verliehen, der nicht nur schlecht übersetzt, sondern durch sein rigoroses Verhalten den Verlegern gegenüber nichts zur Veröffentlichung von Jack Londons Schriften beiträgt.
In letzter Zeit wird von einem Vertrag mit dem Gyldendal-Verlag, hier, gesprochen, der aber jedes Jahr nur zwei Bände herausbringen will. Ich weise darauf hin, daß es jetzt angebracht wäre, mit einer viel größeren Anzahl von Bänden herauszu-

kommen, da dies zur Einführung unbedingt notwendig ist und jetzt gerade großes Interesse für Jack Londons Schriften vorhanden ist. Dem stellt sich aber Magnus entgegen. Auch darum, daß er einen Teil dieser Übersetzungen an andere abgibt, selbstverständlich würde Herr Magnus in diesem Falle eine angemessene Entschädigung zugebilligt werden, wodurch ja Ihre Autorisationsrechte nicht berührt würden, ich glaube sogar eher das Gegenteil. Im übrigen beruft sich Herr Magnus darauf, daß er die Vollmacht von Ihnen hat, eine Veröffentlichung zu verbieten. Auch versucht er jede Verbindung zu Jack London Erben und zu Ihnen bezw. dem Verlage, der die Autorisation hat, zu unterbinden.

Ich wäre Ihnen sehr dankbar, wenn Sie mir mitteilen könnten, ob tatsächlich Herr Magnus Ihre volle Autorisation für sämtl. Werke Jack L.s besitzt, auch darin, daß er selbst bei Wahrung seiner Rechte das Recht hat, sich zu weigern, sie irgendwie weiter zu vergeben.

Wir sind bereit, (ich spreche hier für eine Korrespondenz und für einen Verlag) nicht nur die Autorisationsrechte zu wahren, sondern auch evtl. Zufallsrechte neben dem Gyldendal-Verlag, nur um zu versuchen, sofort mindestens sechs Bände Jack Londons, wenn möglich noch in diesem Jahr, herauszubringen teils in Zeitschriften und Zeitungen und später in Buchform.

Mit vorzüglicher Hochachtung

In die englische Übersetzung vom 18.6.24 sind die Namen der Publishers eingefügt: Maxie (Boone and Mills), vgl. Macmillan und Mills & Boon.

Berlin, den 10. Juni 1924

Herrn
Dr. Adolph Heilborn
Ullstein-Verlag
Berlin SW 68
Kochstrasse.

Sehr geehrter Herr Doktor.
In der Anlage überreiche ich Ihnen das versprochene Exposee über *Fourier*.
Ich danke Ihnen sehr für das mir in Aussicht gestellte Interesse und bitte Sie, für mich bei dem in Betracht kommenden Verlage anzufragen, ob ein Interesse für Herausgabe dieser Bände vorhanden ist.
Ich denke mir die Arbeit so, daß ich eine Rohübersetzung nach meinen Angaben über Fouriers Schriften herstellen lassen würde, dass ich diese Übersetzung dann bearbeiten und den ersten Band über die Einführung etc. allein vornehmen würde.
Ich bin fest davon überzeugt, dass mit einer solchen Herausgabe eine wertvolle wissenschaftliche Pionierarbeit geleistet werden kann, die weit über den Rahmen Deutschlands Beachtung finden wird.
Da ich jetzt für einige Wochen verreise, so wird meine Frau nach einiger Zeit bei Ihnen anfragen, ob Ihren Bemühungen irgendwelcher Erfolg beschieden gewesen ist. Meine Frau würde auch, falls sich das ergeben sollte, weitere Verhandlungen führen können.
Mit vorzüglicher Hochachtung
Ihr sehr ergebener

1 Anlage.

Von Franz Jung.

FRANZ JUNG
BETR: AUSGEWÄHLTE WERKE VON CHARLES FOURIER

Unter den großen Sozialisten des neunzehnten Jahrhunderts nimmt Charles Fourier einen besonderen Platz ein. Sein Einfluß auf die Zeitgenossen, die Bedeutung seiner Schule waren vielleicht am größten und nachhaltigsten von allen Vorläufern des Marxismus. Trotzdem ist die Kenntnis seiner Schriften von allen großen Sozialisten am geringsten in Deutschland verbreitet.
Es hängt dies damit zusammen, daß die Übersetzung von Fourier's Schriften sehr schwierig ist. Er schreibt gelegentlich seine eigene Sprache mit eigener Wortbildung, eigener Ideologie und eigenen Begriffen, die jahrelang unverständlich und utopisch wirkten, und heute erst, nachdem die Forschungen der Psycho-Analyse gewissermaßen wissenschaftliches Allgemeingut geworden sind, ihren verständlichen oder selbstverständlichen Sinn erhalten. Dazu kommt, daß Fourier in der wissenschaftlich-marxistischen Welt zu sehr als Utopist verschrien ist, als daß man sowohl in der russischen wie in der deutschen Revolution die marxistischen Thesen als Ansichten Fourier's allzusehr in den Vordergrund hätte rücken wollen. Dabei ist zu sagen, daß die Frage des Arbeitsproblems erstens, und zweitens die Fragen einer sozialistischen Erscheinung zum Kollektivismus und drittens die Analyse des Kollektivismus selbst ausschließlich Fourier's Eigentum sind, und daß alles, was in Rußland nach dieser Richtung hin geschehen ist oder in Deutschland versucht wurde, sich als reiner Fourierismus erweist.

Die Bedeutung Fourier's ist jetzt wieder im Steigen begriffen. Soeben erscheint in Frankreich eine Volksausgabe seiner Schriften. Für Deutschland bedeutet Fourier eine neue Ära des wissenschaftlichen Sozialismus, der jetzt im Augenblick gewissermaßen als Rückschlag gegen die Revolutions-Experimente der Marxisten einer neuen Blüte entgegengeht – im übrigen würde diese Bewegung nur eine Parallele sein zu den gleichen Bestrebungen nach der französischen Revolution, aus denen erst Fourier erwachsen ist. – Bei der hochentwickelten Arbeitstechnik in Deutschland, bei dem großen Interesse für Psychotechnik und Arbeitsteilung, wissenschaftlicher Betriebsführung etc. wird ein Studium Fourier's heute ganz außerordentlichem Interesse begegnen. Alle diese Fragen finden sich bereits sehr eingehend behandelt und psychologisch gelöst bei Fourier.

Es soll jetzt vorgeschlagen werden eine Herausgabe von „Ausgewählten Werken Fourier's und seiner Schule". Zunächst könnte man denken an drei Bände.
1. Band: Der Fourierismus, seine Bedeutung, seine Schule, seine Nachwirkungen, die Verbindungen zur russischen Revolution – Arbeitsarmeen, Erziehungsfragen, Massenschauspiele und Chöre –, zum Taylorismus, zur amerikanischen Betriebsführung – zu Carnegie und Ford, zu Trusts und zum Kapital-Mammonismus –, mit entsprechenden Belegen.
2. Band: Die wichtigsten aufbauenden Schriften Fourier's. Pädagogik, Psychologie, Soziologie, Industrietechnik, Industrie-Organisation, Gesellschafts-Wissenschaft, Entstehung der Phalanx. – Band 1, 2 und 5 seiner gesammelten Werke, Extrakt in einem Bande von 300–400 Seiten zusammengefaßt.
3. Band: Der neue Mensch. Die neue Welt. Schriften Fouriers aus Band 3 und 6 seiner gesammelten Werke und von Victor Considerant, gewissermaßen abschließend Resolution der Fourierschen Forschungen, enthaltend die Utopien Fourier's und seiner Schule, die im technischen, psychologisch-technischen und psychologischen Sinne heute bereits erreicht sind.

Es ist zu bemerken, daß in allen Schriften in Deutschland über Fourier, von der bei *Fischer* erschienenen Monographie angefangen bis zu dem popularisierten Bändchen über Fourier im Rahmen von Anthologien, nirgendwo die wirkliche Bedeutung Fourier's weder erfaßt noch behandelt wird. Insofern wird eine solche Sammlung vollständiges Neuland bearbeiten können.

VORREDE AN DAS GEWISSEN

Der Mittelpunkt der Mensch?

Wie er war ⎫
    er ist   ⎬   Schilderung
    sein wird ⎭
Der Mensch in seinen Beziehungen
Doppelgeschlechtlichkeit × Zwiespältigkeit
Organisation der Empfindungen und Leidenschaften
Der neue Zusammenhalt
Was der Staat nicht kann
Umwälzung von innen
   u. von außen?
   Beispiele: *Die Befriedigung:*
            Mensch sieht überaus glücklich aus
           Sattheit:
           Mensch sieht ekelhaft aus
           Aus der Verschiedenheit der Instinkte, die befriedigt worden sind.
           Krieg und Frieden:
           Erklärung der Desertion für den Krieg
           Auseinandersetzung nach innen, ständiger Kampf
           Auslösung nach außen. *Nur* Aggression?
           Melancholie:
           Fülle von Glücks-erlebnissen
                          -hoffnungen
           Einsamkeit:
           Im Gegensatz zu dem *Unerreichbaren, das* drohend wirkt, Weg über die Zeit
Zwiespältigkeit im Geschlecht
   will *alle* Frauen
Der Mensch im Mittelpunkt
Allgemeiner Leitfaden in die Zeit
     Deutsches Lesebuch
Form der Novelle (*komprimiert* an drittletzter Stelle als Kapitel)
finden Sie nicht? ⎫
                 ⎬   eingestreut
nicht wahr? ⎭

Menschen außerhalb der Klassen
   wirkt dort so oder so
   blond/braun/Physiognomienbeschreibung
   Profil/alles in Bewegung
      in Gemüt umgesetzt.
Schönheit des *befriedigten* Menschen
I   societäre Mensch
II Ansprache an das Gewissen der Welt
III Die Entfaltung des Menschen
   Geschäft
    Staat
     Societät
      Verbindung × *Beziehung*
      Der Mensch als Kamerad
      als Punkt im Kosmos
       Kosmos
        Erotik × Dynamik / Kreislauf
   Glück und Unglück

Notizen.

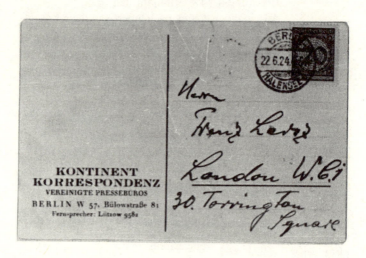

18/VI.24

Lieber Franz,
wir schickten heute Geld an diesselbe Stelle, durch die Gr. schon einmal etwas bekommen hat. Sonst muß man durch Finanzamt (etwas umständlicher) senden. Doch wird spätestens Sonnabend 25 Pfund geschickt. Für heute konnte der Mann nur 5 Pfund annehmen, da er auf seinem Konto in Lond. nicht mehr zur Auszahlung hat.
Deine und Gr. Arbeiten sind heute rausgegangen. Ich komme täglich früh und mittags ins Büro, es wird viel gearbeitet. Bitte schreibe über Göbels Artikel. Wir teilen jeweils sofort alles an Dich mit.
Herzlichen Gruß
                    Deine Cläre
Weitere 200 Mk.
habe ich bereits
für Dich.   Hast Du den letzten Brief erhalten?

Georg, der eine Zeitlang verreist war, hat die Bücher zurückgebracht und sich nach Dir erkundigt.
Von Deinem Vater und dem Jungen sind an meine Mutter und mich Briefe angekommen, sie schreiben, es hätte ihnen sehr gefallen und lassen Dich grüßen.
Bei Gross habe ich angerufen, werde Sonnabend hingehen.

Herzliche Grüße von Hermann K. Bin auf der Durchreise hier in Berlin. Hoffentlich sehen wir uns bald wieder! Leo Frankewitsch u. Emil Bierhals lassen grüßen. H.K.

Gr. *Grabisch.* – Georg Fuchs (?). – Junge *Franz Jung jun.* – Mutter *Emmy Otto.* – Gross *George Grosz.* – Zusatz von H.K. *Hermann Knüfken.*

Continental Press Agency
LONDON : PARIS : BERLIN

Telegraphic Address:
Eufactum, Fleet, London.
Telephone:
Central 2632.

Koul. Konzyt

152 Fleet Street
LONDON, E.C.4

1) Ich mache darauf aufmerksam, daß unter den Ausschreib. u. Bedarfsanmeldungen Anzeigen mit-gearbeitet werden müssen, die Anfragen beim Oversea-Department enthalten, entweder durch Anfragen beim Ägypt. Generalkonsulat, Reichsverband etc oder durch Wegfahren des bish. Kundentas.

2) lieber adres Ansahl Gottsch.

3) Frag unterwegs Jäde und wandte für Göbel morgen berichten. Die Briefe an Jude, sonst defin., das Göbel ten Sonnabend noch arbeit.
Ich bitte um Leipziger Adresse Göbels.
Sonst Orthen alles sordet ganz gut
Finn

21/6.

Liebe Claire,
Brief endlich soeben eingetroffen. Mit dem Geld steht es schlimm und mit Grabisch dito.
Ich bleibe nur *bis Freitag* hier wohnen. Andere Wohnung habe ich noch nicht. Falls ich bis *Dienstag* neue Adresse nicht telegraphiere, dann von Mittwoch ab die Post stoppen.
Es liegt mir ungeheuer viel daran, *Bestätigung* der Eingänge von Briefen und Drucksachen zu bekommen. *Stenotypistin ist nicht aufzutreiben.* Ich war heute morgen schon ganz verzweifelt.
Mit Gr. ist eine unglaubliche Quälerei. Er kann mir ja viel helfen u. schließlich tut ers ja meist, aber dafür habe ich auch Arbeit genug mit ihm. Augenblicklich streikt er wieder vollkommen.
Wenn schließlich kein anderer Weg geht als über ihn Geld zu senden, dann meinetwegen, er hat es ja auch solange bekommen, geht es aber nur irgendwie anders, dann lieber das.
Schade, daß ich H.K. nicht gesprochen habe, hätte mich riesig interessiert, was dort los ist.
Ich glaube, daß ich bei dem Dicken gar nicht mehr arbeiten werde. Ich lerne hier viel, aber von einer Bewegung ist nichts zu spüren. Vielleicht noch weniger als in Holland. Im übrigen erinnert alles an Holland, die Häuser und die Menschen.
Hoffentlich geht es Dir gut und Grüße an
Deine Eltern u. Schwestern
     Franz
Kontrolliert doch mal richtig, ob überhaupt soviel einkommt, daß ich noch hier bleiben kann, bzw. ob es sich verlohnt.
Man muß hier rechnen pro Kopf 1 Pfund. Das ist knapp zum Leben.
Vielleicht wird Fourier etwas. Ich schreibe auch sicher Bücher über England später. Alles ganz neu und riesig interessant.
Übe mich mit den Bildern. Auch wenn sie nicht verwertet werden, schadet nichts.

Gr. *Grabisch.* – H.K. *Hermann Knüfken.* – *Der* Dicke *Jakob Reichenberg.* – Eltern und Schwestern *Emmy und Ernst Otto, sowie Henriette (Henny) und Käte.*

Berlin, d. 30. Juni 24

Rechnung

für Firma Kontinent-Korrespondenz

Berlin

Miete p. Juli	Mk. 150.—
Telefon à conto-Zahlung	„ 25.—
Reinigung des Büros p. Mai	„ 3.—
„ „ „ „ Juni	„ 12.—
	Mk. 190.—

Betrag dankend erhalten.

Anzahlung Mk 50.—
(fünfzig) erhalten.

Grete Böhm

31 Charlotte Str.
W./27th June

Liebe Claire,
ich schreibe gleichzeitig ans Büro. Ich glaube, wir müssen schon jetzt anfangen uns umzustellen. Wenn man die Sache richtig überlegt, ist der neue Versuch, mit Korrespondenz einen Rückhalt zu finden gescheitert. Wir brauchen nur anfangen zu rechnen. Alles, was geschrieben wird, muß ich schreiben. Wenn Du bedenkst, daß jeder Artikel fast 2-3 Stunden benötigt, so kannst Du denken, daß ich den ganzen Tag hier unter schlechten Wohnverhältnissen obendrein sitze u. schreibe. Vormittags laufe ich ein paar Stunden in der City herum, ohne viel Zweck und Erfolg. Alles, was da eingeleitet wird, hat nur Sinn, wenn wir Geldleute hinter uns haben. Aus eigenen Mitteln können wir nicht entwickeln.
Ass.N.S. schieben wir dann im ganzen ab, wenn ich zurück bin. Die Abmachung ist nur die Plattform, falls wir Geldleute gefunden hätten. Ich werde noch 2-3 Wirtschaftsartikel schreiben und 4-5 Bilder. Wie Ihr sie verwenden könnt, müßt Ihr schon sehen. Ich bestelle dann hier einige Zeitungen u. Zeitschriften, mit denen ich dann von Berlin weiter arbeiten kann. Außerdem bringe ich noch ein paar Nachmittage in der Ausstellung zu um noch mehr Material zu sammeln, das ich dann in Berlin verarbeiten kann.
An und für sich steht die Frage, ob der englische Dienst überhaupt weiter gemacht werden kann. Man muß mal Ausgaben und Einnahmen genau zusammenstellen, *ob* es sich lohnt. Jedenfalls aber nur in *einfachster Form*.
Ich bin zwar ziemlich niedergeschlagen, aber nicht gerade verzweifelt. Wenn überhaupt sich etwas noch machen läßt, so werde ich hier *Campbell* als unseren Vertreter einsetzen, der uns ständig Ausschnitte u. Zeitungen senden wird. Aber 1.) ist Campbell ein zweiter Tautz, weich, unselbständig u. ungeschickt, obgleich er es gern machen würde, 2.) kostet das auch Geld. 5 Pfund mußte ich ihm dalassen, denn er hat nichts, und lebt bei seiner Mutter draußen auf dem Lande sehr kümmerlich. Dann müßte man ihm einrichten eine Art Möglichkeit, von hier aus Sachen an die hiesige Presse zu verschicken. Ich kann nicht übersehen, ob das für uns Zweck hat, aber versuchen würde er es schon u. er kann auch einige

Beziehungen dafür auftun, selbstverständlich würde er aber nicht so laufen wie Beye.
Vielleicht verbilligt sich das, wenn Campbell eine Vertretung des Malik-Verlages bekommen würde. Für den Verlag wäre es günstig, hier Bücher herauszugeben. Riesige Nachfrage, auch meine Bücher könnten hier erscheinen. Malik-Verlag könnte mit einem hiesigen Verlage sich verbinden. (Handerson) schrieb darüber an *Malik*. Frage mal nach. Von mir erscheint wahrscheinlich „Rote Woche" im Daily Herold u. Geschichte einer Fabrik im Parteiverlag. Zahlen aber kaum die Übersetzung. Campbell könnte für „Arbeiter Literatur" schreiben u. dort wenigstens etwas verdienen. Würde auch schon seine Position stärken. Sprich mal darüber u. lasse an ihn einige Nummern senden.

Mit Grabisch steht die Sache insofern schlimm, weil er weder arbeitet noch Geld hat und nur schimpft, dabei aber nicht mal offen ist. Natürlich hat er alles mit Kris verdorben, mit Ihering wird es jetzt dasselbe werden. Ich kann schließlich aber nichts anderes machen, als für ihn zu bezahlen – solange seine Frau ihm kein Geld von ihren Sachen schickt. Es ist ausgeschlossen, ihn zu weiteren Arbeiten noch zu pressen. Außerdem /?/ würde er nur jeden Tag wieder etwas neues anfangen. Chesterton zu publizieren war bedauerlicherweise ein Fehler. Es liegen 10 Pfund Autorisation darauf – und *nur* für Buchform. Auch short stories werden *normalerweise* schwer sein. Nur wo man versuchen kann, *ohne* Autorisation, dann ist es möglich.

Alles in allem also – sparen und einschränken. Die Göbel'schen Informationen taugen alle nicht viel, ohne Tatsacheninhalt u. plump aufgemacht. Nur mit Vorsicht zu verwenden nur gelegentlich – ich selbst werde sie dann schon besser vielleicht umgießen können.

Ich fürchte auch, daß Göbel zu viel Geld von uns verlangen wird. Jedenfalls, wenn die literarische Arbeit sowieso auf mir steht, Apparat verkleinern. Man bluff nur am Anfang, um das Interesse zu wecken – das haben wir genug getan, jetzt muß die Ernte kommen oder *gleich* einstellen. Eventuell kann ja Beye auf Basis der schon geleisteten Arbeit, die hoffentlich alle gesammelt wird, später auch noch wieder vorstoßen, wenn Zeiten u. Aussichten besser sind. Ich habe jetzt etwa

44 Dollar erhalten, 10 sind noch angekündigt. Ich muß mir noch ein Paar Schuhe kaufen, (von dem Rumlaufen sind meine kaputt) vielleicht 2 Hemden ich schätze das auf 5 Pfund, Rückreise ebenfalls 5 Pfund und dann brauche ich noch für die kommende Woche zum Leben. In meinem Besitz befinden sich noch 5 Pfund, die ich in jedem Fall als Reserve behalten möchte, damit sich nicht die Unruhe der ersten 8 Tage wiederholt. Du siehst an irgendwelche Reisen ist nicht zu denken. Morgen fahre ich über Sonntag zu Campbell heraus, kostet auch über 1 Pfund – und übernächsten Sonntag denke ich dann abzufahren. Ich habe viele neue Eindrücke gehabt u. bin abgesehen von dem augenblicklichen finanziellen Erfolg doch sehr zufrieden. – Es war nur zu viele und zu umständliche momentane Arbeit.

Leider muß ich mich dann in Berlin gleich wieder in die neue Arbeit stürzen. Ich hätte große Lust, mich wo erst mal auszuruhen.

Also bis dahin herzlicher Gruß
Franz

Die Wohnungsfrage drüben beginnt wohl auch schon zu drücken?

Ass.N.S, *Associated News Services.*

Fr. 27/6

Magasins erh.
L.L.
Rodeo gestern Börsencourier erschienen, Grabisch Reisebriefe I heute Börsenzeitung, *heute angekommen:* Montmartre in Holborn. Londoner Vorstadtkino
(erscheint morgen Börsencourier.)
Industrieoptimismus............
Hoffnung d. eng Textilindustr.
sind rausgeschickt.
Chestertonartikel II geht heute an Fechter, er wird versuchen ein möglichst hohes Honorar herauszuholen. Ihre Frau hat Heilbronn gesprochen, er wird jetzt allerschnellstens Entscheidungen herbeiführen und nur kann und der Börsencourier hilft

mit. Generalanzeiger Frkf. fängt auch endlich an von unserer Existenz Kenntnis zu nehmen. Wir kriegen jeden Tag ungefähr eine neue Zeitung und sicher nur durch die ewige Bearbeitung mit immer neuem Material. Die verfl. Schweizer beißen nicht an. Gehe jetzt wieder zum Tageblatt. Alles hängt dort an einem Haar. Wenn Sie inzwischen Telegramme erhalten sitzen wir sicher im Sattel. Und machen Sie sich keine Sorgen, wir werden sparen und tun, was wir können, wenn Sie auch schimpfen über die Sauwirtschaft. B.

Theodor Beye an Franz Larsz.

Montag vormittag, 30/6
Kontinent Korrespondenz
Ich weiß nicht, was das Berl. Tagebl. speciell von Wembley verlangt. Auf alle Fälle unabhängig vom Tageblatt (richten *Sie* das ein, wie Sie wollen)
1.) beginne ich heut mit einer *besonderen* Serie
   Englische Industrie in Wembley.
Sende Ihnen die ersten beiden Artikel. Für unsere Besteller geht das auch als *besondere* Korrespondenz, *außer* den Wirtsch. Briefen. Vergessen Sie nicht hinzuzufügen, daß die Industrie mit Rücksicht auf deutsche Industrie behandelt worden. (Konkurrenzfragen etc behandelt)
Ich stelle mir vor etwa:

 I Allgemeines   VI Papier u. Büroartikel
 II Automobilindustrie   VII Bijouterie, Uhren u.
               Massenartikel
 III Pianoforte, Musikinstrumente   VIII Textilindustrie
 IV Elektrische Industrie   IX Lederindustrie
 V Stahlwaren   X Maschinenindustrie
               (Schiffbau)
              XI Chemische Industrie
             XII Verkehrsindustrie
               (Eisenbahnen, etc)

eventuell Chemische Industrie
oder noch das eine od. andere.
Ich sende Ihnen neben diesen beiden im Laufe der Woche

noch *zwei*. Mit diesen vieren müssen Sie auskommen, bis ich dort bin. (Geht als *Larsz)*
2. *Bilder von Wembley,* werde ich auch versuchen (im Rahmen der Londoner Bilder) Sie erhalten heute abend *zwei*. (Als *Ryberg.)*
3.) Die Wirtschaftsbriefe erhalten Sie weiter (Morgen u. übermorgen je 1)
4.) Vielleicht kann ich noch einiges Allgemeine schicken zwischendurch.
5.) Erhielt heut 2 Flugpostbriefe. Teile optimistische Ansicht nicht allzusehr. Besonders auch betr Grabisch u. Chesterton. Werden ja zusehen.
6.) Ich bitte, bei jedem *Schritt um genaueste* Kalkulation, damit wir nicht umsonst arbeiten.
7.) Göbel Artikel kann ich hier nicht unterbringen. Mit *Platsch* warten. Viel zu lang für einfache Korrespondenz. Können ihn vielleicht *besonders* wo unterbringen
Gruß
  Larsz

An Theodor Beye.

               Speldhurst
Dear Jung,
The enclosed cutting will interest you.
Was it Major Strangs Steel, you mentioned? If so, take note that he is a Conservative-unionist M.P. for Askford, Kent & belongs to the most reactionary aristocracy of England, having also married into Cornwallis family. He served in Salonika during the war. His chief activity at present seems to be making propaganda for Imperial Preference, that is, encouraging trade between home country and the colonies by setting up preferential tariffs. It is a main plank in conservativ platform, now that Protection has been defeated.
I hope to be in London either tomorrow or Wednesday.
Kind regards to Joe & yourself
       Yrs Malcom Campbell

Joe *Josef Grabisch.*

KONTINENT-KORRESPONDENZ

FEUILLETON-DIENST („Short stories") / LEITER: Dr. HARALD von HOERSCHELMANN
GESCHÄFTSSTELLE: BERLIN W 57, BÜLOWSTRASSE 81 · FERNSPRECHER: LÜTZOW 9583 · POSTSCHECKKONTO: 40791
ERSCHEINT EINMAL WÖCHENTLICH — Abdruck nur gemäß besonderen Bedingungen und gegen Belegexemplar gestattet

15. Juli 1924

An den Verlag
Ullstein
Berlin S.W.
Kochstr.

Sehr geehrte Herren!
Nachfolgend überreichen wir Ihnen nebst den dazugehörigen Anlagen einen Vorschlag zur Herausgabe einer Zeitschrift nach dem Vorbild der englischen Magazins.
Solche Magazins beruhen darauf, literarisches Material mehrfach zu verwerten. Sie sind angegliedert an große Zeitungen und Druckkonzerne und es findet ein ständiger Austausch dieses Materials mit dem Material der Zeitung oder an beschränkte, in sich abgeschlossene Leserkreise gelangende Zeitschriften statt, sodaß sie damit in die Lage versetzt sind, besonders hochwertiges Material durch dessen mehrmaligen Umsatz zu verwerten und in der Form der Zusammenfassung und Zusammenstellung dieses Materials eigentlich erst ihre Bedeutung gewinnen.
In Deutschland hat sich bisher ein solches Magazin nicht dauernd halten können, einmal weil der große Verwertungskreis im Rahmen des Konzerns an sich gefehlt hat, dann aber auch, weil es an genügendem Inhaltsmaterial gefehlt hat. Dieses Inhaltsmaterial ist in der Hauptsache der Typ der amerikanischen short stories. Diese Kurzgeschichten haben bisher in Deutschland nicht Eingang gefunden. Die Kurzgeschichte ist allgemein gesprochen ein Ausschnitt aus dem wirklichen Leben, bearbeitet mit literaturtechnischer Vollendung unter Berücksichtigung des Leserinteresses, seine Einführung in die Geschichten, den entsprechenden Ausklang bzw. die

Überleitungen. Der Wert einer Sammlung solcher Kurzgeschichten, wie sie ein Magazin darstellt, besteht darin, daß solche Kurzgeschichten die verschiedensten Themen des Lebens der Weltgeschichte und ihrer Entwicklung enthalten und gewissermaßen eine literarisch zusammengedrängte Zeitung darstellen in literaturtechnischer Aufmachung. Die in Deutschland bisher erschienenen Magazins haben es nicht verstanden, weil ihnen das Material gefehlt hat und sie wirkten deshalb so langweilig, weil diese Kurzgeschichten fast immer dasselbe Thema behandelten und niemand zugemutet werden kann, zehnmal hintereinander im Grunde genommen dasselbe zu lesen. Dabei spielt keine Rolle, was als selbstverständlich bewertet werden muß, daß diese Kurzgeschichten ergänzt werden durch technische Artikel, durch reiches Bildmaterial und durch besondere, außer dem Rahmen feuilletonistischer Artikel liegende Einstreuungen.

Die Kontinent-Korrespondenz hat sich mit der Frage der Kurzgeschichten besonders befaßt und ist gewissermaßen als einzige in Deutschland darauf spezialisiert.

Die Kontinent-Korrespondenz vertreibt seit einigen Monaten als Literatur-Agentur Kurzgeschichten an die deutsche Presse, und sie hat denjenigen Typ der Kurzgeschichte aus der Praxis herausgefunden, der in Deutschland heute Interesse begegnet. Weiterhin hat die Kontinent-Korrespondenz sich Verträge gesichert mit einer Reihe ausländischer Literaturagenturen, um als einzige in Deutschland, die von diesen Agenturen vertretenen Schriftsteller, die Spezialisten für Kurzgeschichten sind, zum Abdruck zu bringen. Ebenso hat sich die Kontinent-Korrespondenz Verträge mit deutschen Verlegern und den Zeitungsdruck von Autoren gesichert, die als Vertreter der Kurzgeschichten in Frage kommen. Schließlich hat auch die Kontinent-Korrespondenz einige Verträge mit Schriftstellern direkt.

Die Kontinent-Korrespondenz gibt zurzeit wöchentlich erscheinende Korrespondenz ausschließlich für Kurzgeschichten heraus. In dieser Korrespondenz sind vertreten: O'Henry, Jack London, Kipling, Katherine Mansfield, Corkery, Chesterton, Lennox Robinson, Artemus Ward, Aslakson, Mickelsen, Ryberg, Zugmeyer, Jenny, Jung, Rosen, Juhan Aho, Arvid Järnefeld, Awertschenko, Tolstoi, Glin u.a.m.

Die Korrespondenz verfügt zurzeit über hundert der besten Kurzgeschichten ausländischer und inländischer Autoren und sie ist in der Lage, wöchentlich 10 solcher Kurzgeschichten laufend zusammenzustellen.

Die Unterzeichneten schlagen vor, ein solches Magazin im Verlage Ullstein in Verbindung mit den in Frage kommenden erscheinenden Zeitungen und Zeitschriften herauszugeben und sie stellen ihre Mitarbeit hierzu zur Verfügung. Diese Mitarbeit denken sich die Unterzeichneten so, daß die Korrespondenz eine bestimmte Menge von Kurzgeschichten für jede Nummer zusammenstellt, und soweit dieser literarisch-belletristische Teil eines solchen Magazins in Frage kommt, ausschließlich diesen beliefert. Dieses Magazin kann von dem Verlag beliebig für die im Verlage erscheinenden Zeitschriften und Zeitungen weiterverarbeitet werden.

Die Korrespondenz ist zudem bereit, den doppelten Umfang an dem gebrauchten Material zu liefern und so der Redaktion Gelegenheit zu geben, eine Auswahl zu treffen.

Zunächst macht die Kontinent-Korrespondenz den Vorschlag, im Monat 20 Kurzgeschichten dem Verlag Ullstein zu liefern, von denen der Verlag 10 auswählen kann. Diese Geschichten gehen völlig mit allen Rechten, auch denen einer weiteren Korrespondenzverbreitung auf den Verlag über.

Dafür bezahlt der Verlag pro Kurzgeschichte (Umfang von 3-6000 Silben) 100,-- Mk.

Mit vorzüglicher Hochachtung

Von Franz Jung.
Zugmeyer *wohl Zuckmayer.* – Glin *wohl Grin.*

Löwenberg, 1.12.24
Schulstr. 196

Liebe Cläre und Franz

Ich konnte die Freude nicht verbergen, bin mit dem Kärtel wie eine Irre herumgegangen, bedenkt, es ist nach drei schweren Jahren die erste Berührung mit der Außenwelt. Und dann Ihr! –

Nun, ich will mich zwingen eine ruhige Form zu finden, die einer Mitteilung ähnlich sieht.

Aber, zunächst zum Kinde: Sie ist von den Leiden, die Euch bekannt sind, völlig befreit, sie ist gut entwickelt, freudig und da ich ausschließlich nur für sie lebe, sehr anhänglich. Ihr Interesse für Bücher ist groß, sie modelliert gern mit Plastilina (ich will Euch in nächster Zeit eine kleine Arbeit von ihr senden), ihr Gedächtnis ist ausgezeichnet, sie lernt viel zu ihrem Vergnügen auswendig, und ist in der Schule die Beste.

Nun zu mir: Nach fast zweijähriger Kehlkopfkrankheit bin ich erst seit diesem Sommer wieder hergestellt, d.h. ein Stimmband ist ganz gelähmt und das andere, spreche ich 1/4 Stunde im Unterhaltungstone bin ich heiser.

In einem glücklichen, auflebenden Momente, und im Gedanken an Euch, die mich keinen Tag verlassen sind die Bilder entstanden. Ich bitte Euch, noch ein Doppelbild von mir und dem Kinde anzunehmen, – und füge es bei.

Die Notiz war übertrieben, nur für eine private Person bestimmt, sie ist ohne Zutun in die Presse gelangt. Wir leben und das ist wohl der Punkt, der mich vor dem Äußersten bewahrt hat, jeder für sich. Ich bin wie am Theater das unentbehrliche Requisit. Kurz: Es ist eine unfruchtbare Arbeit, auf ein anders orientiertes Organ einwirken zu wollen.

Ausgebeutet bis zum Tz. stehe ich da.

Das Einzige, was mein Leben vom Tode unterscheidet, ist, ich lasse mir seit längerer Zeit durch den hiesigen Verlag alle Neuerscheinungen von Franz *heimlich* kommen. So bin ich auf dem Laufenden, und in Eurem Geiste.

Cläre, Cläre, gebt mir Arbeit!!! ---

So darf es nicht weitergehen.

Es ist keine Phrase, ich bete täglich um Mut. Heute früh, als ich zum Kinde kam, sagte sie, Mama, mir hat geträumt, „Dein Herz blutet".

Mir klingen noch heute „Simon Gutmanns" Worte im Ohr: „Margot Jung, wie können Sie von der positiven Literatur zur negativen gehen? –
Es sind verlorene Jahre, ich muß mich damit abfinden.
Die Dagne wird dem Jungen ein Bild von sich senden. Sie hat ihn vor Jahren einmal unter sehr traurigen Verhältnissen kennengelernt. Sie fragt viel nach ihm und möchte gern bei ihm sein.
Nun lebt beide wohl
und Seid herzlich bedankt.
Cläre, wenn Du ein Bild von Dir und Franz hast, und Ihr wollt es senden, so tue es.
Herzl. Gruß
    Margot, Dagne

Kind *Dagny Jung.* – Junge *Dagnys Bruder Franz Jung.*

                                      Berlin, den 12. Juni 1925.
Redaktion des „Querschnitt",
Berlin.

Sehr geehrter Herr von Wedderkop!
Ich hatte leider keine Gelegenheit, Sie persönlich bei meiner letzten Anwesenheit in Berlin anzutreffen, und frage daher schriftlich bei Ihnen an, ob Ihnen eine Aufsatzreihe über eine Anzahl soziologischer Themen für Ihre Zeitschrift von mir genehm wäre. Ich lege Ihnen eine Probe bei, damit Sie sich ein ungefähres Bild über die Art der Behandlung machen können. Von weiteren Aufsätzen könnte ich Ihnen noch zwei andere Themen: „Notwendigkeit der Sklaverei" und „Der innere Widerstand im öffentlichen Leben", gleich bearbeitet einsenden.
Vielleicht geben Sie mir gelegentlich an meine Berliner Adresse, Koppenplatz 9, 2. Stock, bei Otto, Bescheid, sonst werde ich mir gestatten, von meiner neuen Londoner Adresse aus mit Ihnen weiter in Verbindung zu treten.
Mit vorzüglicher Hochachtung

Von Franz Jung.

V o l l m a c h t .
- - - - - - - - -

Hierdurch erteile ich

    Herrn Rechtsanwalt Dr. Kurt Bauchwitz,

                  B e r l i n C.
                    Wallstr. 1,

Vollmacht, alle Schritte zu tun, die im Interesse meines Ehemannes, des Schriftstellers Franz ..J.u.n.g........... erforderlich sind.

Berlin, den 14. Juli 1925.

Frau Cläre Jung geb. Otto

Kurt Bauchwitz
Rechtsanwalt

Sprechstunde: Montag bis Freitag 2-5
Sonnabend 2-3, oder nach Vereinbarung
Kanzlei: 8½-5, Sonnabend bis 4
Bankkonto: Deutsche Bank,
Dep.-K. W, Uhlandstraße 57

Fernruf: Büro Merkur 7273 u. 2030
Privatwohnung: Oliva 134
Postscheckkonto: Berlin 158412

Dr.B./Zu.

Berlin SW19, den 29. Sept. 1925.
Wallstr. 1 (Eingang Spittelmarkt)

An die

Senats-Kommission für die Justiz-Verwaltung

Hamburg.

Betr: J. AI Nr. 8742 u. 8667.

In Sachen J u n g danke ich verbindlichst für die Mitteilungen vom 3. und 8. ds. Mts. — Um einen entsprechenden Antrag an das Gericht stellen zu können, bedarf ich der Angabe des Aktenzeichens des Gerichts. Soviel ich weiss, lautet die Akte " In Sachen gegen Knüfgen & Gen. "

Ich würde es dankbar begrüssen, wenn mir mit möglichster Beschleunigung das Aktenzeichen bekanntgegeben werden könnte.

Ganz ergebenst

Rechtsanwalt.

Vlad. J. Pruša
Pelhřimov, Jirsíkova 75.
Tschechoslowakei   29.I.1926.

Sehr geehrter Herr,
wir erlauben uns an Sie auf Empfehlung des Herrn Dr. B. Markalous (Prag) und des U.S.Devětsil (Prag-Brünn) mit der Bitte um einen Beitrag für den modernen Almanach „Die Front 1926" zu wenden, den wir Mitte 1926 herauszugeben beabsichtigen und der die jüngste und wirklich moderne Generation der tschechischen sowie auch ausländischen Künstler, Architekten und Kulturarbeiter vereinigen soll. Für diesen Almanach versprachen bereits die wichtigsten modernen Leute in der Tschechoslowakei ihre Beiträge (Markalous, Cerník, Vančura, Kerbart, Václavek, Feuerstein, Teige, Nezval, Síma, F.X.Salda etc.) sowie auch aus dem Ausland. Wir wenden uns gleichzeitig auch an die Herren Baumeister, Behne, Corbusier, Doesburg, Goll, Gropius, Döcker, Loos, Ozenfant, Becher, Westheim, Lu Märten, Moholy Nagy etc. mit dieser Bitte.
Ihre Mitarbeit können wir nicht missen und bitten Sie deshalb um gef. Einsendung eines Beitrages aus Ihrem Arbeitsgebiet bezw. um gef. Beantwortung der beiliegenden Ankettfragen:
1.) Was meinen Sie von der heutigen Situation der Kunst (Konsum, Socialziel, Zukunft)?
2.) Was meinen Sie von der Situation und der Zukunft der Malkunst, Bildhauerkunst, Theater, Opera, Lyrik, Roman, Epos, Drama, Musik, kunstgewerbliche Technologie, Film, bezw. Architektur und Ihr Arbeitsgebiet?
3.) Was für ein Bescheid haben Sie daraus für konkrete Arbeit?
Die Beiträge sind bis zum 15. März 1926 einzusenden. Teilen Sie uns bitte durch die beiliegende Karte mit, ob wir mit Ihrem Beitrage bezw. mit Ihrer Beantwortung der gestellten Fragen rechnen können. Wir danken für Ihre Mühe und freuen uns auf Ihre werte Mitarbeit in „der Front 1926".
Hochachtungsvoll:
Jan Pachta. Vladimír Jan Pruša

U.S.Devětsil *Künstlervereinigung Devětsil*
(Devětsil = Neunkraftwurzel).

KULTURPROGNOSE

Die großen Faktoren, die die sozialen Bindungen der Menschen zueinander bestimmen und diesen ihren Ausdruck als Kultur geben, sind heute im voraus errechenbar. Wir verdanken die Möglichkeit solcher Prognose den Errungenschaften der Wissenschaft vom Menschen. Die Wissenschaft umfaßt gleicherweise das tatsächliche wie das mögliche Bild vom Ablauf des menschlichen Lebens, seine naturgebundenen wie beziehungsgebundenen (oder geistigen) Funktionen, umfaßt die Stellung des Menschen zur Umwelt wie die Umwelt selbst sofern es gilt, den Menschentyp aus dieser Umwelt heraus zu entwickeln. Sie umfaßt alles, was in der Entwicklung zur Wissenschaft vom Menschen in der Atmosphäre steckengeblieben oder nur halb ausgesprochen ist, wie Gott und Religion, Macht und Liebe, ebenso wie alle bisherige exakte Wissenschaft nur Teilgebiete und Hilfsstellungen dieser einen großen allumfassenden Wissenschaft ist. Mit der fortschreitenden Aufhellung, ihrer allmählichen Determinierung in Aufbau und Auswirkung rückt das vor uns Liegende in die Gegenwart. Voraussicht wird zur Aufgabe, die den mathematischen Teilgesetzen verwandt ist. Wie große Naturereignisse, die den Menschen berühren, ist die Revolution nur ein Rahmengeschehnis, sie ist zeitlich wie atmosphärisch sehr gebunden. Die wahre Kulturprognose berechnet ihren Stimmungscharakter als belebend oder hemmend, im Rahmen eines gesetzmäßigen Aufbaus, aber die Prognose setzt eine Revolution nicht als Ziel, noch an den Anfang. Der Einzelne setzt sich mit der Atmosphäre des Ganzen auseinander. Für den Schluß aus der Gegenwart dieser Kultur auf eine gleicherweise oder verändert zukünftig bedingte ist der Einzelne nicht wichtig, noch weniger der Vereinzelte.

Daraus ergeben sich für die Kulturprognose gewisse grundsätzliche und feststehende Richtlinien und Ergebnisse. Zunächst, vielleicht willkürlich für den Zweck ihrer Aufgabe herausgegriffen die drei wichtigsten Verschiebungen aus dem gewohnten uns anerzogenen täglichen Denken: Der Glaube wird Bewußtsein. Religion wird Wissenschaft. Die Beziehung der Menschen untereinander wird zur erkenntnistheoretischen Voraussetzung. Die Psychologie wird zur Politik und -- sicherlich von geringer Bedeutung, die Kunst wird Propaganda. Die Kunst ist Sport.

Die arithmetische Lebensform schafft sich die Buntheit des täglichen und allgemeinen Lebensablaufs (Lebenssteigerung) aus der schrittweisen Überwindung der aus einer anders bedingten Vergangenheit zurückgebliebenen Erkenntnisreste. Sie belasten das Denken, das Gefühl und sind handlungshemmend. Der Grad ihrer Ausmerzung differenziert die heraufkommende neue Kultur. Es ist unvermeidlich, daß ihr äußeres Merkmal das schonungsloser Härte und stählerner Disziplin sein wird. Die Vergangenheit hat Gefühl und Weichheit, Wärme und Tod zusammengeworfen. Darum wird es gelten, die Kälte und das Harte herauszustellen, das Weiche und Gleitende, der Lebensrhythmus, die Musik im Geistigen, in den Associationen zu dem weniger Kontrollierbaren wird zum Mittel, zum Instrument. Es schafft die Farbe der Beziehungen, ihre Dichte, ohne sie zu bedingen. Die bisher für die Entwicklung so bedeutsame Sehnsucht nach Mehr in der Erkenntnis und im Leben überhaupt wird zur Intensität, einer beschwingten Vertiefung des Wissens. Aus ihr entsteht jene neue Weichheit, ein Charme, der dem neuen Menschen ein neuer Typ bedeutet. Das Mütterliche und das Schöpferische gleiten in eins.

Die große innere Auseinandersetzung der zukünftigen Kultur wird also geführt werden um den Begriff des Einzelnen, genauer gesagt um den Vereinzelten. Der Vereinzelte ist der gemeinsame Feind, und das Gemeinsame wird zur motorischen Kraft der Zukunftsentwicklung. Unter dieser Richtlinie fallen alle heute noch strittigen Thesen in sich zusammen, beispielsweise Krieg und Frieden und nicht zuletzt der Klassenkampf. Wenn Krieg (in Parenthese) etwas Zurückgebliebenes, Beschwertes aus der Zeit, die keine psychischen Auflösungen kannte, ist, so wird Frieden erst recht zum Verbrechen. Ob Krieg oder Frieden – das ist immerhin gleichgültig. Wichtig ist der neue Inhalt, der gemeinsame Inhalt. Ein Frieden auf Kosten der anderen, der vereinzelte Frieden, ist näher dem Tod als der Krieg, der tötet.

Im Marsch der Zukunft werden die Zurückbleibenden und die Zurückgebliebenen zu Ketten der Hemmung und des Widerstandes. Diese Ketten zu erleichtern, diesen Widerstand zu brechen und vor allem die giftschwelende Atmosphäre solchen Zurückbleibens zu entgiften, das ist die Aufgabe der künstlerischen Intuition einer zukünftigen Kultur. Es ist einleuchtend, daß eine solche Aufgabe mit außerordentlicher Härte durchgeführt werden muß, und mehr noch, solche Härte zur Voraussetzung hat. Die Bindungen des heutigen kulturellen Lebens einschließlich der Gefängnisse sind wenig dazu geeignet, diese Härte zu bilden. Auch darin geht der Künstler der Entwicklung voraus. Derjenige, der unter solchen Voraussetzungen an seine Zukunft zu glauben gelernt hat oder vielmehr sich selbst zu einer Erkenntnis solcher Prognose erschlossen hat, atmet in einer Atmosphäre, die die allmählich zurückbleibenden Gegenwartsanalysen diejenige des Optimismus zu nennen pflegten. In der Zukunft wird es mehr wie bisher und heute noch das Reservat des Künstlers bleiben, optimistisch zu sein.

Darin erschöpft sich auch in allen Einzelheiten die Kulturprognose.

In tschechischer Übersetzung in dem Almanach „fronta", Brno 1927, S. 23–24.

Kontinent-Korrespondenz   Berlin SW68, den 17. Sept. 1926
Exportkorrespondenz   Markgrafenstr. 74

Lieber Piscator,
mit gleicher Post sende ich eingeschrieben an Ihre berliner Adresse das Manuskript der „Legende". Verabredungsgemäß sende ich Ihnen die ersten beiden Akte. Den Aufbau der Gerichtsverhandlungs-Scene finden Sie noch angedeutet. Im übrigen glaube ich, daß es bei den mit Ihnen bereits besprochenen „simultanen" Einschubs-Scenen: *Revolution* nach dem Verhör Pauls, *Kinder* nach dem Schlußwort der Mutter, *Tanz und Negerscene* nach der Rede des Verteidigers, sowie der *Lautsprecher* mit Bruchstücken aus dem belehrenden Teil des Tagesprogramms bleiben sollte. Dazu der *Pausen*-Schlußtrick.

Wenn es Ihre Zeit erlaubt, könnten wir auch in Hamburg über das Ganze sprechen, da ich in etwa 10–14 Tagen da zu tun haben werde. Ich würde dann unbeschadet der etwaigen technischen Schwierigkeiten oder gar Unmöglichkeiten den von mir aus fertig skizzierten Schluß gleich mitbringen. Vielleicht geben Sie mir darüber Nachricht.

Mit bestem Gruß
    Franz Larsz

Franz Jung Berlin C 54, den 20. Dezember 1926
Koppenplatz 9
Herrn
Ernst Preczang
Berlin-Tempelhof
Dreibundstr. 9

Sehr geehrter Herr!
Nach Rücksprache mit Schönherr-Leipzig bitte ich Sie, mir einen Termin anzugeben, wann ich Sie einmal aufsuchen darf. Ich möchte der Gutenberg-Gilde eine Arbeit vorschlagen, etwa des Inhalts: Geschichte eines Industrigereviers mit Wirtschaftskämpfen, Trustentwicklung, Krisen etc. als Rahmen und dahineinverwoben naturalistisch geschildert Lebensentwicklung des Arbeiters, der Familie, seiner Stellung zu allen heutigen sozialen Fragen insbesondere der kulturellen.
Der besondere Zweck meines Besuches ist, über die Möglichkeit einer solchen Arbeit mit Ihnen zu sprechen, wobei ich zugleich einige Einzelheiten der Gliederung erläutern könnte.
Ich wende mich schriftlich an Sie, da ich bei einem persönlichen Besuch Sie nicht angetroffen habe.
Mit vorzüglicher Hochachtung

Koppenplatz 9 *Wohnung von Emmy Otto, Cläre Jungs Mutter. – Arbeit „Gequältes Volk".*

Berlin C 54, den 20. Dezember 26
Koppenplatz 9

Paul List Verlag
Leipzig
Carolinenstr. 22

Sehr geehrte Herren!
Ich beziehe mich auf den Besuch des Herrn Beye von der Kontinent-Korrespondenz, Berlin bei Ihnen und teile Ihnen mit, daß ich gern bereit wäre, Ihrem Verlag als Gegenstück zu dem Mussolini ein Lenin-Buch anzubieten.

Der Stoff zu einer Lenin-Monographie ist an und für sich reichlich spröde, da das biographische Material zum Teil geflissentlich von sowjetrussischer Seite von den politischen und wissenschaftsgeschichtlichen Zusammenhängen überdeckt wird. Ich besitze diesen Schwierigkeiten gegenüber den Vorteil einige Jahre in Sowjetrußland gewesen zu sein, nicht nur als Emigrant sondern in Wirtschaftsstellungen, die mich mehrfach auch persönlich mit Lenin zusammengebracht haben. Zudem verfüge ich über persönliche Beziehungen zu einigen Mitgliedern der besonderen wissenschaftlichen Kommission, die von der Sowjetregierung zur Herausgabe einer russischen Lenin-Enzyklopädie eingesetzt worden ist. Durch diese Beziehungen ist es mir auch möglich, Ihnen ein Lenin-Buch in spätestens 6 Monaten fertig zu stellen. Ich glaube auch, daß es Ihnen dadurch möglich sein wird, früher als jeder andere deutsche oder ausländische Verlag eine rein neutral orientierende Lenin-Monographie auf den Markt zu bringen.

Es würde mich freuen, wenn Sie mir Gelegenheit geben würden, persönlich einzelne Details mit Ihnen näher zu besprechen, sei es hier oder auch bei Ihnen in Leipzig.

Ich habe 1924 für Ullstein eine kurze orientierende Übersicht über das neue Rußland geschrieben, die ich Ihnen zu Ihrer Orientierung beilege. Natürlich erforderte der Zweck der Sammlung und der dafür gebotene Raum nur ganz oberflächliche Charakterisierungen.

Ihre geschätzte Antwort erwartend begrüße ich Sie inzwischen mit vorzüglicher Hochachtung

Von Franz Jung.
Übersicht *„Das geistige Rußland von heute" 1924.*

Franz Jung Berlin C 54, den 28. Januar 1927
Koppenplatz 9

Herrn
Dr. Paul Wiegler
Berlin

Sehr geehrter Herr Doktor!
Nach Rücksprache mit Herrn Beye habe ich die Absicht Ihnen für das Haus Ullstein eine Lenin-Monographie anzubieten. Unmittelbar nach dem Tode Lenins sind aus dem engeren Mitarbeiterkreis heraus zwar eine Anzahl Gedenkbücher erschienen, doch kann keins von diesen beanspruchen, als einheitliche Biographie oder auf wirkliche Dokumentensammlung beruhende Monographie angesprochen zu werden. Es wurde zwar in Moskau ein Lenin-Archiv gegründet, das auch schon fünf Bände Dokumentensammlungen zum Leben Lenins herausgebracht hat. Bearbeitet aber oder auch nur verwertet ist dieses Material nicht. Das hängt zum Teil auch damit zusammen, daß diesem Archiv die Bearbeitung einer zusammenfassenden Geschichte des russischen Umsturzes übertragen worden ist, so daß die weitere Bearbeitung der sogen. Leniniana zurückgestellt werden mußte. Auf eine Anfrage bei den zuständigen Stellen, ob mir die Dokumentensammlungen für die Bearbeitung einer Lenin-Monographie zur Verfügung gestellt werden können, ist inzwischen bejahend geantwortet worden, und ich habe durch besondere Zwischenverträge mit Mitarbeitern dieses Instituts die Gewißheit mir verschafft, daß alle Materialien und Dokumente, die ich für eine Lenin-Monographie benötige, mir bis zu einem gewissen Grade schon vorgearbeitet zur Verfügung stehen. Ich bin also in der Lage, eine solche Monographie in ca 6 Monaten fertigzustellen.
Diese Monographie wird die einzige sein, die bisher erschienen ist, und ich glaube, daß sie nicht nur im deutschen Buchhandel sondern insbesondere auch auf dem ausländischen und amerikanischen Markt Interesse finden wird. Bis zu einem gewissen Grade ist jede Monographie Konstruktion. Die Monographie Lenins, der man den Untertitel: Der Weg eines Politikers geben könnte, könnte deswegen sensationell wirken, als wichtige Dokumente und Zeugnisse von Zeitgenossen die Rolle Lenins

in den Tagen des Umsturzes, in den Friedensverhandlungen mit Deutschland, in den Auseinandersetzungen mit England zur Zeit des russischen Vormarsches auf Warschau anders darstellen, als dies bisher die kommunistische Geschichtsschreibung dargestellt hat.

Die Bedingungen würde ich gern in einer persönlichen Aussprache behandeln, vorauszuschicken wäre nur, daß ich das finanzielle Risiko der Materialbeschaffung und einer gewissen vorherigen Durcharbeitung nicht selbst übernehmen kann, zum Teil bin ich durch die schon erwähnten Privatabmachungen gebunden. Ich schätze die Kosten der Vorarbeit auf 12-15000 Mark, die in bestimmten Raten bis zur Ablieferung des Manuskriptes gezahlt werden müßte. Ich glaube, daß diese Unkosten nicht ohne Einfluß auf den Typ des Buches sind, über den ja erst zu sprechen wäre, ehe ich Ihnen einen Prozentanteil als mein Honorar nennen kann.

In Erwartung Ihrer geschätzten Rückäußerung verbleibe ich mit vorzüglicher Hochachtung
Ihr sehr ergebener

Dr. Paul Fechter
Starnbergerstraße 2 Berlin, den 7. März 1927

Herrn
Beye
Halensee
Johann Georgstraße 7 Gh. III

Lieber Herr Beye,
ich habe nun die Legende von Franz Jung gelesen. Ich finde das Schauspiel bis auf zwei Stellen, die mich stören, so konsequent gemacht, daß schon die Lektüre absolut zeigt, wie es aus dem Visuellen der Theatervorstellung heraus und eigentlich wesentlich aus diesem entwickelt ist. Was mich stört, sind die vier Rufer auf Seite 34 und mehr noch 35, wo plötzlich eine persönliche Tendenz durch eine allgemeine Arbeit zu brechen scheint, und auf derselben Seite der an sich witzige Einfall mit dem Rundfunkvortrag von Gerhart Hauptmann, der eben,

Titelblatt der Zeitschrift „Sklaven". 1927.

weil er witzig ist, hier nicht in die Atmosphäre des Akts hineingehört. Was mich interessiert hat, ist einmal die Ausschaltung des Regisseurs, die Jung vornimmt, er gibt ihm nur eine Arbeitsanweisung und sichert sich gegen jeglichen Phantasieexzess des Helfers. Sodann sehr eigen die merkwürdig halbrunde Gestaltung der Menschen; er versucht, mit dem Material des Lebens ohne Konzessionen an die Perspektive des Theaters und die Indiskre-

tion des Theaters Menschen zu formen und zwar so halbrund zu formen, wie wir sie gewöhnlich, wenn sie vor uns auftauchen, in der wirklichen Welt auffassen. Was der Zuschauer nur erfahren kann, bleibt ungesagt. Dafür versucht Jung, durch Dinge, die zwischen anderen und garnicht gesagt werden, ihn das Wesen erleben zu lassen. Das Ganze ist mir noch ein bißchen zu sehr Proletarierdrama alten Stils – trotz der neuen Formkombination mit Film und Musik und Bildwirkungen, deren Jung sich ebenfalls bedient. Was ich im „Heimweh" schon stärker empfunden habe, das Dichten mit und aus den Mitteln des Theaters heraus (siehe Traumspiel), das ist hier sozusagen auf die Verwandlungen beschränkt, auf die Übergänge von einer Szene zur andern; dafür sind hier die Gestalten wie gesagt viel atmosphärischer, viel mehr noch untereinander verbunden worden. Von den Filmgeschichten würde ich bei einer Aufführung möglichst viel fortnehmen; die Sachen (die übrigens schon 1919 probiert wurden) sind durch Piscator ein bißchen zu sehr abgenutzt und diskreditiert. Jung hat sie nicht nötig, glaube ich, könnte ihre Wirkung im Zuschauer durch ein, zwei Worte ersetzen. Sie wirken ein bißchen wie Bequemlichkeiten: Der Film muß machen, was der Autor eigentlich schreiben müßte, aber um was er sich aus irgendwelchen Gründen gern herumdrückt. Ich glaube, Jung müßte bald ein paar Stücke mit all diesen Theatermitteln vom Film bis zum Grammophon, vom Lautsprecher bis zum Scheinwerfer, mit aller Buntheit und aller Maschinerie zur Aufführung bringen, damit er durch die Benutzung dieser technischen Hilfsmittel von ihnen loskomme. Ich glaube, er wird seine wesentlichen Dinge schreiben, sobald er auf alle Piscatores hustet und seine Stücke so macht, daß sämtliche Bühnenanweisungen nicht neben sondern in den Worten seiner handelnden Menschen stehen. Nach der Novelle scheint mir fast, als ob er das einmal können wird.
Schönen Gruß
      Ihr Fechter

Novelle *„Das Erbe"*.

ÜBER MEINE LITERARISCHEN ARBEITEN

Meinen ersten literarischen Arbeiten lag die Frage nach dem Ablauf der menschlichen Beziehungen, der inneren Beziehungen der einzelnen Menschen miteinander und untereinander zugrunde. Das Warum der Konflikte, der übergroßen Schwierigkeiten, die sich einem freudesteigernden Ausgleich der Individualitäten entgegenstellen, habe ich mehrfach abgewandelt. Das war kurz vor dem Kriege und noch einige Jahre mittendrin. Diese Bücher, zumeist im Verlag „Die Aktion" erschienen, sind heute vergessen. Eine Zeitlang, im letzten Jahre der Vorbereitung zur Revolution und in den ersten beiden Jahren der Revolution selbst, hatte ich für irgendwelche literarische Tätigkeit kaum Interesse. Ich war bemüht, Idee und Wirkung zu disziplinieren und aus der tatsächlich gegebenen Umwelt einen Inhalt für mich zu gewinnen, der allmählich erst Grundlage und schließlich auch Wurzel geworden ist. Dann habe ich in mehrfachen Unterbrechungen unfreiwilliger Ruhe zwischen den bekannten etwas engen Wänden, die allzu weitschweifige Verdrängungen niederzuhalten geeignet sind, wieder eine Reihe Bücher geschrieben, Begleiterscheinungen zur politischen Entwicklung draußen, gedacht, als Mittel in einem für den aufklärenden oder rein berichtenden Zweck angepaßten literarischen Rahmen benutzt zu werden. Die Ereignisse aber gingen schneller. Die Arbeiten gerieten in den Strudel der Fraktionskämpfe und Parteiauseinandersetzungen. Sie gewannen nur geringe Beachtung und endeten auf dem Bücherwagen, von dem sich erfahrungsgemäß mancher ganz annehmbare Bücher billig kaufen kann. (Sie sind zumeist im Malik-Verlag erschienen.) Dieser Zeit folgten einige Jahre praktischer, wieder jeder Literatur abgewandter Jahre, die ich jenseits der Grenzen zu leben gezwungen war, abgeschnitten von dem bisherigen Leben und letzten Endes auch leider fremd geblieben. Ich habe mich etwas schwer zurückgetastet und bin seit einiger Zeit wieder dabei, von vorn anzufangen. Ich habe für die Fragestellung der Beziehungen der Menschen untereinander allerdings einen breiteren und vor allem gefestigteren Blickkreis gewonnen, dafür aber Erfahrungen eingetauscht, die mich manchmal etwas hemmen. Es verlangt eine viel größere Energie, beharrlich – das bedeutet, hoffe ich, nicht nur als Außenseiter – zu sein.

Vorbemerkung zu der Novelle „Das Erbe" 1929.

V.l.n.r. Hermann Knüfken, Cläre Jung, Franz Jung. Berlin Unter den Linden 1928.

Franz Jung   Berlin-Lankwitz, den 29. November 29
                 Apoldaerstr. 7

Werte Kameraden,
ich danke Ihnen für Ihre Aufforderung und sende Ihnen ein in sich abgeschlossenes Stück aus einem Roman „Hausierer", der im nächsten Jahr als Buch in einer deutschen und russischen Ausgabe erscheinen wird. Als Titel für dieses Stück schlage ich Ihnen vor: „Unfall".
Autobiographische Notiz: Geboren 1888, literarisch hervorgetreten zuerst in Kreisen der Expressionisten der Zeitschrift „Die Aktion", später im Kriege mit den Dadaisten der Zeitschrift „Neue Jugend". Im Kriege und den Jahren nachher tätig in der revolutionären Bewegung, Begründer der Kommunistischen Arbeiter-Partei, mehrfach verhaftet, zuletzt in Holland, ausgewiesen nach Rußland, dort längere Zeit tätig in der Arbeiterhilfe, in Fabriken im Ural und Leningrad, nach der Amnestie wieder in Deutschland. Mit Trotzki außerhalb der offiziellen Partei.
Mit kameradschaftlichem Gruß

ARBEITER THOMAS
PARALLEL NUR VERKNÜPFTE HANDLUNGEN

Der Arbeiter *Thomas* lebt umgeben von der revolutionären Bewegung mit der Familie, Frau und Tochter – arbeitslos. Charakterisierung: Arbeiter mit Fachkenntnissen, der seine Arbeit liebt, sich danach sehnt, eigensinnig, der alles besser weiß, unduldsam, im Eifer ungerecht. Hineingezogen in die Bewegung – durch *Römer,* der zu ihm zufällig flüchtet – kämpft er sich, solange gehemmt, schnell an die Spitze, gestützt von Römer, der geistiger Führer ist. Mißerfolge machen ihn ungeduldig, Verbitterung, Fehler, die R. vergeblich bekämpft, Arbeiter folgen zum großen Teil Thomas, der eine neue schwerere Niederlage erleidet.
Vereinsamt – erlebt das Ende Römers, der sich heroisch opfert.
Perspektive: Vorstufe, Grundstock, einer der Tönenden auf dem

Wege zum Endsieg, Kindergebrechen, geht weiter, alt u. Krüppel
– trotzdem, für die Jugend, die Folgenden.
Römer, idealistisch – wird zusehends härter, bewußt, Krise in
Ironie, ringt die Verzweiflung nieder – gegen den Widerstand
seiner Anhänger sich durchsetzend, das Richtige, von den andern
nicht genügend erkannt, heroisches Ende, sich opfernd – versöhnlich, später – ein Mensch, noch auf dem Wege, verwurzelt
in der Gegenwart, Idee ganz Zukunft.

*

Frau weich, hart werdend, zwingt Thomas charakterisierend die
Lösung
Tochter leicht, ernster sich entwickelnd, zu Römer schwärmerisch – Anziehung, Krise und sich lösend – Ausbruch zu Leidenschaft und Revolution, bindend Frau und Tochter – in der
Niederlage hart ausklingend anfeuernd im Ende Römers, überwindend die Krise Thomas

ZUM THEMA DES ROMANS

Der Arbeiter Thomas als Typ des deutschen Arbeiters wird
zufällig in ein revolutionäres Geschehen hineingezogen. Die Entwicklung übersteigert sich für ihn, insofern er im Laufe der Jahre
sowohl als Persönlichkeitsmensch in der Familie als auch als
Gesellschaftsmensch der Klasse das richtige Maß für die Dinge
verloren hat. Als Anführer eines Streiks, der in Gewalttätigkeiten ausartet, wird Thomas verwundet und ihm später der
Prozeß gemacht. Im Gefängnis hat Thomas Zeit, über die
einzelnen Phasen seines Lebens nachzudenken und sich eine
eigene Stellung zu den verschiedensten Ereignissen zu gewinnen.
Nachdem er seine Strafe verbüßt hat, hat Thomas noch mehr als
bisher den Zusammenhang zu seinem Beruf und zu den Mitmenschen in- und außerhalb der Klasse verloren. Er kann auch
keinen Anschluß mehr finden an die Partei, die inzwischen
eine große Organisation geworden ist und die einen derartigen
Menschen nicht brauchen kann. Thomas sinkt von Stufe zu Stufe
und fällt der Familie zur Last, die sich für ihn aufopfert. Bei einer
Demonstration greift der Arbeiter Thomas die begleitenden

Polizeibeamten, die den Zug schützen, an und wird in dem sich daraus entspinnenden Handgemenge erschossen.

In der *Behandlungsart* des Themas zeigen sich deutlich drei Abschnitte: der *erste Teil,* der die Geschichte des Streiks schildert und die Rolle behandelt, die Thomas in diesem Streik spielt, ist ganz auf Erzählung abgestellt. Dabei ist Wert darauf gelegt, die Handlung breit zu halten, um den Eindruck eines ganzen und insbesondere Typischen zu vermitteln. Der *zweite Teil,* die Analyse des Arbeiter Thomas in seiner Gefängniszeit, trägt gewissermaßen zusammen, das Unterwertigkeitsgefühl des deutschen Arbeiters, den Ehrgeiz nach Leistung, das Unvermögen, sich dergestalt in der Familie zu behaupten, da beide Merkmale in das Familienleben hineingetragen sind, die Hysterie bis zum peinlichsten Zartgefühl in den Beziehungen zu den Berufskollegen und schließlich auch zum Unternehmertum. Hineinverwoben in diese Darstellung ist auch die Vorgeschichte des Streiks und die wirtschaftliche Atmosphäre, in der die Geschehnisse sich abgespielt haben. Um den Gesamteindruck möglichst wirklichkeitsnahe zu halten, sind in diesen Teil auch allgemeine Erörterungen, die die Beziehungen zur Gegenwart darstellen sollen, eingestreut. Die Behandlung ist auch in dem Stil völlig verschieden. Die das Associative anstrebende Satzbildung des ersten Teils ist abgelöst durch knappere, mehr referierende Sätze. Der *dritte Teil,* der den Schicksalsablauf des Arbeiter Thomas bringt, soll rein darstellerisch wirken. Die Behandlungsart verläuft in kurzen, in sich abgeschlossenen Scenen, die auch im Aufbau die dramatische Spannung vermitteln sollen. Es ist Wert darauf gelegt, im Ton das Gesamtcharakteristikum der Hauptpersonen zu erhalten, d.h. die Vorgänge spiegeln sich auch in der Darstellung und in Zwischenbemerkungen durch das Wesen des Arbeiters Thomas und nicht etwa durch einen neutralen Beobachter, wie es in dem Falle etwa der Autor sein würde.

Damit ist auch zugleich die Tendenz des Romans klargelegt. Das ausschließliche Ziel ist, vielleicht zum ersten Male eine geschlossene Analyse eines Arbeiters zu geben im Ablauf seines Schicksals und seiner Stellungnahme zu den soziologisch gefärbten Geschehnissen in seiner Umwelt.

Anfang 1930.

Paul Guttfeld
Friedrichsegen/Lahn
27. Juni 1930

Lieber Franz! Ich war einige Tage verreist, sonst hätte ich Dir gleich geantwortet. Auch Fuhrmann ist gestern über Frankfurt in allem ergebnislos zurückgekommen. Classen benimmt sich ganz unmöglich und ist schwer zu einer klaren Stellungnahme zu bewegen. Ganz unwahrscheinlich ist es, daß irgendein verdeckter Boykott gegen Dich existiert, es ist die Art Deiner Darstellung und der Stoff; von Sozialisten kannst Du nicht verlangen, daß sie so sehen, wie Du es zeigst und die bürgerlichen Blätter haben wieder zu wenig Interesse an einer Handlung, die im Grunde doch deutlich die Unmöglichkeit der kapitalistischen Wirtschaftsweise aufzeigt, sie in vielem fragwürdig macht. Ich habe ja lange Zeit, außer der Novelle, nichts von Dir gelesen, aber ich vermute, daß es sich so verhält. Bei alledem bin ich von Dir und Deiner Durchsetzung ganz überzeugt und ich glaube, daß das eine ganz sachliche Auffassung von mir ist. Nur dauern wird es.
Der einzige, der in der Redaktion der F. Z. gegen Dich voreingenommen sein *könnte,* ist Crakauer, der jetzt in Berlin steckt und den man bei sozialen Fragen wahrscheinlich hört, er ist ein so hoffnungsloser Literat, daß er das Lebendige Deines Stils kaum verstehen wird. Ich will zu erfahren versuchen, *ob* man ihn gehört hat. Gubler, wie der jetzige Feuilletonredakteur der F. Z. heißt, ist ein Schweizer und als solcher sehr beschränkt, wir haben auch noch keinen Eindruck, ob es mit ihm gut gehen wird, Simon war mit ihm hier, um ihn vorzustellen (ich war leider nicht da), aber wenn er eben nicht Anweisung hätte, mit F. zu arbeiten, würde F. sich nichts von G. versprechen. In einem Brief, den F. heute an Gubler schickt, will er Dich erwähnen, er hält es darüber hinaus für angebracht – wenn Du es willst – daß Du das Manuskript hierher sendest und Fuhrmann es mit einer Empfehlung an die F. Red. einreicht. Gubler hat zwar versprochen, bald mal für einen ganzen Tag herzukommen, aber man lernt, solche Versprechungen nicht zu ernst zu nehmen. Wenn er aber kommt, werde ich mit ihm sprechen. Gut wäre es jedenfalls, wenn Du ein Manuskript hersenden würdest.
Du mußt schon entschuldigen, daß ich das anbiete, aber es ist

neben meiner jetzigen Tätigkeit kaum etwas, was mir so sehr zu propagieren notwendig scheint, wie Deine Sicht, wenn ich die auch nur mehr vermute.
Daß Ihr das Büro aufgegeben habt, scheint mir, wie schon lange, richtig; es kann schon mal der Punkt kommen, an dem es richtig ist, sich wieder breit zu machen, aber jetzt soll man sich eben dünne machen und Spesen sparen. Hoffentlich könnt Ihr es von Lankwitz aus einigermaßen abwickeln.
Hier ist auch gerade Ebbe in jeder Beziehung, wird schon wieder werden.
Mit guten Wünschen und herzlichen Grüßen Dir und Claire
Pegu

Darstellung *in dem Roman „Arbeiter Thomas".* –
Novelle *„Das Erbe".*

Franz Jung   Berlin-Lankwitz, den 30.6.1930
                                   Appldaerstr. 7.

An den
Paul List Verlag
Leipzig C.1.
Carolinenstr. 22

Sehr geehrte Herren!
Ich danke Ihnen für Ihren aufschlußreichen Brief vom 25.d.M. und weiß nun wirklich nicht, ob ich Ihnen das Manuskript noch einsenden soll. Ich möchte vorerst noch vielleicht darauf hinweisen, daß der Roman-Bearbeitung des Manuskripts zum Arbeiter Thomas auch eine Fassung als Drama desselben Stoffes vorausgegangen ist. Dieses Drama hatte ich im Vorjahr dem Drei-Masken-Verlag zum Vertrieb übergeben, der aber nicht mal das Stück vervielfältigt hat. Insofern ist das Stück überhaupt nicht angeboten worden. Auch hat der Drei-Masken-Verlag die von mir eingeleiteten Verhandlungen, wie ich jetzt erst festgestellt habe, nicht weiter geführt. Leider war ich mit anderen Arbeiten so beschäftigt, daß ich mich selbst nicht um das Schicksal des Stückes gekümmert habe. Ich schreibe Ihnen dies so ausführlich,

weil ich eben der Meinung bin, daß das Stück wesentlich zur Propagierung des Romans beitragen dürfte und letzten Endes auch umgekehrt. Ich habe in diesen Tagen mir das Stück vom Drei-Masken-Verlag zurückgeholt und habe jetzt darin vollständig freie Hand. Für das Stück interessiert sich die Berliner Volksbühne und in *Leipzig* das Alte Theater. Vor seinem Weggang habe ich noch mit Direktor Kronacher darüber verhandelt. Die dramatische Bearbeitung ist noch nicht ganz endgültig und zwar deswegen, weil zu diesem Stück Hanns Eisler eine Musik geschrieben hat mit verschiedenen Chören. In wie weit Chöre herangezogen werden können und in wie weit die Musik benutzt wird nach der Zahl der engagierten Musiker, das ist wesentlich für die Gestaltung einiger Szenen. Infolgedessen sind diese bisher im Grunde genommen nur angedeutet. Was Leipzig angeht, so hat das Arbeiter-Bildungs-Institut sich verpflichtet, 8–10 Vorstellungen abzunehmen. Ein solcher Beschluß des Instituts liegt schon vor. Wenn es trotzdem mit keinem der Leipziger Schauspieler zu einem festen Vertrag gekommen ist, so liegt das einmal daran, daß ich mich selbst nicht hatte darum kümmern können und zweitens, daß noch kein Bühnenvertrieb sich der Sache angenommen hat, um die beiden Parteien zu einem Vertragsabschluß zusammen zu bringen. Soweit ist die Situation für Leipzig. Für Berlin kommt in Frage, daß ich mich mit dem Dramaturgen Dr. Stark noch mal zusammensetzen muß, um die beiden Szenen auszuarbeiten. Vielleicht ließe sich doch diese Situation mit der Roman-Herausgabe jetzt vereinigen. Schließlich möchte ich Sie vielleicht noch darauf hinweisen, daß Aussicht besteht, daß eine der größten Buchgemeinschaften das Werk in ihrem Vertrieb mit übernimmt, sodaß auch dadurch gewisse Chancen zugleich für den Verlag entstünden, insofern ja das Risiko im Druck sich verringern würde. Ich teile Ihnen dies vorerst noch mal mit, nachdem Sie mir Ihre Ansicht zu verstehen gegeben haben, weil beide Tatsachen vielleicht doch geeignet sind, die Sachen in einem etwas anderen Lichte erscheinen zu lassen. Ich sage Ihnen auch ganz offen, daß mir dieses Mal besonders daran liegt, aus einer vorher schon abgegrenzten Atmosphäre herauszukommen und in einem großen neutralen Verlag mit diesem Buch zu erscheinen.
In aufrichtiger Hochschätzung

Franz Jung Berlin-Lankwitz, den 9.1.31
Apoldaerstr. 7

Herrn Dr. Beermann
S. Fischer Verlag
Berlin W 57
Bülowstr. 90

Sehr geehrter Herr Dr. Beermann,
Sie waren so liebenswürdig mich seinerzeit aufzufordern, Ihnen meine nächste Arbeit vorzulegen. Ich habe einen Roman „Samtkragen, der verlorene Sohn" beendet, den ich, wenn Sie es wünschen, Ihnen zur Prüfung für eine mögliche Verlagsübernahme vorlegen möchte.
Das Thema ist folgendes: Ein junger Amerikaner, der im Weltkrieg durch eine Verletzung die Erinnerung verloren hat, ist Mitglied einer Bande von Autobanditen geworden und Revolvermann im Dienste einer politischen Partei. Bei einem dieser Aufträge in die Hände der Polizei gefallen, wird die Familie, die trotz der amtlichen Todeserklärung die Hoffnung auf die Wiederkehr des „verlorenen Sohnes" nicht aufgegeben hat, auf diesen hingewiesen. Die Mutter bemüht sich den Sohn sich zurückfinden zu lassen, was durch die Behörden, die immer neue Straftaten des jungen Mannes aufdecken, erschwert wird, auch durch die übrigen Familienmitglieder, die an dem Jungen zweifeln. Dem Sohn wird so allmählich die Rückkehr in die Familie verbaut. Durch eine Revolte im Zuchthaus befreit, wobei die Mutter ihm die Flucht ermöglicht, weist er die Hilfe der Mutter zurück und kehrt zur Landstraße zurück.
Das Thema hält sich an einen 1928 durchgeführten amerikanischen Prozeß und gibt in der Behandlung die Darstellung der psychologischen Zusammenhänge. Insofern ist auch auf die sprachliche Diktion das Hauptaugenmerk gelegt. Das rein Artistische ist bewußt in Gegensatz zu der üblichen Dokumenten-Literatur gestellt.
Ich wäre Ihnen dankbar, wenn Sie mir mitteilen würden, ob ich die Arbeit zu unverbindlicher Prüfung Ihnen einsenden darf.
In vorzüglicher Hochschätzung
Ihr sehr ergebener

Franz Jung   Berlin-Lankwitz, 2. März 1931

Lieber Piscator,
um keine Mißverständnisse aufkommen zu lassen und da Sie anscheinend Hemmungen haben, mit mir persönlich darüber zu sprechen, möchte ich Ihnen auf diesem Wege zu der Arbeit an der „Amerikanischen Tragödie" folgendes sagen: Ich habe trotz des für mich zumindesten recht peinlichen Ausganges der Mitarbeit am Wallner Theater die Arbeit an der „Amerikanischen Tragödie" aufgenommen, weil es mir notwendig erschien, wenn überhaupt mit einer gemeinsamen Arbeit gerechnet werden konnte, Ihnen selbst eine feste Arbeitsbasis (in dem Falle bei den Klein-Bühnen) zu schaffen. Dazu war zuerst einmal notwendig, das Stück äußerlich so schnell wie möglich fertigzustellen und gegenüber den Zweiflern im Hause namentlich aus Schauspielerkreisen den Eindruck zu verwischen, als wäre Piscator gar nicht in der Lage, gestützt auf ein fertiges Manuskript die Arbeit zu beginnen.
Wieweit das Manuskript in dem Sinne „fertig" ist oder nicht, darüber brauchen wir jetzt nicht zu sprechen, da Sie ja selbst wohl annehmen, daß eine Arbeit, die anderthalb Jahre liegt, nicht in vier Tagen restlos „fertig" gemacht werden kann. Im Grunde genommen war also meine Arbeit damit, daß ich Ihnen das abgeschlossene Manuskript in die Hand gegeben habe, beendet. Ich betone dabei, daß ich dieses Manuskript ausschließlich nach Ihren Angaben zurechtgemacht habe. Sie haben mir ungefähr gesagt, was noch fehlt, und was geändert werden soll und welche Stellen nach Ihren Intentionen sind und bleiben können. Zu letzterem gehört die zweite Scene, die Sie hier in meiner Gegenwart als ungenügend empfunden haben und änderten. Wie Sie ja aus dem alten Manuskript feststellen, ist in dieser Scene so gut wie nichts geändert worden, ganz nach Ihren Wünschen.
Sie werden daraus erkennen, daß irgendwo eine andere Fehlerquelle sein muß, die eine Zusammenarbeit mit Ihnen so erschwert und ich glaube, die liegt in folgendem: Für Ihre Arbeit einer gestaltenden und dramaturgisch-nachzeichnenden Regie können Sie nur eine Methode der Arbeit wählen, die bei jedem Thema mit dem dramaturgischen Aufriß beginnt. (Sie haben ja auch einen solchen in Ihren Vornotizen zur „Amerikanischen"

Tragödie".) In diesem dramaturgischen Aufriß muß das Stück in seinem gesamten Scenarium bereits enthalten sein. Zu diesem Scenarium, das ausdrückt, welche Bedeutung jede Scene hat und was in ihr enthalten sein muß bis zum Übergang, muß sodann erst die Regie für Bewegung, Ausdruck und Raum festgelegt werden. Das heißt, Sie müssen Ihr Regiebuch bis ins letzte fertig haben. *Dann* erst können Sie einen Dialogschreiber hinzuziehen. Der Dialogschreiber wird dann die Scene, die eindeutig festgelegt ist, ausfüllen. Ich weiß, daß ich Ihnen damit nichts Neues erzähle, praktisch aber kommen Sie immer wieder darauf zurück, aus dem Dialog das Dramaturgische und die Regie aufzubauen. Und darin liegt der Fehler. Vielleicht auch, daß Sie den Dialog für Ihre Arbeit überschätzen. Jedenfalls zwingen Sie in der Praxis den Dialogschreiber ständig eine völlig nutzlose Vorarbeit zu leisten, die Ihnen für Ihre Arbeit niemals genügen kann, weil Sie eben das Schwergewicht Ihrer Arbeit außerhalb des Dialogs und *vorher* legen müssen.

(Es braucht Sie nicht zu beleidigen, wenn ich Ihnen sage, daß Dialogschreiben keine Kunst, sondern eine Technik ist, die man an der Übung erlernt. Sie hat wie alle Technik gewisse Voraussetzungen, wie beispielsweise die, daß der Dialog im Drama *niemals* ein Frage- und Antwortspiel sein kann. Bei dem gemeinsamen Versuch eines Herumdoktorns um den Dialog gleiten Sie automatisch in den Fehler von Frage und Antwort. Es ist ganz nutzlos mit einem Dialogschreiber sich darum zu streiten. Denn für Ihre Arbeit gehen Sie ja gewisse technische Gesetze einer Dialogführung auch garnichts an). Wenn Sie jetzt nach der Vorlage eines wenigstens dramaturgisch geschlossenen Stückes anfangen die analytischen Voraussetzungen Ihrer Dramaturgie und Regie einzubauen, so kann ich Ihnen nur sagen, gerade das hätten Sie *vorher* tun müssen. Denn das sind die Voraussetzungen dieses von Ihnen bearbeiteten Stückes. Sie werden einwenden, daß Sie um dies zu tun, zu sehr mit anderen Dingen belastet waren, außerdem daß die Zeit zu sehr drängt etc. Das mag alles richtig sein, andererseits können Sie aber nicht verlangen, daß jemand, der mit Ihnen zusammen arbeiten will, *allein* den Nachteil dieser Belastungen auf sich nehmen muß. Dabei möchte ich einmal aussprechen, daß ich für mich persönlich mir von der Mitarbeit an der „Amerikanischen Tragödie" nichts erwartet habe. Das Stück zurechtzuschustern hat mir Spaß

gemacht. Es hätte mir ebensoviel Spaß gemacht, wenn ich statt Ihrer vagen Angaben präzise Richtlinien bekommen hätte, die Arbeit wäre dieselbe gewesen und ich entfalte durchaus keinen Ehrgeiz, genügend oder ungenügend in diesem Falle und überdies nach Ihren Hinweisen „gedichtet" zu haben.
Da nun obendrein die Arbeit aus den oben dargelegten Gründen zum großen Teil nutzlos gewesen zu sein scheint, so ist das natürlich sehr bedauerlich, ich bitte sie aber in Ihren Urteilen darüber nicht die Gründe, an denen Ihre Arbeitsmethode stark beteiligt ist außer Acht zu lassen.
Ich glaube ja, daß ich an einer so grundlegenden Umarbeit, an die Sie denken, nicht weiter arbeiten kann, schon rein zeitlich wegen und aus bestimmten materiellen Gründen. Also das beste wird ja doch sein, Sie ziehen für die wirklich nebensächliche und fast automatisierte Bearbeitung des Dialogs Ihnen näherstehende Mitarbeiter heran. Wenn Sie genau an die oben von mir angedeutete Methode sich halten, die ja im Grunde genommen auch Ihre Methode ist, nur daß Sie sich immer davon abbringen lassen, so kann die Sache nicht mehr so schwer sein. Ich glaube jedenfalls nicht, Sie bei dieser Arbeit im Stich gelassen zu haben.
Mit den besten Grüßen

Volk ohne Wurzeln / *ohne Blüte*
1. Bild Garten – Ernte Fest Ansiedlerverein Zehld.
    links v. 5 Musiker, *Typen:* Polizeischreiber
    Portier v. Wertheim, Schuhmacher – jetzt
    Werkmeister von Prutsch.
    2 Mädchen tanzen. / noch 2
    1 Turnlehrer (dick, unmöglich) an der Kasse
    3 Kaufleute Baskenmützen auf.
    1 Automobil an der Seite
    Würfelbuden, Selters. Promenade
    Eine Familie sitzt am Rande
Entwicklung. Auflösung in die verschiedenen
Interessen – warum *kein* Zusammenhalt
Nation? Die *wirkl.* völkisch. Frage
    Untersuchung / Kernstück

Statt polit. Phrase
Schlußbild Aufmarsch der *Masse*
Der Massengedanke, sozial aufgelöst

Notizen zu einem Stück.

PREIS 1 RM   JULI 1931

Herausgeber: MONATSSCHRIFT
Franz Jung, Berlin   Jahrg. 1931 Heft 2

DER DEUTSCHE WIRTSCHAFTSAUFBAU WIRD ZUR AMERIKANISCHEN WAHLPROPAGANDA

Kann Amerika finanzieren?
Sowjet-Rußland als Reserve

GESCHLOSSENE SIEDLUNGSGEBIETE FUR 20 MILLIONEN DEUTSCHE

Der Fixer ist von Gott verachtet,
Weil er nach fremdem Gelde trachtet.
Der Fixer ist bei Gott beliebt,
Weil er nichts hat und dennoch gibt.

WIRD DEUTSCHLAND STEPPE?

Der Landwirt warnt vor der Vergiftung der Epidermis der Erde!

AUS DEM INHALT:

Ernst Fuhrmann	Staatskapitalismus
Raoul Hausmann	Scham und Erziehung
Rudolf Kurtz	Weltbild der Lyrik
Herbert Sell	Neuaufbau der Tarife im Luftverkehr
Günther Hadank	Funksprache
Paul Renard	Weltfilmfriedenspreis
Frank Ryberg	Sportliche Ehre — Unsportliches Geschäft

Der Deutsche Wirtschaftsgeneralstab
Brauchen wir eine unabhängige Universität?

Dramen auf Bestellung	Die Roggenstützung
Das unsterbliche Panorama	Die Hitlerbank
Erdbeben in Italien	Zurück zum Stall

GEGNER 1931–1932

1931 Seit 1930 Vorbereitung der Zeitschrift „Gegner". Ursprünglich als Beilage bzw. Beiheft der „Neuen Revue" von Gert von Gontard als „Der Gegner" geplant. Gründung des Deutschen Korrespondenz Verlages (Deko-Verlag), in dem „Gegner" und einige Wirtschaftsdienste erscheinen. Mitarbeiter des „Gegner" u.a. Raoul Hausmann, Hilary Flaszenberg, Theodor Beye, Paul Guttfeld (Pegu), Adrien Turel, Hugo Hertwig, Harro Schulze-Boysen, Ernst Fuhrmann. Zum Deko-Verlag gehören auch der Folkwang-Auriga Verlag, der die Sammelausgabe der Schriften Ernst Fuhrmanns herausgibt, sowie die Aufricht-Produktion, die die Aufführungen von Brechts Stücken „Aufstieg und Fall der Stadt Mahagonny" und „Die Mutter" finanziert. Der Roman „Hausierer" erscheint.

1932 Patent- und Lizenzgeschäfte im Deko-Verlag. Jung als Sonderberichterstatter der Deutschen Wirtschafts-Berichte in London. Zusammenarbeit mit der französischen Zeitschrift „Plans", herausgegeben von Philippe Lamour. Über die Deutschen Bauhütten Finanzierung eines deutsch-französischen Wohnungsbauprojekts. In diesem Zusammenhang Prozeß wegen angeblichen Devisenvergehens („Bauhütten-Skandal") und Auflösung des Deko-Verlages. Gründung der „Korrespondenz für Arbeitsdienst und Arbeitsbeschaffung". Sohn Peter geboren.

Franz Jung zu: Günther Hadank DIE NEUE BÜHNE

Die wirtschaftliche Katastrophe im deutschen Theaterwesen ist nicht zuletzt auf die Ideenlosigkeit der Direktoren zurückzuführen, auf die falsche und ausschließlich passive Einschätzung eines Publikums, das in aktivster Arbeit vom Theater her erst geschaffen, gelockert, aufgewühlt, erzogen und damit auch unterhalten werden will. Flaue Zeiten werden eben erst durch gesteigerte Arbeit überwunden. Das Mehr an künstlerischer Arbeit, an organisatorischer Initiative ist nicht vorhanden, wo es allein nur entscheiden kann.

Vorschläge, neue Wege dramatischer Produktion zu weisen, Versuche, den Bühnenraum von innen heraus, vom gesprochenen Wort, von der Raumverteilung, von der Magie des Spiels her lebendig zu machen, enden zwangsläufig im Billettvertriebs-Büro der Theater. Der Direktor ist nach Unterschriften für kurzfristige Wechsel unterwegs, der Dramaturg, sofern er für eine ihm zukommende Funktion noch eingesetzt ist, schreibt die Werbebriefe für Vereinsvorstellungen. In dieser Zeit ist es schwer, an die Erneuerung der Bühne zu glauben, es ist fast aussichtslos.

Günther Hadank hat den Versuch unternommen, an einem nur aus Gründen demonstrativer Zweckmäßigkeit gewählten Bühnen-Thema ein Beispiel hinzustellen. – Er hat André Gides Drama „Saul" gewählt, das obwohl aus der frühexpressionistischen Zeit stammend, den Expressionismus bereits überwunden hat. Das Drama bietet alle Elemente, den Rahmen einer fast surrealistisch gebundenen Sprach- und Handlungsführung zu sprengen, von der Regie und der Darstellung her zu einem unerhört starken dramatischen Konflikt zu entwickeln, der genügend Tiefenwirkung besitzt, die starr gewordene Vorstellungswelt des Zuschauers auszulösen, zu fesseln und nachhaltig zu spannen. Das zerquatschte Aktualitätsdrama unserer Tage wird wieder zum Zauberspiel dieser Zeit.

Vorbemerkung zu einem Aufsatz von Günther Hadank im „Gegner" Heft 1 vom 15.Juni 1931.

Hadank
Berlin N.W. 87
Brückenallee 6   10.7.1931

Lieber Herr Jung, hoffentlich haben Sie das Martyrium bald überstanden. Gestern war ich bei Frau Sternheim mit Gide und Dir. Möricke zusammen. Ich habe vor allem betont, daß wenn mir die Regie übertragen werden sollte, ich völlig freie Hand haben müßte. Meine Skizzierungen haben Gide sehr gut gefallen. Er war der Meinung, wie ich, daß man ohne Stars spielen müßte. Ich habe mich auf nichts festgelegt, nur darauf, daß Sie mitwirken müssen. Ob ich selbst spielen kann oder nicht (Gide hat mich von sich aus gefragt ob ich es tun würde) werden wir alles von den allgemeinen Bedingungen *wenn* sie zustande kommen abhängig machen. Frau St. hat mich gefragt ob es mit 2500.– bis 3000.– höchstens zu machen ist was ich ganz bestimmt glaube. Ich habe gezeigt daß ich mit der Materie durch und durch vertraut bin ohne mich krampfhaft darum zu bewerben. Ich warte die Nachrichten ab. -- Wenn ich meine Räuber eingestrichen habe schicke ich sie Ihnen einmal. Oder vielleicht arbeite ich sie erst einmal ordentlich durch. Beye habe ich gestern angerufen, aber er reagiert nicht. Ich bin nicht überrascht. – Am Sonntag früh wollen wir nach Kampen fahren über den Seeweg natürlich. Hoffentlich kann ich dann die gesammelte Kraft an die gemeinsame Sache wenden. Morgen spreche ich nochmal mit Günter Eich vielleicht erreiche ich doch einmal ein Stück!!!! Ich will ihm den Regieweg an Saul und Räubern zeigen und dadurch Anregung zu geben versuchen.

Beste Empfehlung Ihrer Gattin. Ihnen gute Wünsche und herzliche Grüße von Ihrem
                    Günter Hadank

Sonntag nachmittag und abend sind wir in Hamburg.

PROSPEKT FÜR DEN INHALT DER ZEITSCHRIFT

Unter der Voraussetzung, daß der Inhalt der Zeitschrift im großen ganzen nach den gleichen Gesichtspunkten zusammengestellt ist und eine direkte Fortsetzung des ersten Jahrganges der Neuen Revue bringt, soll der besondere *Außenseiter-Charakter* der Zeitschrift dadurch gewahrt werden, daß er in sich und innerhalb der Beiträge auf geistigem Gebiete in der Form der Behandlung der Themen stärker aneinander angeglichen ist. Was also Artikel, Essays etc. anlangt, so dürfen diese sich nicht mit allgemeinen Formulierungen, wie sie die Tagespolitik bringt, decken. Keine Anklänge an politische Phrasen, dafür umso stärkere Gegensätzlichkeit in der Behandlung solcher Themen durch die Formulierung, die selbst bizarr sein kann. Wünschenswert wäre eine stärker betonte redaktionelle Arbeit durch Interviews, Heranholung von Zuschriften etc. Besonders notwendig scheint die allgemeine Verbreiterung des Stoffgebiets. In dem bisherigen Jahrgang, wo das Stoffgebiet zu eng gefaßt. So ist beispielsweise die geistige Außenseiter-Stellung zu ganzen Stoffgebieten wie Theater, Sport, Mode, Religion bisher überhaupt zu kurz gekommen.

Praktisch würde dies bedeuten, daß man in der No. auch die Stoffgebiete abgrenzt, es wäre wünschenswert, daß man um eine gewisse Ruhe im Gesamtbild zu bekommen, man das reine Außenseitertum in der Politik und insbesondere in der Kulturpolitik, um es noch schärfer hervorzuheben, abgrenzt in eine besondere Abteilung, die man „Der Gegner" nennen würde. In dieser Abteilung sollen alle, selbstverständlich ausgewählte Leute zu Wort kommen, die gegen die herrschende Ansicht in ihrem Stoffgebiet Prinzipielles zu sagen haben. Das gilt insbesondere für die Wissenschaft, Biologen, Mediziner, Religionsgründer, Kulturreformer etc., unterdrückte Literaten und Politiker und ähnliche Leute. Je stärker diese Abteilung ausgebaut ist, umso eher kann man den Rahmen an ein bestimmtes Durchschnittsniveau angleichen. Dieser Rahmen, durch Interviews, Bilder, Anekdoten belebt gemacht, ist eben dann als Rahmen dann nur ein Füller. Man könnte sich eine heutige bisherige No. als solchen Rahmen vorstellen mit Franz Blei, Anton Kuh und Ullstein-Literaten. Für das literarisch-gesellschaftliche Niveau, das im allgemeinen mit der Zeitschrift auch aufgezogen werden soll, ist es ja nicht abzulehnen, mit diesen Leuten in Kontakt zu bleiben. Um es also noch einmal zu wiederholen: der Hauptwert muß darauf gelegt werden, *den geistigen Außenseiter-Standpunkt zu bewahren,* der sonst, wie man ja sieht, in der Führung allmählich verlorengeht. In diesem Außenseiter-Standpunkt aber liegt der Sinn und der Wert der Zeitschrift, die zu einem gesellschaftlichen und machtpolitischen Faktor gerade darin zu entwickeln ist.

Es wäre vielleicht zweckmäßig, diesen Teil „Der Gegner" als reine Pamphlet-Zeitschrift noch zwischendurch vierzehntägig erscheinen zu lassen. Dieser Pamphlet-Gegner würde dann eine Art Vorspann für das Monatsheft bilden, zugleich mit dem Vorteil, daß er aktueller sein kann. Diese Zwischennummer muß als *Werbung* für die Monatsschrift angesehen werden.

PROSPEKT FÜR DIE GESELLSCHAFTLICHE AUSWIRKUNG

Zur Stärkung und Vorbereitung des vorgezeigten Programms ist ein sehr intuitiv und lebendig aufgebauter gesellschaftlicher Rahmen notwendig,--- durch politische und kulturpolitische Veranstaltungen, Theateraufführungen, Kabaret und ähnliches. Zum Teil wird die Zeitschrift dafür den Namen und Rahmen abgeben, zum Teil wird es notwendig sein, solche Sachen selbst zu veranstalten. Man wird sich mit gleichgerichteten Organisationen in Paris, London und New York in Verbindung setzen müssen und Austausch unterhalten. Man könnte sich auch vorstellen, entweder einen eigenen Klub Neue Revue zu gründen, oder sich an bestehenden Klubs (künstlerischer Art 1926 und 1930) oder gesellschaftlicher (Porza) anschließen. Der Zweck solcher Veranstaltungen dient ja nicht nur der Propaganda, sondern der Anknüpfung und Durchführung von Geschäften. Man könnte beispielsweise einem internationalen Finanzvermittler, der eine neue Idee propagieren will (gegen oder für Morgan), die Möglichkeit und den Rahmen geben, sich vor einem besonders ausgewählten Zuhörerkreis, für den die Neue Revue die vorher begrenzte Zahl der Einladungen durchführt, zu äußern. Das wird immer ja nur die Initiative der Leitung sein. Man kann sich aber auch denken, daß bestimmte große Finanztransaktionen und Überseegeschäfte unter kulturpolitischen und wirtschafts*philosophischen* Aspekten vor einem kleinen Kreis diskutiert werden. Diese Assiette bringt manchmal ein Geschäft eher zur Entwicklung als schwerfällige Erörterungen um den runden Tisch der Diskontogesellschaft. Vorbedingung ist nur der sehr unabhängige und außenseiterische Charakter einer fundierten Zeitschrift von geistigem Niveau.

Überlegungen zur Neugestaltung der „Neuen Revue" von Gert von Gontard Ende 1930. – Porza *Zeitschrift.* – Club 1926. – Club 1930.

18.12.1930
Franz Jung: privat

Herrn von Gontard
Berlin-Westend
Hessenallee 12

Sehr geehrter Herr von Gontard!
Leider steht die Möglichkeit einer weiteren Zusammenarbeit mit Ihnen unter einem wenig glücklichen Stern. Es ist mir wirklich peinlich, nachdem Sie mir so freundlich entgegengekommen sind, mit einer Beschwerde über das neuerliche Vergessen einer mit Ihnen getroffenen Vereinbarung zu kommen. Davon bin ich ja bestimmt überzeugt, daß irgendwelche besonderen Gründe, die eine persönliche Entfremdung hineinzutragen geeignet sind, nicht vorliegen können. Trotzdem kann man schon bei den sich immer mehr anhäufenden Mißverständnissen nervenmäßig eine derartige Verbindung nicht mehr aufrecht erhalten, die obendrein noch dazu durch den unverschämten Ton Ihrer Sekretärin mir gegenüber belastet ist.
Es tut mir leid, daß ich unter diesen Umständen nicht weiter an eine Mitarbeit in Ihrer Zeitschrift denken kann.
Mit dem Ausdruck vorzüglicher Hochachtung
Ihr sehr ergebener

DER GEGNER

würde als Fortsetzung der 1917 begründeten Zeitschrift geführt werden; zunächst monatlich, späterhin indessen mit der Aussicht, sich einen rascheren Turnus zu erarbeiten. Im wesentlichen hängt das von der Aufnahme und dem zu gewinnenden Mitarbeiterkreis ab.

Die Zeitschrift soll den Charakter einer Außenseiter-Zeitschrift tragen. Das Außenseitertum wird ideologisch in jeder Nummer besonders herausgearbeitet. Im allgemeinen Grundcharakter stößt die ideelle Führung der Zeitschrift vor in die Auseinandersetzung zwischen Individualismus und Kollektivismus. Sie urteilt außenseiterisch über die psychologischen, soziologischen und praktischen Wirkungen des Kollektivismus. Sie deckt Schäden des pseudokollektivistischen Systems auf und untersucht die Voraussetzungen des westlichen Kollektivismus. Alle Betonung des spezifischen Außenseitertums ist von Optimismus getragen. Alle Kritik ist ausschließlich fördernd.

Die Zeitschrift erfaßt diesen spezifischen kollektivistisch orientierten Blickwinkel von vornherein aus allen Wissensgebieten. Der Inhalt ist nicht nur kulturpolitisch begrenzt, sondern auch wirtschaftlich. Gerade die zu erwartenden Auseinandersetzungen der westlichen Wirtschaft gegenüber der sowjetrussischen Wirtschaft werden ständig dargestellt und beobachtet werden (Gerade Anpassung und Ausgleich staatskapitalistischer und privatkapitalistischer Wirtschaft ist heute nirgends behandelt.) Diese kollektivistisch ideelle Führung gibt den allgemeinen Rahmen und stellt das geistige Niveau der Zeitschrift fest. Dieses Niveau ist *bewußt* nicht geschieden zwischen sozialistisch und kommunistisch und bewußt nicht parteipolitisch und an Disziplinen gebunden. Für die Literatur wird die Zeitschrift für einen deutschen Surrealismus eintreten, d.h. diejenige Bewegung, die auf der Grundlage einer realistischen Behandlung des Themas nach neuen Formen sucht. (Typische Übergangsbewegung, Sammlung des Artistischen.) Für diesen Teil der Behandlung wird die Zeitschrift von vornherein sich mit englischen und französischen verwandten Gruppen verbinden. In der Wissenschaft wird die Zeitschrift die Bewegung zur Vormachtstellung der Biologie unterstützen, etwa wie die Untersuchung der Bauerschen Gesetze vom Moskauer Biologischen Institut, der die Lebensdauer als mathematische Form errechnet. Der Vorstoß der Wissenschaft ins Unbekannte der Lebensvorgänge ist im Grunde genommen ja nichts anderes als eine Art wissenschaftlicher Surrealismus. Die gegenwärtige Revolution innerhalb der exakten Wissenschaften findet in der heutigen Publizistik kaum einen Niederschlag. Ihre Resultate schon für diese Generation ideell nutzbar zu machen, wird eine dankbare Aufgabe der Zeitschrift sein.

Die Werbung der Zeitschrift zerfällt von vornherein in zwei völlig voneinander geschiedene Teile; einmal in allgemeine Werbung über Sortiment und Zeitschriftenhandel, um zu zeigen, daß die Zeitschrift auch öffentlich vorhanden ist, dann aber in eine spezielle Werbung an Personen, die zugleich die gegebenen Mitarbeiter sind. Der Kreis dieser Personen ist weit größer, als man im allgemeinen sich vorstellt. Zum Teil ist das durch die Nivellierung der Zeitschriften mit geistigem Inhalt entstanden.

Prospekt für die Werbung der Zeitschrift

Der besondere Charakter dieser Zeitschrift verlangt, daß sie im wesentlichen auf den individuellen Einzelvertrieb aufgebaut sein muß. Die Zeitschrift wendet sich an alle unabhängigen (geistig und politisch) Personen, gleichviel ob sie allgemein einer politischen Richtung angehören, die Zeit, Geld und Mut haben, alle Dinge auch selbst gegen ihre eigene Überzeugung von der Gegenseite auch einmal betrachtet zu sehen. Dafür sorgt ja die Form der Behandlung, daß von welcher Betrachtungsweise auch immer aus gesehen, beispielsweise für wirtschaftliche Probleme, ein bestimmter Nutzen zurückbleibt, nämlich der Nutzen, sich eine gewisse geistige Beweglichkeit zu erhalten, die ja immer auch von einem materiellen Nutzen begleitet sind. Dies wird immer die oberste Richtschnur der Werbung bleiben müssen.

Von diesem Gesichtspunkt ausgehend, muß man die Behandlung aller Stoffgebiete, die in der Zeitschrift angeschnitten werden, werbetechnisch anfassen.

Um kurze Beispiele zu streifen: Welche Wirtschaftsgebiete auch immer kritisiert werden, es genügt nicht, sie marxistisch oder antimarxistisch, nach Korruption oder Überalterung ausschließlich zu kritisieren, sondern sie nach dem größtmöglichen Nutzen, nach der möglichen Einordnung und Zusammenfassung, nach der stärksten Produktivität, also ausschließlich *positiv* für Produzenten und Abnehmer zu behandeln und zu kritisieren, (also beispielsweise ein für den Jahrgang erteilten Kursus für Verkaufstechnik und -praxis aufzuziehen). Das kann man für die einzelnen Warengruppen beliebig einsetzen, je wie das Material vorhanden ist, und welche Erfolge man mit der Werbung dabei hat. Die Werbeabteilung legt das Programm nach schriftlicher Vorbereitung in persönlichen Besuchen mit besonderem Material versehen, vorher fest. Man könnte sich schon ein Programm denken, für die Automobilindustrie, für die Fremdenverkehrswirtschaft in einer fortlaufenden Analyse der Fremdenwerbung u.a.

Zur Bindung der Einzelabonnenten ließe sich eine Buch-Werbung denken, etwa in der Art, daß man nach englischem und französischem Vorbild eine Liste der Themen laufend veröffentlicht, die augenblicklich von den Schriftstellern bearbeitet werden, zur Übersetzung angemeldet sind. Aus dieser Abteilung, die man mit einem oder mehreren Verlegern zusammen durchführen kann, läßt sich eine Art Maklertum auf dem geistigen Produktionsmarkt aufbauen, das sich geschäftlich für die Unternehmen auswerten läßt. Dasselbe gilt in noch stärkeren Maße für den Theatervertrieb und für den Filmmarkt. Statt Buch- und Theater-Kritik wird man die Manuskript-Kritik einführen, generelle Themen-Kritik mit dem Zweck, Schriftstellern und Verlegern das Risiko erfolgloser Arbeit oder eines erfolglosen Buches zu verringern. (Alles das kann nur geschehen, wenn der Außenseiter-Charakter der Zeitschrift gewahrt bleibt).

Es wird sich als zweckmäßig erweisen, solche oben gekennzeichneten Mitteilungen, die man als Abteilungen bestimmter Seiten fortlaufend veröffentlichen wird, auch korrespondenzmäßig unter Zitat laufend auch an die großen Tageszeitungen zu verbreiten und an die direkten Interessenten, um den Agentur-Charakter dieser Art Werbung stärker zu betonen.

Aus diesem Zweig wird man Inserate und Beteiligungen bekommen können.

Die individuelle Art dieser Werbung verlangt, daß sie allmählich aufgebaut werden muß, es scheint nicht zweckmäßig, sie einem Branchenbetrieb, der nach alten Methoden arbeitet, zu übergeben.

Analyse der Plans

Die Zeitschrift und die hinter ihr stehende Gruppe leugnet nicht, daß ihr an einer ideologischen Arbeit in Frankreich selbst wenig gelegen ist. Sie stellt lediglich Verbindungen her mit dem Auslande und sie dient ganz ausgesprochen einer geistigen Avant-Garde-Stellung der französischen Außenpolitik und dem Plan einer europäischen Union unter Frankreichs Führung. Fortsetzung des Briand'schen Paneuropa-Planes und zwar nach dessen einmütiger Ablehnung unter der europäischen Intelligenz unter anderen Vorzeichen, ein wenig geistig-radikal, stimmungsgemäß angepaßt an vorherrschende Bestrebungen in europäischen Ländern (Faschismus in Italien, Bolschewismus, rechter Preußentum-Imperialismus). Sichtbar verfügt die Gruppe noch über keine Verbindungen mit Deutschland, Heinrich und Thomas Mann sind sicherlich nur aus Verlegenheit auf das Mitarbeiterprogramm gesetzt, um deutsche repräsentative Namen zu vertreten.

Analyse der französischen Situation

Bei dem mangelnden Verständnis Frankreichs für die Verhältnisse in Deutschland (Angst und Abwehr immer an der falschen Stelle am falschen Zeitpunkt und mit falschen Mitteln) ist in der Linie der französischen Außenpolitik eine ständige Zwiespältigkeit zu bemerken: ganz klare Richtung im Einsetzen der Vasallenstaaten, in der Abgrenzung gegen England und Amerika und andererseits völlige Unsicherheit in der Aufnahme der Politik in Deutschland (und auch in Rußland). Ein wenig fallen perspektivisch für die französische Politik Deutschland und Rußland überhaupt zusammen. Grob gesehen wird die französische Politik von zwei Richtungen beherrscht: Vasallenstaaten-Politik, Abgrenzung gegen Amerika und England, Ziel eines Paneuropas unter französischer Führung, die es gestattet, sich imperialistisch auf den Weltmärkten zu bewegen, gemildert dieser Imperialismus durch das Bestreben, nur Rente zu sichern, Rente statt Macht – für Frankreich der hervorstechendste Gegensatz angeblich zur deutschen Mentalität. Die *zweite* Richtung: angefressen von der Wirtschaftskrise, zweifelnd an der Ewigkeitsgeltung kapitalistischer Stabilität, Sicherung der Rente unter Sicherung der Machtformen, nicht unbedingt *ausschließlich* politische Vormacht, sondern Industrie und Konzernführung, Rationalisierung im weltwirtschaftlichen Maßstabe, Ausnutzung der Kapitalvorrechte, Form von Beteiligungen, dafür Aufgabe des bisher so stark betonten expansiven politischen Imperialismus – eine Richtung gegenwärtig in Frankreich links orientiert und der auch die kommenden Wahlen gehören werden, die erkennt, daß in diesem Ziele Deutschland durchgebildeter ist, die besseren Karten in der Hand hat und daher soweit eine direkte Verständigung und Partnerschaft mit Deutschland sucht. Das Ausgleichen der politischen Gegensätze wird mit wirtschaftlicher Partnerschaft erkauft (von beiden Seiten) Keine grundsätzliche Abneigung gegen den Bolschewismus, man denkt etwa so: geht es mit Deutschland, geht es auch später mit Rußland.

Die Rolle der Plans-Gruppen, vortastend ideologisch Intellektuelle sammelnd für Frankreich als Jugend frisiert, für Deutschland die falsche Einstellung, als wäre hier ein ähnliches Bedürfnis nach einer Jugend vorhanden. Daher der Untertitel Blatt der europäischen Jugend (schon in der Perspektive falsch), maskiert im Geistigen in der Annahme, daß auf diesem Vorgelände die Vorbereitungen geschaffen werden für die logische Aufnahme für die französische Zielpolitik in Deutschland.

Tendenz des Gegner

Sofern man von einer ungefähren Grundeinstellung des Gegner sprechen kann, so ist diese darin begründet: Veränderung der Voraussetzung für Massenaufstand und Revolution, Analyse: Verelendung, Schwäche und geistige Trägheit statt aktive revolutionäre Situation, daher Zusammenfassung der aktiv-radikalen geistigen Kräfte, das sind die, die *verändern* wollen, vorerst nicht zu einer gemeinsamen Idee, sondern auf eine Plattform, um sie nicht absacken zu lassen. Die Revolutionierung, die Radikalisierung, die Erschließung, der geistige Durchbruch muß vorbereitet werden, ständig geschult – Schulung statt Vormarsch, Hoffnung, daß später die Plattform auch ideologisch bindet, abhängig von der Konkurrenz der geistig regsten und schärfsten. Alle bestehenden Programme, die sowieso in Umbildung begriffen sind, werden erst in der Entwicklung auf den Generalnenner gebracht. Aussiebung und Filter, die Plattform des Gegners.

Unter Berücksichtigung dieser Gesichtspunkte kann man Plans folgendes vorschlagen:

Direkte Verbindung

Gemeinsamer Austausch von Mitarbeitern, Programmen, gemeinsames Manifest.
Austausch von Publikationen. Deutsches Buch, Broschüre aus dem Mitarbeiter- und Ideenkreis der Plans.
Französisches Buch aus dem Mitarbeiterkreis des Gegner.
Veranstaltung von gemeinsamen Vortragsabenden.
Gegenseitige Zuschriften der Herausgeber.
Eine Korrespondenz vom Plans aus an die französischen Zeitungen und Zeitschriften mit einer Korrespondenz vom Gegner aus an die deutschen Zeitungen und Zeitschriften, wobei jedesmal die Programmthemen des anderen ausgetauscht und vertrieben wird.
(Der vom Plans vertretene Neo-Humanismus, Konstruktivismus läßt sich zur Not auch auf die oben bezeichnete Plattform des Gegner bringen)

Indirekte Verbindung

(in jedem Fall vorzuziehen)
Der Gegner übernimmt als Apparat und Mitarbeiterkreis indirekt die Vertretung des Plans und seiner Ideen für die deutsche Öffentlichkeit; durch Korrespondenzen, Artikel, wirtschaftliche und politische Feuilletons etc. wird der Plans und die Mitarbeiter desselben /in/ der deutschen Presse verbreitet.

Der Plans gründet eine Berliner Geschäftsstelle in Personalunion mit Herausgeber oder einem engeren Mitarbeiter des Gegner. Diese Stelle liefert für die Plans-Korrespondenz in Paris und für die Zeitschriften Notizen und Briefe. In Wirklichkeit stellt sie die Spitzenstelle dar, die die Propagandaarbeit des Plans in Deutschland zusammenfaßt.
Von dieser Geschäftsstelle aus werden dann auch die unter den direkten Beziehungen erwähnten Arbeiten durchgeführt und organisiert. (Vorträge, Agenturvertrieb, Interviews etc.)

Es ist notwendig, daß der Plans sich zur Propagierung auch in Paris eine Korrespondenz-Agentur mit allen Zweigen, die dazugehören, beilegt, auf die die hiesige Stelle sich dann stützen kann. Von der Zeitschrift Plans aus erhalten wir von allen Mustern, allen amtlichen und privaten Stellen, alle Interviews, die der Plans in der französischen Presse ausspielen kann.

Grundsätzliche Analyse dieser Arbeit

die großen Zeitungen und deren Korrespondenzen haben für die diffizile politische und wirtschaftliche Ausgleicharbeit abgewirtschaftet. Man ist sehr vorsichtig geworden und sagt für die Zeitungskorrespondenz meist das Gegenteil oder so verschwommen, um es für die Öffentlichkeit zu maskieren. Für eine große Monatszeitschrift, die den Europa-Plan vertritt, kann man die besten vertraulichen Informationen bekommen. Das gilt nur von Deutschland aus für den Plan, und zwar nicht vom *Gegner* und nicht vom Plans-Mitarbeiterkreis aus für den Gegner. Die besondere Arbeit des Gegner, (siehe Unterschied in der deutsch-französischen Mentalität) braucht im Grunde genommen die französischen Informationen hier nicht, daher besser die anonyme Arbeit von einer Plan-Stelle hier aus über alle möglichen Korrespondenzen und Kanäle.
Das Schwergewicht liegt hierfür vielmehr auf der

Rahmenarbeit

1) Abgesehen von den durch Personen aus dem Mitarbeiterkreis des Gegner zu gewinnenden Beziehungen zu Zeitungen und

Zeitschriften aller Richtungen in Deutschland verfügt der Mitarbeiterkreis über einen wirtschaftlichen Informationsdienst der Vereinigung leitender Angestellter (Vela). Dieser Dienst wird ausgebaut,
A) allgemein für die breiteste Öffentlichkeit
B) für den geschlossenen Kreis der Wirtschaftsführer und westlichen Funktionäre.

In dieser Korrespondenz wird perspektivisch jedes Geschäft analysiert, das für und wider diskutiert und auf den Generalnenner der deutsch-französischen Wirtschaftsbeziehungen für einen Europa-Plan gebracht.

Der Plan bereitet eine gleiche Organisation vor oder stellt die Vermittlung zu schon bestehenden: Agence Radio, Agence Financière Economique her.

Ziel ist, alle wirtschaftlichen Bewegungen, den Umbau der Kartelle zur europäischen Verkaufsgemeinschaft, jedes wirtschaftliche Geschäft direkt zwischen Deutschland und Frankreich mit Frankreich oder Deutschland zusammen für Europa in einen Kreis von Berufenen abzutasten, vorzubereiten und auszuwerten.

2) Gründung einer Treuhandstelle, die für beide Gruppen aktiv in der Auswertung in Erscheinung tritt. *Gründung einer Kommissionsbank.* Unterschied zwischen Frankreich und Deutschland: in Deutschland ist der direkte Verkehr von Personen zu einer Wirschaftsorganisation überaus erschwert. Eine Bank erleichtert das wesentlich. Bei dem verlotterten Zustand der deutschen Kultur- und Literaturverbände dürfte es praktisch sein, die aus dem Gegner-Mitarbeiterkreis organisierte Gaumont-Wochenschau in den Mittelpunkt der deutsch-französischen Kulturbeziehungen zu stellen und so indirekt den Personenkreis der bestehenden Verbände zu benutzen. Es wird sich empfehlen, den Plans-Kreis eine bestimmte Mitarbeit an der Themenausarbeitung der Wochenschau einzuräumen.

Im allgemeinen sollten die Geschäfte wie folgt verlaufen:

Beispiele

a) Stickstoff
Knappe perspektivische Analyse des Stickstoffmarktes. Der

Gegensatz Frankreichs zum europäischen Kartell (Deutschland, England, Norwegen). Der Gegensatz der europäischen Stickstoff-Industrie zur Salpeterproduktion. Die französisch-russischen Phosphatinteressen. Der politische Druck auf Frankreich England zu finanzieren. Stärkung über die Londoner City der chinesischen Produktion und zugleich der England-Deutschland-Norwegen-Gruppe. Die Stellung der deutschen Stickstoffindustrie – Möglichkeit der Einbeziehung der deutschen Gruppe in die Phosphatinteressen als Ausgleich die deutsche Gruppe von der englisch-norwegischen abzusprengen. –– Folgerung: das Einrücken Deutschlands in den französischen Plan zum Aufbau der europäischen Landwirtschaft.

Bruchstückweise würde eine derartige Analyse über die Vela-Korrespondenz zur Diskussion gestellt werden vor einen geschlossenen Kreis. Aus dieser Korrespondenz übernimmt in der Zielrichtung das Thema die Plans-Korrespondenz oder eine Korrespondenz der Vela entsprechend. Es folgen *direkte* Anknüpfungen beim Syndikat hier oder den hauptsächlichsten Gruppen (Kalkstickstoff oder synthetischer Stickstoff, Nebenfolgediskussion zu einer deutsch-französischen Karbid-Konvention über den Ruhrstickstoff zur deutsch-französischen Kohlen-Konvention, Teer und chemische Industrie, Straßenbau) mit entsprechenden Gegenstellen drüben. Diese Anknüpfungen werden weiter getragen in die breitere Öffentlichkeit durch Interviews und Artikel oder in Bank- und parlamentarische Gruppen hineingebracht und zu Privataussprachen und allgemeinen Konferenzen gebracht, in denen die Treuhandstelle als Vorhand bei sich entwickelnden Geschäften fungiert.

Selbst wenn direkte Geschäfte zum Teil noch ausbleiben sollten, bleibt eine Verstärkung der Einfluß-Sphäre der wirtschaftlichen Machtposition in jedem Fall

b) Kunstseide
c) Metalle

Von allen Fabrikaten und Rohstoffen her läßt sich ein ähnlicher Weg entwickeln.

d) Direkte Arbeitsaufgaben und Vermittlung schwebender Geschäfte wie *Bauaufträge* u.a.

Der Grundgedanke: aus den mammuthaften Bankbeziehungen und den verkalkten Syndikatsverknüpfungen, den dilettantischen Politiker-Konferenzen, aus der geistigen Plan-Beziehung her analytisch die direkte Beziehung zu entwickeln und voranzutreiben und in eine vernünftige Politiker-Beziehung lebendige Treuhand- und Bankverbindung zu überführen, mit dem Ziel die Verbindung des Mitarbeiterkreises von Plans und Gegner wirtschaftlich existent ausbaufähig zu halten und an Einfluß ständig gewinnen zu lassen.

Kleine Nebenvorschläge

In französischer Aufmachung werden unter Leitung des Plans von einem deutschen Verlag eine Serie französischer Bücher, die über das neue Frankreich orientieren zu etwa 1 Mark das Buch auf den Markt gebracht (Literatur, Kunst und Kultur, Wirtschaft) alles auf Europa gestellt mit der Betonung der Rolle und Mitwirkung Deutschlands.

Der Plans bringt in Frankreich einen Querschnitt durch die der französischen Mentalität völlig fremden autarkischen Tendenzen deutscher Volkswirtschaftler heraus. Autarkie muß erst erklärt werden. Also eine Einführung in das *Gefühl* in der Wirtschaft und Kultur (Fried, Ottopal, Friedländer, Fuhrmann, Spengler, Böhmer, die russischen Planwirtschaftler im Gegensatz zu der noch von Frankreich betonten *Klarheit*). Klarheit stützt sich auf das noch vorhandene Kapital, Gefühl auf das schwindende. Humanismus ist Verständigung, Bolschewismus – Verständigungswille, Demokratie das Nichtverändernkönnen. Unter diesen Verschiebungen der bestimmten Grundauffassungen ist eine nutzbringende Arbeit geistig und wirtschaftlich für eine gewisse Zeit möglich.

Entwurf der Zeitschrift „Gegner" im Deutschen Korrespondenz Verlag Frühjahr 1931 und Vorschlag einer Zusammenarbeit mit der französischen Zeitschrift „Plans".

Gegner

En 1931...

PLANS
a proclamé l'avènement de l'ère machiniste et collective, la nécessité de réviser les valeurs de vingt siècles d'individualisme, de donner au monde moderne les institutions nouvelles qui lui conviennent.

PLANS
a montré la convergence des crises industrielle et agraire et la crise de l'esprit qui empêche l'homme de contrôler l'événement qu'il a déclenché.

PLANS
a rompu la conspiration du silence, bousculé la paresse du conformisme, dit le premier la vérité sur la révision des traités, la crise américaine, le plan quinquennal et la naissance d'une nouvelle économie.

PLANS
a indiqué la nécessité d'une culture fondée sur les rapports permanents de l'homme et de l'univers et qui permette la domination de la machine.

PLANS
a eu le courage de dire que

LA GUERRE EST POSSIBLE

qu'elle est la conséquence nécessaire du désordre économique; qu'il faut:

FAIRE L'EUROPE OU FAIRE LA GUERRE

et que

LA PAIX EST UNE RÉVOLUTION

En 1931...

PLANS a décrit le terrain;
fait le point;
dégagé les principes;
indiqué les directions.

En 1932...

PLANS
étudiera:

1° Les bases de la structure des institutions du monde moderne.
Bases idéologiques: fédéralisme et syndicalisme.
Bases expérimentales: U.R.S.S., Italie, U.S.A.

2° Les principes et les plans d'une **économie dirigée** opposée à l'économie anarchique et qui permette une production et une répartition rationnelles.

3° Les axes d'une **Europe organisée** sur:
La fédération logique des groupements naturels.
La fusion des deux tendances culturelles occidentale et germanique.

PLANS
démontrera que

LA PAIX EST POSSIBLE

dans la création d'un ordre nouveau, adapté aux nécessités du machinisme et de la vitesse et qui reconstituera

UNE CIVILISATION HUMAINE

En 1932...

PLANS
proposera:

Une doctrine générale;
Des solutions pratiques;
Une politique et une économie.

Directrice: Jeanne Walter.   Rédacteur en chef: Philippe Lamour

Principaux collaborateurs pour 1931:

Stéphane Bauer, Aimé Blanc, Aldo Dami, Pierre Daye, Francis Delaisi, Pierre Dominique, Maurice Duhamel, René Dupuis, Will Grohmann, Hubert Lagardelle, Lt-Cl. Mayer, François de Pierrefeu, André Philip, Georges Roux etc...
Claude Autant-Lara, René Clair, Raoul Dufy, A. Hoérée, Walter Gropius, A. Honegger, Le Corbusier, Fernand Léger, Robert Lévy, Thomas Mann, Marinetti, André Obey, Pitoeff, M. Raynal, R. de Ribon.
Drs. Allendy, Loewenstein, Martiny, Mouézy-Eon, Roy, Thooris, Winter, René Sudre etc...

ABONNEMENTS 10 numéros par an

	France et Belgique. Un an	80 fr.
	Étranger. Un an	100 fr.
Le numéro:	France et Belgique	10 fr.
	Étranger	12 fr.

Rédaction, Administration:

26, RUE GEOFFROY-L'ASNIER, PARIS-IV°

Téléphone: Archives 71-93 et 18-63 — Chèques Postaux: Paris 1.400-06

BETR. KARBID

Informationsquelle:
Durch Vermittlung des Industrie-Kuriers, dessen Arbeitskreis ich insofern wieder angehöre, als ich neben dem Fachblatt, das im wesentlichen den Interessen der Oberschlesischen Industrie dient, einen eigenen, allgemeinen wirtschaftlichen Nachrichtendienst unter der Firma Industrie-Kurier, Nachrichtendienst, aufbaue, ist folgende Information zu meiner Kenntnis gelangt: Die Schaffgot'sche Verwaltung hat mit der Firma Rawack & Grünfeld einen Vertrag über den Vertrieb des auf dem Bobrecker Werk produzierten Karbids abgeschlossen. Dabei hat die Vertriebsfirma als Grundlage ein Programm aufgestellt, demzufolge der augenblicklich geltende Karbidpreis bis zu 20% unterboten werden kann. Dieser Preis soll nach Ablauf von 6 Monaten nach der Möglichkeit untersucht werden, ein Kontingent von der Gegenseite zu erhalten, das für die Dauer von 18 Monaten umgelegt, die zu erwartenden Verluste aus dem Konkurrenzkampf ausgleicht. In dieser Zeit hofft der Produzent seine Produktion so gesteigert zu haben, um 50% des deutschen Karbidbedarfs zu decken. Im allgemeinen ist die Richtlinie vereinbart, Verhandlungen um Beitritt zu einer allgemeinen Preisvereinbarung dilatorisch zu behandeln.

Die Lage für die Öffentlichkeit:
Die zu erwartenden Preisunterbietungen werden durch entsprechende Pressemitteilungen unterstützt und zu größerer Bedeutung als ihnen vielleicht zukommt, gehoben werden. Das Ziel wird sein, Verhandlungen zu erreichen, die jeweils hinausgeschoben und abgestoppt werden können.

Vorschlag:
Es mag notwendig sein, von der Gegenseite mit entsprechenden Mitteilungen an die Öffentlichkeit zu beginnen (unabhängig mit den evtl. zu treffenden Maßnahmen in der Preisbildung.) Die von außerhalb stehender Seite zu verbreitenden und etwas ungenau zu haltenden Notizen und Artikel sollten durch entsprechende, gleichzeitige Anfragen der zuständigen Organisation an die Händlerfirma direkt begleitet sein. Die Initiative für die öffentliche Meinung wird dadurch der Gegenseite genommen, und das Feld ist frei für beliebig zu treffende propagandistische und wirtschaftliche Maßnahmen.

BETR. STICKSTOFF

Vorgang:
In einer mittleren Provinzzeitung war eine Nachricht aus dem Preußischen Landwirtschaftministerium verbreitet, derzufolge die Regierung eine Verbilligung der Düngemittel, insbesondere des Stickstoffs anstrebt. In Verbindung war dies damit gebracht, daß die günstigen Erfahrungen mit den Mont-Cenis-Anlagen die Regierung zur Erweiterung der Versuche ermuntere. Eine Rückfrage bei dem Referenten im Preußischen Landwirtschaftsministerium wie beim Stickstoff-Syndikat ergab die Differenz, daß man im Stickstoff-Syndikat glaubte, auf Grund bestimmter Zusicherungen, mit einem verstärkten Vorgehen der Regierung nach dieser Richtung hin nicht rechnen zu dürfen, während der betreffende Referent meinem Pressevertreter ausdrücklich versicherte, daß die Preußische Regierung sich mit dem Gedanken trage, ihre Anlagen aus der Amoniak-Verkaufsvereinigung herauszunehmen, von sich aus die Stickstoff-Preise ihres Fabrikats herunterzusetzen und bestimmte Lieferungsverträge mit den Genossenschaften zu schließen. Damit würde zugleich eine Kampagne für die Erweiterung ihrer Anlagen und Steigerung der Produktion verknüpft sein.

Die Lage für die Öffentlichkeit:
Die Auskunft aus dem Landwirtschaftsministerium ist erst in mehrmaligen Besuchen zusammen gekommen. Sie dürfte zum Teil beeinflußt sein von der Wahlstimmung und möglicherweise einen Punkt im Wahlprogramm der Preußischen Regierung darstellen. Bei dieser Sachlage dürfte es kaum genügen, vom rein technischen und wirtschaftlichen Gesichtspunkt aus die Propaganda für das Mont-Cenis-Verfahren zu durchkreuzen.

Vorschlag:
Eine Notiz von dritter neutraler Seite über solche Absichten der Regierung (bevorstehender Preiskampf etc. oder Wahlmanöver der Preußischen Regierung oder ähnliches) zugleich mit Vorstellungen und Anfragen der Verkaufsvereinigung oder des Syndikats im Ministerium würde vermutlich das Ministerium von sich aus zu einem Dementi zwingen, wobei als Nebenprodukt der Eifer des entsprechenden Referenden für einige Zeit gedämpft würde. Vor dieser erst dann so geschaffenen

Situation aus läßt sich eine wirtschaftliche Analyse der Produktion und Wirtschaftlichkeit dieser Staatsbetriebe leicht starten und dafür einen großen Rahmen in der öffentlichen Meinung schaffen.

ÜBERSICHT ZUM NEUAUFBAU
DES DEUTSCHEN CORRESPONDENZ-VERLAGES.

Im Mittelpunkt der Arbeit des Deutschen Correspondenzverlages ist die täglich erscheinende Korrespondenz „Deutsche Wirtschaftsberichte" aufzubauen. In dieser Korrespondenz, die sich zunächst an Zeitungen und allgemeine wirtschaftliche Zeitschriften zum Abdruck wendet, sind auszubauen Spezialberichte, die wöchentlich ein- oder zweimal herauskommen. Als solche sind beabsichtigt ein deutsch-französischer Wirtschaftsdienst, der sich in erster Reihe an Privatinteressenten mit Informationen wendet und erst in zweiter Reihe an die Presse; ferner ein Automobil-Dienst (d.h. der bestehende muß weiter ausgebaut und regelmäßiger gestaltet werden, gedacht zunächst für die Fachpresse); in absehbarer Zeit ein eigener Sonder-Finanz-Dienst (Deutsche Finanz-Berichte), ein deutscher Verkehrsdienst und je nach der Arbeitsentwicklung ähnliche Spezialdienste. Ziel dieser Spezialdienste ist, einen eigenen Nachrichtendienst für wirtschaftliche Verbände, der von der Zentralstelle an die Mitglieder versandt wird, zu vermitteln.
Unter Berücksichtigung der heutigen Lage, der Konkurrenz in den anderen Korrespondenzen und der Aufnahmefähigkeit der Handelsredaktionen ist es notwendig, von vornherein die Führung dieser wirtschaftlichen Korrespondenz nach bestimmten neuen zusammenfassenden Gesichtspunkten zu gestalten. Das drückt sich im wesentlichen aus in der journalistischen Behandlungsart der Informationen. Die Informationen müssen sich mehr dem Charakter einer Kontor-Information nähern; auf der anderen Seite muß diese Berichterstattung, Information, Überblicke etc. deutlich den Ursprung der Informationsquelle tragen. Höchstes Ziel Interviews, die den Namen eines Prominenten der betreffenden Branche tragen. Die eigene anonyme

Meinung des Wirtschaftsjournalisten, die bisher noch teilweise herrschend ist in der Presse, soll von vornherein in dieser Korrespondenz ausgeschaltet sein. Um eine solche Wirtschaftskorrespondenz aufzuziehen, bedarf es einer genügenden Vorbereitungszeit. Der unten dargelegte Plan setzt eine solche Zeit auf drei Monate fest, wobei diese Vorbereitungszeit lediglich dazu dient, den Interessenten an diese Form der Korrespondenz allmählich zu gewöhnen. In dieser Vorbereitungszeit werden sich die Bearbeiter dieser Notizen selbst erst zu dieser Form entwickeln. Informationsstellen und Persönlichkeiten müssen erst im einzelnen geworben werden; ferner muß sich auch ein sehr ausgedehnter Reisedienst an die Interessenten anschließen.

Dieser Wirtschaftsnachrichtendienst unterscheidet sich von der bisherigen Wirtschaftsberichterstattung grundsätzlich in dieser einen Frage: seine Einnahmen und Gewinne entstehen *ausschließlich* aus den direkten Arbeitseinnahmen durch Abdrucke und Abonnements /...../

Fragen der finanziellen Durchführung:
Festzustellen, inwieweit Durchführung durch die bestehende Verlagsgesellschaft möglich.
Wert des gegenwärtigen Unternehmens, Schulden etc.
Möglichkeit einer Überführung des alten Unternehmens in ein neues.
Evtl. Übernahme der von mir vertretenen handelsgerichtlich eingetragenen Firma Deutscher Correspondenz Verlag.
Verbindung beider Unternehmen.
Oder Umwandlung des D.C.V. in eine GmbH.
Finanzierung dieser neuen Gesellschaft.
Oder Übernahme derselben mit Wert und Schulden und in welcher Höhe.
Grundzüge der Etataufstellung:
Grob gerechnet bei 4000 Mark reinem Druck der Zeitschrift
1000 bis 1500 Mark für Mitarbeiter
1500 Mark Apparat
1000 Mark Vertrieb
1000 Mark allgemeine Werbung
Von den ca 7-8000 --- wieviel davon aus dem schon bestehenden Apparat übernommen

Wie hoch die Möglichkeit von Krediten auf Druckauftrag
Oder vom Drucker
Wie hoch Anlaufkapital möglich zur präzisen Aufstellung eines
Einnahme-Etats.
Notiz für die Herren Beye und Schönherr:
Aus der Arbeit schält sich eine grundlegende *Richtung* heraus.
Die Aufgabe des Unterzeichneten liegt darin, diese Richtung
zu konzentrieren und von ihr aus alles, was sich an konkreten
Vorschlägen ergibt zu analysieren und in der Linie der Richtung
aufzuzeigen, d.h. so für die weitere Durchführung vorzubereiten
und möglich zu machen. Ein Abweichen von dieser Aufgabe,
eine Belastung mit der technisch weiteren Durchführung muß
in Ideenspielerei und Gedankenflucht enden. Es ist also
Aufgabe im technischen Apparat sofort die dafür nötigen Kräfte
zu gewinnen, heranzuziehen und arbeitsmäßig zu entwickeln.
Der Aufbau einer Perspektive ist gebunden an die *spezifische
Leistung*, d.i. in diesem Fall *literarisch*, für die Gestaltung von
Illusionen und Vorstellungen, von Beziehungen mit dem Mittel
der Sprache und der gestaltlichen Übertragung. Aus dieser
Arbeit kann der Unterzeichnete nur die Kraft gewinnen perspektivisch und konstruktiv auch für die eben entwickelten Pläne
tätig zu sein.

DER SOZIETÄRE MENSCH
Eine Studie aus den gesammelten Werken von Charles Fourier
Zusammengestellt von Paul Renard
Klein-Oktav, ca. 400 Seiten, Preis ca. RM 4,-

Diese psychologische und soziologische Studie behandelt das zu Unrecht vergessene sozietäre Weltbild Fouriers. Die Versuche zur Überwindung des Zins-Systems auf genossenschaftlicher Basis mögen heute überholt und utopisch sein. Von brennender Aktualität aber sind die Untersuchungen Fouriers über die psychologischen Elemente, die den Menschen zur Gesellschaft binden, Aufzeigung und Überwindung der individuellen Widerstände, die Mechanik und Voraussetzung des Kollektiven. Mit Lenins Essay über „Die große Initiative" und mit der Aufsatzsammlung Leo Trotzki „Der Oktobermensch", die zwar in deutsch gedruckt, aber aus fraktionellen Parteigründen später niemals herausgegeben ist, hat Sowjet-Rußland den Weg zu Charles Fourier bereits beschritten, wenn auch die roten Professoren sich darüber noch ausschweigen; die Dialektik mag im Augenblick noch wichtiger sein als das Bewußtsein. Dem Begriff der Minderwertigkeit in der Gesellschaftsordnung wird die Steigerung des Glücksempfindens in der sozietären Gesellschaft entgegengestellt.

TIMON.
Ein Drama von Franz Jung
Oktavband, ca. 250 Seiten, Preis ca. RM 5,--

Die dramatische Gestaltung nimmt ihren Ausgangspunkt von Shakespeares „Timon von Athen". Der zeitlich bedingte Rahmen der Shakespearischen Bearbeitung ist aufgelöst. Timon findet sich wieder in der Gestalt eines Kämpfers gegen Geist und Ordnung von heute, der Widerspruch eines Menschen, der im Kampf gegen alle Umwelt in sich selbst erstickt.

Die dramatische Form wendet sich bewußt an den Leser. Sie nimmt die Vielfältigkeit zufälliger Zuschauer, die sich heute noch im Theaterraum für gewöhnlich befinden, in die Sprache und Dialogführung auf. Erstrebt wird eine Mehrfach-ineinander-Projektion. Ihre Übertragung in den Mitteln des Theaters, der Einbruch in die Empfindungswelt des Zuschauers und ihr Rückschlag, der die Proportionen des Schauspielers übersteigert.

HEUTE UND ÜBERMORGEN
von Raoul Hausmann
Groß-Oktav, ca. 300 Seiten, Preis ca. RM 12,--

Während der „Ulysses" von Joyce die akzentuierten Vorgänge im Tageserlebnis ins Romantische überspannt, geht Hausmann den umgekehrten Weg. Er entkleidet die Vorgänge aller Spannungen, wodurch die Gleichzeitigkeit von jeder verlogenen, nur novellistisch zu wertenden Romantik fällt. Er zeigt das Zwischen-den-Dingen-sein, in den Bewegungen, im Tasten, Schmecken, Riechen, Hören und Sehen.. Und bringt im Geschehen die Lücken, ein Auseinanderfallen der Dinge, in denen alles Geschehen als selbstverständlicher Materialzustand erscheint.
Der Mensch erlebt vielerlei Arten von Zeiten, vielerlei eigene und fremde. Die Zeit der Felsen ist eine andere als die des Meeres, die Zeit der Pflanze ist verschieden, und der Mensch erlebt sie verschieden bei Regen oder Sonne, bei Kälte und Wärme. Dieses Zeiterlebnis wird in den täglichen körperlichen und seelischen Beziehungen der Menschen zueinander und wiederum des einzelnen aus diesem Beziehungsvorgang zu sich selbst dargestellt. Das Buch ist dazu bestimmt, den aktiven Menschen von der Scham zu erlösen.

Anzeigen im „Gegner" Heft 1 vom 15. Juni 1931. Die Projekte wurden nicht verwirklicht.

11.12.86

Liebe Sieglinde Mierau!

Es vergeht kaum eine Woche, in der ich in meiner Tischschublade Ihrem letzten Brief begegne und Ihnen gern antworten würde, aber meine Kräfte reichen nie dazu. Nun kam gestern Ihr Brief vom 1.12. ich wollte ihn nicht öffnen, ohne aufnahmefähig zu sein und tat es eben um 5 Uhr morgens, da ich wie meist ohnehin nicht schlafen konnte und will versuchen Ihnen wenigstens auf Ihre Fragen zu antworten.

Lyk kam mit Theodor Beye eines Tages in die griechische Weinstube, meines Wissens war er nicht an Jungs Geschäften mit Beye beteiligt, aber er machte großen Eindruck auf mich und andere durch sein enormes Wissen, er war ein hoffnungsvoller Fall von Morphinismus, den wir, u.a. auch Titus Tautz mit Geld versorgten bis ich eines Tages zu dem Entschluß kam ihn zu verlassen und dann versuchte er uns vergeblich zu beweisen, daß wir uns in Ernst Fuhrmann irren wohl mehr um uns zu bewegen, ihm weiter Geld zu verschaffen.

Jung war sich darüber klar, daß es Erscheinungen wie Cayce ernstlich gäbe, aber er wollte ebenso wie Ernst Fuhrmann sich nicht damit beschäftigen, wie er mir auch sagte als Elisabeth Fuhrmann mit dem Sufiweisen Meher Baba zusammengetroffen war, der sie überzeugte von seiner Echtheit und mich durch Elisabeth, die mir später noch eine Reihe von Gedichten sandte, die dem „Gott und dem Menschen Meher Baba" gewidmet waren.

Ich erinnere mich nicht, warum ich nicht mehr beim „Gegner" mitarbeitete jedenfalls schon bevor Schulze-B. dazukam. Wahrscheinlich war ich zu sehr mit den biologischen Versuchen Fuhrmanns beschäftigt, und dann übersiedelte ich 34 nach Wiesbaden, wo man Fuhrmann einige Gewächshäuser für seine Versuche versprochen hatte, aber er bekam sie dann nicht und ich kam vergeblich nach Wiesbaden.

Es war wohl nicht nur der Einfluß Fuhrmanns, der mich bewog mich ganz an die biologisch sichtbaren Tatsachen zu halten und so habe ich bis vor kurzem mich ferngehalten von der Sphäre oder denen für die unsere gewöhnlichen Sinne nicht ausreichen, wenn ich auch Meher Baba durch Vermittlung von Arend Fuhrmann oft an mir versuchte.. Seit etwa einem Jahr beschäftigt mich zumeist der Inder Bhagan Shree Rajneesh, der Dinge,

die ich seit Jahrzehnten durch Meister Eckhart ein wenig erfaßt hatte, mit einfachen Worten erklärt. Mag sein, daß er hie und da auch ein wenig Charlatan ist aber ich nehme ihn ernster als z.B. Steiner, der mir immer fremd geblieben ist so vieles er auch sagen konnte. Das Bernsteinbuch kenne ich nicht. Vor kurzem besorgte ich für meine jetzige „Lebensgefährtin" aus dem Knaur Verlag einen Band einer Cerminara, das zumeist auf Cayce beruht. Und jetzt muß ich leider zur Tagesordnung übergehen auch weil mir die Puste auszugehen droht. Ich möchte aber noch hinzufügen, daß Jesus zu Unrecht von den christlichen Kirchen in Anspruch genommen wird, weil er viel weitreichender als diese ist und nichts mit ihren Riten und Symbolen zu tun hat, was sich wohl in den nächsten Jahrzehnten deutlicher herausstellen wird. Das Judentum war natürlich zu eng für ihn.
Es tut mir leid, daß ich Ihnen nicht mehr schreiben kann, zumindest nicht heute. Die Stunden in denen ich fähig bin werden immer seltener und ich sagte gestern, daß es nicht leicht sei, alt zu werden.
Nebenbei Frau Greenberg treffe ich nur auf dem Corridor, sie hat verstanden, daß ich nicht zu kleinen Gesprächen zu haben bin wegen Müdigkeit zumeist.
Seien Sie von Herzen gegrüßt Ihr Pegu
dies gilt auch für Dr. Fritz

Von Paul Guttfeld (Pegu).

Eugen Lewin-Dorsch, Berlin W 10,   den 9.4.1931
Kaiserin Augusta Str. 73, II
bei Dr. Weiss

Lieber Franz Jung!
Endlich, endlich finde ich in einem alten Notizbuch Ihre Adresse. Nach langem, vergeblichem Suchen. Zwei oder drei Mal habe ich bei Beye antelefoniert, aber dort hat nie jemand geantwortet. Und gestern schrieb ich an Rudolf Kurtz und erkundigte mich bei ihm nach Ihrer Adresse. Jetzt – Gott sei Dank! – habe ich sie, und nun will ich schleunigst ein Versäumnis nachholen, das mich schon die ganze Zeit über bedrückt.
Ich bin Ihnen zu großem Dank verbunden, und es ist mir ein aufrichtiges Bedürfnis, Ihnen das zu sagen. Als wir uns zum letzten Mal sahen, war es im Romanischen Café, in Gesellschaft von Rudolf Kurtz. Sie beide gingen von dort aus zu einer Verabredung mit Heinz Ullstein. Mit ihm hatte ich zwei oder drei Tage später eine Unterredung über eine neue Honorarregelung für mich.
Ich wurde von Herrn Ullstein, den ich bisher überhaupt noch nicht kannte, auf die liebenswürdigste Weise empfangen. Mit größtem Entgegenkommen nahm er meine Wünsche zur Kenntnis. Im Lauf der Unterhaltung kam er auch darauf zu sprechen, daß Sie, Rudolf Kurtz und Dr. Otto Bueck alte Bekannte von ihm und mir sind; daß ich auch seine Frau in früheren Jahren gekannt habe.
Ich kann Ihnen jetzt – leider entsetzlich verspätet – die angenehme Mitteilung machen, daß die neue Honorarregelung recht günstig für mich ausfiel. Und ich weiß, daß ich in erster Linie Ihnen und den freundlichen Worten, die Sie an jenem Abend zu Heinz Ullstein über mich sprachen, dieses erfreuliche Ergebnis verdanke.
Nehmen Sie dafür meinen herzlichen Dank!
Ich würde mich freuen, wenn es möglich wäre, Sie und Kläre recht bald einmal wiederzusehen. Nun, da ich Ihre Adresse gefunden habe, werde ich Sie in den nächsten Tagen antelefonieren und eine Verabredung treffen. Bis dahin bin ich
mit freundschaftlichen Grüßen
Ihr
    Eugen Lewin-Dorsch

Erwin Piscator
z.Zt. Moskau
Hotel Metropole
Theaterplatz   17. Mai 1931

Herrn
Franz Jung
Berlin-Lankwitz

Lieber Jung!
Ich habe hier mit Lubimoff und Deutsch im verabredeten Sinne gesprochen. Ich kann natürlich nicht nachprüfen, ob es stimmt, aber bei Lubimoff ganz sicher, er hat das Stück nicht gespielt. Ebenso behauptete Deutsch (weniger sicher!) er habe keinen Übersetzer gefunden, infolgedessen sei der Roman nicht erschienen. Haben Sie denn etwas anderes gehört? Wenn ja, dann geben Sie mir Anhaltspunkte an, damit ich etwas unternehmen kann.
Der Anfang meiner Arbeit ist phantastisch. Jetzt erst hat man festgestellt, daß gewisse Schwierigkeiten den Film unmöglich machen. Davon hing aber der Beschluß, den Film überhaupt zu drehen, ab und wurde bei meinem Hiersein im September ausführlich besprochen. – Ich mache jetzt als eine Art Experimental- und Lehrfilm für mich selbst den Fischerfilm der Seghers „Aufstand der Fischer von St. Barbara", den ich mir nach gewissen politischen Gesichtspunkten, der die Kleinfischerei in Deutschland zugrunde liegt, zusammenstellen will.
Ich bin hier auf ganz interessante Pläne gestoßen, die mir auch für Deutschland sehr nützlich sein können. Bevor es aber nicht konkreter geworden ist, hat es keinen Zweck, darüber zu sprechen.
Ich grüße Sie und Ihre Frau herzlich. Was macht Beye? Er läßt keinen Ton von sich hören!
Ihr
   Piscator

Stück *„Arbeiter Thomas"*. – Roman *„Gequältes Volk"*.

Lieber Piscator,
besten Dank für Ihre Mitteilung vom 17. Mai. Zur Sache selbst möchte ich Ihnen mitteilen, daß Lubimoff das Stück in Moskau bestimmt nicht herausgebracht hat, das weiß ich. Ich habe nur vor vielen Monaten einmal in dem Baronschen „Neuen Rußland" eine Mitteilung gelesen, wonach das Stück in Charkow aufgeführt sein sollte. Etwas ähnliches hat mir auch mal Gen. Torner von der Komintern, der seinerzeit mal in einem Auftrage über Berlin kommend, mich hier besucht hat, erzählt. Torner wollte sich damals noch genauer erkundigen und mir Mitteilung machen, wenn er in Moskau zurück ist (was vielleicht jetzt der Fall ist) aber ich habe nichts mehr darüber gehört. Die Frage an Lubimoff sollte also dahin gehen: hat er das Stück jemanden weitergegeben und an wen und weiß er, was daraus geworden ist.
Im übrigen hat die Frage wirklich für mich nur akademisches Interesse. Anders liegt der Fall mit Deutsch und den Krasny Novy. Der Roman brauchte nämlich von Deutsch gar nicht übersetzt werden, sondern ist hier von Marianow übersetzt worden. Marianow hat auch das Honorar für die Übersetzung bekommen und zugleich eine Mitteilung, daß für mich als Autor-Honorar 1500 Rubel angewiesen sind. Dabei schrieb damals Deutsch an Marianow, er soll ihm mitteilen, wie man mir dieses Geld überweisen soll. Darauf schrieb ich an Deutsch und erhielt auch von diesem die Antwort, daß diese für mich ausgewiesenen 1500 Rubel zu Abholung bereit liegen, aber nicht überwiesen werden könnten (aus den bekannten Gründen). Von diesem Zeitpunkt an geht eigentlich erst meine gelegentliche Nachfrage. *Ich habe ja auch den Brief von Deutsch noch in den Händen,* woraus Sie ersehen können, daß die Sache keine Phantasie ist, und den Marianow kann ich ja jederzeit zur Stelle schaffen. –
Ich habe auch diese Sache längst abgeschrieben, weil ich ja praktisch doch nichts erreichen kann. Eine Zeitlang habe ich nur gehofft, wenigstens das durchzusetzen, daß ich die Krasny Novy wenigstens bekommen hätte (in dem der Roman nach Angaben von Deutsch und Marianow erschienen ist). Auch hierfür wollte sich der mir ja persönlich sehr befreundete Gen. Torner seinerzeit einsetzen.
Ich teile Ihnen das alles mit, weil Sie sich nun einmal so liebenswürdigerweise dafür eingesetzt haben. Ich kann das von hier gar nicht übersehen, ob es jetzt noch für Sie zweckmäßig

ist, den Strudel, in den die Sache anscheinend hineingeraten ist, näher zu untersuchen. Davon hängt ja wesentlich ab, welchen Eindruck dieser Gen. Deutsch auf Sie persönlich gemacht hat. Sonst ist es besser, die Sache auf sich jetzt beruhen zu lassen. Mir tut es jetzt nicht mehr weh.
Mit besten Grüßen und herzlichem Dank

Von Franz Jung etwa Ende Mai 1931.
Stück *„Arbeiter Thomas. –* Roman *„Gequältes Volk".*

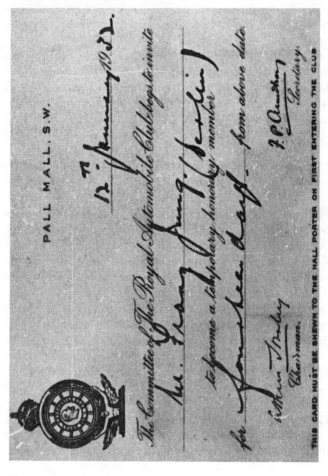

Gegner

MONATSSCHRIFT
HERAUSGEBER FRANZ JUNG

BERLIN-LANKWITZ, 17. September 31
APOLDAER STR. 7
TELEFON G 3 LICHTERFELDE 5680

Sehr geehrter Herr Hertwig,

besten Dank für Ihren Brief und der Uebersendung der Artikelserie.

Selbstverständlich halte ich es für das beste, dass wir persönlich mal darüber sprechen auch über die Form Ihrer Mitarbeit am Gegner. Ich habe ja in der letzten Nummer aus Ihrem Artikel einen Abschnitt, den ich als Gegengewicht gegen einen vorherstehenden Aufsatz sehr gut verwenden konnte, trotzdem das schon anderwärts gedruckt war, verwendet. Ich hoffe, dass Sie nichts dagegen einzuwenden haben.

Vielleicht besuchen Sie mich mal in den nächsten Tagen. Es ist ja keine Prestigefrage, ob ich zu Ihnen komme oder Sie zu mir, es ist nur praktischer, weil ich es hier nach der Zeit besser einrichten kann. An und für sich ist mir vormittags am liebsten, sonst würde ich Sie aber bitten, vorher zu telefonieren um sich zu vergewissern, ob ich auch anwesend bin, falls Sie abends kommen.

Mit den besten Grüssen

Franz Jung

"TELNA"
INTERNATIONAL PRESS SERVICE
BUNTE TAGESBERICHTE
TELEFON: C1 STEINPLATZ 56-28
BERLIN-CHARLOTTENBURG 2, SCHLÜTERSTR. 16

ERSCHEINT TÄGLICH. — NACH WUNSCH SPEZIALDIENSTE ALLER ART

19. Dezember 1932

Gründung einer deutschen Schauspiel-Schule in Riga.

tel) R i g a . In der General-Versammlung des deutschen Theatervereins, der das deutsche Schauspielhaus in Riga unterhält, wurde die Gründung einer Schauspielschule, die dem Schauspielhaus angeschlossen werden soll, beschlossen. Die Gründung hat sich als notwendig erwiesen, um für geeigneten schauspielerischen Nachwuchs für das deutsche Theater in Lettland zu sorgen, da die lettischen Einanderungs-Behörden bisher nur 4, im Ausnahmefalle 6 deutschen Schauspielern die Aufenthaltserlaubnis erteilen. - Die Generalversammlung genehmigte weiterhin Gastspielverträge des deutschen Schauspielhauses für die ersten drei Monate des Jahres 1933 mit Ludwig Wüllner, Moissi, Otto Gebühr, Tilla Durieux und Erika Wagner.

Die Schneemänner des Völkerbundes.

tel) G e n f . Die bei den einzelnen Delegationen am Völkerbund beschäftigten Chauffeure haben einen Schneemänner-Wettbewerb ausgetragen, bei dem das naturgetreue Porträt der hervorragenden Völkerbund-Diplomaten prämiert wurde. Die Schneemänner wurden im Garten des Völkerbund-Palastes aufgestellt und von den Chefs der Delegation besichtigt. Den ersten Preis gewannen die japanischen Chauffeure mit einer Büste von Briand.

Pariser Parkverwaltung verkauft Ziervögel.

tel) P a r i s . Die Städtische Parkverwaltung des Pariser Bois de Boulogne und des Parks von Vincennes ist unter die Geflügelhändler gegangen. Der Pariser Magistrat hat eine Verkaufsliste der Parkverwaltung genehmigt, nach der weisse Schwäne zum Preise von 200 bis 250 Francs abgegeben werden, Enten das Stück zu 50 Francs und Enteneier in Kisten zu 100, das Stück mit 2 Francs.

Die Flora der Sowjet-Union.

tel) M o s k a u . Der Moskauer Botanische Garten bringt eine Flora der Sowjet-Union in 16 Bänden heraus, wobei jeder Band mit vielen Photo-Aufnahmen und Illustrationen versehen sein wird. Vor 90 Jahren erschien erstmalig in lateinischer Sprache die "Flora Rossika", seit der Zeit ist eine Neuhsrausgabe nicht mehr erfolgt. Als Herausgeber des Werke wird der Vizepräsident der Akademie der Wissenschaften, Professor Komarow, zeichnen. In jedem Jahr werden mindestens 3 Bände erscheinen. Das Werk wird in dem gleichen Format herauskommen, wie die grosse allrussische Enzyklopädie, die in 160 Bänden jetzt vorbereitet wird.

Adrien Turel
Wilmersdorf
Bonnerstr. 12 Berlin, d.22. März 1932

Lieber Jung!
Da ich Sie trotz wiederholter Anrufe in der Charlottenstraße nicht erreichen kann, teile ich Ihnen brieflich mit, daß ich bereits in der Nacht vom Sonntag zum Montag das Buch:
„Menschen, Sklaven, Embryonen"
in Angriff genommen habe.
Heute am Dienstag habe ich das Buch schon halb beisammen. Die „Theorie der streitigen Werte" die den Abschluß bilden soll, braucht nur ganz leicht retouchiert zu werden. Das ist schon ein Drittel des Textes, für die beiden anderen Teile habe ich schon etwa 20 „Essays" oder Kapitel zurechtgelegt. Wenn ich in den Ostertagen mit Volldampf arbeiten kann, werden wir sehr schnell weiterkommen. Da ich viel sicherer zu erreichen bin, als Sie, wäre es das Beste, wenn Sie mich am Mittwoch oder Donnerstag unter Bismarck 6303 bei Schmeidler anrufen würden, und zwar zwischen 10 und 1 Uhr vormittags.
Ihr Buch „Mehr Tempo, mehr Glück, mehr Macht" (Technik des Glücks, 2. Teil) habe ich bereits gelesen. Inhaltlich interessiert es mich sehr viel mehr als in der Form. Sie können sich vorstellen, daß die ganze Thematik „Arbeit gleich Menschlichkeit", die „Mütterliche Aufgabe" mir vollkommen begreiflich macht, warum Sie sich Ihrerseits für meine Arbeiten interessieren konnten.
Wir sind uns wohl beide klar, daß dies Programm der mütterlichen Aufgabe weder leicht durchzusetzen ist noch auch prinzipiell pazifistisch sein muß. Weder die Frauen noch die Mütter sind ja friedfertig, sie erklären nur den Krieg in einer andern Front, aus andern Impulsen und zu andern Zwecken als der Mann.
L'homme de nos jours se rue à l'esclavage! Dies hat aber einen andern, einen optimistischeren und einen aktiveren Sinn der Wiedergeburt als alle die Kopfhänger selbst wissen, die mir achselzuckend erzählen, es gäbe bestimmt die Sklaverei, die „Schuld" daran aber, wenn sie Kommunisten sind, auf den Faschismus abschieben, wenn sie aber Hitlerleute sind, dem Marxismus zur Last schreiben.

Der Sturz in die Sklaverei ist nicht nur ein Zwischenstadium zum tieferen Sturz in die Embryonalität der Völker. Wir wollen aber nicht in Embryonalität stürzen, um zu schlafen, um unsre Ruhe und unsren Schutz zu haben, sondern nur, um wieder genetische ektropische Arbeit leisten zu können, was im Selbstabbau des entropischen Kapitalismus nicht mehr möglich ist.

So wird, wenn wir nur den Mut zu unserer Aufgabe finden, wieder Nietzsche über Spengler recht behalten, daß es sich nicht um einen Untergang an sich handelt, sondern daß dieser Untergang nur eine embryonale Phase ist zu einem Wiederaufstieg in neuer Form.

Es ist mehr als interessant, daß diese Gedanken vom Begrabenwerden nun in verjüngter Form wieder auferstehen, bei mir Jahr für Jahr um die Osterzeit emporkommen, zur Zeit, wo meine geliebten Insekten aus den Puppen schlüpfen und ihr kurzes Flugstadium antreten.

Ich will keine lange Abhandlung an Sie richten und daher breche ich diesen Osterbrief an Sie ab. Es wäre aber sehr wünschenswert, wenn unsre Arbeit, die doch wohl gemeinsam ist, in den nächsten zwei Wochen entscheidend gefördert werden könnte.

Mit den besten Grüßen
Adrien Turel

Simon Guttmann.   Berlin W.8, 3.6.32
                                             Jägerstr. 11
                                             Flora 1806/07.
Herrn
Franz Jung,
Deko-Verlag,
BERLIN W.
Charlottenstr. 77

Lieber Herr Jung,
aus Zeitungsnachrichten läßt sich schwer ersehen, ob Ihrer gewiß nicht nur einwandfreien, sondern auch volkswirtschaftlich nützlichen Tätigkeit durch Formalbestimmungen Schwierigkeiten entstehen.

In jedem Falle bitte ich Sie, über mich zu verfügen und endlich

von einer Kameradschaft Gebrauch zu machen, die auch durch
alle Arten von Differenzen und Streitigkeiten niemals erschüttert
werden konnte.
Herzlichst
    Guttmann

Vossische Zeitung Berlin
Berlinische Zeitung von Staats- und gelehrten Sachen
Begründet 1704
                Berlin W 15, den 16.6.1932
                Xantener Str. 14 b. L.von Boxberger
                Telefon: Oliva 1540

Lieber Herr Gutmann!
Es liegt mir daran, Ihnen nochmals mit Nachdruck zu wiederholen, was ich Ihnen bereits vorgestern sagte: daß Sie jederzeit auf mich zählen können, wenn es gilt, unserem Freunde F.J. in irgend einer Weise zu helfen. F.J. hat sich mir mehrmals – zuletzt noch im Herbst des vergangenen Jahres in einer für mich sehr wichtigen Sache – zur Verfügung gestellt. Und ganz abgesehen von der persönlichen Freundschaft, die ich für ihn empfinde, ist es mir ein Bedürfnis, durch die Tat einen Teil des Dankes abzutragen, den ich ihm schulde.
Diese meine Bereitschaft bezieht sich nicht nur auf F.J., sondern ganz ebenso auf seine Frau Cläre.
Ich würde alles, auch meine berufliche Arbeit, kurzerhand stehn und liegen lassen, wenn es not täte. Auch glaube ich, zu mancherlei Handlungen befähigt zu sein, vor denen andere zurückschrecken würden. Sie werden mich für unseren Freund stets „zu allen Schandtaten bereit" finden.
Sie erreichen mich am ehesten täglich vormittags telefonisch, zwischen 9 und 11 Uhr, bei mir daheim. –
Falls die Gräfin Keyserlingk von sich hören lassen sollte – bei mir hat sie sich merkwürdigerweise in der letzten Woche nicht wieder gemeldet –, so teilen Sie es mir, bitte, mit.
Mit den besten Grüßen
Ihr
    Eugen Lewin-Dorsch

Franz Jung mit seinem Sohn Peter. 1937.

WIDERSTAND 1933–1945

1933–36 Mit Dr. Alexander Schwab Herausgabe des „Pressedienstes für Wirtschaftsaufbau", der zunehmend den politischen Oppositionsgruppen der „Roten Kämpfer" als Diskussionsplattform dient. Im November 1936 Verhaftung mit Schwab in dessen Berliner Wohnung in der Lutherstraße.

1937 Nach seiner Entlassung geht Jung mit Harriet und Peter über Prag nach Wien. Gründung des antifaschistischen Wirtschaftsdienstes „Central European Service" (CES) Prag Wien London. Mitarbeit an den „Deutschland-Berichten" der SPD (1934–38 Prag, 1938–40 Paris).

1938 Jung in Paris. Später in Genf. Arbeit für Canaris.

1939–43 Ausweisung aus der Schweiz und Übersiedlung nach Budapest 1939, wo er bis Herbst 1944 als Agent der Baseler Transportversicherung tätig ist. Zusammenarbeit mit dem Roten Kreuz bei der Durchschleusung polnischer Flüchtlinge nach Paris und London. Bekanntschaft mit der ungarischen Lehrerin Anna von Meißner (Sylvia) und Dezsö Keresztúry, dem Feuilletonchef des „Pester Lloyd". Briefliche Verbindung mit Ruth Fischer. 1943 Rede am Grabe des Biologen Raoul Francé.

1944 Besuch bei seiner erkrankten Tochter Dagny in der Universitätsklinik Greifswald. Im Oktober Verhaftung durch die Pfeilkreuzer. Standgericht. Flucht. November Verhaftung durch den Sicherheitsdienst. Transport nach Wien. Flucht.

1945 Auf der Flucht von Wien nach Rom erneut Verhaftung. Festungsgefängnis Verona. KZ Bozen. Tod seiner Tochter Dagny in der psychiatrischen Klinik Wien.

5.8.85

Sehr geehrte Frau, sehr geehrter Herr Mierau!
(Zu blöd, so eine Ehepaar-Anrede! – aber was soll man machen?!)
Haben Sie Dank für Ihr Schreiben Franz und Claire Jung betreffend. Nur: was hat sich mein lieber Bruder eigentlich gedacht, als er Ihnen meine Adresse gab? Er meint wohl immer, weil ich zwei Jahre älter bin als er, müßte ich auch mehr über unsere Kindheits-Vergangenheit wissen. Im Falle Jung trifft das nun aber leider ganz und gar nicht zu. Natürlich erinnere ich mich an Franz J., er saß ja bis zur Verhaftung meines Vaters (bei der Franz Jung zunächst mal gleich mit verhaftet wurde) in Vaters Büro, das sich im „Berliner Zimmer" unserer Wohnung befand. Er war sehr still damals, wahrscheinlich schon sehr deprimiert, ich mochte ihn gern, er übte eine geheimnisvolle Anziehungskraft auf mich aus. Ob wir aber jemals ein Wort miteinander gesprochen haben, weiß ich nicht – oder nicht mehr. Nach dem Krieg schrieb er mir aus Amerika einen Brief, ich fand den Umschlag neulich in einem seiner Bücher. Den Brief selber habe ich wohl nicht mehr. Sollte ich ihn noch finden (ich forste zur Zeit meine alten Papiere ein bißchen durch), so werde ich ihn Ihnen gern zur Verfügung stellen. Mein Bruder hat Franz Jung übrigens in den fünfziger Jahren in Amerika noch gesehen; aber das wird er Ihnen ja wohl mitgeteilt haben.
Mehr weiß ich leider beim besten Willen nicht.
Claire Jung habe ich m.W. nie kennen gelernt.
Arthur Müller kenne ich nicht persönlich. Ich besitze ein Buch von ihm („Die Deutschen. Ihre Klassenkämpfe, Aufstände, Staatsstreiche und Revolutionen"), das 1972 im Verlag Kurt Desch erschienen ist. Da ich eine Zeitlang bei Desch gearbeitet habe, war mir sein Name schon damals ein Begriff.
Verbindung zu Franz Jungs Söhnen habe ich nicht – wußte bis dato nicht einmal, daß er welche hatte.
Es tut mir leid, daß ich Ihnen nicht mehr sagen kann.
Sollte Ihr Weg Sie einmal nach München führen, so würde ich mich freuen, Sie kennen zu lernen.
Mit freundlichen Grüßen
                Franziska Violet.

Vater *Alexander Schwab.*

Preußische Geheime Staatspolizei — Geheimes Staatspolizeiamt
Nachrichten-Uebermittlung

Nr. 154997 — Telegramm — Funkspruch — Fernschreiben — Fernspruch

+ STAPO BERLIN 31945 V. 2.12.36 1147 =
AN GESTAPA B E R L I N -ROEM 2/1 A 2 - K. K. SATTLER =
BETR.: SWV.- ROTE KAEMPFER, JETZT ARBEITERKOMMUNISTEN. -
VORG.: FS NR. 121722 V. 1.12.36 ==
ANTWORT ZU FRAGE :
1.) PROPAGANDAMINISTERIUM, ABT. 8 MINISTERIALRAT W I S M A N N
VOSSSTR. 9. HAT BEZGL. DR. S C H W A B NOCH KEINE KENNTNIS
ERHALTEN. DR. SCHWAB IST VON DER STAPO AUSSENDIENSTSTELLE BOCHUM
FESTGENOMMEN UND SITZT IN BOCHUM EIN. DIE BENACHRICHTIGUNG
MUESSTE VON BOCHUM AUS ERFOLGEN. - BEZUEGL. DES HIER
EINSITZENDEN J U N G HAT DAS RKM. KENNTNIS. Z. ZT. IST J U N G
FUER DIE STAPO, ABT. E., INHAFTIERT. -
2.) K. S. WISCHNEWSKI WAR NUR EINIGE TAGE BEI DER STAPO
AUSSENDIENSTSTELLE IN BOCHUM UM DER VERNEHMUNG DES DR. SCHWAB
BEZUWOHNEN. AN ANDEREN STELLEN SIND UND WAREN BEAMTE
NICHT TAETIG. -
3.) WEITERE TATSACHEN UEBER DIE BEZIRKE WIE IN DER MIT

II 1 A. Berlin, den 11. Dezember 1936.

Stapo Berlin hat einen Vorgang Dr. S c h w a b - J u n g bearbeitet, in dem die Namen D a n k w e r t, H a e k e l und G ä r t n e r auftauchen. An den drei letztgenannten Personen hat die Abwehrabteilung des R.K.M. - Oberstleutnant T o u s s a i n t - Interesse und hat dieserhalb auch schon mit Kriminalkommissar B o e m e l b u r g - Stapo Berlin - gesprochen.

Wien, den 11.5.1937

Liebe Cläre und lieber Felix!
Ich bitte, mir vielleicht ein- oder zweimal wöchentlich den *Deutschen Feuilleton-Dienst* nach hier zu senden. Ich möchte ihn mir hier sammeln und benötige ihn hier auch, um ihn gegebenenfalls vorlegen zu können. Ferner bitte ich um Übersendung der *Landpost* (erscheint Freitags an den Kiosken), und zwar nur den rein wirtschaftlichen Teil, wobei auf der ersten Seite die Firmierung herausgeschnitten werden muß. Ferner gelegentlich den *VB,* erstens Wirtschaftsartikel ausgeschnitten, selbstverständlich nur größere, etwa mit Nonnenbruch gezeichnet und aus der dritten Seite Außenpolitik, ausgeschnitten Berichte aus der Tschechoslowakei und sonstwie über den Donauraum mit Ausnahme von Österreich. Dann bitte ich um die Berichte der Deutschen Bank, der Berliner Handelsgesellschaft und des Normenausschusses. Ich erinnere noch einmal daran, daß mindestens die *Deutsche Volkswirtschaft,* am besten die Nummer 10, an Fuchs gesandt werden möchte.
Sonst weiter nichts Neues.
Mit bestem Gruß auch von Harriet
         und Peter
           Franz
Was ist eigentlich mit Dagny los?

VB *„Völkischer Beobachter".*

17. Mai 1937

Lieber Franz und liebe Harriet,
Ende der vorigen Woche haben wir an Euch eine Sendung Feuilletondienst und eine Sendung Ausschnitte geschickt. Habt Ihr es erhalten, und ist es Euch in dieser Form recht, dann senden wir von jetzt ab laufend so. Wir mußten bei den Ausschnitten meist die Überschriften weglassen. Mit gleicher Post geht wieder eine Sendung Dienst und eine Probe für Frauenbeilage an Euch ab. Die Braune Wirtschaftspost ist erst jetzt als Mainummer erschienen, wir sahen sie auf dem Bahnhof Karlshorst, konnten sie aber nicht kaufen, da der Stand geschlossen war; morgen geht sie an Euch ab.

Die B.Z. hat erst am Sonnabend das Honorar über Sammelkonto überwiesen, so daß es erst Mitte der Woche bei uns sein kann. Nachdem sie in der Woche vor Pfingsten nichts gedruckt hat, beginnt sie jetzt von neuem, und zwar hat sie Freitag und Sonnabend größere Notizen gebracht.

Wir haben doch uns von Chwalek eine Hochantenne legen lassen, und der Apparat funktioniert jetzt ausgezeichnet. Sonnabend abend hörte man den 3. Akt des Lohengrin über den Sender Lyon. Es war eine Übertragung aus der Oper in Paris, mit dem bekannten Heldentenor George Till, den Wienern ist er aus einer Reihe von Gastspielen bekannt. Die Stimme ist sehr schön aber für uns zu nasal und flach.

Von Dagny haben wir Sonnabend eine Karte aus dem Harz erhalten, sie kommt am 20.5. nach Berlin. Über Bielfeld hat sie uns nichts geschrieben, aber Margot, die in diesem Augenblick mit Hans gekommen ist, sagte, daß die Aussichten für ihn sehr schlecht sein sollen, Margot wird in den nächsten Tagen zu einem Rechtsanwalt bestellt, um sich eine Leib- und Magenrente aussetzen zu lassen in Höhe von 120 Mark.

Am Freitag war ich, Felix Scherret, zu einem Spargelessen mit dazu verknüpftem Bierkonsum bei Adolf Lehnert. Dort war auch sein hoher Chef Dr. Franke, der die Absicht hat, einen großen Soldatenbund-Festmarsch von Fritz Breitkopf komponieren zu lassen. Er fragte mich, ob Alfred Schlosser der geeignete Textdichter sei. Der Soldatenbund ist also großzügig und verzeiht gewisse Sünden. Leider war es mir bisher unmöglich, Fritz aufzutreiben, da dieser besagte Herr scheinbar seit drei Tagen in einem Bierfaß logiert.

Nun bitten wir Euch, seid nicht so sparsam in Notizen über euer Wohlergehen. Schreibt öfters und seid Ihr beide und vor allem auch Peterchen herzlichst gegrüßt von

Von Cläre Jung und Felix Scherret.
Dienst *„Deutscher Feuilleton-Dienst"*. – B.Z. *Berliner Zeitung.* –
Hans *Lange.* –

Die Deutschland-Berichte haben es sich zur Aufgabe gemacht, die Entwicklung in Deutschland auf allen wichtigen gesellschaftlichen Gebieten zu verfolgen. Ihr Beobachtungsfeld erstreckt sich auf: Die Stimmung in den einzelnen Bevölkerungskreisen/ Die Lage in den Betrieben / Die Wirtschaftslage (Arbeitsmarkt – Preisentwicklung – Lebensmittelversorgung – Rohstoffversorgung – Geld und Kredit) / Handel und Gewerbe / Landwirtschaft / Sozialpolitik / Lohnpolitik / Steuerpolitik / Korruption und Mißwirtschaft / Terror / Jugend (Hitlerjugend – Schule – Hochschulen) / Kirchenfragen / Kulturpolitik / NS-Organisationen (NSDAP – SA – SS – Arbeitsfront – KDF) / Arbeitsdienst / Verwaltung. Hunderte von Berichterstattern arbeiten unter größten Schwierigkeiten an dieser Aufgabe mit und auf der großen Zahl von Einzelmeldungen, die sie übermitteln, beruht die Zuverlässigkeit und Objektivität der Gesamtberichterstattung, ihre Sicherung gegen Zufälligkeiten und subjektive Verzerrungen. Wir lassen die Berichterstatter nach Möglichkeit selbst zu Worte kommen, um einen unmittelbaren Eindruck von der Stimmung und den Geschehnissen in Deutschland zu vermitteln. Manche solcher Einzelmeldungen gibt, auch wenn der Gesichtskreis des Berichterstatters noch so eng ist ein deutlicheres Bild von der wirklichen Lage als der wohlabgewogene umfassende Bericht eines sehr urteilsfähigen Beobachters. Den Nachrichten und Berichten in Teil A sind regelmäßig im Teil B kritische Übersichten angegliedert, in denen die Entwicklung auf den einzelnen Beobachtungsgebieten unter größeren Gesichtspunkten zusammenfassend dargestellt wird.

Programmerklärung der Deutschland-Berichte der Sozialdemokratischen Partei Deutschlands (Sopade). Erschienen 1934–38 in Prag und 1938–40 in Paris. Zu den Mitarbeitern des Teils B gehörten u.a. Georg Fuchs, Franz Jung und Helmut Wickel.

Flat 6
West Heath Lodge
Branch Hill
London. N.W.3

14. Nov. 71

Sehr werter Herr Rector,
Dank für die prompte Rücksendung. Ich glaube daß Wickel verheiratet war. Seine letzte Adresse, vor seinem plötzlichen Tod ersehen Sie aus einl. Korrespondenz, die ich Ihnen zur Kenntnisnahme schicke. Falls Sie dort nicht Frau Wickel erreichen wird die IG Chemie (Hannover) gewiß Ihre Fragen beantworten können. Auch Wickels kluge Charakterisierung Jungs wird sie und Claire interessieren.
Der Central European Service begann 1937. Der Initiator war Jung. Erscheinungsort war London, wo ich zunächst auch als Herausgeber funktionierte. Jungs Behauptung – im Weg n. Unten – Churchill sei Mitglied des Verwaltungsrates gewesen, ist Unsinn. Churchill war Beziehner und benutzte wiederholt unser Material in seinen regelmäßigen Artikeln gegen die Appeasement-Politik. Übrigens gab es gar keinen „Verwaltungsrat". Jung arbeitete von Prag aus mit, seine diesbezügl. Angaben (S.367) stimmen. Unsinn ist dagegen, was er in Bezug auf Churchill S. 358 oben schreibt. Damals war Churchill in heftiger Opposition gegen die eigene Partei wegen der Appeasementpolitik!
Ende 1938 oder Anfang '39 gewann ich als Finanzier einen Immigranten aus Österreich, namens Glass. Mit Kriegsbeginn wurde der CES natürlich eingestellt.
Mit besten Grüßen an Sie und Ihre Mitarbeiter bin ich
Ihr
    Bernh. Reichenbach

Wien, den 18.5.1937

Liebe Cläre und lieber Felix!
Eure Sendungen haben wir dankend erhalten. Franz ist zur Zeit nicht anwesend, deshalb schreibe nur ich. Von Prag erhielten wir Nachricht, daß sie dort von Euch auch inzwischen die Zeitschriften erhalten haben und zufrieden sind. Dr. Gaede, dem ich meine hiesige Adresse schrieb, teilte mir mit, daß die Scheidung vollzogen ist und es nun etwa 6 Wochen dauert, bis ich das Urteil bekomme. In der Sache mit Franz geht alles furchtbar langsam und ist noch nichts zu übersehen. Er ist natürlich deswegen nicht so sehr beunruhigt wie einfach traurig, daß immer wieder alte Sachen hervorkommen und er alles aufbieten muß, um damit fertig zu werden, anstatt an etwas Neues denken zu können. Dabei war es doch so eine dumme belanglose Sache damals! Das Verhalten der ehemaligen Frau, ich meine die M., war eben so, gelinde gesagt, idiotisch, daß es ihm hier ein unglaubliches Protokoll eingebrockt hat, welches nun zugrunde liegt. Ihr könnt Euch ja denken, daß meine Stimmung nicht sehr rosig ist. Wenigstens haben wir schönes Wetter und Peterchen hat es gut. Ich hoffe sehr, daß es auch für uns mal eine Zeit der Ruhe geben wird, ich finde, wenn einem von außen her etwas entgegen kommt, nimmt man es auf sich, aber einen alten Dreck erst mal wegschaufeln müssen, das drückt sehr auf die Laune. Ich hoffe, Ihr versteht es richtig, und nehmt mir mein Geschimpfe nicht übel. Ihr wißt ja, daß es nicht Euch gilt, nicht? Das Bügeleisen brauche ich nicht mehr, da ich mir leider! ein neues kaufen mußte, es sind eben für Peter immer eine Menge Sachen zu plätten, die man garnicht weggeben kann, erstens wegen teuer und außerdem braucht er immer alles gleich, so viel will man ja nicht kaufen wegen Auswachsen. Wegen der Bettwäsche habe ich durch Frau W. verhandelt, ob ihr Bekannter sie mir nach Wien bringen würde, er hat sich aber geweigert, was ich ihm nicht verdenken kann, denn es ist immer eine Plackerei dabei, und so gut kennen wir beide, sie und ich, ihn nicht, um es verlangen zu können. Nun muß ich sehen, was wir damit machen. Wäsche würde ich sehr nötig brauchen, und sie zu kaufen bedeutet eine sehr große Ausgabe. Könntest Du, liebe Cläre, dich vielleicht einmal bei Knauer erkundigen, was das Transportieren von einer Kiste oder Koffer oder gleichwie welcher Art Verpackung von Wäsche kostet?

Und wie es mit dem Zoll bestellt ist? Es ist ja möglich, daß man hier für Verzollung ebenso viel zahlen müßte wie für neue. Ich glaube aber, es müßte doch billiger sein. Bitte, erkundige Dich doch, wie so was gehandhabt werden könnte. Daß Du die Wäsche hast waschen lassen, war sehr nett und ganz in meinem Sinne gehandelt. Sie hält sich natürlich viel besser in sauberem Zustand. Nun schreibt mal von Euch, was es gibt, wie der Dienst geht und überhaupt. Von Dagny haben wir noch immer nichts gehört als das, was wir durch euch erfahren haben. Ist sie noch dort im Harz? Sicherlich ist ihre Lage und die lange Wartezeit für sie sehr zermürbend. Daß Franz den Dr. Schlosser in seinem Brief an Minister Ludwig erwähnte, war ein großer Fehler und es ist auch das letzte Mal, daß er auf solche Dinge überhaupt zurückgreift. Er hätte jetzt eine viel bessere und ganz untadelige Empfehlung an den Minister, während so er nicht einmal geantwortet hat. Es tut ihm nun natürlich leid, daß er auf ihn Bezug nahm. Höchstwahrscheinlich wird es ihm sogar noch schaden können. Dr. Hartmeyer hat mich angerufen, nachdem ich ihm schrieb und wir sind für Donnerstag verabredet. Er scheint sehr nett und entgegenkommend zu sein. Nun genug für heute, schreibt, wie es Euch geht und seid beide herzlichst gegrüßt von Eurer
      Harriet

Habt Ihr schon Bescheid vom P.Sch.A.?

Von Harriet Scherret.
M. *Margot Rhein.* – Dienst *„Deutscher Feuilleton-Dienst"*.

      Budapest den 7. Dezember 1940

Liebe Tante Klaire.
Ich möchte mich nur bedanken für dieses schöne Buch und der schöne Kalender. Diese beiden sind sehr fein, und erfreuen mich sehr. Ich wünsche auch viele Weihnachtsgrüße.
Viele Grüße von
    Peter.

Liebe Claire und Felix!
Wir haben euch mit gleicher Post ein Kilo-Päckchen Wurst geschickt und hoffen, daß es zu Weihnachten auch ankommt. Unsere neue Adresse ist: Budapest XI, Miasszonyunk utje 58.
Viele Grüße und gute Wünsche für Weihnachten
Eure Harriet.

Monsieur François Jung
c/o Union de Banques
Génève
Switzerland

New York, le 12 mars 1942

Cher François, c'est depuis longtemps, que je voulais vous écrire. Mais j'etais très malade, après la mort de Masloff et je le suis encore. Le terrible accident sera toujours sans explication valable; il était de bonne santé et de bonne humeur, malgré sa situation difficile; je voulais téléfoner, que j'avais enfin recu son visa (après de mois d'attente) et j'appris qu'on l'avait trouvé sans conscience, à 2 heures de nuit dans une de ces petites rues de Havane; on l'a transporté a l'hopital ou il est decédé trois heures plus tard. Personne etait chez lui. Personne etait têmoin, même l'adresse de la rue ou l'on veut l'avoir trouvé n'existe pas. Il m'avait écrit, le dernier jour, le 20 novembre, une lettre – il ecrivait tous les jours – une lettre pleine de sarcasme et de vie, des amis communs l'on vu a l'heure du diner – il etait en parfait santé, de bon espoir de qitter Havana bientôt. J'ai appris la nouvelle par téléfone de l'hotel, au moment ou je voulais lui dire: tout est fini, tu peu enfin venir, nous serons réunis – et je vis encore et je veux essayer de continuer de vivre. J'ai fais tout pour éclaircir cette obscurité troublante, j'ai demandé une autopsie, j'ai envoyé un ami (tres peu compétant) à Havane – tout sans résultat et ses papiers etc. sont toujours dans les mains du juge cubanais. Je ne peux pas les obtenir. Alors, ceux, qui ne voulaient pas qu'il vienne, ici, ont atteint leur but. Depuis trois mois je suis furieuse contre moi-meme parce que je ne pouvais pas le faire venir ici plus vite, en lieu plus sûr. Il est cruel pour moi de relire ses lettres ou il a un seul souci. Ma santé misérable et de me dire: si j'etais mort est pas

lui-ce serait millefois mieux; il avait quelquechose a dire, a faire, il avait la force e l'énergie qui est nécessaire.
Je sais que sa mort vous a fait de la peine. Je vous pris de vous mettre en communication avec moi, je ne veux pas perdre le contact avec les très rares personnes qu'il a estimé; écrivez-moi comment vous vivez et comment se portent votre femme et fils. Télégrafiez-moi de temps en temps, je ne pense qu'au jour du „plus tard" et une des choses de plus importantes pour moi est: vous revoir.
Excusez cette lettre primitive, je suis folle de douleur et de chagrin.
Toujours á vous
     Ruth.

E. Eisler-Pleuchot
57 West 76d Street, N. Y. C., USA.

Lieber Franz, ich wollte Ihnen seit langem schreiben. Aber ich war sehr krank nach dem Tod von Masloff und bin es noch. Der schreckliche Unfall wird immer ohne wirkliche Erklärung bleiben; er war guter Gesundheit und guter Stimmung, trotz seiner schwierigen Situation; ich wollte telefonieren, daß ich endlich sein Visum (nach monatelanger Wartezeit) erhalten hätte und ich erfuhr, daß man ihn um 2 Uhr nachts bewußtlos in einer dieser kleinen Straßen von Havanna gefunden hatte; man hat ihn in ein Krankenhaus gebracht, wo er drei Stunden später verschied. Niemand war bei ihm. Niemand war Zeuge, selbst die Adresse der Straße, wo man ihn gefunden haben will, gibt es nicht. Er hat mir am letzten Tag, am 20. November, einen Brief geschrieben – er schrieb jeden Tag – einen Brief voller Sarkasmus und Leben, über gemeinsame Freunde, die man zur Abendessenzeit gesehen hatte – er war bester Gesundheit, guter Hoffnung, Havanna bald zu verlassen. Ich erfuhr die Nachricht durch das Hoteltelefon, in dem Moment, als ich ihm sagen wollte: alles ist vorbei, du kannst endlich kommen, wir werden wieder vereint sein – und ich wollte und will versuchen, weiterzuleben. Ich habe alles getan, um dieses beunruhigende Dunkel zu erhellen, ich habe eine Autopsie verlangt, ich habe einen Freund nach Havanna geschickt (sehr wenig kompetent) – alles ohne Ergebnis und seine Papiere etc. sind immer noch in den Händen des kubanischen Richters. Ich kann sie nicht bekommen. Nun haben also diejenigen, die nicht wollten, daß er kommt, hierher, ihr Ziel erreicht. Seit drei Monaten bin ich wütend auf mich selbst, weil ich ihn nicht schneller herkommen lassen konnte, zu einem sicheren Ort. Es ist grausam für mich, seine Briefe wiederzulesen, wo er eine einzige Sorge hat. Meine miserable Gesundheit und mir zu sagen: wenn ich tot wäre und nicht er, wäre tausendfach besser; er hatte etwas zu sagen, zu tun, er hatte die Kraft und Energie, die notwendig ist.
Ich weiß, daß sein Tod auch für Sie schmerzhaft war. Ich bitte Sie, mit mir in Kommunikation zu treten, ich möchte den Kontakt mit den wenigen Personen,

die er geschätzt hat, nicht verlieren; schreiben Sie mir, wie Sie leben und wie sich Ihre Frau und Ihr Sohn befinden. Telegrafieren Sie mir von Zeit zu Zeit, ich denke immer, daß es eines Tages „zu spät" ist und eines der wichtigsten Dinge für mich ist: Sie wiederzusehen.
Entschuldigen Sie diesen primitiven Brief, ich bin verrückt vor Schmerz und Kummer.
Immer die Ihre
    Ruth.

Von Ruth Fischer.

                                            Wien 6/9 43
Liebe Cläre, lieber Scherret,
laßt mal von Euch was hören, und wie es so geht. Bei uns in Budapest ist soweit noch alles in Ordnung, Harriet und dem Peter, der sich ausgerechnet jetzt ein Fahrrad dringend wünscht, geht es gut. Harriet kutschiert fleißig in ihrem Adler-Wagen.
Ich werde voraussichtlich vorerst so schnell nicht nach Berlin kommen können, auch diese Reise, die eigentlich nach dort führen sollte, ist leider hier in Wien soeben abgeblasen worden.
Also gebt mal ein Lebenszeichen von Euch
Herzliche Grüße
        Franz

                        Berlin-Halensee, den 8. September 1943
Lieber Franz,
wir danken Dir für Deinen Brief vom 6. September. Wir haben uns gefreut zu hören, daß es Euch allen dreien gut geht. Von uns können wir sagen, daß sowohl bei Dagny und uns als auch sonst bei allen Bekannten alles noch in Ordnung ist, die Wohnungen und der Dienst stehen noch, obwohl es in der letzten Zeit in Berlin ziemlich ungemütlich war.
Auf eine Anregung von Dagny hin sind wir beide vom 14. bis zum 28. August auf Margots Kahn in Hiddensee gewesen. Es war, abgesehen von einigen Beunruhigungen wegen der allgemeinen Lage, sehr schön und harmonisch, und wir haben nach

den ganzen Jahren zum erstenmal unsere Ferien richtig ausgekostet. Im Augenblick ist Dagny mit Meißner auf zwei Wochen nach Hiddensee gefahren.
Felix wird in diesen Tagen mit einem Verlage einen Vertrag über ein Buch wissenschaftlicher Berichterstattung abschließen und wir haben erwogen, dann für drei Monate wieder nach der Insel zu fahren, wobei der Dienst weitergehen soll.
Schade, daß Du Deinen Berliner Besuch verschieben mußtest, wir hätten uns sehr gefreut, Dich wieder einmal hier zu haben.
Bitte grüße Harriet und Peter herzlichst von uns und sei selbst gegrüßt.

Von Cläre Jung und Felix Scherret.
Dienst *„Deutscher Feuilleton-Dienst". – Dagny Jung war vermutlich mit Hansjörg von Meißner verheiratet.*

Wien, den 11.10.43
Liebe Cläre und lieber Felix!
Ich benutze meine Anwesenheit in Wien, um Euch mal wieder zu schreiben. Und damit Ihr seht, wie Peter aussieht, lege ich Euch ein Bildchen bei. Autofahren kann er aber noch nicht, der Schein trügt und es ist nur Angabe. Dabei weiß er aber mit den technischen Einzelheiten manchmal besser Bescheid als ich und muß mich beraten. Es ist gerade sehr schönes Wetter in Wien, heute habe ich Karten fürs Burgtheater, „Bruderzwist im Hause Habsburg" und ich freue mich natürlich sehr, wieder einmal deutsches Theater zu sehen.
Wie gehts Euch? Die Möglichkeiten, sich zu schreiben, sind ja nicht gerade sehr günstig aber mal könnt Ihr schon etwas von euch hören lassen. An Dagny werde ich auch noch schreiben, wir haben aber keine andere Adresse von ihr als Nürnberger Straße 8, hoffentlich kommt es an.
Peter ist jetzt im Besitz eines Kaninchens und einer Schildkröte, das Kaninchen heißt Dora und ist sehr frech, die Schildkröte heißt Fips, ist sehr brav und soeben aus Griechenland zugezogen. Peter hat sie von einem deutschen Offizier mitgebracht bekommen. Die Pflege der Tiere bleibt aber den Eltern überlassen,

denn der Herr Sohn hat immer sehr viel zu tun und wenig Zeit. Besonders jetzt, wo er keine Schule hat. Er geht sehr gern ins Kino und sieht sich die kitschigsten ungarischen Filme mit Begeisterung an. Na, vielleicht hat er dann bald genug davon und läßt es später.
Also schreib mal nach Budapest. Alles Gute!
Eure
    Harriet

                                            Pressburg, 6/12.43
Liebe Cläre,
ich weiß nicht, ob Dagny noch bei Euch ist. Ich habe ihr etwas zum Geburtstag geschickt. Ich versuche heute noch etwas Neues in Gang zu bringen. Aber ich weiß ja gar nicht, wie es Euch geht. Versucht doch, mich über Danckwerts, wenn die Reichskohle nicht mehr vorhanden, über seine Privatadresse in Lichterfelde-West (Telefon Buch) zu benachrichtigen.
Ich bin leider sehr viel unterwegs, aber nach Budapest erreicht mich schließlich jede Nachricht.
Wenn Tiso & Co noch vorhanden, so versucht doch Herrn von Ammon dort zu erreichen. Sollte er nicht mehr da sein, so bittet, daß ihm Eure Nachricht an das Wiener Büro von Tiso & Co, Wipplingerstraße 32 weitergereicht wird. Von dort kann man mich dann irgendwie benachrichtigen.
Also herzlichen Gruß an Euch alle
                                      Franz

Über Hans Danckwerts *und über die Berliner Versicherungsmakler-Firma* Tiso & Co. *(deren Budapester Vertreter Jung war) gingen seit 1940 die Berichte zur politischen und wirtschaftlichen Lage Südosteuropas, die Jung formal im Auftrag der Südosteuropa-Gesellschaft für Canaris lieferte.*

F.J.   Pressburg, 6/12. 43

Lieber Vater,

ich weiß nicht, ob Segny noch bei Euch ist. Ich habe ich ihnen zum Geburtstag geschickt. Ich versuche heute noch etwas Kleines in Gang zu bringen. Aber ich weiß ja gar nicht, wie es jetzt geht. Versuch doch, mich aber keinesfalls, wenn die Nachrichten nicht mehr erhalten, über einen Boten sobald in Lichterfelde-West (Telf.-Kaserne) zu benachrichtigen.

Ich bin leider tags über unterwegs, aber auch bewegt erreicht mich schließlich jede Nachricht.

Wenn Tino + Co. noch vorhanden, so versuch das besten u. Kummer dort zu verziehen. Sollte er nicht mehr da sein, so bittet, daß ihm mir Nachricht an die Wiener Büro von Tino + Co., Wipplingerstrasse 32 weitergeleitet wird. Von dort kann man mich dann irgendwie benachrichtigen.

Ein herzlichen Gruß an Euch alle

Franz

Budapest, den 27.II.44

Liebe Cläre und lieber Felix!
Über Herrn v. Ammon erfuhren wir gestern durch euer Telegramm, daß Dagny sich im Krankenhaus in Bergen befindet. Das ist ja nun wieder sehr traurig und kein Mensch weiß, wie man da helfen kann. Für uns sowie Herrn Meißner war es schon sehr beunruhigend, so lange weder über euch noch über jemand anderen etwas über Dagny zu hören. Franz hat sich hier sehr bemüht, ihr die Einreise hierher oder in die Slovakei zu verschaffen, und wir dachten auch, alles ist auf dem besten Wege, nun muß so ein Rückfall kommen. Seitdem Herr Danckwerts hier zuletzt war, also seit Anfang Januar, haben wir keinerlei weitere Nachricht, damals stand es ja etwas besser, und Ihr könnt Euch denken, wie Herr M. sich gesorgt hat. Er hat selber viele Briefe geschrieben, weiß aber nicht, ob sie überhaupt angekommen sind. Es wäre doch gut, wenn ihr wenigstens immer in Abständen uns hierher schreibt, wie es geht, vorausgesetzt natürlich, daß ihr selber informiert seid. Du wirst ja, liebe Cläre, überhaupt da helfen, soweit es geht, das ist dann schon eine Beruhigung.
Ich schrieb euch vor etwa 3–4 Wochen und gab den Brief einem Bekannten mit, der nach B. fuhr. Ich hoffe, ihr habt ihn bekommen. Sonst ist hier auch nichts anderes als daß wir zum Frühjahr einige Ereignisse erwarten. Die Teuerung hier ist unbeschreiblich, überhaupt das Leben höchst sonderbar und verändert und die Stimmung sehr nervös.
Also bitte laßt von euch hören, die Briefe von Berlin gehen etwa 10 Tage, das ist ja nicht allzulange.
Herzliche Grüße von uns allen,
         Eure Harriet

Beiliegend Brief von Franz an Dagny bitte an ihre Adresse weiterzuschicken. Wir wissen hier nur „Bergen auf Rügen, Krankenhaus". Das scheint doch etwas unvollständig.

M. *Hansjörg von Meißner.* – B. *Berlin.*

Budapest, den 27. April 1944
II. Pasaréti-Ut 65 c.

Liebe Frau Jung!

Erst heute komme ich dazu, Ihnen für Ihre Zeilen vom 19.3. zu danken. Inzwischen hörte ich, daß es Dagny wiederum besser geht, und den letzten Nachrichten nach glaube ich hoffen zu dürfen, sie nun doch bald wiederzusehen. Wenn auch die Nachrichten sehr sporadisch kommen, so ist es doch eine große Erleichterung, wenigstens von Zeit zu Zeit etwas zu erfahren. Die ganze erste Zeit war ich ja völlig ohne Mitteilung. Das war ziemlich zermürbend, diese Ungewißheit, zumal meine persönlichen Verhältnisse und Aussichten hier in Budapest auch nicht grade sehr rosig aussehen. Parallel mit den erfreulichen Neuigkeiten von Dagny hat sich nun meine Lage hier auch ein wenig gebessert, und wenn ich auch noch keineswegs festen Boden unter den Füßen habe, so ist doch schon, glaube ich, Land in Sicht. Jedenfalls habe ich wieder einigen Mut gefaßt. Für die übermittelten Briefe von Frl. Rink und Herrn v. Radloff, sowie für Ihre Bemühungen um noch zurückgebliebene Sachen in der Nürnbergerstr. danke ich Ihnen vielmals. Daß nicht mehr vorhanden ist, kann man halt nicht ändern. Es ist zwar bei dem hiesigen Preisniveau schwierig, sich mit allem Nötigen auszustatten, aber diese Dinge sind so unwesentlich, wenn ich nur mein „bestes Stück" wiederbekomme. Wenn erst die Sorge um Dagny ganz vorbei wäre, dann wird sich alles andere sicherlich auch zur rechten Zeit finden, denke ich. – Hoffentlich geht es Ihnen, im Rahmen des Möglichen wenigstens, gut und bleiben Sie gesund. Viele herzliche Grüße für Sie und Herrn Scherret von Ihrem

Hansjörg v. Meißner

Bp. 12. Oktober 1984

Sehr geehrter, lieber Herr Mierau, vielen Dank für Ihren Brief und für die Nachricht, daß Sie sich weiter um die Anerkennung Jungs bemühen. Ich will es versuchen, Ihre Fragen zu beantworten. In aller Kürze, denn ich bin voller dringender Arbeit.

Ich habe zuerst Frau Jung kennengelernt. Sie war eine fleißige Leserin des Pester Lloyd und hat mich einmal gebeten, ihr eine Einführung in die ungarische Literatur, Geschichte und Kultur zu geben. Ich war sehr beschäftigt, suchte also die höflichste Ausflucht und habe ein großes Honorar verlangt. Sie willigte ohne Zögern bei: wöchentlich eine Doppelstunde. Sie war sehr fleißig, klug, aufgeschlossen. Der Unterricht machte mir schließlich Freude. Sie hat auch meine Frau besucht und lieben gelernt, also hat sie uns zum Abendessen eingeladen. Sie wohnten sehr nett eingerichtet in einer Wohnung mit großer Terrasse in einem teuren modernen Viertel am Sashegy (Adlersberg). Er war sehr freundlich, höflich, eher schüchtern, etwas untersetzt, gar nicht schön aber mit klug leuchtenden Augen. Er gab sich als ein Geschäftsmann; es ist mir nur die puritane Einfachheit seines großen Arbeitszimmers aufgefallen: ein großer Schreibtisch, eine Sitzgarnitur, Bücher, sonst kahle, weiß getünchte Wände; ein einziges Bild, einen Renaissancereiter (?) darstellend, 15 x 10 cm groß. Sie standen (die Deutschen) schon im Krieg: das Gespräch kreiste um dieses Thema; wir waren dagegen; ein Motiv blieb in meiner Erinnerung hängen: er sprach über Riesenmaschinen, mit denen man aus Schutt und Ruinen neues Baumaterial formen wird, – mitsamt den Leichen und Knochen der Gefallenen. Da sprach er auch über große Projekte, an deren Verwirklichung er in der Sowjetunion mitgearbeitet hatte. Über Literatur war keine Rede, höchstens über die ungarische. Ich glaubte, er wäre ein Geschäftsmann, sogar in einer deutschen oder deutschschweizerischen Firma; hier und da erwähnte er „unsere Gesandtschaft". Mag sein, daß er die der Schweiz meinte, wo er verkehrte. Sie machten einen wohlhabenden Eindruck: er hatte ausgezeichnete französische Weine, die er gut vertrug; auch er konnte, wie damals auch ich, trinken wie ein Loch. Branntwein ertrug er weniger: einmal hat ihm ein Schnaps bei uns so gut gefallen, daß er total besoffen heimgebracht wurde; seine Frau hat es ihm gar nicht übel genommen; wir auch nicht, er war leicht beschwipst sehr lustig, geistreich, offen, munter und gescheit. Als auch Ungarn in den Krieg eingetreten ist, waren wir einmal bei ihnen eingeladen zum Thee: – daß er der Schriftsteller Jung sein könnte, habe ich vom Kunstkritiker im P. Lloyd erfahren (Ernst Kállai, ein früherer Mitarbeiter im Bauhaus); als ich ihn dann fragte, gab er zu. So sprachen wir bereits auch über deutsche Literatur; ich forderte ihn auf, im Lloyd mitzuarbeiten, da fragte er zögernd, ob das für uns ratsam wäre. Einmal habe ich ihn aber doch zur Mitarbeit gewinnen können. Wir haben Wilders Drama „Eine kleine Stadt" über die Schweiz nach Ungarn geschleust; er war bereit – als Vorbereitung – einen guten Artikel darüber zu schreiben. Während der ersten Aufführung sah ich ihn in der Gesellschaft einer jungen Dame, der er mich nicht vorstellte; die muß die Tänzerin gewesen sein, mit der er sich, etwas schüchtern, vor uns drückte. Im Gellert sprachen wir nicht über Politik; es war ein ziemlich peinlicher Abend. Sie haben uns, einige Wochen nach der Besetzung Ungarns, dorthin zum Abendessen eingeladen: am Tische saßen zwei deutsche Offiziere, der eine sicherlich jener, den sie, Frau Jung später heiratete. Wir sprachen also über Kunst und Musik (meine Frau war eine gute Musikerin) und haben uns, sobald es nur ging, verabschiedet. Das Gespräch über die Chancen des Szálasi-Putsches fand in einer kleinen Spelunke unweit von meiner Wohnung statt; er hat mich dorthin gebeten; hat wieder viel Schnaps getrunken, war natürlich sehr erregt und wollte sich informieren. Sein Wunschtraum war, daß die Pfeilkreuzler Widerstand leisten würden; die Rufe des Pöbels: „Raus mit den Deutschen!" nahm er ernst und war betrübt, als ich ihm geraten habe, sich möglichst schnell aus dem Staub zu machen. Dies war unsere letzte Begegnung. – Ob er überwacht war? Sicherlich, – deswegen lebten sie ja sehr zurückgezogen. Sein Umgang mit den Leuten war immer sehr höflich, eher wortkarg, abgesehen von einigen offenen Stunden unter Freunden. Zu diesen gehörte auch Raoul Francé, der aber damals bereits kränkelnd war und die Wohnung kaum verlassen hatte; ich veröffentlichte gute Artikel, rein naturwissenschaftlicher Art, von ihm, verkehrte aber nur mit seiner Frau. Das alles bedeutete keine irgendwie oppositionelle Stellungnahme; ich glaube, sie wollten in Ungarn eher überleben als wirken; über das Kriegsende war er ziemlich sicher. Über seine Teilnahme an der Rettung, Durchschleusung polnischer Flüchtlinge habe ich nichts

gelesen; ich nahm – wie die meisten Ungarn – auch teil; die einschlägige Literatur kenne ich nicht und die wichtigsten Teilnehmer sind bereits tot. Ich bin ja auch soeben 80 geworden. – Die „Arizona" war ein Tanzlokal, das beste in Budapest; eine politische Rolle hat es, meines Wissens, nicht gespielt. – Also: in aller Kürze soviel. – Ich habe mich gefreut, über Sie etwas zu hören. – Das „Spandauer Tagebuch" habe ich nicht bekommen. Es freut mich sehr, daß Sie eine Essay-Biographie über Jung schreiben; er war ein bedeutender Mensch mit wenig Erfolg. Die anderen haben es glücklicher, weil berechneter gemacht. Er war aber der interessantere, menschlichere. Also: viel Glück zur Arbeit!
In Freundschaft Ihr
      D Keresztúry

Guten Artikel *„Artistische Dramaturgie"*.

Franz Jung New York 1957.

HEIMKEHR 1946–1963

1946 Wiederbegegnung mit Anna von Meißner in Rom. Korrespondenz mit Giovanni Bassanello, einem KZ Kameraden, in dessen Sommerhaus in Masi di Cavalese er wohnt. Neufassung von „Samtkragen. Der verlorene Sohn", die Bassanello ins Italienische übersetzt, und Arbeit an „Herr Grosz", einer szenischen Fassung von „Der Fall Gross". Beide Stücke bietet Jung Erwin Piscator in New York an. Bericht über das Schicksal seiner Tochter Dagny „Das Jahr ohne Gnade".
1947 Wiederaufnahme des Briefwechsels mit Margot Rhein und Cläre Jung, die Wege sucht, Jung nach Berlin zu holen.
1948 Übersiedlung in die USA. Wiederbegegnung u.a. mit Ernst Fuhrmann und James Thomas.
1949 Versuch einer Autobiographie „Variationen". Übersiedlung seines Sohnes Peter in die USA. Tod von Harriet Wisser Niederschrift des Essays „Revolte gegen die Lebensangst".
1950–54 Tätigkeit als Wirtschaftsstatistiker für die New Yorker „International Reports". Wirtschaftskorrespondent für „Industrie-Kurier", „Frankfurter Allgemeine Zeitung", „Neue Zürcher Zeitung", „Bremer Nachrichten", „Bund" (Bern), „Weser-Kurier", „Wirtschafts-Korrespondent". 1952 Übersiedlung seines Sohnes Franz in die USA. 1953 zieht Jung nach San Francisco.
1955 Kehlkopfoperation. Erste Reise nach Europa.
1956 Cläre Jung beendet ihre Erinnerungen. Tod Ernst Fuhrmanns in New York.
1957 Zweite Reise nach Europa. Mitarbeit an der Ernst Fuhrmann-Ausgabe.
1958–60 Arbeit an der Autobiografie, unterstützt von K. Otten.
1960 Ende des Jahres Rückkehr nach Europa. In Paris Begegnung mit Ruth Fischer und Emil Szittya.
1961 Mit Ruth Fischer und Artur Müller Plan eines Buches über Arkadi Maslow. Mehrere Wochen in San Giovanni Rotondo bei Anna von Meißner. Rundfunkvorträge über Ernst Fuhrmann, Wilhelm Reich und Jack London. Die Autobiographie „Der Weg nach unten" erscheint. Idee einer Pamphlet-Serie.
1962 Plan eines Auswahlbandes seiner Schriften bei Rowohlt. Erkrankung in Paris. Zur Kur nach Musberg bei Stuttgart.
1963 Am 21. Januar stirbt Franz Jung im Alter von 74 Jahren in Stuttgart und wird am 23. Januar in Degerloch beigesetzt.

Giovanni Bassanello Belluno, Januar 1946
Piazza del Duomo

Sehr verehrter Signor Jung,
unendlichen Dank für Ihren lieben Brief, den ich ein wenig
verspätet erhielt, da ich einige Tage nicht in Belluno war.
Sie sind sehr liebenswürdig mir gegenüber, wenn ich bedenke,
wie wenig ich für Sie in dem berüchtigten Konzentrationslager
von Bolzano tun konnte. Die Wahrheit zu sagen, die zwei
oder drei letzten dort durchgestandenen Wochen sind weniger
verabscheuenswert gewesen, weil ich das Glück hatte, einen
so vornehmen und gebildeten Mann wie Sie kennenzulernen.
Daher ist die Hilfe, von der Sie sprechen, sehr wohl vergolten
durch die Achtung, die Sie mir entgegengebracht haben und
durch die fesselnden und mannigfachen Gespräche mit Ihnen.
Erinnern Sie sich daran, welche Zuversicht mich angesichts
des Geschicks von T. in Moskau erfaßte? Ich hatte die Absicht,
an Signor T. zu schreiben, aber ich bin faul und weiß nicht,
ob es jetzt nicht zu spät ist. Erinnern Sie sich, wieviel er mir
von dem Einfluß des schönen russischen Geistes des Romans
Sanin erzählte?
Was mich in Erstaunen setzt und mir große Freude macht ist
zu erfahren, daß Sie Schriftsteller sind. Es ist selten der Fall,
daß man eine Person trifft, die so bescheiden ist wie Sie,
da es sich nun herausstellt, daß Sie eine Arbeit für das Theater
geschrieben haben. Ich freue mich wirklich darüber und bin
sehr neugierig, sie zu lesen, und, wenn Sie glauben, ich sei
dazu fähig, sie zu übersetzen. Meine Adresse ist immer:
Belluno – Piazza del Duomo.
Ich bin Lehrer an der Lehrerbildungsanstalt von Belluno,
unterrichte Latein und Italienisch, aber ich habe viel freie Zeit
und kann daher Ihre Arbeit übersetzen. Ich freue mich außerordentlich, daß Sie Ihre Signora in Rom erreichen konnten.
So können Sie sich in aller Ruhe Ihren bevorzugten Beschäftigungen widmen. Hinsichtlich meiner Gesundheit kann ich
zufrieden sein; in der Tat habe ich mich sofort, nachdem ich
aus Bolzano zurückgekehrt war, von dem Hexenschuß erholt,
der mich sowohl im Gefängnis als auch im Konzentrationslager
geplagt hat. Ich will hoffen, daß auch Sie und Ihre Signora
sich bester Gesundheit erfreuen. Ich danke Ihnen noch einmal
für Ihr gütiges Gedenken, die Worte der Dankbarkeit, die ich

wirklich nicht verdient habe, und für Ihr Übersetzungsangebot. Ich grüße Sie sehr herzlich und wünsche Ihnen und Ihrer lieben Signora ein wahrhaft glückliches und ruhiges Jahr.
Ihr guter Freund

Arbeit *„Samtkragen oder Der verlorene Sohn". – Aus dem Italienischen.*

                            Fregene (Roma) 10. Oktober 1946
Theaterverlag Reiss AG
Basel

Sehr geehrte Herren,
Ich bin mit Ihrem Schreiben vom 3. d. M. einverstanden und erteile Ihnen gerne die gewünschte Option.

Gestern habe ich gerade die zusammengestrichene Fassung des Stückes, die auch einige präzisere Erklärungen enthält, an Sie abgehen lassen. Für die USA würde ich natürlich raten, diese Fassung zu wählen.

Wenn ich mir erlauben darf noch einige Hinweise zu geben, die vielleicht für eine outline in Betracht kommen.

Das Stück bringt die Darstellung einer Atmosphäre, nicht diejenige einer Idee. Es wird dazu ein Grundthema benützt unter Anwendung einer Vielzahl von dramaturgischen Mitteln, die zum Thema abgewandelt werden. Im Gegensatz zu O'Neill und Wilder, die eine ideelle Lösung in den Mittelpunkt stellen und diese durch Atmosphäre verstärken, ist von einer solchen Lösung ganz Abstand genommen. Das Ziel ist die Verstärkung der Atmosphäre durch verschiedene Lösungsmöglichkeiten. Dadurch kann die reine Schauwirkung verstärkt, der Dialog schwebender gehalten, d.h. spielerischer werden. Zu dem Grundthema sind einige Nebenthemen angeschnitten, mit deren Abgleiten zu einem neuen Schwerpunkt gespielt wird. – Darin liegen auch die besseren Möglichkeiten für eine Verfilmung. Der gegenwärtige Schwerpunkt des Stückes, die Mutter-Familien-Samtkragen-Atmosphäre müßte zum Beiwerk werden, dagegen aus der angedeuteten *Morelli-Idee* eine hand-

feste Handlung durchkonstruiert werden, wie sie eben der Film braucht. Diese thriller-Handlung ist zwar auch im Stück in ihren Elementen vorhanden, aber eben nur angedeutet und in ihrer Entwicklung abgeschnitten. Nach meiner Kenntnis besteht drüben zur Zeit eine absolute Hochstimmung für hausgefertigte Eigenproduktion. Es wäre vielleicht zu erwägen, einen amerikanischen Partner zu finden, der sich um das Filmmanuskript kümmert und zugleich auch im Stück mit zeichnet. Stück und Film würden sich dann gegenseitig ergänzen, der Film sogar eine Art Fortsetzung des Stückes sein.
Mit den besten Empfehlungen
Franz Jung

Stück *„Samtkragen oder Der verlorene Sohn"*.

Masi di Cavalese (Trento)
Val di Fiamme, Villa Rosa

Lieber Erwin Piscator,
Ich teile Ihnen obenstehend meine neue Adresse mit, in Rom habe ich mich vorläufig nicht mehr halten können, so daß ich ohne Besinnen das Angebot eines KZ-Kameraden angenommen habe, der mir sein Sommerhäuschen in einem versteckten Partisanennest in den Dolomiten, abgeschnitten von allem Verkehr, zur Verfügung gestellt hat. Allerdings muß ich es erst instandsetzen und bewohnbar machen, was ziemlich schwierig ist, zumal hier schon reichlich Schnee liegt. Ich habe übrigens jetzt meinen Staatenlosen-Paß von der Allied Commission bei der italienischen Regierung bekommen, so daß ich mich jetzt ernstlich um eine Ausreise kümmern muß.
Ich habe schon seit langem von Ihnen keine Post mehr bekommen, vor allem keine Bestätigung, ob Sie meine beiden Büchersendungen erhalten haben. Ich bin etwa vom 24.d.M. weg von Fregene, es läuft zwar ein Nachsendeantrag, aber sicherer wäre es doch, falls Sie mir inzwischen geschrieben haben, mir noch bitte nach hier eine kurze Mitteilung zu schicken.

Ich habe in Rom noch eine Frau Edna List, die Frau eines jungen Komponisten, die Sie persönlich kennt, getroffen. Sie arbeitet in dem Internationalen Flüchtlingskomitee, und hat über das Büro oder auch die Botschaft immer Leute an der Hand, die nach drüben reisen, Beamte, die hier ihr Büro auflösen und ähnliches, die also auch in der Lage sind, etwas ohne große Belastung mitzunehmen. Vielleicht wäre es praktischer, weiter Sendungen auf diese Weise unterwegs zu bringen.

Für Samtkragen hat der Reiss-Verlag in Basel eine Option für USA genommen und will versuchen, drüben etwas zu unternehmen. Der 1. Akt ist übrigens vollständig neu gemacht, auch mit veränderter Perspektive.

Bis zum Frühjahr bleibe ich sicher hier, also bitte ich Sie, lassen Sie mir eine Nachricht zugehen.

Herzlicher Gruß
Ihr
   Franz Jung

Oktober 1946.

Notizen zu „Herr Gross" und „Samtkragen"

Lieber Franz Jung – es ist nicht leicht über Ihre Stücke an Sie zu schreiben – das wissen Sie selbst. Es ist ja auch ganz zufällig, wenn diese Ihre Meinungen in Form von Dialogen und Stücken vor sich gehen – es könnten ebenso gut Novellen, psycho-analytische Betrachtungen in Form von Artikeln sein. Sie sind sich dabei selbst treu geblieben – es fragt sich nun – und das – wenn überhaupt – fragen Sie vermutlich mich – inwieweit Ihr Material für die Bühne geeignet ist. Vom amerikanischen Theater darf man in diesem Zusammenhang kaum sprechen – im Allgemeinen ist das jetzt 1890 – und eben bei Sudermann angelangt – wo es darüber hinausgeht, haben wir Alle Pate gestanden – nur daß unsere „Experimente" hier perfect sein und perfecte „Geschäfte" machen müssen.

Aber doch wäre das schon eine Antwort: für hier sind Ihre Stücke in dieser Form nicht anzubringen (Einfach Promotion kostet 50-60000 Dollar – niemand wagt es –)
Nun zu uns: Der Mut, die Atmosphäre, die Form des Dialogs – ist immer wieder außerordentlich – und ich weiß auch, oh – wie genau – was Sie mit dem verschwimmenden, abseits geführten Dialog wollen, ich verstehe sehr gut das Halbdunkel – das Heraus- und Hineintreten in Licht, den schnellen Wechsel von Wirklichkeit, wirklicher, geglaubter, geträumter – halb wahrgenommener, von Vorstellung, Traum –––
Aber, aber – und hier weiß ich nicht, ob ich nicht folgen kann, ob es meine Schuld ist – vielleicht auch die Jahre hier – der Zwang mich mit konkretem Material zu beschäftigen – aber zuviele Unbekannte sind in „Herrn Gross" um irgendwo festen Fuß zu fassen. Ich kann mir wohl vorstellen, wie das ganze Schiff in die Luft fliegt, aber Nr 1. – dann *war* doch ein Schiff da – es existierte. Ich falle ins Wasser – all right – und klettere in ein *kleines Boot: es ist da,* es existiert. Das wird umgeschmissen, all right – ich klammere mich an eine Planke – um mich herum ist Chaos, Menschen um mich herum versinken, tauchen wieder auf, stammeln unsinnige Worte – aber – die Planke ist da – *existiert.* Warum ist Frau Gross nicht Frau Gross.

Notiz für Jung
          Existenz-ialismus
Sartre – Heidegger – Stirner – Kirkegaard – Nietzsche – Kant. Ich fand nicht soviel davon in Sartre wie in Ihnen – aber ohne den kategorischen Imperativ Kant's.
Sie sträuben sich das Sein als existent anzuerkennen – und doch tun Sie es – indem Sie Gross in seinen Wachträumen sich selbst erkennen – ja über sich selbst hinauswachsen lassen: die Bestätigung des absoluten *Seins, Daseins.*
„Daß der Mensch allein sei" S. 51

Von Erwin Piscator.

ENTWURF B

Herr Grosz
Der Handlung liegt eine von mir 1920 veröffentlichte Novelle „Der Fall Grosz" zu Grunde. Der Konstruktionszeichner Grosz, böhmischer Auswanderer aus Bielitz-Biala, arbeitet bei gutem Verdienst in verschiedenen Stahlgießereien in Pittsburg. An und für sich als guter Arbeiter geschätzt, er hat auch einige Verbesserungen patentiert, die ihm noch ein kleines zusätzliches Einkommen sichern, muß er doch durch regelmäßig am Wochenende wiederkehrende alkoholische Exzesse oft die Stellung wechseln. Er leidet an manischen Depressionen. Frau und Tochter sind zuhause geblieben, die er reichlich unterstützt. Sorge macht ihm die Nachbarsfamilie Seidel. Mit der Frau hätte er gern ein Liebesverhältnis anfangen wollen, der Mann hat ihm aber sehr auf die Finger gesehen. Die manischen Exzesse haben schon in Bielitz angefangen, es war zu einem Skandal gekommen, als er sich vor dem Hause der Seidels an kleinen Mädchen vergreifen wollte. Das war auch der Grund seiner Auswanderung. Die Depressionen steigern sich, zu Verfolgungswahn, in dessen Mittelpunkt der Begriff Seidel steht. Er wird eingesperrt, wieder entlassen, hört die Leute hinter sich herrufen: Kinderschänder, Frauenmörder, alles denunziert von einem Seidel oder einem, der in dessen Diensten steht. Er denunziert seinerseits, fällt die vermeintlichen Seidel auf der Straße an, kommt in die psychiatrische Klinik, wird wieder entlassen, irrt gehetzt herum bei Landsleuten, immer nur kurze Zeit, längere Zeit bei einem Landsmann, dessen Familienleben er durch seine Exzentrizität zerstört. Schließlich zur Deportation aufgegriffen kommt es auf der Pier in Hoboken noch zu einem großen Skandal, als er vor einer johlenden Zuschauermenge Weltverbesserungspläne verkündet, die in der Ausrottung der Seidel gipfeln. Überfahrt, Landung in Hamburg, weitere Stationen, schließlich Breslau, wo er aus einem Hotel auf die ihn verfolgenden Seidel schießt – Fort Chabrol, zu Tode verletzt, wird er ins Krankenhaus geschafft. Im allgemeinen folgt die Handlung einem klinischen Bericht. Die Novelle hatte das in vielen Überschneidungen mit dadaistischen Mitteln zusammengeballt, um die Angst der Kreatur zu zeigen. Diesmal falte ich die Handlung von

Station zu Station auseinander um zwischenhinein einer Assoziationshandlung Raum zu geben, die sich aus den Wunschvorstellungen des von Minderwertigkeitsgefühlen besessenen Grosz konstruiert, entsprechend dem Grad seines Wahns auch ansteigend vom Verbesserer einer Pumpendichtung zum Wirtschaftsführer, von der Erreichung eines höheren Lohnstandards zur Lösung der socialen Frage, von der vielgesuchten Persönlichkeit zum Sonderbeauftragten der Regie zum Weltverbesserer mit seinen vielseitigen Aufgaben zum Weltdiktator.

Das technische Problem
der Associationshandlung
Im Rahmen der zweiten Handlung, mit dem anderen Grosz im Mittelpunkt, werden alle Probleme der Staatsführung, die civilen wie militärischen, Kunst und Wissenschaft in Dialogform behandelt, die Meinungen, Weltanschauungen und gegenteiligen Auffassungen, Theorien etc von den jeweils berufenen Fachvertretern und zwar möglichst im Original aus Stichwortsätzen vorhandener Äußerungen und Schriften. Grosz entscheidet dann unbeschwert von Kenntnissen diktatorisch abschließend in seiner alles vereinfachenden Lösung. Das Ausrutschen in die reine Satyre wird durch ständige Wiedereinführung der mehr tragischen ersten Handlung vermieden, so daß ein grausig-unwirklicher Dämmerzustand über dieser zweiten Handlung schweben bleibt. Das Schwergewicht im Schwebezustand beider Handlungen wechselt ständig, gegen Ende scheint die zweite Handlung das Übergewicht zu bekommen, bis das Ende von Grosz das Gleichgewicht wieder herstellt.

Das Übergleiten von der einen in die andere Handlung erfolgt durch die Dialoge, und erst im Laufe dieser hellen auch die entsprechenden Personen auf.
Die Tendenz ruft die Erinnerung an erlebte Vorbilder auf, ohne indessen diese Vorbilder präzisiert überwuchern zu lassen, mehr Schlaglichter. Das Groteske wird gedämpft und zurückgeführt auf die Betrachtung des Einzelwesens in seiner Verstrickung von Dumpfheit, Angst und Schuld – bestimmt zugrunde zu gehen, ohne Rücksicht, ohne Erbarmen und ohne Mitleid. Das Werben um ein im Tragischen begründetes

Verständnis ist nicht unmittelbar, es muß aus der Gesamtdiktion hervorgehen.

Entwurf des Stückes „Herr Grosz", etwa November 1946. Unter dem Titel „The way home" wurde das Stück 1949 von Saul Colin ins Englische übersetzt.

ENTWURF A

Der Hintergrund
Nach dem Ausgleich der römischen Kirche mit der Reformation, der dem politischen Führungsanspruch des Staates gegenüber der Kirche den Weg bereitet hat, sind die Auseinandersetzungen über die Interpretation des Begriffes Seelsorge in den Schoß der Kirche verlagert. Die beiden vornehmlichen Erziehungsaufgaben dienenden Orden, Jesuiten und Dominikaner stehen sich schroff gegenüber; auf der einen Seite die Tradition, autoritäre Totalität, die Unterwerfung (auch im Sinne der Staatspolitik), theologisch gewertet als Ausfluß der Erkenntnis, auf der anderen Seite die Parole der Dominikaner, die Aufklärung, der Glaube und das Bekenntnis als der zusammengefaßte Wille der Gläubigen. Kirche und Gläubige, Herr und Diener, Staat und Volk, wer ist für wen da – in diesem Falle kreisen diese Gegensätze um die Frage im Mittelpunkt nach Verwirklichung des Gottesstaates (civitas dei) und dessen machtpolitisches Mittel, die kämpferische Kirche. (Ecclesia militans)

Es ist im 18. Jahrhundert, nach der kirchlich approbierten Geschichte der Päpste das Jahrhundert der Einkehr, der Sammlung, der Erneuerung, als sich dieser Gegensatz formuliert und zuspitzt, im Schatten der nahenden Revolution. Nach außen die päpstliche Kabinettspolitik an den europäischen Höfen, das Spiel mit dem Gleichgewicht in den europäischen Koalitionen, die Nivellierung der staatlichen Autorität mit subversiven Mitteln – nach innen der Kampf um den Führungsanspruch innerhalb der Kirche, Palastrevolution um die Autorität des Papstes als Person. Die Krise ist mit ihrer dramatischen

Zuspitzung der zeitweiligen Sistierung des Jesuitenordens, auf dem Höhepunkt. Das vom Papst unter dem Druck des Klerus eingesetzte geistliche Gericht ist bereits in seiner Zielsetzung ein Vorläufer der heutigen Kollektivprozesse. Beide Parteien gehen mit Nutzen aus dem Streit, die Dominikaner haben gesiegt, die Jesuiten aber Boden gewonnen. In ihrer Unterwerfungsschrift wird bereits der Staat und der Mensch unserer Zeit als Erziehungsaufgabe vorgezeichnet. Zum Teil als Gegengewicht, zum Teil als Mittel dieser Kabinettspolitik entfaltet sich die Missionstätigkeit der beiden Orden in Übersee, der Einfluß auf die Staatenbildungen in den ehemaligen reinen Kolonialgebieten, die staatspolitischen Experimente, Vorläufer der Befreiungsbewegungen, der socialen Auseinandersetzungen, noch im Modell. Die gleichen Gegensätze im Anspruch auf die Führung, in der politischen und socialen Zielsetzung. Die Austragung dieser Gegensätze bis auf das Gebiet der civilen und militärischen Administration hat auf dem amerikanischen Kontinent den Civilisationsprozeß beschleunigt.

Inhalt und Form
Der Hintergrund wird Strich für Strich und in den einzelnen Sektoren aufgehellt. Im Grunde ist es eine Geschichte der europäischen Staaten, etwa vom Beginn des 18. Jahrhunderts bis in das erste Viertel des 19ten, unterschieden von der bisherigen Behandlung, als sie zusammengefaßt ist im Prisma der Kirchenpolitik und deren Krise, von der sie das Licht bekommt. Das eine Schwergewicht ist gelegt auf die handelnden Personen, die auf der kirchlichen Seite in der bisherigen Geschichtsschreibung nur für einen Augenblick im Scheinwerferlicht aufleuchten, auf der weltpolitischen Seite meist einseitig, mit ungenügenden Aspekten verankert sind. Daneben auch die Kräfte außerhalb von Kirche und Staat, wie etwa die Philosophie der Aufklärung, deren repräsentative Vertreter, wie Voltaire dieser Entwicklung zunächst wie gebannt gegenüberstehen – Toleranz als Schwäche, als Atempause oder als Form einer neuen socialen Ethik. Das in dieser Problematik ruhende Dynamit ist noch nicht zur Explosion gebracht. Ein anderer Schwerpunkt liegt auf der Dokumentation der Strategie der Missionsarbeit, wie sie sich in den Berichten der Missionen an die Ordenszentralen widerspiegelt, den taktischen

Anweisungen, in der civilen und militärischen Organisation, die in solchen Instruktionen niedergelegt ist. Objekt ist der Mensch, das Volk, der Staat und die irdische Welt, auch noch in der Revolte, die ein wirksames Instrument zu diesem Ziel sein kann. Besonders zu behandeln die Gegenkräfte in der Kirche, der Rückschlag, der Prozeß vor dem geistlichen Gericht, die Unterwerfung. Ein weiteres Schwergewicht liegt auf der Geschichte dieser Missionsgründungen selbst in ihren Spannungen um die Frage der Bekehrung – Bekehrung zu was? Notwendigerweise muß hier bereits entschieden werden, welches die Voraussetzungen einer Erkenntnis sein müssen, um das Irdische vom Überirdischen zu scheiden, die Seligkeit und das Glück; in diesem Falle also Bekehrung zur Arbeit, Gehorsam gegen den Staat, zu einem in der Heimat bereits schon brüchig gewordenen Moralbegriff. Die sociale Frage ist aufgerollt.
Die Darstellung sollte gelockert sein und theologische Erörterungen und Spekulationen vermeiden. Die Heraushebung der Personen und ihre Atmosphäre gibt weiter die Gelegenheit, die Gesamtlinie der Darstellung nicht erstarren zu lassen.

Etwa November 1946.

Masi di Cavalese (Trento) 21.3.47
Val di Fiamme

Liebe Cläre,
von London hat mir Reichenbach geschrieben, daß er Euch aufgesucht hat und daß Ihr eine Nachricht von mir erwartet. Ich beeile mich, dem nachzukommen.
Ich weiß nicht, wieweit Ihr über meine letzten Schicksale in Ungarn unterrichtet seid, meine Verurteilung zum Tode von einem Standgericht der Pfeilkreuzer Regierung, es gelang mir noch einmal aus dem Todeskeller zu entkommen, um allerdings kurze Zeit nachher in die Hände des SD zu fallen, durch einige Polizeidurchgangslager geschleppt, und zuletzt im KZ Bozen gelandet, wo ich dann Ende April 45 befreit wurde. Die damals schon im Zuge befindlichen Evakuierungen haben mich gerettet, so daß ich nicht mehr wie vorgesehen vor das Militärgericht in Verona gekommen bin. – Ich bin dann von einem kurzen Zwischenaufenthalt in Tirol abgesehen in Italien geblieben, erst in Rom und dann bis zu diesem Herbst in Fregene bei Rom. Jetzt bin ich hier in dieses Dolomiten-Dorf verschlagen, wo mir ein aus dem KZ befreundeter Professor in seinem Sommerhaus eine Wohnung zur Verfügung gestellt hat.
Ich warte hier auf eine Einreise in die USA, vielleicht vorher nach Mexiko, meine Freunde drüben, Piscator, Herzfelde u.a. bemühen sich sehr, in Mexiko Franz Pfemfert.
Ich habe ausreichend Gelegenheit, mir mein eigenes Spiegelbild und das meines Lebens zu analysieren. Ich arbeite sehr viel, allerdings weniger zu einem neuen Aufstieg, als eher unter einem übermächtigen Druck von Erinnerung und Scham, aufzuarbeiten und Nachlese zu halten. Ich habe mir so eine Art Anreicherungstheorie zurechtgelegt. Von dem Grundsatz ausgehend, daß kein Gedanke in der Welt verloren geht, glaube ich, daß viele meiner Überlegungen und Konzeptionen zu gleicher Zeit bei anderen keimen werden, auch wenn ich selbst nicht mehr in der Lage sein sollte sie auszusprechen und zu vollenden. Unter dem erschütternden Eindruck der Dagny-Katastrophe habe ich eine Arbeit darüber geschrieben, über die ich noch mit der Büchergilde hin- und herkorrespondiere. Ich glaube aber, daß ich sie in meine Lebensgeschichte mit hineinnehmen werde, die ich vielleicht einmal unter so einem Titel veröffentlichen werde wie „33 Stufen

abwärts" – es wird bald Zeit, denn ich bin schon am Rande der dreißigsten. Harriet habe ich verschiedentlich gesucht, aber bisher ohne Erfolg. Vielleicht habt Ihr die Adresse. Es wäre denkbar, und wenn ich damit helfen könnte, daß ich Peter und vielleicht auch Harriet, wenn sich gewisse bürokratische Schwierigkeiten überwinden lassen, mit nach drüben nehmen kann, ich selbst habe hier von dem Intergovermental Committee den neuen Staatenlosenpaß, der ja irgendwie auch auf Angehörige Ausdehnung findet. – Nach Deutschland ruft mich nichts.

Die letzten Jahre dieser Zwielichtatmosphäre und dieses Seiltanzen um die Tarnung haben mich stärker mitgenommen als ich es wahrhaben wollte. Ich bin praktisch am Ende, und wenn ich physisch weiterzuleben gezwungen bin, so bedarf es noch einer großen Kraftanstrengung, diesem Leben auch einen neuen Inhalt zu geben.

Von Reichenbach habe ich gehört, daß es Euch soweit ganz gut geht und Ihr eine zusagende Beschäftigung gefunden habt. Ich wünsche Euch weiterhin und zwar allen beiden viel Glück.
Herzlichen Gruß
        Franz

                Kloster a/ Hiddensee
                (Hotel Dornbusch)
                27. April 47

Lieber Franz Jung,
daß Du lebst ist gut, ich habe sehr um Dein Leben gebangt. – Ich schreibe Dir aus tiefster menschlicher Not, und ich hoffe, Du läßt diesen Brief nicht unbeantwortet.
Ich schäme mich nicht – ich gestehe Dir meine große Not. Im Jahre 1944 legte ich das Kind in Deine Hände, aus dem ganzen sicheren Gefühl heraus, daß Du der einzige Mensch bist, der es vor Schaden bewahren kann.

------ ---- ------ -----

Du mußt zu mir sprechen, wie alles geschehen konnte, denn dieser Tod trifft uns ausschließlich, und verbindet uns. Ich muß Alles wissen, denn die Schuld spricht mich nicht frei – vielleicht

bringt Deine Antwort einen Hoffnungsschimmer, einen An und Ausgleich. –
Es starb uns nicht nur das Kind – eine Tochter – es starb uns – eine Maria – eine Allmutter – ein Weiter – eine Krönung. –
Alles war in ihr, uns und die Umwelt, zu verstehen, bereit zu tragen, zu leben, und erleben.
Gott behüte Dich.
    Margot.

Kind *Dagny Jung.*

C. M. Jung   Berlin, den 25.5.1947
Berlin-Halensee
Lützenstr. 8

        Kulturbund, Kommission für Literatur
        z. Hd. Herrn Günther Weisenborn

Lieber Herr Weisenborn,
in der Anlage sende ich Ihnen die Abschrift eines Ausschnittes aus einem Brief von Franz Jung, der kürzlich an mich gelangte, nachdem ich zwei Jahre nichts von ihm gehört hatte. Er kennzeichnet wohl am besten die Situation, in der er sich befindet. Obgleich Jung ausdrücklich schreibt: „Nach Deutschland ruft mich nichts", möchte ich dieser pessimistischen Auffassung doch gern entgegenwirken, denn mir scheint, daß Franz hier noch wichtige Aufgaben zu erfüllen hat. Ich wäre Ihnen dankbar, wenn Sie mir dabei helfen könnten.
Bei unserer kürzlich geführten Unterhaltung bat ich Sie auch noch, künftig doch auch Franz Pfemferts als eines wahren Vorkämpfers zu gedenken, denn kaum einer hat sich doch so mutig wie er literarisch und politisch für die Unterstützung jeder aktiven Kraft eingesetzt, und das sollte ihm nicht vergessen werden.
Mit den besten Grüßen

Masi di Cavalese 15.6.
Val di Fiamme

Liebe Margot,
Dein Brief vom 25.v.M. hat mich mit Trauer und Sorge erfüllt. Ich möchte Dir gern helfen, wenn es in meinen Kräften stünde. Von hier aus kann ich wenig tun, aber ich will versuchen, eine Kombination über Bekannte draußen zu finden, nur wird dies eine Weile dauern und ich möchte Dich bitten, Geduld zu haben.
Deinen Brief kann ich unter den erschwerten Korrespondenzbedingungen nur ungenügend beantworten und ich muß nur hoffen, daß Du mich im Wesentlichen verstehst. Nähere Einzelheiten über das Ende unserer Tochter Dagny weiß ich auch nicht mehr, als Dir glaub ich Fontana aus Wien schon geschrieben hat. Er ist ja derselbe, der auch mich informiert hat. Eine besondere unmittelbare Schuld solltest Du Dir nicht zuschreiben. Es ist die Frage von Bestimmung und Schicksal, in deren Relation, Gegensätzlichkeiten und dem Bemühen um das Gleichgewicht das Leben des Einzelnen verläuft. Unsere Verantwortung mag deswegen nicht weniger groß sein, aber sie ist mittelbar und vielleicht auch mitbestimmend für das Schicksal, aber doch trotzdem nicht eine unmittelbare Schuld, wenigstens nicht in diesem Fall.
Dagny hat sich jener zersetzenden Umklammerung der Atmosphäre in Deutschland nicht mehr entziehen können. Sie hat dazu nach dem glückhaften Beginn in der Greifswalder Klinik nicht mehr die Kraft gehabt. Ihr Aufenthalt in Wien war ein schrittweises Abgleiten in Passivität und Selbstaufgabe. Ich selbst war bereits verfolgt und tödlich bedroht, ebenso wie meine Bekannten, die ihr nach dem Plan hätten über die Grenze zu kommen helfen sollen. Es war uns trotzdem noch gelungen, sie vor den Verfolgungen des Berliner Arbeitsamtes und ihrer alten Stellung durch Untertauchen in eine neue Arbeitsstelle zu schützen, aber sie hat sich dort entgegen allen Warnungen und Bitten nicht gehalten, sie hat die Endkatastrophe geradezu hervorgerufen. Erschütternder für mich als das Ende waren die Briefe und Mitteilungen, die ich noch im Sommer 1944 erhalten habe, aus denen man schon beinahe hellseherisch die Entwicklung voraussehen konnte. Und dabei nicht mehr helfen zu können.
Gewiß, die Tatsache allein, daß ich als Einzelner nichts gegen

den Nazi-Apparat ausrichten kann, spricht an sich mich, und zwar für mich selbst, nicht von der Verantwortung frei, aber ich muß und zwar auch nur vor mir selbst, auf die harte Wirklichkeit hinweisen, daß ich in der Zeit der entscheidenden Krise bereits selbst in den Händen der Gestapo war.

Der Selbstmordversuch Dagnys in ihrer neuen Arbeitsstelle war nur der Schlußstrich, praktisch hatte sie sich schon Monate vorher aufgegeben. Er hat nur den ganzen Apparat gegen sie in Bewegung gesetzt. Sie ist in die Neurosenabteilung des Krankenhauses eingeliefert worden zur Untersuchung auf Simulation und Arbeitssabotage und ist dann bei der Evakuation des Spitals, im März 45 wahrscheinlich, mit noch anderen unglücklichen Opfern vergiftet worden. So war die letzte Entwicklung. Den jungen Meißner muß man zum Beispiel bei der Beurteilung der Verantwortung oder Schuld ganz ausschalten.

Aber überhaupt, die Intensität des Willens zum Weiterleben hängt von der Möglichkeit ab, mit sich selbst fertig zu werden, eine gewisse Gesetzmäßigkeit in der bisherigen Entwicklung der eigenen Unausgeglichenheit zu erkennen. Von da aus kann man dann auch noch den anderen, jeder an seinem Platz und nach seinem Ausmaß, von Nutzen sein. Und das ist eigentlich eine tröstliche Gewißheit – auch im Gedanken an unser Kind, die nicht unglücklicher war und ist als wir selbst, in der Spontaneität ihres Widerspruchs vielleicht glücklicher. Mit dieser Erkenntnis leben wir weiter.

Herzlichen Gruß
    Franz

1947.

Kloster 21.8.47

Lieber Franz,
am 20.8. habe ich Deinen Brief mit Schein erhalten. Ich danke Dir auf das herzlichste dafür. Ich danke Dir für Deine Mühe und Sorge. Für das äußere Leben wäre nun wieder einige Zeit gesorgt.

Mir ist die Verwaltung für ein kl. Logierhaus hier angeboten worden, da könnte ich mir ein p. Hühner und eine Ziege halten. Der Besitzer ist ein Italiener namens Boggi, ein Dolmetscher, der viel auf Reisen ist. Für die wirtschaftlichen Dinge hat er eine Wirtschafterin, ich soll mehr die Gesamt Aufsicht führen. Ich möchte das solange übernehmen bis Du Dich entschieden hast, wo Du bleiben willst und kannst. Ehe dieses Angebot kam, hatte ich einen Plan nach dem Westen zu gehen, in die Nähe von Bayreuth, Flüchtlinge die hier eine Zeit auf der Insel waren, Leute in unserem Alter, (Frau und Mann) einfache Arbeitsleute, hatte ich gebeten, wenn sie dort hinkämen, sich nach einer kleinen Wirtschaft umzusehen, ich würde mich käuflich daran beteiligen. Vor kurzem bekam ich die Nachricht, ob ich noch Interesse an einem Kauf hätte.
Nun weiß ich nicht recht was ich tun soll.
Wenn sich in Bayreuth etwas böte, möchte ich lieber dahin. Ich wäre Dir räumlich schon etwas näher gekommen.
Ich möchte Dir so gerne Ruhe bieten und alles Schwere tragen helfen.
Wenn mir das gelänge in meinen letzten Jahren wäre ich zufrieden und dankbar.
Bitte lieber Franz, schreibe mir wie Du darüber denkst.
Sei aufs herzlichste gegrüßt.

Margot.

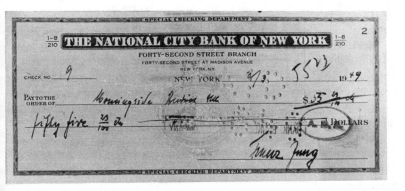

RUTH FISCHER
319 West 80 Street ~~XXX WEST 80 STREET~~ · NEW YORK 24, N. Y.
TRafalgar 7-0783

April 21, 1948

Dear Franz:

I just got your letter of April 17. It was quite a surprise to me, for I had had no news from you that you had received your visa.

I telephoned immediately to the IKRA office, and they promised to cable to their Rome office to take over the expenses of your transportation. They want you to get in touch immeidately with Mrs. Liszt in Rome, and as far as I can judge the matter seems to be definitely settled.

I am very glad that after so much time and trouble you have finally reached the goal. Please write me at once to confirm the matter of the visa and the transportation expenses. Everything else can wait till we see each other.

Best wishes,

Yours
Ruth

Franz Jung
San Remo, Italy.

[handwritten note:] Sprach eben mit Gumperz, der sich für Dich freute und versprach bei der den Druck zu machen, damit alles klappt. Ist ein Brief von Dir an mich verloren gegangen? Wann hast Du das Krain bekommen? Erhielt heute ein paar Zeilen von Roth über Euer offensichtlich vergnügliches Gespräch. Grüße Frau Horn. Schreibe gleich, wie alles geht!

Franz Jung, 414 West 120th St., New York 27, N Y.   5/1 1951

Sehr geehrter Herr Dirks,
ich wende mich an Sie als den Mitherausgeber der Frankfurter Hefte, um Sie zu fragen, ob Sie für die Zeitschrift an einem Aufsatz über die „parasitäre Lebenshaltung" Interesse hätten. Der Aufsatz ist der Extrakt einer längeren Arbeit, im wesentlichen eine sociologische Studie über Lebensführung und Lebenserwartung, um die Stellung des Einzelwesens in der Gesellschaft – die Gesellschaft im weitesten Sinne – gruppiert.
Ich bin kein sociologischer Fachwissenschaftler und kann mich statt in Schlußfolgerungen freier in Perspektiven bewegen, die vielleicht ganz anregend sein könnten. Ursprünglich hat mich für meine größere Arbeit das Erlösungsproblem der Albigenser beschäftigt, das ich in den Bibliotheken der Dominikaner in Rom und Turin eingehend studiert habe, ich habe es in Beziehung zur heutigen Geisteshaltung gesetzt und allmählich sind diese Brücken größer geworden als das eigentliche Problem, woraus dann die Arbeit in der heutigen Form entstanden ist.
Ich glaube, ich sollte vorher bei Ihnen anfragen, ehe ich Ihnen ein Manuskript einsende. Über meine Person ist wenig zu sagen. Ich habe in den zwanziger Jahren, auch schon vor dem 1. Kriege eine Reihe Bücher veröffentlicht und bin nicht ganz unschuldig daran mich allmählich in eine völlige Außenseiterstellung hineingebracht zu haben. Seit einigen Jahren lebe ich nach mancherlei Irrfahrten hier in New York, als Statistiker.
Ich vermute, daß in der nächsten Woche Frau Ruth Fischer in Frankfurt sein und sicher auch Ihren Verlag besuchen wird. Sie kennt mich seit vielen Jahren ganz gut und wenn Sie es wünschen, würde Sie Ihnen über die geistige Atmosphäre von der ich stamme und aus der heraus ich heute spreche, Auskunft geben können.
Mit bestem Gruß
     Franz Jung

Ihr Verlag *Verlag der Frankfurter Hefte.*

REVOLTE GEGEN DIE LEBENSANGST.
Anmerkungen zu einer Studie über
die parasitäre Lebenshaltung

> So oft ich unter Menschen gewesen bin,
> bin ich als ein geringerer Mensch
> heimgekommen.
> Thomas von Kempen I, XX

Gegenüber der großen Zahl wissenschaftlicher Bemühungen, die Stellung des Menschen zu sich und seiner Umwelt im weitesten Sinne in ein System zu bringen, stellen die nachfolgenden Betrachtungen lediglich einen Versuch dar, von der soziologischen Deutung her dem Problem einer Fassadenkonstruktion näher zu kommen, aus dem Erlebnisbereich der Lebensangst. In dieser nicht als besonders wesentlich gewerteten Folgeerscheinung wird die eigentliche Ursache unserer Lebenshaltung begründet sein. Die Form einer lose geknüpften Gedankenfolge gestattet der Methodik nur Mittel, die von vornherein unzulänglich erscheinen mögen; es mangelt der Methode an Beweiskraft, dafür wirbt sie aus Überzeugung um Verständnis – ohne überzeugen zu wollen.

Die Untersuchung bewegt sich auf dem analytischen Spannungsfeld zweier grundsätzlicher Annahmen, die in gewisser Hinsicht allerdings Voraussetzungen für das Verständnis sind.

1. Nichts geht verloren. Im Haushalt der existentiellen Kräfte des Menschenwesens geht nichts verloren in geistiger und nichts in stofflicher Beziehung, weder im Allgemeinen der Gattung noch im Besonderen der Eigenheit, im Rahmen des aus der menschlichen Wesenheit wirkenden Bereichs von Erfassung und Bewertung, Sicht und Erkenntnis.

2. Der Mensch steht nicht für sich allein. In der Darstellung von Lebewesen erscheint der Mensch als zeitgebunden. Aus der Erkenntnis der Zeitbegrenzung wird der Ablauf des Daseinsbildes verstandesmäßig aufgenommen. Die organische Bindung zur Zeit ist weder stofflich noch geistig auf das Sichtbare und Greifbare begrenzt. Diese Bindung wirkt gleicherweise, mit gleicher Intensität, in den Kräften der Vergangenheit und auf

dem Nährboden der Zukunft, auf dem die Wurzeln unserer Gegenwart sich entfalten sollen. Sie begrenzt sich nicht im Einzelwesen. Der Mensch erlebt in allen Bindungen sich als Gattung: stofflich zeitgebunden, geistig unbegrenzt.
Es *kann* nichts verloren gehen, solange nicht aufzuzeigen ist, erkenntnismäßig – wohin. Dagegen wandelt sich die Substanz, stofflich, geistig und artungsgemäß. In dem bewußten Erlebnis dieses Wandlungsvorganges sind wir noch nicht sehr weit gekommen. Wir haben dem Zivilisationsprozeß statt dessen den Vorzug gegeben, der Lebenstechnik, aus der unter anderem auch der sogenannte technische Fortschritt abgeleitet wird. Ein wilder Trieb am Baum des Lebens, ohne Früchte.
Die Lebenstechnik unterliegt dem physikalischen Grundprinzip der Akzeleration, das heißt, wenn nichts verloren geht, wird die Substanz vermassen und überwuchern, der Prozeß der Umwandlung, des Verschleißes, der Abstoßung und der Aufsaugung wird zwangsläufig beschleunigt, um das biologische Gleichgewicht zu halten. Was geboren wird, muß rascher vernichtet werden, geistig wie stofflich, bei immer mehr gesteigerten Ansprüchen, die Kluft zwischen Spreu und Weizen verbreitert sich, der Weizen wird akzeleriert, nicht die Spreu, und der Verschleiß der Spitze, der Begnadung ist charakteristisch für den Zustand der menschlichen Gesellschaft. Die Lebenstechnik, bemüht dem Einhalt zu tun, wird von dem technischen Fortschritt überwuchert.
Die Bindung der Gattung zurück und in die Zukunft wird zu einem unerträglichen Druck. In der biologischen Reihenordnung erscheint das Lebewesen Mensch als Parasit, eine Blattlaus am Baum des Lebens, vom technischen Fortschritt her gesehen eine Art Heuschrecke. Die Bewertung dieses Parasitären spiegelt sich nicht in Moralgesetzen und in der Gesellschaftsordnung, sondern in der Stellung des Einzelnen zu dieser Gesellschaft und zu diesem Gesetz, in der mehr umfassenden Bedeutung der Lebensdisziplin. Im Bewußtwerden seiner Stellung zur Umwelt, in der Erkenntnis des parasitär Gebundenen. Das Erlebnis der Substanzveränderung, der Übertragbarkeit und Wandlung verkümmert und bleibt ungenutzt.
Statt dessen tastet der Einzelne in eine Fülle von Vorstellungen, die mal aufleuchten und dann wieder verblassen, beschmutzt werden, zerfetzt und zertreten und schließlich völlig verschwin-

den, Nährboden zwar für eine Zukunft, die aber substanziell mehr aus der Vergangenheit schöpft als aus der Gegenwart, in der das Erlebnis des Daseins keine Spannkraft mehr besitzt, weil alle Vorstellungen verkümmern in dem Gebundensein an das, was sichtbar und greifbar ist. Das ist der Erlebnisbereich der parasitären Lebensform, der Erlebnisbereich des Menschen. Dies nebenbei vorweggenommen.

1951. Einleitung.

REVOLTE IM JENSEITS

Es ist mehr eine lose Verkettung des Zufalls, daß der Hypnose Bericht „The Research for Bridey Murphy" von Morey Bernstein, der große amerikanische Bucherfolg der letzten Monate in der Konstruktion identisch /ist/ mit Jack Londons „Star Rover" (Sternen Wanderer), ein Roman aus der Spätzeit, der sich gegen die immer stärker ansteigende Flut der Kurzgeschichten nicht mehr behaupten konnte, obwohl er nach dem Urteil der literarischen Kritik der zwanziger Jahre das Niveau dieser Fabrikate weit übersteigt. Allerdings paßt der Star Rover in das inzwischen üblich gewordene Jack London Clichee kaum hinein, Geschichte eines Gefangenen, der aus der unerträglichen Nacherinnerung eines verfehlten Daseins sich in ein Vorleben hineinsteigert, das ihn von der eigenen Verschuldung, den täglichen Bedrückungen freizusprechen beginnt. Das Bild dieses zweiten Lebens in einer Vorexistenz schwankt ständig, wird stärker und schwächer, sobald es sich mit der Realität der Gegenwart, der Existenz des Eingesperrtseins, der Erkenntnis einer Strafe überschneidet oder berührt. Es ist eine durchaus unrealistische Erzählung, die eine Literaturgeschichtsschreibung – auch in der USA gibt es jetzt so etwas – die Jack London mit Frank Norris, Stephen Crane und Theodor Dreiser zu den Begründern der Epoche realistischer Literatur zählt, Vorläufer der Steinbeck, Hemingway und dergleichen – genau gesagt, verschweigen möchte.

Der Verfasser der Murphy Hypnose nimmt aus dem London Roman das weiche Innere, den härteren Kuchenboden läßt er unangetastet; wahrscheinlich weil auch schon Jack London in unbeendeter Perspektive wenn auch voller Versprechungen stecken geblieben ist. Morey Bernstein, ein Geschäftsmann aus New York, der den Hinterwäldnern im goldenen Westen Aktien verkauft, nennt sich einen Hypnotiseur aus Liebhaberei, in diesem Falle ohne Geschäftsinteresse, ein Amateur. Er hat eine biedere Hausfrau, die in glücklicher Ehe verheiratete Ruth Simmons aus Pueblo im Staate Colorado in Hypnose versetzt und Ruth hat ihm dabei /von einer früheren Existenz (1798–1884) erzählt/.......

Nicht alle können wiederkehren. Bei Überschreiten der Grenze ins Jenseits findet die große Wandlung statt, die Trennung von der Zeit. Sie ist peinvoll, daß nur wenige bereit sein werden, sich ihr zu unterwerfen, obwohl dieser Schmerz nicht zu vergleichen ist mit körperlicher Pein im materiellen Dasein. Aber diejenigen, die im Leben zu kurz gekommen sind, haben das als Vorgefühl schon empfunden, sie sind es ein wenig gewöhnt, diejenigen, die unter der Autorität, unter der Gerechtigkeit der Gesellschaft gelitten haben, in der Vereinsamung. Nur die Hungernden werden wiederkehren.

So beginnt eine der Botschaften, die der amerikanische Schriftsteller Jack London heute noch seiner Gefolgschaft übermittelt, 40 Jahre nach seinem durch Selbstmord beendeten Dasein. Die Tochter Joan London beschreibt diesen Tod gegen die Horde von literarischen Kumpanen, die es besser wissen wollen, und Mitverdiener, die Verleger, die noch heute mit Manuskripten vollbepackt sind, die Kritiker, die Jack London als Prototyp des amerikanischen Erfolgsschriftstellers auf ein Piedestal gestellt haben: Solange Jack in tiefer Bewußtlosigkeit lag, konnten die Ärzte den Magen auspumpen und die unmittelbare Gefahr beseitigen. Sobald der Körper wieder zu reagieren begann, das Bewußtsein zurückgekehrt war, machte Jack jede weitere Wirkung zunichte. Der Kampf zwischen den Ärzten und Jack London ging zwei Nächte, dann verschied Jack London, ein Lächeln des Triumphs auf den Lippen, er hatte zuletzt alle die ärztlichen Bemühungen ausgetrumpft.

1957. Notizen zu Jack London. Vorlage unvollständig.

Cläre Jung   Berlin-Pankow, 13. Juli 1952
               Damerowstr. 46

Lieber Franz,
kürzlich traf ich Hans David Schwab, der mir erzählte, daß er Dich in NY gesehen und gesprochen hätte. Wir haben verabredet, öfter zusammenzukommen, doch ist es nie ganz sicher, ob solche Vereinbarungen eingehalten werden können, da hier immer wieder neue Entwicklungen zuweilen dem guten Willen entgegenstehen.
Es ist eine lange Zeit her, daß wir voneinander hörten. Ich hatte Dir damals im Dezember 1950 am Tage von Scherrets Tod geschrieben, weil ich auf ein gütiges Wort von Dir hoffte. Dieser Brief kam jedoch nach zwei Monaten zurück, da ich in der Verwirrung nicht richtig adressiert hatte. Margot, die an diesem Tage bei mir war, hat Dir dann geschrieben. Ich kann nur annehmen, daß irgendein Mißverständnis entstanden ist, denn sie brachte mir kurze Zeit darauf Dein Antwortschreiben, das sie mich lesen ließ. Vielleicht war es nicht für mich bestimmt, sonst könnte ich den Ton nicht verstehen, in dem es abgefaßt war – so ohne auch nur ein einziges menschliches Wort zu finden. Warum nur? Dieser Brief hat mich fast genau so erschüttert wie Scherrets Tod und es mir die ganze Zeit unmöglich gemacht, Dir zu schreiben.
Der Grund meines heutigen Briefes ist ein zweimaliger etwas beunruhigender Herzanfall, den ich in letzter Zeit hatte. Wie es in solchen Fällen ist, überlegt man, welche Vorkehrungen getroffen werden müssen. Deshalb möchte ich Dich fragen, lieber Franz, welche Regelung ich für einen solchen Fall vorsorglich mit Deinen Büchern und Schriften treffen soll. Ich habe mich all die Jahre als eine Art Sachwalterin der Sachen gefühlt und bin glücklich, sie über die Zeit hinweg gerettet zu haben. Wie Du weißt, versuchte ich in den Jahren nach 45 einiges wieder herauszubringen, leider vergeblich. Diese Bücher sind für mich immer ein lebendiger Bestandteil meines Lebens, und ich hatte immer geglaubt, auch für Dich und Peter bedeuteten sie hier bei mir eine Heimat.
Selbst auf die Gefahr hin, daß Du anderer Meinung darüber bist, bedaure ich sehr, daß Du nicht einmal hierher kommen kannst: gerade für die Entwicklung der letzten Zeit haben Deine Bücher

(besonders die „Technik des Glücks" und „Eroberung der Maschinen") ihre Gültigkeit, sind die Voraussetzung. Sicher ist dies alles für Dich nichts Neues, aber es ist eben die in die Breite und Tiefe gehende konsequente Fortentwicklung Deiner Arbeiten von vor 30 Jahren. Es erfordert nun einmal einer elternhaften Geduld, es mitzuerleben. Ich arbeite in diesem Sinne weiter.
Bitte laß mich Deine Stellungnahme zu meiner Frage wissen. Ich hoffe, es geht Peter und Dir gesundheitlich und auch sonst gut und grüße Euch
herzlich

414 West 120th Str, New York 27, N.Y.

Liebe Cläre, vielen Dank für deinen Brief.
Es tut mir sehr leid, daß die mißverständliche und zweifellos recht taktlose Art, mit der Margot meine Bemerkungen auf Ihren Brief interpretiert hat, Dich verletzt haben muß. Es lag bestimmt nicht in meiner Absicht. Ich habe mich ja auch immer gewundert, daß Margot Dich nie mehr aufsuchen wollte, obwohl ich ihr auf verschiedene Briefe, worin sie mir ihre Lage schilderte, immer geantwortet habe, der einzige Mensch, der ihr vielleicht zu irgendeiner Arbeit, um den notwendigsten Lebensunterhalt zu bekommen, verhelfen könnte, wärest du. Sie hat sich einfach geniert und das wird mir jetzt auch verständlich. Sie schrieb mir damals in dem Sinne, du wünschtest keine Verbindung mehr mit mir und hättest mir als Letztes nur mitzuteilen, daß Scherret gestorben sei. Offen gestanden hat mich das auch ziemlich getroffen, wenngleich ich es mir in deiner Situation noch hätte irgendwie erklären können. Aber ich denke wir gehen über die ganze Sache, wenn es Dir möglich ist, hinweg.
Ich habe leider nicht die Möglichkeit, so ohne weiteres von hier wegzukommen, ohne Paß und ohne Geld, obwohl ich schon lange nach Deutschland hätte zurückkehren wollen. Ich würde überaus gern mit dir sprechen wollen und vieles erklären, was so einfach in einer Briefkorrespondenz nicht geht. Auch – wenn ich schon diesen Ausdruck gebrauchen will, meine „politische" Stellung ist so anders geartet von der, die man gemeinhin „Politik und Weltanschauung" nennt und die von den zuständi-

gen Organen hier wie drüben gemacht und dirigiert wird und die sich in einer gesellschaftlichen Administration konzentriert, daß ich darüber oder im Niederschlag dessen eine Reihe Bücher schreiben müßte, um mich verständlich zu machen. Dazu wird mir keine Gelegenheit mehr geboten – vielleicht mit Recht – im persönlichen Gespräch und schon in meiner persönlichen Lebenshaltung kann ich mich schon eher verständlich machen. Ich bin im Grunde seit meiner Entlassung aus dem Lager Bozen nicht mehr zu mir selbst gekommen, obwohl ich instinktiv nichts anderes versucht habe, als irgendeine Lebensbasis wiederzufinden. Mit einem großen und fast unverdienten Glück habe ich die drei recht schwierigen Jahre in Italien überstanden. Ich bin dann hier in der US sogleich in eine Atmosphäre hineingekommen, die zu durchstehen stärkstes Lebensgefühl und ein präziser Selbstbehauptungswillen die Voraussetzung gewesen wären. Stattdessen war ich ein Wrack von Verschmähung und Unsicherheit, Hemmungen und Schuldgefühlen, aus denen sich Verpflichtungen herausgelöst haben, zu denen ich noch gerade die Kraft hatte, mich zu disciplinieren. Unter diesem vielfältig gespalten Druck habe ich die Jahre bisher überstanden. Auch das ist geistig wie materiell gesehen, geradezu ein Wunder.

Ich halte mich wirklich unter sehr schwierigen Bedingungen noch gerade aufrecht und da ich im tiefsten Grunde doch kein eigentliches Ziel mehr habe, so bin ich auch nicht gezwungen Kompromisse zu machen, was mich natürlich noch mehr vereinsamt. Der Nutzen, den ich davon habe und der mir sozusagen automatisch zuwächst, ist eine klarere Erkenntnis meiner Selbst, die Erkenntnis von menschlichen Zusammenhängen, von der ich ja auch überraschenderweise, wie sich jetzt zeigt, ausgegangen bin. Nur wirkt sich das nicht mehr unmittelbar nach außen aus, weder durch ein Buch oder im persönlichen Verkehr. Darüber ließe sich natürlich sehr viel im Einzelnen sagen und vielleicht auch mit einer sehr optimistischen Betonung. Das soll nicht heißen, daß ich resigniere, daß ich das geringste aufgebe, was ich gedacht und getan habe, mag es moralisch vertretbar oder unmoralisch gewesen sein. Was etwa in der gesellschaftlichen Perspektive oder persönlich falsch war, das habe ich zu zahlen, abzuzahlen und das tue ich. Das ist schließlich auch der Grund, warum ich noch existent bin, weder aufgehangen worden bin noch mich selbst aufgehängt habe. Sicher hätte beides meinen Lebenslauf sehr vereinfacht und erleichtert.

Ich schreibe dir das alles, weil ich versuchen möchte dir zu zeigen, wie es bei mir aussieht. Die wahre menschliche Betreuung, ohne die der Einzelne nicht lebensfähig ist, habe ich zurückgestoßen – schließlich habe ich so eine Art Vitalität nach außen hin darauf aufgebaut. Heute weiß ich wie falsch das gewesen ist, meinetwegen verbrecherisch und selbstzerstörend. Aber das ist aus meiner ganzen Charakteranlage leider zu erklären. Es ist eigentlich ganz folgerichtig, daß ich heute nichts mehr habe, auf was ich mich stützen könnte.

Das beantwortet ein wenig schon deine Frage. Es wäre etwas übertrieben zu sagen, daß ich überhaupt keinen Ehrgeiz mehr habe, mich verständlich zu machen und zu schreiben. Dazu müßte ich eine Hilfe haben wie sie mir früher (mit Vertrauen) so oft entgegengebracht worden ist. Damals glaubte ich es nicht nötig zu haben. Heute kann ich sie nicht mehr bekommen. Ich quäle mich zwar allein noch herum, beinahe unter den alten Vorzeichen – so habe ich wieder den Ausweg eines Wirtschaftsjournalismus versucht, wie das früher immer gut gegangen ist. Heute geht es nicht mehr. Ich schreibe einen lächerlichen New Yorker Wirtschaftsbrief für den Industriekurier, weil ich glaubte darauf eine noch so kleine unabhängige Basis aufbauen zu können. Aber es geht eben nicht mehr. Ein literarisches Comeback ist an dem seltsamen Verhalten des Dr. Maus gescheitert, der im Besitz einer Reihe Manuskripte, die ich selbst im Original nicht mehr habe, mich einfach im Stich gelassen hat, als er nach Berlin an die Universität berufen wurde. Später von dort wieder nach Mainz zurückgegangen, hat er mir zwar geschrieben, aber in einem Ton, daß ich ihm nicht mehr geantwortet habe. Mich als Treppe für eine neue Karriere in Frankfurt benutzen zu wollen, beruht ja auf einer völligen Verkennung meiner Situation.

Es ist natürlich irgendwie verlockend, zu wissen, daß Schriften und vielleicht Manuskripte, an die ich mich kaum mehr erinnere, vorhanden sind, auf die ich noch einmal zurückblicken kann, ein ganzes Leben von Versuchen mich auszudrücken – aber werde ich jemals dazu noch Zeit haben? Ich wüßte niemanden in Deutschland, an den sie übergeben werden sollten und du wirst wohl der einzige bleiben, der das Erbe (ohne Anführungsstrich) am besten verwahrt. Daher wird es notwendig sein, daß du deine Herzanfälle überwindest und dich so schnell wie möglich wieder gesund machst. Vielleicht komme ich doch noch mal selbst und hole mir einiges. Frau Eva Marcu (die Frau des vor einigen Jahren verstorbenen Valeriu) wird aller Wahrscheinlichkeit nach Mitte nächsten Monats in Berlin sein und ich habe sie gebeten Dich anzurufen und mit dir zusammenzukommen. Ich bin mit ihr befreundet und sie kennt meine Situation etwas, nach der negativen Seite. Sie wird dir einiges erzählen können.

Bei allem Negativen ist es mir doch gelungen, wenigstens meine Verpflichtungen Peter gegenüber ungefähr bisher soweit zu erfüllen. Ich habe ihn durch die High School bringen können. Er ist nach dem hiesigen Standard sehr begabt, der beste in der Schule gewesen, mit einer Reihe Auszeichnungen entlassen worden und will Landwirtschaft studieren, in der Hauptsache begabt als Mathematiker und studiert das was man hier agricultural economic nennt. Im Herbst geht er auf die Cornell Universität, was allein schon als Auszeichnung gilt mit einem Stipendium vom Staat New York. Augenblicklich arbeitet er bereits praktisch auf einer Farm. Ein netter Junge und scheints ziemlich ausbalanziert. Seine eigentliche Leidenschaft ist allerdings scheints Journalismus und Schriftstellerei. Die technisch exakte Ironie, worin ja auch etwas Sprachschöpferisches steckt, beherrscht er schon ganz gut. Ich habe ihn nicht gerade gezwungen zu einem Studium aber etwas tropfenweise beeinflußt. Vielleicht war es falsch, aber ich habe die Hoffnung, daß er zu sehr sich nicht hineinreden lassen wird. Drüben wie auch hier entsteht ja ein ganz anderer Menschentyp, vor dem wir sowieso bald nichts mehr zu bestellen haben werden. Frank ist jetzt auch hier mit seiner Familie, einer Frau, die sehr an Dagny erinnert, in allem, und einer 11jährigen Tochter. Die Probleme sind dieselben wie vor 25 Jahren. Er lebt von seiner Begabung als Musiker, materiell geht es ihm ganz gut, die ersten Monate ehe er eine Union Karte hatte, waren schwierig, die Frau arbeitete als Chambermaid in einem Hotel. Mit Margot will er keine Beziehungen halten wie ehedem, zum Teil Margots Schuld, die ihn noch vor seiner Abreise in München besucht hat und sich dort typisch margotmäßig aufgeführt hat. Ich schweige mehr oder weniger dazu, obwohl es mir schon rein principmäßig nicht recht ist, wie du dir denken kannst und halte eine sehr vorsichtige Verbindung aufrecht – ich habe ihn hinübergebracht und der Frau etwas geholfen in der ersten Zeit und sonst als Zuhörer, wenn der Topf zum Überkochen ist, aber sonst habe ich weiter auch nichts getan, als eine Verpflichtung zu erfüllen.

Ich selbst arbeite in einem statistischen Büro und mache Devisenstatistik und habe wie hunderttausend andere auch das dumpfe Gefühl, daß ich jedes Wochenende herausgeschmissen werden kann. Im Gegensatz zu den anderen weiß ich aber, wenn ich herausgeschmissen werde, ist mir recht geschehen. Dann stelle ich mich an der Heilsarmee oder dem Franziskanerkloster um die tägliche Suppe an.

Herzlichen Gruß
        Franz

August 1952

3. Mai 1953

Liebe Margot,
Anbei schicke ich dir eine Kopie der „Erinnerung an Dagny", die gleichzeitig wieder an Hans David Schwab-Felisch von der „Neuen Zeitung" geht. Sollte dieser, wie ich hoffe, die Arbeit drucken, so wird das Honorar wieder an dich gehen. In jedem Fall würde ich dir aber raten, in etwa acht Tagen, nach Erhalt dieses Briefes, entweder ihn aufzusuchen oder anzurufen, vor allem auch für den Fall, daß er Dir vielleicht raten kann, die Arbeit anderweitig anzubieten, in Betracht käme dann hierfür „Der Monat" meines Erachtens. Aber Schwab wird das besser herausfinden können.

Zu der Sache selbst möchte ich folgendes sagen: ich habe über dieses Thema 1946 ein Buch von etwa 180 Schreibmaschinenseiten – cirka 50.000 Worte – geschrieben und zwar auf Anraten und Veranlassung der Büchergilde Gutenberg in Zürich. Ich habe das Manuskript seinerzeit unter dem Drängen der Leute in drei Monaten heruntergeschrieben und mußte unter äußerlich äußerst ungünstigen Verhältnissen kapitelweise das Buch abliefern, so daß, vom rein technischen Standpunkt gesehen, das Manuskript nicht druckreif ist. Ich erhielt damals aus Zürich nach Ablieferung des Restes einen derartig überheblichen Brief, der auf die besonderen Bedingungen, unter denen die Arbeit durchgeführt worden ist, so wenig Rücksicht nahm, daß ich die Beziehungen zu dem Verlag abgebrochen habe, unter ziemlich groben Formen. Es hat Monate gedauert, bis ich das Manuskript überhaupt zurück bekommen habe und wenn ich heute die Arbeit überblicke, so ist es für mich unmöglich, irgend etwas daran noch heute zu verbessern. Sie müßte vollkommen neu umgeschrieben werden und das hat für mich keinen Zweck.

Der Titel, den ich damals für das Manuskript gegeben hatte, hieß: „Das Jahr ohne Gnade". Inzwischen hat jemand, wie ich aus einem deutschen Bücherzettel ersehen habe, den gleichen Titel verwendet. Wäre das Buch 1947 erschienen, so hätte es sich von der damaligen Welle der anti-Nazi und Konzentrationslager-Literatur wesentlich abgehoben als es viel stärker auf die eigentlich/en/ Ursprünge der damaligen Verhältnisse und der Situation der Gesellschaft eingeht und die Dinge auch ganz anders darstellt, als dies in der Routine-anti-Nazi-Literatur geschehen ist. Inzwischen ist aber auch diese Vernachlässigung von der deutschen und europäischen Schriftstellerei jetzt nachgeholt worden, so daß ein solches Buch heute nichts Besonderes mehr sein wird.

Ich selber bin von der Literatur in der Form der fortlaufenden Erzählung und der darin hineinverflochtenen psychologischen Zusammenhänge völlig abgekommen. Selbst wenn ich das Manuskript druckreif machen würde, könnte ich die antiquierte Erzählform und den psychologischen Zusammenhang nicht aufgeben. Deswegen hat es keinen Zweck, auch die Sache nur zu versuchen.

Dagegen könnte ich mir vorstellen, daß jemand in der jetzt von mir bevorzugten Form – technisch gesagt, der psychologisierten Beschreibung statt der psychologisierten Erzählung, mit einer jeweils herausgearbeiteten Situations-Spitze, aufgelockert in Dialoge – Interesse hätte, unter dem Titel „Erinnerungen an Dagny" etwa ein Dutzend solcher Situations-Spitzen nebeneinander und nicht direkt an Ablauf gebunden, herauszubringen. Wenn eine solche Möglichkeit besteht, dann würde ich Dir das bei mir noch befindliche Manuskript, das einzige, was ich habe (es bestehen auch keine sonstigen Aufzeichnungen, etc) – nach dort schicken.

Wer daran Interesse hat und es auch beurteilen kann, würde automatisch schon die dafür in Betracht kommenden Situationsspitzen herausfinden. Ich bin auch überzeugt, daß ein halbwegs gelernter Schriftsteller das aufmachen kann – vielleicht sogar besser als ich selbst. Ich würde, sofern ich selbst als Bearbeiter dann in Frage kommen sollte, das nur gegen einen festen Auftrag tun. Es würde immerhin mehrere Monate meine Zeit und Nerven voll in Anspruch nehmen und diese Zeit müßte mir auch vorher bezahlt werden, da ich von diesem Geld hier meinen Existenzunterhalt bestreiten müßte.

Ich glaube nicht, daß sich im heutigen Deutschland noch jemand dafür findet. Ich für meine Person, habe auch kein Interesse und keine Lust, solch einen Menschen oder Firma zu suchen. Vielleicht ist es aber Dir möglich, mit dem Buch noch etwas anzufangen. Vielleicht findest Du einen Verleger oder Bearbeiter. Ich würde auch auf meinen Namen als Herausgeber verzichten und gebe Dir im ganzen dadurch die Möglichkeit, etwas zusätzliches Geld für Deine Rente zu gewinnen.

Selbst im besten Fall, daß sich jemand direkt im obenangegebenen Sinne interessiert, würde ich nur sehr ungern die Sache wieder aufnehmen und weiter daran arbeiten. Besser wäre es, einen Anderen dafür zu finden. Ich würde es aber schließlich dennoch tun, wenn ich die Sicherheit und Gewißheit hätte, daß Du daran etwas Geld verdienst.

Mit bestem Gruß
    Franz Jung

San Francisco, 1/7 54
1260 Utah Street

Lieber Dr Pinthus,
ich hatte leider keine Möglichkeit mehr, mich noch einmal persönlich von Ihnen zu verabschieden. Wenn Sie Ihre Vor-

tragstätigkeit hier nach der Westküste führen sollte, hoffe ich Sie hier zu sehen.
Wenn Sie mal bei Gelegenheit mitteilen könnten, welche Theaterstücke von mir in Ihrer Columbia Bibliothek vorhanden sind, wäre ich Ihnen sehr dankbar. Sie haben vielleicht inzwischen auch gehört, daß Aufricht in Berlin ist und dort wegen Übernahme eines Theaters verhandelt. Er hat mich aufgefordert nach dort zu kommen. Vielleicht kann ich etwas für sein neues Theater schreiben. Er beklagt sich sehr über das niedere Niveau des Schauspieler Nachwuchses in Deutschland, eine Erscheinung, die er wohl überall in Europa antreffen dürfte.
Ich benutze die Gelegenheit gleichzeitig, Ihnen ein erfolgreiches neues Jahr zu wünschen und verbleibe mit den verbindlichsten Grüßen
Ihr
    Franz Jung

Flushing, NY – Jan. 13. 55

Lieber Herr Jung, für Ihren ausführlichen Bf. danke ich Ihnen. Ich werde gerade langsam fertig mit Korrekturen meiner 5 Bände, das heißt, 3 d. 4 habe ich übersprungen. Wenn ich einmal sehe, daß Sie irgendwo ein wenig Ruhe haben und wenn die Bände hier sind (bisher Bd. 1 und 2) sollten Sie die Ihren bekommen. Von selteneren Adressen hat nur Prof. Pinkus oder thus geantwortet, wollte immer herkommen, hatte dann aber wohl Operationen etc. kurz auch das war kein Leser. Ruminow wollte die Bücher nur unter der Voraussetzung, daß es Bilder wären. Es ist miserabel mit der Subskr. gegangen, wie erwartet, aber so ungefähr wird der Plan doch am Ende durchgeführt und in irgendeiner Weise ist meine ganze Arbeit angedeutet.
Über Ihren Plan nach Oaxaca zu gehen bin ich sehr begeistert und ich würde wünschen, daß Sie dort eine Weile aushalten. Und etwa im Boden ein wenig buddeln und ein paar Dinge finden, die Ihnen den Aufenthalt möglich machen.
Ihre Einladung in die Majawa-Wüste betrachte ich mit ein wenig

Zweifel und ich würde erst etwas darin tun, wenn ich weiß, daß Sie da sind. Ich halte es leider wegen mangelhafter Gesundheit für unwahrscheinlich, denn ich bin in Needles und überall sonst gewesen und glaube nicht, daß ich zu einer so primitiven Lebensform zurück kann. Und dann müßte man tausend Acres haben, denn die Schafe wechseln dauernd. 2-3 Acres sind gerade genug eine Herde für eine Weile zum Scheren einzufangen. Und dann die Tiere massakrieren und all das? Eher pflanzen, wenn man auch nur dürftig Wasser hat, aber das wird die Regierung schon nicht mitliefern.
Trotzdem, die Wüsten haben mir immer gefallen. Und auch gut getan. Und wenn etwas bei Ihnen wird, würde ich mich näher herandenken. Man müßte dort zuerst wirklich einen Trailer haben und ein Auto wenn man sich nur Brot holen will. Dort überall ist die Hitze auch wirklich enorm. Wenn man hier im Sommer damit gut fertig geworden ist sollte man den Wechsel vornehmen. Aber auch vor 8 Tagen Fahrt über den Kontinent habe ich schon Bedenken. Das Gleiche mit 26 Jahren wäre richtig gewesen. Aber, Sie sind noch nicht dort.
Bei aller Unzufriedenheit bin ich mit den 5 Bänden ganz zufrieden. Habe den Staat nach Strich und Faden abgeschlachtet und seine Wiederkehr als unerwünscht für alle Zukunft abgelehnt. Irgendwo zwischen Ihnen und mir sitzt auch noch ein alter Holländer, bohrt nach Erdöl, schon seit Jahren und er will Geld stiften, falls er einmal Erfolg haben sollte. Aber er ist solange sympathisch solange er keinen Erfolg hat. Von dort also könnte ich, wenn die Dinge anfangen zu klappen, auch ein wenig Hilfe finden. Man wird also sehen müssen.
Lassen Sie mich wissen, wenn Sie nach Mexico kommen, das mich immer beschäftigt hat und wohin ich auch nie kommen sollte.
Sehr herzlich. Ihr jüngster Sohn schrieb mir plötzlich aus Deutschland, Militär und ich hoffe, auch der wird mal wieder frei.
    Ihr

Von Ernst Fuhrmann

San Francisco, 4/15 55
417 Fair Oaks

Liebe Cläre,
vielen Dank für deinen Brief und die Adressen die mich ein wenig sicherer machen. Auf Margot würde ich mich ja nicht verlassen können. Sie schreibt in der letzten Zeit mehrfach, daß eine Operation notwendig ist und sie wahrscheinlich erblinden wird (mit oder ohne Operation). Ich kann dazu gar nichts sagen, praktisch auch nichts tun, ich weiß nicht einmal ob es überhaupt stimmt. Trotzdem bleibt es natürlich nicht ohne Reflex, was vermutlich auch der tiefere Sinn der Briefe ist. Einige habe ich an Frank weitergeleitet, der aber mit Sicherheit weder schreibt noch etwas unternimmt. Ich habe seit Monaten nichts von ihm gehört oder über den Umweg der früheren Frau, die Alimente für das Kind einklagt, nur wenig erfreuliches. Eine „natürliche Begabung" ohne Verständnis für Arbeit und Arbeitsimpuls wirkt sich aus eher als eine Krankheit mit dem Ende der Selbstzerstörung als ein Geschenk. Das so automatisch ablaufen zu sehen, ist auch nicht sehr angenehm. Er bringt selbst nicht mal die Kraft auf, durch irgendwelche der üblichen „Laster" selbst irgendeinen Ausweg ins Asociale zu verschleiern; er verdummt und verfault, eine schreckliche Reflexbelastung.
Hier ist unser Thomas in den letzten Wochen in New York gestorben. Er hat um die künstliche Verlängerung seines Lebens (eine Art Lungenkrebs und herzkrank) seit Jahren gekämpft. Er hatte eine große Zuneigung zu mir, die mir manchmal beinahe nicht ganz verständlich war, denn schließlich daß er mir oft sehr geholfen hat und besonders zuletzt in Italien, hatten wir wenig wirklich gemeinsames, ganz abgesehen daß er sich niemals mir gegenüber offen über sich, Ziel und Leben etc ausgesprochen hat, wie er das andern wirklichen Freunden gegenüber wie Paul Fröhlich und einigen alten Spartakus Leuten zu tun pflegte. Er hat mich nur regelmäßig einmal im Monat zum Essen eingeladen, seine neuen Bücher gezeigt, er war nach wie vor einer der größten Büchersammler, las alle russischen Zeitungen und Neuerscheinungen von denen die meisten er sich von London besorgen mußte und schrieb an einer russischen Geschichte, in der Zusammenstellung von offiziellen

Dokumenten, für die er tausende von Dollar ausgab. Für mich blieb das alles geheimnisumwittert. Ich würde wollte ich einem sehr abenteuerlichen Trend nachgehen, glauben, daß er noch Verbindungen mit Moskau gehabt oder wieder aufgenommen haben mag. Aber ich weiß nichts darüber. Mit Ruth Fischer war er die letzten Jahre überworfen, wenngleich Ruth ihn noch regelmäßig aufsuchte. Ich glaube, es ist sein Einfluß daß Ruth über Nehru (und früher über Tito) sich wieder einer Moskauer politischen Außenlinie nähert, der 2.Band ihres Rußlandbuches das in der Hauptsache die Moskauer Prozesse behandelt, ist mehrfach umgeschrieben worden, so daß es mir überhaupt zweifelhaft erscheint, ob das Buch noch je herauskommen wird, zum mindesten bei Harvard. Aber ich habe nicht nur nicht das geringste Interesse für solche politischen Kombinationen, sondern ich halte sie auch für völlig abwegig, zum mindesten was die Endbilanz meines Lebens anlangt, an der ich ja arbeiten, d.h. erkennen und leben muß. Meine eigentliche und letzte Aufgabe liegt ganz woanders. Thomas war hier mit der Frau Dr Annie Reich „verheiratet" mit der er schon in Prag zusammengelebt hat und die auch sein Herkommen nach hier gemanagt haben wird, eine hier hoch angesehene orthodoxe Psychoanalytikerin, die außerordentlich viel Geld verdient, die auch Thomas seine luxuriöse Lebensführung gestattet haben mag. Ich weiß nicht ob du dich noch erinnerst, in den 20iger erregte ein Buch von Wilhelm und Anni Reich (beides orthodoxe Freudschüler) großes Aufsehen über Kindererziehung auf psychoanalytischer Grundlage, mit dem Grundproblem: Teilnahme der Kinder an den sexuellen Beziehungen der Eltern. Der Dr Wilhelm Reich ist dann verschwunden und Thomas ist wahrscheinlich auch papiermäßig an seine Stelle gerückt – eine Vermutung von mir. Später aber lange bevor ich nach New York gekommen bin, ist Wilhelm Reich auch dort aufgetaucht und ist hier aufgetreten wie eine direkte Kopie von Otto Grosz. Er hat ein Buch über „Orgiasmus" geschrieben das direkt von Otto Grosz stammen könnte, die orgiastische Form von Sex als Lebensbasis, geradezu als Religion, als die politische Bindung der Gesellschaft (ein wenig Fourier etc) mit einer fanatischen Anhängerschaft in der damaligen New Yorker Boheme, von der noch immer in der heutigen hiesigen Schriftstellergeneration ein Niederschlag geblieben ist. Das Buch

ist heute tabu, völlig unterdrückt, in einigen anarchistischen Zirkeln als Bibel angesehen und mit einer Reihe sehr attraktiven Formulierungen. Ich höre jetzt hier mehr darüber als in meiner Zeit in New York. Wilhelm Reich wurde im Verlauf einiger Prozesse ins Irrenhaus gesteckt (Parallele zu Grosz) ist aber schon seit längerer Zeit wieder heraus und beschäftigt sich mit biologischen Problemen, in mancher Hinsicht Ernst Fuhrmann jetzt nahe. (Zum Beispiel die Wüste im menschlichen Bewußtsein – sie nennen es der Vereinfachung halber in der menschlichen Seele, die Verarbeitung der körperlichen Substanz des Menschen ins Bewußtsein in Zyklen etc d.h. die ständige Wiedergeburt etc – vieles ist ein wenig kindisch und zu vereinfacht, aber im Kern wahrscheinlich richtig. Interessanterweise erklärt das die starke spiritualistische Betonung in allen socialen Bewegungen hier, in der Charybdis zwischen Religion und Materialismus. Ich habe hier alle diese Bewegungen im letzten Jahrhundert studiert, mit großem Interesse und großem Gewinn – was geblieben ist, steckt tief heute unter der Oberfläche, völlig vom Leben abgeschnitten und jedem Quacksalber offen. Bei dem geringen Interesse an wirklichen historischen Bibliotheken hier, ist es überhaupt schwer materiell zu sehen. Mit Fuhrmann kam ich gelegentlich in New York zusammen, merkwürdigerweise hält er etwas von mir, ich weiß nicht warum, er bringt wieder einmal gesammelte Werke heraus, 2 Bände sind bereits erschienen, auf Subscription, etwa 80 Interessenten haben sich gemeldet und er muß wieder Mäzene gefunden haben, die das bezahlen.
Er selbst verhungert buchstäblich. Er lebt mit einer Frau Katz zusammen, die eine 1 Zimmer Wohnung mit Küche hat und irgendwie beim Jewish Labor Committee arbeitet. Fuhrmann lebt dort in einem Winkel hinter einem Vorhang, schreibt den ganzen Tag und lebt in der Hauptsache von Tee und Brot. Ich habe ihn zeitweilig mit Cigarren versorgt und Briefmarken, die er sammelt, für seinen literarisch sehr begabten Sohn, der in Zürich bei der Mutter lebt. Bei aller Vorliebe für Außenseiternaturen sehe ich in den Arbeiten von Fuhrmann keinen praktischen Sinn, der mir irgend etwas sagen könnte. Er greift praktisch alles an was ja nicht so schlimm wäre, aber er sagt nichts neues, was man als durchgearbeitet ansehen könnte, eigentlich jammert er nur, daß niemand auf ihn gehört hat,

niemand ihn unterstützt und er hätte die Welt ändern können aber jetzt will er nicht mehr usw – was wenn man übersieht, welche Chancen ihm sein ganzes Leben lang geboten wurden, wie man ihn mäzeniert hat und eigentlich noch heute mäzeniert etwas komisch klingt.
Dazu kommt die Manie, daß alle, d.h. die noch verbliebenen Freunde nur ihn ausnutzen und geistig bestehlen wollen und das Vergnügen will er ihnen nicht tun etc. Daher ist auch seine Verbindung zu Hertwig (mit Pegu ist es etwas besser) sehr belastet – sie schreiben sich glaub ich gelegentlich Briefe aber das ist auch alles. Ich persönlich habe übrigens zu Hertwig gar keine Verbindung (und hatte keine)
Ich halte ihn nicht für einen originalen Arbeiter auf dem Gebiet, worüber er schreibt, denken liegt ihm völlig fern und er sammelt nur zusammen und verarbeitet, aber oberflächlich. Ich habe nichts dagegen, wenn jemand so eine Basis aufgebaut hat, seinen Lebensunterhalt zu verdienen, allright – würde ich in Berlin ihn treffen bezw aufsuchen, so kann ich ihm sogar noch einige Tips geben, worüber er schreiben, d.h. sammeln könnte, aber das ist auch ganz en passant, je nach der Laune.
So – du schreibst du hast dich bereits mit mir unterhalten. Ich will in meiner Weise etwas dazu tun. Viel ist es nicht, weil ich ja nicht weiß, was du insbesondere mir zugedacht hättest, so habe ich eben erstmal mit einem allgemeinen Klatsch angefangen.
Herzlichen Gruß und Respekt und Empfehlungen an deine Mutter und Schwestern
Franz
Peter ist noch nicht in Sicht. Weiß auch nicht, ob sein Transport schon abgegangen ist.

Mutter *Emmy Otto.* – Schwestern *Henriette Kertscher und Käte Otto*

International Reports, Inc.   NewYork, 11/30 55

Liebe Claire,

ich fliege Samstag den 3. Dezember von hier mit der Swiss Air nach Frankfurt, b leibe etwa 2 - 3 Tage in Frankfurt, gehe dann fuer etwa eine Woche nach Hamburg und von dort fliege ich nach Berlin. Ich denke etwa eine Woche in Berlin zu bleiben, wo ich nichts sonst zu tun habe als mit dir eingehend zu sprechen und im Grunde mich voellig ruhig zu verhalten.

Ich bin doch, wie ich hier schon sehe, von der Operation noch nicht erholt genug, um gross herumzulaufen - das muss ich leider in Hamburg schon genug tun. Von Berlin fliege ich ueber Frankfurt nach Paris. Ich habe auf Absahlungskredit das Flugbillet der ganzen Rundreise.

Schreibe mir deine Dispositionen nach Hamburg c/o American Express.

Auf baldiges Wiedersehen, herzlichen Gruss

30.12.56

Liebe Cläre,
vielen Dank für die Aufzählung der Publikationsmöglichkeiten in der Ostzone. Ich würde vorschlagen, Dich nochmal mit Hertwig in Verbindung zu setzen, dem ich das folgende vorschlagen würde: 1) Es sollte ein Aufsatz von Fuhrmann über die Form der Wasserwirtschaft, die Fuhrmann Sawah nennt, zusammengestellt werden. Als Kernstück. Solche Sawah-Aufsätze finden sich bei F. an den verschiedensten Stellen, zuletzt in einem der Sammelbände, die ja bei Hertwig stehen. In dieser vorgeschichtlichen Entwicklungsgeschichte, die ja Hertwig anscheinend auch meint, wenn er vom „biologischen Sozialismus" F's spricht, ist ein grundsätzliches Kernproblem der Sozialvorstellung F's dargestellt. Daher auch als Fuhrmanns Arbeit in den Mittelpunkt eines zur Diskussion gestellten Aufsatzes. Entsprechend dem vereinbarten Umfang könnte H. das zusammenstellen.
2) Das allein geht aber nicht. F. bleibt bei der Sawah-Wirtschaft nicht stehen. Er zeigt den Verfall, er begründet ihn biologisch (Raubtiercharakter und Weidetiercharakter) etc, die Umwertungstheorie der Materie, Integration der Nahrung etc, endend im Verfall des Menschen an sich als biologisches Wesen, des Tierwesens – ein anderes kennt die biologische Betrachtungsweise sowieso nicht.
3) Bis dahin werden die Marxisten-Orthodoxen (die politische Führung als Institution) konform gehen – die Umwertungstheorie – biologisch ist noch vertretbar, weil sie auch marxistisch gesehen auf dem Grundsatz beruht, daß lebende Materie nicht verloren gehen kann – im Gegensatz zur landläufigen Religionsauffassung.
4) Die Wege trennen sich, wenn F. dann in der Verfallsdarstellung Gesellschaft und Gemeinschaft einzubeziehen beginnt, den Staat, Verwaltung, Autorität – biologisch als Raubtierfunktionen zu erklären beginnt, die Emanationsfremde, wie F. das nennt, das biologisch beziehungslose und auf den Einzelnen zu sprechen kommt, der um biologisch als Mensch wertvoll in eine Zukunft hineinleben will, sich von Staat, Gemeinschaft und Gesellschaft etc lösen muß.
5) Hier beginnt die Arbeit Hertwigs in der Interpretation. Nur so für sich gesehen, würde es so aussehen, als propagiere F.

nur eine Form von Individualanarchismus, Asozialität, Antidisziplin, Amoralität. H. muß trennen: biologische Betrachtungen und Folgerungen und politische – mit Politik haben alle Arbeiten F's überhaupt nichts zu tun. – Er schiebt bewußt alles Politische auch in Folgerungen beiseite, weil es eine biologische Politik – Politik im heutigen Sinne – eben gar nicht gibt und geben kann. Wozu er seine biologischen Deduktionen benutzt sehen möchte, ist, dem Einzelnen, dem Leser, dem Schüler, demjenigen, der ihn hören, lesen und verstehen will seine biologische Entwicklung ins Gedächtnis und Bewußtsein zu rufen, eben die Bioanalyse. Diese Einzelnen, so ihrer selbst bewußt geworden, können Bausteine zu einem Neuen Menschen entwickeln und entwickeln lassen. – Das ist das Grundthema. Und hier wird es auch für die Politisch-Orthodoxen wieder diskussionsmöglich.

6) Das ist die Aufgabe Hs, wenn er um das Interesse drüben wirbt.

7) Alles andere sind unwichtige Seitenlinien, die Pflanzengeschichte etc, die Heilkräuter besonders und die Krankenanalysen, die Erklärung der physiologischen Grundlagen des menschlichen Körpers, in biologischen Assoziationen versetzt – alles das mag für die besonderen Freunde Fs. und H. riesig interessant sein, berührt aber nicht das Problem, besser Phänomen Fuhrmann. Diese Seitenlinien, auch die Sprachforschung und die Vorzeit-Konstruktionen und die Wurzeln, die Fuhrmann für seinen Gedankenaufbau sich entwickelt hat, eine Art Schutzpanzer, wenn es ihm darum geht, das Problem Mensch, die Stellung, die Vergangenheit und Zukunft (für ihn in der Augenblicksatmosphäre gesehen die Ausrottung anzugehen. Das Janusgesicht einer solchen Menschendarstellung trägt die Gefahr der eigenen Versteinerung, das Grauen in sich.

8) Ich glaube, daß man das den Ostautoritäten klar machen kann und sollte. Dann beginnt aber erst das Studium. Die Endergebnisse werden dann anders aussehen, als nur eine schablonemäßige Einregistrierung. Ich hoffe, Du verstehst, was ich meine. In der Sache selbst spricht ja jetzt nicht mehr F. selbst, auch nicht die „Freunde", die sich aus den verschiedensten Standpunkten zusammensetzen und aus einem Lager kommen, wo sie persönlich irgendwie angesprochen worden sind – die

wenigen, die es sowieso sind – sondern ein neutrales Drittes, eine „Technik", die das Material Fuhrmann – nicht das Material Fuhrmanns – vor sich hat, in die Diskussion hebt und zur Verarbeitung, d.h. zum Nachdenken stellt. Eine Reihe selbständiger Auffassungen und Theorien mögen sich daraus entwickeln, gewertet nach dem Grade, wie groß die Aufnahmebereitschaft und die Gefolgschaft der jeweiligen Bearbeitung (Interpretation) sein wird. H. muß also ganz scharf trennen, wenn er sich zur Verfügung hält, was ich hoffe – was ihn anspricht und interessiert, konform mit eigenen Arbeiten und was die Grundtendenz der Arbeitsbasis und der Arbeiten F.s sind für die eben eine Leserschaft, besser *Beachtung von Berufenen* gefunden werden soll, aus der sich erst später eine Art Einregistrierung, Umsetzung in geistige Wirkung heißt das, entwickeln kann und sollte.

Um jede Mißdeutung auszuschließen – ich komme aus den verschiedensten Gründen, hauptsächlich meine eigene persönliche Situation und deren Verständnis aus der persönlichen Erkenntnis und der noch zu negativen Unterordnung in eine Zukunft, nicht für eine solche Arbeit in Betracht, kaum für eine Mitarbeit. Als Außenstehender habe ich begonnen, Anregungen zu geben, Vorschläge und bin bereit, das auch weiter zu tun. Ich bin auch bereit, eine etwaige Niederlage hinzunehmen, die Ursachen zu studieren und den Kampf, nach besserer Vorbereitung in etwa zwei Jahren von neuem wiederaufzunehmen – wenn ich jemanden d.h. Fuhrmann und dessen engeren Interessen, besser Nachinteressen, nützen kann und es gewünscht wird. Wahrscheinlich würden dann völlig neue Leute gefunden werden müssen, in der Zwischenzeit, eine schärfere Frontstellung gegen die bisherigen „Freunde".

Ich möchte noch etwas mehr Persönliches als Beurteilungsgrundlage anfügen: Ob jemand sich heute aus irgendeiner Orthodoxie, aus technischen Gründen oder aus persönlicher Abneigung gegen Fuhrmann stellt, ist völlig gleichgültig. Sofern auch nur einer da ist, Fuhrmann in persönlichem Aufnahmebereitschaft Kontakt zu lesen und nachzudenken, ist eine motorische Kraft genug da, in welcher Form immer solche Widerstände über den Haufen zu rennen oder im friedlichen aufzulösen. Insofern spielt also der heutige Boykott kaum eine besondere Rolle. Wichtiger aber ist, daß im Grunde die 60-70 Bände ungedruckter Manuskripte

die vielen Anmerkbände, die Assoziationsnotizen, nicht unbedingt benutzt zu werden brauchen. Es würde zwar die Arbeit kolossal erleichtern, aus diesem Material von Riesenumfang den Kampf für die Durchsetzung Fuhrmanns zu führen und das Feuer immer wieder anzuschüren – notwendig ist das aber keineswegs.
Aus dem Vorhandenen, dem gedruckt vorliegenden und jedem zugänglichen läßt sich zur Not das gleiche herausholen. – Das Vorliegende noch ungedruckte ist nur der *Beweis*. Kämpfe lassen sich aber auch ohne Beweise einleiten und durchführen.
Ich schreibe Dir den Grundriß, damit Du ihn mit H. durchsprechen kannst. Das muß geschehen – wenn Hertwig so ungefähr den deutschen Sektor der „Erklärungen" übernehmen kann und will. Es kann dies aber nicht anders geschehen, als in der oben vorgezeichneten Linie.
Herzlichen Gruß
     Franz
Hast Du den Brief mit Einlage für die Blumenbesorgung erhalten?
4.1.57
In aller Eile: Deine etwaige Aktion, Leute drüben für Fuhrmann zu interessieren und etwa eine Diskussion auf höherer Ebene in Gang zu bringen würde sich sehr vereinfachen, wenn Du den Leuten aus dem Band 1 der neuen Sammelausgabe den Abschnitt über Sawah vorlegst, vielleicht auch aus Band 2 die Einleitung.
Hertwig hat die Bände. Am besten wäre es natürlich, die beiden Stücke in Fahnen zur Verfügung zu stellen. Ich habe an den Verleger Wilhelm Arnold, Hamburg, Falkenried 42 geschrieben, Dir solche Fahnen zu schicken.

Pacific European Service
AGENCIES

327 LAKE ST. • SAN FRANCISCO, CALIF. • PHONE SKyline 2-3585

Franz Jung
4/16 57

    Liebe Claere,

ich habe lange von Dir keine Antwort, hoffentlich geht es dir
gut , auch gesundheitlich.
Wie ich in meinem letzten Brief schrieb, werde ich wieder nach drueben
kommen und etwa 2- 3 Monate in Hamburg mit dem Arbeitszentrum bleiben.
Waere es dir nicht moeglich nach dort zu kommen ? Wir koennten zusammen
nach Sylt oder sonstwo an die See fahren und ein paar ruhige Tage haben.
Ich komme natuerlich auch wenn es nicht anders ginge nach Berlin, aber
eigentlich sehr ungern - ausser dich dort zu treffen haette ich nichts
dort zu tun; bei Margot kann ich mich auch brieflich melden.
Ich werde am 10 ten Mai von NewYork nach Amsterdam fliegen und so gegen
Mitte Mai schon in Hamburg sein. Du kannst mich ueber Carl Tiso & Co
in Hamburg, Alter Wall erreichen oder ueber den Pjatow Dienst, Fehlandstrasse
5 Hamburg. Ich werde mich aber sowieso sogleich nach meiner Ankunft noch
einmal bei dir melden.

    Inzwischen herzliche Ostergruesse

[signature]

Franz Jung   San Francisco, California
                         P.O. Box 1154
                         8.Mai 1958

Sehr geehrter Herr Dr. Knaus,
Ich danke Ihnen für Ihren freundlichen Brief. In der Anlage sende ich Ihnen die „Akzente", die in dieser Skizzenform zugleich die Einleitung für das Buch bilden sollen. Das Buch selber zerfällt in vier Teile, erster Teil der *Außenseiter*. Hineinwachsen in die Fremdheit (Kindheit und Studentenjahre), literarische Boheme, politische Abenteuer.
> (Dieser Teil liegt zum größten Teil fertig vor, umfaßt etwa 80 Schreibmaschinenseiten.)

Der zweite Teil: *Begegnungen:* enthält die Portraits der Personen, die mir in persönlichen Bindungen nahegestanden sind.
> (Hierfür ist die Bearbeitung eines fertigen Manuskripts* „Variationen" aus dem Jahre 1948 notwendig.)
> * ungefähr 120 Schreibmaschinenseiten

Der dritte Teil: *Absterben in die Zukunft*. Folgerungen aus den ersten beiden Teilen, Essays mit Erzählungen und autobiographischen Anmerkungen durchsetzt. Folgt im wesentlichen dem seinerzeit im Malik-Verlag gedruckten, aber völlig verlorengegangenen „Mehr Tempo". Hierunter fällt Emigration und Konzentrationslager.
> (Teil 3 liegt im wesentlichen vor. Ungefähr 150 Schreibmaschinenseiten.)

Vierter Teil: *Die Zukunft*. Perspektiven auf bio-analytischer Grundlage.
> (Liegt noch nicht vor.)

Ein Nachtrag beziehungsweise Schlußwort: Sinn und Perspektive eines Lebens und eines Buches aus der Gegenwart heraus gesehen.
> (Liegt vor, wenn auch noch nicht endgültig. Ca. 20 Seiten.)

Zwischen der Einleitung und dem Schlußwort presse ich die autobiographische Erzählung, Beobachtungen, Anmerkungen und Schlußwort, nicht zu sehr auf meine eigene Person bezogen als auf die jeweilige Umwelt, die Gesellschaftsform und die Gesellschaftserwartung, die in der Tendenz gesehen

zu hoch gespannt ist. Ich wünsche keine Anklagen zu schreiben und möglichst auch keine Verbitterung aufkommen zu lassen, eine mehr sachliche und emotionell durchaus kühl gehaltene Feststellung.
Ich hoffe, daß die einleitenden Akzente stark genug nachwirken sollen, das später /zu/ Erzählende auszugleichen und abzuschatten. Mit dem Ausdruck vorzüglicher Hochachtung
Franz Jung

Franz Jung San Francisco, 1/6 59
PO Box 1154

Lieber Karl Otten,
ich sende Ihnen eine Copy des Briefes an Dr Schöffler. Ich will Ihnen außer dem Vorspann auch die Kapitel, von denen ich in dem Briefe spreche, senden.
Allerdings bleibt die Frage, wie und ob ich mich auf die Arbeit konzentrieren kann.
Übrigens, wenn ihre Bemerkung: „wir müßten die Biographie gemeinsam schreiben" nicht nur eine freundliche Redewendung war, im Ernst, könnten Sie nicht die Rolle eines MC (master of ceremonies) übernehmen, zusprechen, kontrollieren, auffangen, wenn ich abzurutschen beginne, auch im allgemeinen Dialog über grundsätzliche Dinge, mich sozusagen „leiten" – wenigstens was die Literatur Kapitel anlangt? Das würde auch einen ganz neuen Aspekt bringen. Ich sende das Manuskript mit der gewöhnlichen Post.
Viele Grüße
Ihr
 Franz Jung

Locarno, 11. IV. 59

Lieber Franz Jung,
Ich bestätige den Erhalt der beiden Kapitel II. und III. sowie der Erzählung und der diesen Sendungen beigelegten Briefe. Ich danke Ihnen auch in Anja Pfemferts Namen für Ihre Bereitwilligkeit an dem geplanten Bande in der von Ihnen angegebenen Form mitzuarbeiten. Es hat selbstverständlich noch lange Zeit bis es zur Realisierung des Projektes kommt, das heißt es wird bestimmt noch etwa neun Monate dauern. Im übrigen ist es /der/ Luchterhand Verlag, der sich für das Projekt einsetzt.
Ich stecke bis über die Ohren in unserer Vergangenheit. Aus dieser Perspektive muß ich immer wieder betonen, welche Wichtigkeit um der Opposition willen ich Ihrer Arbeit beimesse, wobei ich mich genau wie Sie irren könnte, wäre mir nicht jene gewesene Gegenwart so gegenwärtig, ja mehr so als alles, was sich da als solche aufdrängt und die es doch nur bis zu einem Dabeisein bringt. Und zwar gerade jetzt mehr als je zuvor. Ich habe grade kurz den elementaren Gegensatz zwischen „Berufsrevolutionär" und „dichterischem Revolutionär und Träger des Mythos" charakterisiert, zu der ich durch abermaliges Nachdenken über Freud – Adler – Otto Gross gelangte, die uns damals die Mittel in die Hand gaben, dem Geschehen den wahren Sinn und Akzent zu verleihen, was die Werke der Dichter so aus der Flut des sagen wir mal „Politischen Theaters" herausnimmt und in das noch heute Gültige versetzt und darüber hinaus erhöht. Also als „Das Moderne" beweist, das auch noch in hunderten von Dekaden etwas zu sagen haben wird.
Ich nähme das Maul voll? Dann aber voll des Guten.
Ja, mein Lieber, Mut machen ist ja die Bestimmung und der Sinn jeder Freundschaft. Also weshalb davon reden? Ich wäre sehr verdrossen, wenn es mir nicht gelingen würde, Sie bei der Stange zu halten. Ich bin gespannt auf „Rußland", da ich mich ja an dieses Abenteuer gut erinnere wie ja überhaupt sehr viel in meiner Erinnerung lebt, wovon Sie kaum etwas ahnen mögen. Weshalb ich ja auch der berufene Empfänger Ihrer Botschaft bin, ein sehr merkwürdiges Zusammentreffen übrigens, da ich ja wohl der Letzte gewesen sein dürfte, an

den Sie in diesem Zusammenspiel gedacht haben.
Wichtig ist auch, daß wir durch die aufgezwungene Trennung je in ein magisches Licht gerückt sind und wir deshalb nur von unserer Existenz wissen als lebende Kräfte etwa oder dergleichen immaterieller Substanz, einem Kräftefeld etwa, das mathematisch verwendet werden könnte, um größere Arbeiten anzuregen oder zu erhellen.
Die Achse San Francisco Locarno ist nicht so zufällig wie sie scheinen mag. Gestern sagte eine Frau auf der Promenade, als wir vorübergingen, zu einer Nachbarin: „...also der Assisi war ein großer Heiliger..."
Allen Mut, herzliche Grüße stets Ihr alter K.O.

Franz Jung
San Giovanni Rotondo (Foggia)
viale Cappucini, Villa Rossi   22.2.61

Liebe Ruth,
ich bin vorläufig hier gelandet. Über die an sich schwierige Lage schreibe ich Dir später.
Vorerst über das Maslow Buch.
Ich hatte sehr eingehend darüber mit Artur Müller in Stuttgart gesprochen. Müller ist der Verfasser der Trotzki story, Die Sonne die nicht aufging (bei Cotta). Er ist Fernseh Redakteur beim Süddeutschen Rundfunk in Stuttgart, Verfasser eines Dramas, die letzte Patrouille, das irgendwo mit großem Erfolg aufgeführt wurde und Freund von Dr. Peters Periodikum, für dessen Kreis er ein Kontaktmann mit der mehr officiellen Publizistik ist. Der Mann ist durchaus solide, sehr eifrig, und alles andere als nur ein Sprüchemacher. Mit großen Sympathieen zu Ost ist er doch kein Mitglied, und auch sonst nicht gebunden – er hat mit mir sehr offen darüber gesprochen. Ich hatte ihm ein Exposee über das Maslow Buch in die Hand gegeben. Daß er nicht früher geantwortet hat, liegt daran, daß er ziemlich krank gewesen ist. Er hatte aber schon vorher sein Interesse bekundet.
Er schreibt mir heute: Das Ganze ist von größtem Interesse. Ich könnte heute und sofort zwei ernste leistungsfähige Verlage

dafür nachweisen. Möchte sie aber erst offenbaren, wenn ich das Manuskript gelesen habe und dann sagen kann, ob ich mich in der Lage sehe, das Skript effektiv zu empfehlen. Ich kann ziemlich sicher zusagen, eine Rundfunksendung an 2 Abenden als Gemeinschaftsproduktion der Sender Stuttgart und Köln. Ich glaube, wir würden eine fernsehspielartige Bearbeitung ohne weiteres unterbringen. Vielleicht auch einen regulären Film. Persönlich wäre ich auch noch an einer Bühnenfassung interessiert. Piscator schrieb mir gerade wieder, ob ich nicht ein neues Stück hätte. Er kann überall inscenieren und braucht endlich *sein* Stück. Hier ist es vielleicht. So, das wärs. Nächster Schritt, ich müßte das Manuskript mal lesen können. Sie wissen, ich tue nichts ohne Sie, d.h. Sie entscheiden. Aber ohne Kenntnis des Manuskripts komme ich nicht weiter.

Ich rate Dir sehr, diesen Müller anzunehmen. Er weiß übrigens, daß an dem Manuskript noch einige Arbeit zu machen wäre und daß für die Buchform du eine biographische Einführung schreiben würdest. Ich schlage vor: ich schreibe ihm, daß ich Dir geschrieben habe und daß er sich an Dich direkt wegen des Manuskriptes wenden soll – schon allein, um den persönlichen Kontakt herzustellen. Wenn Du willst, kannst du aber auch schon an ihn direkt unter Bezug auf seinen Brief an mich schreiben, Adresse: Artur Müller Stuttgart-Degerloch, Raffstr. 2. Wie geht es Dir? Laß Dir Zeit und gehe sparsamer um mit Deinen Kräften.

Herzlichen Gruß
    Franz

BETR. MASLOW BIOGRAPHIE

Arkadij Maslow (Chemerinsky) ist eine der interessantesten Erscheinungen in der Revolution in Deutschland und der nachfolgenden Jahre bis Hitlers Machtübernahme. Seine Rolle und Einfluß ist verhältnismäßig unbekannt geblieben.
Ursprünglich zum Klaviervirtuosen ausgebildet wurde er mitten aus einer Konzerttournee durch Südamerika von Lenin zurückgerufen, in Berlin als Mathematik Student immatrikuliert und

von dort aus zum inoffiziellen Spitzenbeobachter der Moskauer Regierung über die Entwicklung in Deutschland eingesetzt, dem Botschafter und sonstigen Parteibeobachter übergeordnet. Praktisch ist er in dieser Funktion bis zu Hitler und auch noch einige Jahre nachher in der Emigration geblieben.
Maslow war der Lebensgefährte der Ruth Fischer, ein Sohn aus dieser Gemeinschaft lebt heute als Professor in Cambridge, Atomphysiker.
Alle großen politischen Entscheidungen für die Taktik der KPD in Deutschland sind von Maslow dirigiert worden, einschließlich der späteren Spaltung in die KP O – die Abgeordneten Gruppe unter Führung der Fischer, die im Reichstag eine eigene Fraktion bildete. Auch die Auswirkungen der russischen Anti Trotzki Campagne in Deutschland und Frankreich sind von Maslow mehr oder weniger dirigiert worden – als Auffangstechnik – mal für Trotzky, mal gegen. In der Konzentration auf Maslow übertragen erscheint geradezu ein Lehrbeispiel kommunistischer Taktik. Das Obenstehende kann durch den umfangreichen Briefwechsel zwischen Maslow und Stalin, der zu großen Teilen noch erhalten ist (im Besitz von Ruth Fischer) bewiesen werden.
Ruth Fischer hatte die Absicht, eine Biographie von Maslow zu schreiben und hatte mich um eine gewisse Mitwirkung und technische Hilfe gebeten. (Ich selbst hatte Maslow in einigen kritischen Situationen geholfen und war eigentlich mehr außerhalb seiner politischen Aufgabe mit Maslow persönlich befreundet.) Die Absicht der Biographie ist von Ruth Fischer fallen gelassen worden, zum Teil aus akuten politischen Gründen, mehr ihre eigene Position betreffend. Stattdessen sollen einige Schriften Maslows veröffentlicht werden zusammen mit einer längeren biographischen Einleitung von Ruth Fischer. Bei diesen Schriften handelt es sich in der Hauptsache um eine Art von Roman, zusammenhängende Geschehnisse mehr nur skizziert, sehr grob, politisch kritisch überspitzt geschildert, die aber leicht zu überarbeiten wären. Das Thema ist reichlich sensationell: das Liebesverhältnis des kommunistischen Reichstagsabgeordneten Scholem zu einer der Töchter des Generals Hammerstein, des Initiators der deutsch-russischen Zusammenarbeit auf militärischem Gebiet. Aus diesem Liebesverhältnis, in das sich die Gestapo einmischt, entsteht als

Erpressung der Druck auf Hammerstein, sich von Schleicher zu trennen, die Ausräucherung des Widerstandes der Generale im Generalstab gegen Hitler, die Einweisung Scholems ins Konzentrationslager nach zweijähriger Haft, um einen Spionageverdacht zu konstruieren, das Auffliegen der polnischen Spionage (Sosnowski), der Prozess gegen Frau von Lochow und die Hammerstein-Tochter, die als Sekretärin im Generalstab in der Bendlerstraße beschäftigt war und die grausig exakte Schilderung der Hinrichtung der beiden Frauen. Auch die andere Tochter Hammersteins, die Verbindungen zur Pariser Emigration gesucht hatte, geht durch Spitzel Intervention zu grunde. Das Thema ist sehr grob, in Einzelheiten sehr gut gesehen und basierend auf exakte Berichte der Russen geschildert. Fast alle Größen der Umbruchszeit sind vertreten.

Es besteht dann noch ein zweites gleichfalls etwas umfangreicheres Manuskript, eine Schilderung der Flucht in Frankreich nach dem Einmarsch Hitlers, an Céline erinnernd und mit vielen Einzelheiten über die kommunistischen und sozialdemokratischen Spitzenfunktionäre, ihre Sorgen, das Verhalten etc.

Ruth Fischer hat mir die Angelegenheit sozusagen in Agentur übergeben.

Im Falle eines ernsten Interesses würde ich das Manuskript aus Paris anfordern. (Leider besitzt Frau Fischer nur ein einziges Exemplar, das aus der Originalniederschrift hergestellt wurde.)

Franz Jung
San Giovanni Rotonde, 2/23 61
Viale Cappucini, Villa Rossi

Lieber Artur Müller, ich muß noch nachholen: Am besten orientieren Sie sich über Pater Pio aus dem Buch von Maria Winowska. Das wahre Gesicht des Pater Pio, erschienen im Paul Pattloch Verlag, Aschaffenburg. Ich selbst besaß eine Übersetzung ins Deutsche von einem in Amerika erschienenen Buch, The Town in the Clouds, von einem gewissen Thompson – das Buch ist bei Fontana zurückgeblieben. Ein weiteres Buch, ich habe den Verfasser vergessen, ist im Rex Verlag Luzern erschienen. Wahrscheinlich noch sehr viele mehr, ein Teil der Bücher ist auf den kirchlichen Index gesetzt, die Wunderheilungen betreffend. Viel, außer einem mehr allgemeinen background über Herkunft und Leben, können Sie aus allen diesen Büchern nicht lernen. Das Winowska Buch ist noch das beste, weil es sehr „feuilletonistisch" gehalten ist und auch gossips nicht scheut. Im allgemeinen aber, alle sind berufsmäßige Pilgerorte-Schilderer, der Thompson, mit das schlechteste Buch, ist offensichtlich für eine kirchlich orthodoxe Richtung voreingenommen. Aber verlieren Sie sich nicht in allzu viel background.

Hier gibt es Dutzende hauptsächlich französische Schriften über das Sozialwerk Pater Pios und ähnliches.

Mir ist noch eingefallen einer der Hauptleitsätze Pios: Die Menschen sind böse, aber die Barmherzigkeit Gottes ist größer, d.h. für hier gesehen: Verzeihung für alle. (Damit kommt er mit kirchlichen Auffassungen in Konflikt.) Erzählt wird z.B., die Stadt wimmelt hier von Taschendieben, Räubern und Betrügern aller Art, wie das in jedem größeren Pilgerort der Fall ist. Es heißt, daß die Taschendiebe um die „Gnade" bitten, daß die Frauen in ihre Handtaschen, wenn sie zum Beten kommen, mehr Geld stecken, so daß sich das „Ziehen" lohnt. Pater Pio kann ihnen diese Gnade, wenn sie darum bitten, d.h. seinen Segen empfangen, nicht abschlagen. Er ist hier, zu spenden und nicht zu richten.

Also jetzt zu Ihren Anfragen: Ich habe an Ruth Fischer geschrieben, Ihre Adresse Paris 8 e, 1 rue de Messine. Ich habe über Sie geschrieben, daß Sie versuchen wollen etc und daß Sie das Manuskript benötigen. Ich schrieb Ihnen damals schon in dem Exposé, daß Ruth ziemlich schwierig zu behandeln ist, daß sie eigentlich eine Biographie über Maslow schreiben wollte (wozu sie mich nach Paris gerufen hatte) und daß schließlich der Plan dort herausgekommen ist, das Manuskript über den Fall Lossow und Hammerstein, das Maslow in Paris seinerzeit geschrieben hatte, für sich versuchen zu publizieren, mit einer biographischen Einleitung von Ruth. (Ich glaube aber nicht, daß dies eine besondere Bedingung ist.) Leider, und das sagte ich Ihnen auch, ist das Manuskript nicht nur sehr ungeordnet, sondern Ruth besitzt überhaupt

nur 2 Exemplare. Das macht die Sache schwierig, zumal sie obendrein mit einem französischen Buchagenten verhandelt hat, der meiner Meinung nach ein Schwindler ist.
Immerhin hat sie mir alles übergeben, und ich soll machen, was ich für das Beste halte. Aber ich habe eben nicht das Manuskript. Ich rate nun Folgendes: Bitte schreiben Sie an Ruth direkt, ganz allgemein unter Bezugnahme auf mich. Daß Sie versuchen werden etc und daß Sie sie daher bitten, das Manuskript zu senden, eventuell auch die Darstellung der französischen Flucht 40/41, die Maslow im Céline Stil geschrieben hat – ich habe Ihnen davon gesprochen, schreiben Sie. Und dann werden wir sehen, ob wir das Manuskript in die Hände bekommen. Sie brauchen keine Einzelheiten zu schreiben – sie weiß das alles schon. Ich habe ihr zwar geschrieben, sie sollte sich an Sie wenden, aber vielleicht wird sie das nicht tun, daher schreiben Sie sogleich direkt mit der Floskel etwa, Sie freuen sich, mit ihr in Kontakt zu kommen. Von dem Briefwechsel würde ich vorher nichts erwähnen. Ich bin nicht sicher, ob der Briefwechsel nicht an Harvard gegangen ist. Aber das können wir später feststellen. Vorläufig ist der Briefwechsel noch in ihren Händen.

Restif: Ich hatte eine Ausgabe (nur der „Nicolas" in 5 Bänden) – ich weiß nicht den Verlag. Kann es aber vielleicht feststellen, wenn ich dem Manne, dem ich vor etwa 12 Jahren die Bücher gegeben habe, schreibe. Der Mann ist ein sehr guter Freund von mir, aber sehr unzuverlässig. Auf Briefe antwortet er meistens überhaupt nicht. Seine Adresse: Adolph Weingarten, 60 West 76th Str New York 23, N.Y. Ich werde ihm schreiben, zunächst um den Verleger bitten – das wird nicht allzu viel nützen, da der Restif als pornographisch herausgegeben sicherlich von fiktiven Verlegern und Druckern herausgegeben worden ist. Die dreibändige Ausgabe, die Sie erwähnen, hat von vornherein kaum einen Zweck. Da hat einer anscheinend nur das Pornographische herausgepickt. Die französische wird zuviel Arbeit machen. Also bleiben wir zunächst mal bei Weingarten. Ob er die Bücher schicken wird, als Unterlage für eine Bearbeitung (hier müssen Sie allerdings mich als Herausgeber erwähnen, weil er schließlich alles tun wird in der Meinung, mir zu helfen), müssen wir sehen. Nicht sofort mit der Tür ins Haus fallen. Also ich schreibe ihm nach dem Verleger. Sie sollten, als Partner, ihm schreiben, ob nicht vielleicht eine Möglichkeit bestünde, die Bücher zu bekommen, für einige Wochen, weil wir sonst bei dem Verleger nicht weiterkommen. (Es bleibt immer noch das Risiko, daß die Post drüben oder in D. das Bücherpaket beschlagnahmt.) Also: ich denke, wir versuchen es erst mal mit Weingarten. Zur Not bleibt uns immer eine der vielen französischen Ausgaben, die im Buchhandel völlig frei sind. Schließlich, als ob wir nicht schon genug auf dem Halse haben. Ich lasse Ihnen durch eine Sekretärin in Düsseldorf, die für mich arbeitet, ein Exposé zugehen, das ich seinerzeit auf Veranlassung und nachfolgender direkter Aufforderung des Herrn Wiegenstein vom Westdeutschen Rundfunk geschrieben habe. Ich sollte damals für 4–5 Vorträge Vorschläge machen. Praktisch war die Sache bereits fix und fertig abgesprochen. Seit vielen Wochen habe ich von Köln nichts mehr gehört. Die Sache scheint dort bereits geplatzt. Ich hatte die Absicht, trotzdem sozusagen nur mit der Richtlinie dieses Exposés vielleicht etwas Größeres aufzuziehen, mein Exposé nur als Modell, so etwas wie die Morris Agentur in Hollywood, also hier spezialisiert auf das im Exposé angegebene Thema, als Agentur Essayisten, Rundfunkleute und Verleger zu werben, für die das Thema eine bestimmte Marke wird, wenn man will, ähnlich wie Morris für diesen Zweig eine Art Monopol zu entwickeln. Das soll durchaus nicht auf Deutschland beschränkt bleiben, wir finden Interessenten bei der BBC, in Paris und bestimmt zum Beispiel in Wien und Italien, wo ich eventuell den Schiwago Verleger Feltrinelli bekomme, zu dem ich mir eine Einführung durch Ruth Fischer besorgen kann, die sehr intim mit ihm steht. Ich hatte das Projekt, damals noch sehr vage, an Schonauer vom Luchterhand Verlag geschrieben. Er schreibt mir, das ginge nicht, die Gesellschaften kaufen ihre Autoren selber ein. Aber er wäre nicht abgeneigt, wenn es ginge, das Projekt vom Verlag aus zu unterstützen. Was denken Sie darüber? Vielleicht sehen Sie eine andere Möglichkeit? Ich weiß zu wenig wirklich Bescheid, wie das hier zu handhaben wäre. Vergessen Sie nicht, daß uns das niemand wegnehmen kann, weil das Ganze „milde gesagt" ein Bluff ist. Wir interpretieren in Wirklichkeit die großen Autoren in die vorgezeichnete Richtung, das

Ganze bleibt Perspektive und damit kann man eine ganze Menge machen. Den Autoren ist es sowieso egal, wenn jemand kommt und das Essentielle aus dem Wust der Bücher herausfiltert.
So, das ist für heute.
Es tut mir leid, daß ich Sie anscheinend im Augenblick so stark beschäftigen und anspannen will.
Viele Grüße
        Franz Jung

Für das Verhalten des Einzelnen in der Gesellschaft und die Wurzeln von Affekthandlungen des Menschen in Gemeinschaft und Masse hat sich im letzten Jahrzehnt ein besonderer Wissenschaftszweig herausgebildet: auf Umweltfaktoren angewandte Psychologie auf der Basis psychoanalytischer Deutungen. Diese Wissenschaft vom neuen Menschen, gewissermaßen ein neuer soziologischer Aspekt, wie er so schon ein wenig vorwegnehmend in Amerika und Frankreich bereits genannt wird, hat eine Reihe von Schriften hervorgerufen, bereits auch eine erste Zusammenfassung, die im November 1960 in Paris erschienen ist: Le Matin des Magiciens, mit dem Untertitel: Introduction au Réalisme Fantastique, die Autoren Louis Pauwels und Jacques Bergier, Gallimard. Gemeinsam ist allen diesen Untersuchungen, die auf orthodox wissenschaftlicher Ebene bleiben und vorerst auch noch kein direktes Arbeitszentrum gefunden haben, wie etwa die Parapsychologie in der amerikanischen Duke Universität – daß die physiologischen Gegebenheiten im Menschenwesen, darunter fallen jetzt auch die psychisch affektbedingten wie affektauslösenden, nur zum geringsten Teil bisher ausgenutzt sind, die rein sensitiven zum Beispiel nur zu einem Zehntel. In strenger Abgrenzung zur Parapsychologie und Sensualismus bis dann hinunter zu den heute noch reichlich amateurhaften Zeitdeutungen, Telepathie, Fernbeeinflussungen und ähnlichem wird die Forschung nach einer naturbedingten biologischen Gesetzmäßigkeit gerichtet, statt sich wie bisher in der Beschreibung und Erforschung der jeweils erkennbaren Einzel-Phänomene zu verlieren.

In Wirklichkeit ist dieser Versuch, die Erkenntnis vom Menschen, die bessere Ausnutzung seiner Fähigkeiten, als eine logische Kette beweisbarer Fakten in einer Wissenschaft zu verankern, statt diese als besonderen Umständen bestenfalls zuzuschreibende Zufälle abzutun, durchaus nicht neu. Er findet sich schon sehr ausgeprägt in der griechischen vorsokratischen Philosophie, wahrscheinlich aber schon sehr viel früher im asiatischen Raum, worüber bisher noch zu wenig geforscht ist. Aber dann durch das ganze Mittelalter hindurch, gelegentlich immer wieder bei einem großen Außenseiter zum Durchbruch kommend. Heute beginnt man schärfer zu profilieren, eine Reihe solcher Denker etwa seit Beginn des 18ten Jahrhunderts. Dabei spielt es längst keine Rolle mehr, ob solche Forscher, oft aus der ärztlichen Wissenschaft und Praxis stammend, von der orthodoxen Wissenschaft ihrer Zeit abgelehnt, auch von den staatlichen Autoritäten verfolgt oder in das rein Spekulative und Pseudowissenschaftliche später abgedrängt worden sind.

Es handelt sich um die Fragestellung, die im Augenblick wieder einmal eminent wichtig wird und allein zählt: Ist der Mensch in seinen naturgegebenen Fähigkeiten, der Konstruktion wie der Anlage und der Entwicklung endgültig fertig? Ist er voll ausgenutzt? Eine große Kette von Forschern und Wissenschaftlern durch alle Zeiten hindurch, meist zu Außenseitern gestempelt, hat dies verneint. Der neue Versuch, diese latente Barriere des Schweigens gegen diese Fragestellung zu durchstoßen, fußt darauf.

Das ist in großen Umrissen ungefähr der Hintergrund und auch die Basis, von der mein Vorschlag einer Reihe von Einzeldarstellungen, Porträts, Lebensläufe, in den Einzelpersonen wie in der geschlossenen Masse als historischer Ablauf, ausgeht.

Nach außen brauchten die Vorträge nicht miteinander verbunden erscheinen. Nur im Tenor der Ausführungen, vielleicht mit einem gelegentlichen Zwischensatz kann auf den Hintergrund Bezug genommen werden. Die Vorträge sind sowieso so gehalten, daß dieser Hintergrund durchschimmert.

Die Vorträge vermeiden jede wissenschaftliche Terminologie.

Sie bleiben feuilletonistisch. Sie behalten mehr einen allgemein erzählenden Charakter. Jede direkte Stellungnahme wird vermieden, vor allem keine irgendwelche Theorie aufgestellt, Postulate fixiert und ähnliches. Dem Hörer wird von einer Person oder einer Entwicklung erzählt, was Fragen offen läßt, was zum Nachdenken anregt, Hinweise, in dieser und jener Weise beschäftigt man sich mit den zur Person gehörenden Problemen, das ist geschehen und das wird wahrscheinlich weiter geschehen – alles so leicht als eben möglich. Niemand wird zu einer bestimmten Stellungnahme aufgerufen.

Es bestehen für die Durchführung des Programms zwei Möglichkeiten: die eine ist die Abwicklung der Vorträge auf Einzelpersonen gestellt, eine andere könnte aus der Vernichtung von Gruppen und Völkern in der Geschichte die gleichen wenn auch negativen Folgen aus der Unausgeglichenheit zwischen Erkenntnis und Fähigkeit aufzeigen, in erzählender Form. Man kann auch die Serien mischen, zwischen den Porträts Vorträge über bestimmte Massenhysterie-Erscheinungen in der Geschichte. (Schon allein um nach außen die Kontinuierlichkeit zu verwischen.)

Zu 1) würde gehören:
Roger Boscovich (1711–1787)
Hauptwerk: Théorie de la Philosophie Naturelle, 1758 in Wien publiziert.
Seine Theorie: alle Teile streben zum Ganzen (sehr grob ausgedrückt.) B. gilt heute als einer der größten Mathematiker und Physiker aller Zeiten, zeitweilig Direktor der päpstlichen Sternwarte, Mitglied der Londoner Royal Academy, Freund von d'Alembert, umfangreiche Korrespondenz mit Voltaire, die in diesem Jahr in England publiziert werden wird. Eine wissenschaftliche kritische Gesamtausgabe wird in Jugoslawien vorbereitet. Moskau hat im vergangenen Sommer ein Boscovich Institut gegründet, die Amerikaner im Sektor der Pentagonversuche und -untersuchungen haben eine Studienkommission für B. ins Leben gerufen. Praktische Versuche mit den Boscovich-Theorien werden für Befehlsbeeinflussung und -übermittlung auf den USA-Unterseebooten gemacht. Der amerikanische Physiker Lindsay Mack beschreibt 1958

in einer Fachpublikation Heisenberg und Planck als Vorläufer von Boscovich (und nicht umgekehrt).

Wilhelm Reich, vielleicht der begabteste Schüler von S. Freud in Wien, später Berlin, in Norwegen während der Hitler-Zeit und zuletzt New York. Reich erklärt aus der analytischen Perspektive heraus das Anziehungs- und Abstoßungs-Prinzip im Kosmos, er nennt diese Kraft Orgon, die auf die Konstitution des Menschen von innen wie außen eingreift, der Mensch als Teil des Naturgesetzes. Von der Anpassung bzw dem Widerstand hängt Befinden und Verhalten der Person, im weiteren Sinne auch der Gruppen und Massen ab. Diese an sich sehr simple Lösung wird dadurch kompliziert und vernebelt, als sich in Amerika eine Flut von Nutznießern aller Art, wissenschaftlicher wie pseudowissenschaftlicher, darauf gestützt haben. Das Ende von Wilhelm Reich ist besonders tragisch, er ist im Gefängnis gestorben, seine Bücher sind als Giftstoffe von den Sanitätsbehörden verbrannt worden (1958). Jetzt beginnt eine Rehabilitationswelle, die bald große Ausmaße annehmen wird. Im letzten Jahr ist bereits wieder eine Herausgabe von Selected Works in USA genehmigt worden. (Straus Farrar).

Teilhard de Chardin, der größte Anreger der Modernen Anthropologie, kommt aus dem Jesuiten-Orden und ist bis zum Tode Ordensmitglied gegen alle Anfechtungen von autoritativer Seite geblieben. Der Streit ist um Teilhard nach seinem vor zwei Jahren erfolgten Tod noch nicht abgeschlossen. Seine Theorie (aus seinen Analysen der anthropologischen Forschung gezogen) ist: der Mensch ist noch nicht fertig. Kenntnisse und Fähigkeiten des prähistorischen Menschen waren größer als die des heutigen. Was ist verlorengegangen? Was sollte wieder gefunden werden? und wie? Die letzte Kompromißformel für Teilhard mit den Ordensbehörden bezw mit den päpstlichen Autoritäten lautete: Freiheit der Forschung, Freiheit, die Ereignisse niederzuschreiben und im Rahmen der Fachwissenschaft zu publizieren – aber nicht zur öffentlichen Lehre zu verwenden, Ausschluß als Lehrgegenstand an den Universitäten. Was jetzt werden wird, weiß man nicht.

Ernst Fuhrmann. Die bisher auf 18 Bände angestiegene Gesamtausgabe der Schriften von Ernst Fuhrmann, der in New York 1956 verschieden ist, ist nur einem kleinen Kreis von Fachwissenschaftlern bekannt.
Auflage etwa 300 Exemplare. Seit langem wird versucht, für die breitere Öffentlichkeit einen Überblick über die Arbeiten Ernst Fuhrmanns zu vermitteln. Der Plan beginnt sich zu verwirklichen, als die Darmstädter Akademie einen solchen Überblick wahrscheinlich nächstes Jahr vorlegen wird. (Der Unterzeichnende wird wahrscheinlich diese Arbeit übernehmen.) Fuhrmann ist ein assoziativer Denker, er denkt in die Fläche, d.h. er setzt bereits eine zukünftige Entwicklung voraus, auf deren Postulaten er dann bereits weiter baut. Während die übliche Denkform eine vertikale .ist, aufbauen aus Schlußfolgerungen,. d.h. Logik. Dadurch entstehen neuartige Perspektiven, sowohl was die Vorzeitforschung als die Interpretation der Mythen und Legenden anlangt. Fuhrmann ist heute der einzige, der *gegen* die Zeit denkt, daher auch den Zeitbegriff verschiebt. Sein Werk enthält die vielfältigsten Anwendungsformen dieser Grundeinstellung.

Was die andere Möglichkeit anlangt, die Beschreibung von Kurzschlüssen in der Gesellschaftsentwicklung in der Form von Gruppen- und Massenhysterie, so wären in Aussicht zu nehmen etwa eine sehr kurz gehaltene, auf das Wesentliche neu konzentrierte
Geschichte der Albigenser.
Der französische Akademiker Belperron hat mit seiner Studie über die Kreuzzüge gegen die Albigenser sich in strikten Gegensatz, gestützt auf die Lyoner Dokumente der Inquisitionsprozesse, zu der bisherigen Geschichtsschreibung über diese Epoche gestellt. Woran sind die Albigenser zu Grunde gegangen? Nicht ausgerottet durch die Kreuzzüge, sondern sind als Gesellschaftsform, die geltende Form bereits vorgeschritten, frühzeitig explodiert wie eine Fernrakete, die schon an der Abschußrampe explodiert. Ohne Sicherheitsventil – scheint's überflüssig geworden durch die Abschaffung der Lebensangst als Angst. D.h. vorläufig wird diese Angst als Prinzip der Gesellschaftsbildung bleiben – aber wird das immer so bleiben? Wird man sich – die moderne soziologische Forschung – wieder einen

Schritt vorwärts wagen können, ohne nicht wiederum in Massenmorden zu explodieren? Die Colonnes Infernales in der französischen Revolution, das klassische französische Werk über die Greueltaten der Revolution (von beiden Seiten als Ausdruck der Massenhysterie) ist dieser Tage gerade erst in einer englischen Übersetzung erschienen. Warum? Weil so viele offene Fragen in diesem Thema bleiben, etwa die eigentlichen Gründe der Massaker der Colonnes Infernales (in der Vendée), die mit der Ausrottung der Frauen und Kinder allein nichts zu tun gehabt haben können, sondern die innere Unsicherheit, die Angst vor dem Zu-Wenig, ohne das die Gesellschaft nicht weiterleben kann und das dort gesucht wird, wo man es sonst am wenigsten vermutet, im einzelnen Menschenwesen, das man vernichtet, um dieses „Mehr" zu finden. In der Geschichte der Colonnes kommt dieses klar zum Ausdruck.

Die *Magie des amerikanischen Bürgerkrieges*. In diesem Jahr begeht man in Amerika die 100. Jahreswiederkehr des Beginns des amerikanischen Bürgerkrieges. Eine Flut von Büchern und historischen Analysen ist bereits erschienen und wird weiter erscheinen. Wie Woodward in seiner von der offiziellen Geschichte rasch ignorierten New History of America schreibt, waren die Rassenfrage und in Folge die Sklaverei keineswegs der eigentliche Grund des Bürgerkrieges, wie die Differenz im Lebensstandard und der Lebenserwartung in eine Gesellschaftsform projiziert, die zwischen Süden und Norden nicht mehr vereinbar war und bis heute, 100 Jahre später, noch immer unvereinbar geblieben ist. Auf der Rassenfrage wird diese Differenz nur noch immer ausgetragen. Es ist daraus, was man in Amerika nennt, die Magie des Bürgerkrieges entstanden. Nichts steht an „geschichtlichen Tatsachen" eindeutig fest. Noch heute weiß man nicht, welche Generale wirklich für den Norden und welche für den Süden gekämpft haben. Die Lincoln-Magie – von wem ist Lincoln wirklich erschossen worden – auch das ist heute weitgehend umstritten. Und was sollte erreicht werden? die dynamische Wirtschaft des Nordens? aber ist es eine Verbesserung oder eine Verschlechterung? die krampfartigen Zuckungen in der amerikanischen Gesellschaftsbildung deuten darauf hin, daß ein Gleichgewichtsziel noch nicht erreicht worden ist, und überhaupt werden kann? die Perspektive für

Amerika für die nächsten beiden Generationen steht auf der Beantwortung dieser Frage --- (heute meist verneint).

Etwas weiter zurückliegend:
Die ersten Christenverfolgungen in Lyon.
(Die Häresie des Bischofs Irenäus). Wer waren diese Christen, die zu Tausenden hingeschlachtet wurden. Man weiß heute, daß echte Christen, d.h. Leute, die einer neuen Religionslehre folgten, überhaupt nicht darunter gewesen sein können. Die meisten wußten überhaupt nicht, was Christen gewesen sind und was sie glaubten etc, und haben sich trotzdem als Christen bekannt, um hingerichtet zu werden. Der allgemeine Erlösungsgedanke, die Illusion entstanden aus dem Zerfall des römischen Reiches, das ist der sichtbaren Gesellschaftsform – gegen die keine neue als Nachfolge bereits sichtbar war.
Was haben sie mit dem Tod erwartet, zumal ihnen weder Himmel noch Nirwana damals versprochen werden konnte?

Der innere Sinn dieser Gruppen-Darstellungen würde darin liegen, daß gemeinsam den Opfern wie den Henkern das Bewußtsein gewesen sein muß, in ʻetwas über das normal Gegebene hinauszugehen, in eine große Leere, wo der gesellschaftliche Zusammenhang, an den jeder Einzelne noch gebunden ist, aufhört. Bisher kann man diesen Kurzschluß in der gesellschaftlichen Bindung nur im Negativen aufzeigen. Es muß aber auch in einem positiven Sinne zu entwickeln sein, diese Reaktion auf Affektauslösungen, die nicht mehr kontrolliert werden können, die man nicht steuern kann, als ins Negative der Zerstörung. Wo liegt die Möglichkeit, solche Affektberührungen ins Positive zu steuern, zu einem Aufbau hin, zu einem festeren gegenseitigen Halt? Das ist die entscheidende Frage. Es ist sicher, daß die Entwicklung der menschlichen Gesellschaftsbildung über die Jahrtausende geschichtlicher Nachprüfung auf solchen Aufbaumöglichkeiten beruht, die wir noch nicht kennen, kaum beschreiben können, aber nach denen man suchen muß, sie sozusagen in eine Formel bringen muß, um die Gesellschaftsbildung überhaupt zu verstehen. Bezeichnenderweise kennen wir nur die negative Seite, die positive wird als gegeben hingenommen. Aber kann das auf Dauer genügen? Das ist das Thema.

Franz Jung
San Giovanni Rotondo (Foggia)
Viale Capuccini, Villa Rossi   28.2.61

Liebe Ruth, ich habe dem Müller geschrieben, daß er sich sogleich an dich wenden soll. Für Verlagsabschlüsse und Verwertungen auch bei Rundfunk etc ist jetzt die einzige Zeit. Deshalb muß er sich beeilen. Er selbst hat übrigens die Sache dringend gemacht.
An den Gerold werde ich mich nicht wenden, es genügt der Lissner, der dortige Feuilleton Redakteur.
Übrigens weiter: ich habe in Wien einen alten KAPDisten getroffen, der Mann war als Student während des Kapp Putsches unser Radfahrer, stand der Familie Schwabs sehr nahe. Es ist heute ein großer Mann in Wien, obwohl er gebürtiger Preuße ist – Jörg Lampe, inzwischen österreichischer Professor geworden. Er ist bei der Presse der Kunstkritiker, außerdem Rundfunkkommentator für Ausstellungen, an irgendeiner Kunstschule gibt er Kurse, kurz auf dem Gebiet der Kunstkritik allgewaltig. Wäre das nicht etwas für deinen Neffen? Dieser Mann lebt noch ganz in der KAPD Zeit, trotzdem er sich inzwischen den österreichischen Dialekt beigelegt hat. Von dem kann man alles haben.
Ob die Leute die Spielerei Dada bringen, ist mir ziemlich gleichgültig. Ich habe praktisch nur einen Wunsch damit erfüllt – so gut ich es eben kann.
Mit Köln habe ich eine Serie von 4 Vorträgen (200 Zeilen) abgeschlossen: Fuhrmann, Reich, Boskowitsch und der Woodoo Einfluß im amerikanischen Bürgerkrieg (hat Lincoln überhaupt gelebt?) Zu meinem Buch spreche ich in Stuttgart und wahrscheinlich Baden-Baden. Mit München verhandle ich auch. Bei Luchterhand (wahrscheinlich) zusammen mit der Darmstädter oder Mainzer Akademie mache ich einen Auswahlband Fuhrmann.
Soweit das nächste Programm. Hier sind alles andere als „Ferien". Sylvia ist totkrank (Knochentuberkulose). Die Lebensverhältnisse sind entsetzlich hier (auch für mich). Der Ort liegt ziemlich hoch, im sogenannten Gargano Massiv, tagsüber abwechselnd Sonne und Schneestürme, kaum Heizung, der übliche Steinfußboden und jede Wohnung infolge der primitiven Bau-

weise feucht. Es ist furchtbar. Ich weiß auch im Augenblick gar nicht, wie ich von hier wegkomme. Habe schon nach New York um Geld geschrieben, dort liegt noch meine Rente als Reserve. Das wird aber kaum reichen. Fontana hat mir Kuchel vorgeschlagen, aber erst muß ich sehen, wie ich dahin komme. Für sociologische Studien ist der Platz ideal. Der Einfluß, den Pater Pio ausübt, ist unvorstellbar. Diese Kraft spürt man hier ganz außerordentlich. Ungeheure politische und kirchliche Intrigen. Das ist hier die Gegend, wo alle Jahre die Kontadini brachliegendes Land in Besitz nehmen, Gendarmeriestationen niederbrennen und die rote Fahne auf den amtlichen Gebäuden hissen. Vorher haben sie sich Mut geholt durch eine Pilgerfahrt zu Pater Pio. Das wiederholt sich Jahr für Jahr, die Zeitungen schreiben nur sehr kurz und ironisch darüber, die Kommunisten und die Nennis schweigen sich meist ganz darüber aus, denn die Gegend ist hundertprozentig kommunistisch oder socialistisch im Stimmzettel. Das ist das Volk, das fanatisch zu Pater Pio hält und an ihn als Heiligen glaubt, mit einer Kraft (zur Schau getragen), die erschüttert. Was sonst noch herkommt, sind Neugierige. Sociologisch interessant: die *Gier nach Gnade*, die innere Panik aus einer plötzlich aufbrechenden Lebensangst heraus – eine wunderbare Parallele zu den Albigensern.

Sylvia ist hier bei den Kapuzinern alles andere als angesehen, kaum geduldet, und man macht ihr die größten Schwierigkeiten. Es ist eine entsetzliche Prüfung zu sehen, wie das Ende naht – helfen kann ich ihr kaum, obwohl sie selbst sich die ganzen Jahre über mit einer ungeheuren Energie und mit an Wunder grenzenden Fähigkeiten hat über Wasser halten können. Es besteht eine äußerst dünne Grenzlinie zum Ausbruch des religiösen „Wahnsinns" hin, dessen sie sich selbst wohl bewußt ist. Sie hat eine Gesellschaft zur Verehrung des Erzengels Michael gegründet, vertreibt Broschüren und hat auch selbst welche geschrieben und drucken lassen. Ich selbst trage in ihrer Meinung die „Uniform des Satans". Übrigens gibt es in der Nähe das aus der Hohenstauffen Zeit bekannte Heiligtum, die Michaels Grotte, dem franz Mt Michele zu vergleichen. Für wohlhabende Touristen aus der USA ist bestens gesorgt. Etwa ein Dutzend Hotels rings um das Kloster, dort habe ich selbstverständlich keinen Zutritt. Die Gegend lebt

von der Tonerde, die der Montecassino Konzern für seine Aluminiumindustrie hier gewinnt. Sonst gibt es nur Steine, soviel daß sie zu wachsen scheinen, wie schon Plinius feststellt hat. Die modernen Autobusse der Pilgerzüge mit den Bauern auf dem Esel reitend dazwischen.
Ich hoffe, ich habe dir das richtige Bild vermittelt.
Halte dich gesund, meditiere lieber statt zu arbeiten und denke an die guten alten Zeiten, die nicht mehr wiederkehren, wie die Österreicher fälschlicherweise singen. Denn dort allein, in der Welt, kommen sie wieder.
Herzlichen Gruß
    Franz

Franz Jung
San Giovanni Rotondo (Foggia)
Viale Capuccini, Villa Rossi   1.3.61

Liebe Ruth,
ich lese soeben im Figaro vom 27.2., den ich mir zufällig in Foggia gekauft habe, daß dort ein Memoiren Roman der Irene von Jena „Sosnowski, l'espion de Berlin" angekündigt wird. Die Frau war 10 Jahre in deutschen Konzentrationslagern, später in Rußland und lebt jetzt in Berlin. Der Roman wird in Fortsetzungen im Figaro erscheinen – das bedeutet, daß eine Buchausgabe schon überall vorliegen wird, vor allem auch in Deutschland, da die Frau ja in Berlin lebt. Jedenfalls wird das Manuskript auf dem Markt sein. Bestimmt wird darin natürlich die Lossow und die Hammerstein behandelt. Es ist also mit unseren Manuskripten höchste Eile geboten. Man muß es sofort – zum mindesten im Theater anbieten können, eventuelle Filmrechte etc registrieren lassen etc.
Ich habe nochmals an Müller geschrieben, daß er sofort an Dich schreiben soll und schicke ihm das Manuskript – ohne das – zum mindesten für ihn zum Einsehen, kann er ja praktisch kaum etwas machen.
Die tatsächlichen Einzelheiten, Prozente etc können später ausgehandelt werden. Ich schrieb dir damals schon, daß ich selbst nichts daran verdienen will, frei zur Beratung etc zur Verfügung

stehe – ein service nicht nur für Maslow (in Erinnerung) sondern auch für dich, die du für mich genug getan hast.
Leider wird Müller im Augenblick bei schlechter Laune sein. Er hatte vor hier eine Fernsehaufnahme von Pater Pio zu drehen. Der Konvent hat das heute mir strikte abgelehnt. Ein großes Projekt für Müller fällt damit ins Wasser.
Viele Grüße
      Franz

Paris, den 26. Feb. 85

Sehr geehrte Herr und Frau Mierau,
es fehlt mir gewiß nicht an gutem Willen oder ich hätte hier nichts zu sagen. Nein, es liegen ganz andere Gründe vor. Durch ein abseitiges Schicksal muß ich heute leider mit gewissen nervösen Störungen leben. Dazu gehört, daß ich all meine Möglichkeiten vor einem weißen Blatt verliere.
Und Berlin ist ja leider zu weit zu einem einfachen einmal Vorbeikommen!
Franz Jung kannte ich nur während seiner letzten Jahre. Er kam ab und zu zum Essen zu uns. Sonst traf er Szittya wohl im Café „deux Magots", wo Szittya seit Jahren seinen Stammtisch hatte. In die rue du château kamen nur wenige, nach oben in den 2. Stock zu mir noch wenigere. (Szittyas Arbeitsraum war im 1. Stock.) Wir wohnten ohne jeden Komfort und von Beherbergen konnte nicht die Rede sein. Ich wohne ja immer noch dort.
Ich gebe zu, daß Franz Jung zu den Menschen gehörte, die mich sehr erschütterten. Er war grau in grau, hatte etwas Hoffnungsloses, war zurückhaltend. Dazu kam diese erloschene Stimme. Die beiden zusammen zu sehen, hatte etwas Ergreifendes. Es gab gewisse Ähnlichkeiten und doch waren sie grundverschieden. Sie hatten aber dieselbe etwas altmodische Höflichkeit, dieselbe Hilfsbereitschaft und Generosität des Herzens.
Leider sollte nichts mehr gelingen und ich glaube fast, es war kein Zufall.
Es sitzt mir immer noch etwas im Halse.

Franz Jung wollte uns manchmal etwas Besonderes mitbringen. Ich erinnere mich an einen Fasan, ein herrliches Tier, aber schon ganz grün drinnen. Vieles entfällt mir. Da war noch seine Schreibmaschine Colobri, die er reparieren ließ und uns schenkte. Ich habe sie noch und es würde mich sehr erleichtern, wenn sie irgendwo hinkäme, wo man Franz Jung schätzt und liebt. Ich hatte sie schon versprochen, aber der junge Mann, ein französischer Germanist, der über Jung zu schreiben gedachte, stellte sich als sehr unzuverlässig heraus. Ich mußte ihm das Haus verbieten. Hätten Sie jemanden, der sie abholen könnte. (Sie ist zwar unbrauchbar.)
Franz Jungs letzter Brief an Szittya endete prophetisch: Ich fürchte beinahe, wir sind in demselben Boot. Viele Grüße zu Haus, herzlichst – ein Wort womit er sparsam war.
Das war zu Weihnachten 62. Franz Jung starb im Januar 1963. Szittya am 26. Nov. 64 an einem Gaumenkrebs bei mir, genau 11 Jahre nach dem tödlichen Unfall unserer einzigen Tochter. Sie war 22 Jahre alt.
Mit meinen besten Grüßen aus Paris
Erika Szittya

Ich sehe, daß Sie es sind, die einen ausführlichen Lebensweg von Franz Jung zusammenstellten, was für Szittya ganz unmöglich wäre. Man fragt bei mir umsonst an. Auch ich mit meinen 35 Jahren Gemeinschaft weiß nichts von seiner Familie, Jugend und wenig von seiner Vergangenheit. Ich respektierte seine Art. Er verwischte immer selbst seine Spuren. Das Typische bleibt seine bizarre innere und äußere Uneinfangbarkeit, die gewiß kein Zufall war, Szittya war nie so ganz von dieser Welt.

Franz Jung   4/7 61

Lieber Szittya,
wollen Sie bitte berücksichtigen, daß diese Vorlage für das Theater Studio, als Lehrstück bestimmt war. Jetzt müßte es auf *Accente* konzentriert werden. Die Lazarett Scene mit den Dialogen der Ärzte und dann successive auf die Etappen des

Größenwahns (was ziemlich so bleiben könnte) und schließlich das Ende – alles ein wenig schärfer profiliert, auf Schauwirkung gestellt, aber im gleichen Rytmus abrollend.
besten Gruß
   Jung

wenn Sie einen allgemeinen Eindruck haben, könnte ich es in 2 Wochen darauf gestützt fertig machen.

Franz Jung   Paris, 5/15 61
              rue du Dragon 36

Liebe Sylvia, dein Brief hat mich sehr betroffen. Er kann leider nichts daran ändern, daß ich nicht nach San Giovanni jetzt kommen kann.
Leider hast du damals vergessen, den Vertrag mit Herrn Rossi aufzuschreiben und unterzeichnen zu lassen. Nichts würde dann im Wege gestanden sein, daß du selbst in /die/ Wohnung ziehst und ein Zimmer oder die Halle an Pilger zur Übernachtung vermietest oder selbst umsonst die Übernachtung zur Verfügung stellst, wenn die Betten vorhanden sind. Das Verhalten des Herrn Rossi zeigt, daß man weder mich dort will noch dich. Ein besonderes Entgegenkommen habe ich eigentlich nicht gefunden, außer daß man mir das gegeben hat, wofür ich normal wie jeder andere bezahlt habe.
Aber das ist alles nicht so sehr entscheidend. Der Ort und die ganze Atmosphäre dort ist abgestimmt auf eine besondere Gebetsgemeinschaft, die sich um Pater Pio gebildet hat. Das hat mich sehr beeindruckt, und es hat mir auch sehr geholfen, gewisse Unzuträglichkeiten und auch sonst in mir gewisse Unsicherheiten zu überstehen. Ich könnte mir nur wünschen, daß ich im Jahr für wenigstens 3 Monate nach dort kommen könnte, um diese Atmosphäre wieder in mich aufzunehmen. Es scheint aber daß man mir das nicht gestattet.
/Zwei Zeilen unleserlich/
ich mich jetzt noch wenden kann. Leider bist du selbst nicht so gestellt, daß du mich aufnehmen könntest – im Gegenteil, ich müßte noch dafür sorgen, daß du den Kopf über

Wasser hältst. Du bist dir selber nicht im Klaren darüber wie schwierig und schwach fundiert deine Lage dort ist. (du wirst gerade so geduldet, wie ein Bettler an der Kirchentür.) Ich hätte daran gedacht, dir diese Lage wenigstens zu erleichtern, indem ich die materielle Grundlage mit der Wohnung gefestigt hätte. Alles andere, was die Verlagspläne anlangt, sind vorläufig noch reine Illusion. Mit einer festen Bleibe als erstes und einer gefestigten Gesundheit, d.h. mit den entsprechenden Pflegemöglichkeiten kann man Schritt für Schritt dann auch sich mit den Verlags- und Vertriebsmöglichkeiten befassen. Alles das zusammen und durcheinander gemischt geht nicht.

Ich werde jetzt von hier Ende des Monats nach Wien gehen und bin dort bei Fontana zu erreichen. Dann werde ich weiter sehen, wo ich bleiben kann.

Nichts steht dem im Wege, daß ich in Wien ebenso für dich Briefe schreiben kann oder etwas einleiten kann, um es druckfertig zu machen. Nur das letztere, etwa die Zeitschrift die du im Auge hast kostet eine große Summe Einlagegeld. Ich kann dabei helfen, aber ich kann es nicht alleine machen. Die Chance meiner Hilfe liegt eben gerade darin, daß ich außerhalb von San Giovanni noch Geld verdienen muß – und die wenigen die zugelassen sind, von den Pilgern mit zu leben, wollen weder Fremde noch neuen Zuzug. Es ist ausgeschlossen, daß wir im Ernst mit einem Verlag dort durchkommen könnten, sofern der Verlag zeigen würde, daß er sich selbst erhält und sogar Geld verdienen würde. Das ist ohne einen einheimischen Partner nicht zu machen. Ich habe mir das Tag für Tag durch den Kopf gehen lassen und bin zu diesem Schluß gekommen, nicht leichten Herzens, sondern sehr bitter für mich. Denn ich verliere ja damit den letzten Rückhalt, den du mir in Aussicht stellen wolltest. Versuche es doch noch einmal mit Herrn Rossi zu reden, vielleicht gibt er uns wenn wir die Wohnung für Übernachtungen zur Verfügung stellen, noch bis zum Herbst Frist.(Ich glaube es zwar nicht, denn er hat sicherlich bereits jemanden, der ihn zwingt und der selbst vermieten will. Hättest du das nicht auch machen können?)

So ist also die Lage. Ich selbst habe hier keinen Erfolg gehabt. Nach 6 Wochen Arbeit habe ich noch immer das Geld nicht bekommen, und ich weiß nicht einmal ob ich es überhaupt bekommen kann. Es ist mir hier sehr schlecht gegangen.

Ich gehe jetzt nach Wien sozusagen wie ein verprügelter Hund, der sich erst mal die Wunden lecken muß, ehe er weiter laufen kann.
Leider, in vielem wirst du mich nicht verstehen. Ich kann auch nicht sagen, daß du mich früher sehr viel verstanden hast – was an sich nichts ausmacht.

Der Schluß des Briefes scheint zu fehlen.

Franz Jung   Paris 6 e 5/15 61
                              36 rue du Dragon

Lieber Reimann,
ich bin hier u.a. auch mit einer wirtschaftlichen Dokumentation über die neuen afrikanischen Staaten beschäftigt. Es bestehen, wie du sicherlich wissen wirst, große Differenzen in der politischen Propaganda für Aufbauprojekte, was man so in den Zeitungen darüber lesen kann, und der weit nüchterneren Wirklichkeit; besonders gilt das für die französische Einflußsphäre, die im übrigen mit deutscher Hilfe sich auszudehnen beginnt.
Ich habe mir gedacht, obwohl gewisse Schwierigkeiten einer neuen Zusammenarbeit entgegenstehen, daß die Reports die sehr unsichere und dunkel gehaltene Perspektive dieser Entwicklungsländer in knappen Schlaglichtern ständig behandeln könnten. Vielleicht ließe sich noch ein besonderer amerikanischer Interessent noch dazu finden. Ich kann mir die Beziehungen zu den hiesigen Vertretungen beschaffen, und wenn die Arbeit auf eine größere Basis gestellt würde, könnte ich auch einen hiesigen Mann, im Augenblick Reporter in dem Finanzblatt „Pour et Contre" als Mitarbeiter gewinnen.
Ich bleibe zunächst bis Mitte Juni, was genügen würde, die Sache anlaufen zu lassen, gehe dann für 4 Wochen ins Vercors und anschließend noch für 2 Wochen nach Wien, so daß ich im August wieder zurück sein, würde.
Mit besten Grüßen

Franz Jung   Stuttgart, 6/14 61

Lieber Karl Otten,
vielen Dank für Ihren herzlichen um mich so besorgten Brief. Ich bin sehr beschämt. Denn trotzdem wir von den völlig gleichen Dingen sprechen und den gleichen Unzuträglichkeiten ausgesetzt sind, liegen die Dinge sehr verschieden. Im Grunde braucht man die literarische Betätigung im Rahmen der heutigen gesellschaftlichen Verhältnisse nicht, es sei denn als reiner Broterwerb, wozu uns viele Voraussetzungen heute fehlen und wir sowieso hoffnungslos ins Hintertreffen geraten müssen. Vor allem wäre es völlig sinnlos dagegen anzugehen, daß heißt mit dem Kopf gegen eine Wand rennen zu wollen, mag sie uns auch noch so imaginär erscheinen. Wie wirklich diese Wand eben ist, merkt man an den Beulen, die man sich holt und eben auch daran, daß es wehtut.
Das was wir tun können, ich meine wenn ich so sagen darf – Sie und ich, ist sich um die innere Kommunikation zu kümmern. Das will heißen, nach innen zu sehen statt nach außen, sogar wer das kann so auch den Reflex der Außenwelt zu vermeiden oder zum mindestens auf das Minimum herabzusetzen. Eine solche Konzentration auf die eigenen inneren Bindungen löst ein völlig neues und verändertes Kommunikationsfeld aus, ich möchte beinahe sagen eine zweite Lebensform, ein weit tieferes Erlebnis als alles was bisher vorangegangen sein mag in einem Lebenslauf, eine veränderte Relation von Schuld und Sühne, die glückhafte Vertiefung der eigenen Revolte gegen sich selbst, ausgedrückt in der Revolte gegen Gott. Hierin sind Leute wie Sie und ich allen Figuren ringsum, die in Betrieb gesetzt sind, überlegen. Wir sind in der Lage sie zu ignorieren, sie in Auflösung als Objekte zu versetzen, selbst sogar das einzelne was sich aus einer solchen Auflösung ergeben mag zu verwenden.
Leider – und das muß eben von mir gesagt werden, ich erleide Rückfälle in die alten Illusionen, die Hoffnungen, die Mißdeutungen und Irrtümer, aus denen sich mein Lebenslauf zusammensetzt und die so eingeprägt bleiben, daß ich sie im Grunde nicht ganz aufgeben und vor allem nicht völlig missen kann.
Sie sind darin, wenn ich das sagen darf, besser dran. Sie

haben die Kommunikationen, etwas erleichtert durch Ihre Sehbehinderung, aber sie sind von vorneherein stärker, weiter hinaus tragend, tiefer und eben von vorneherein fruchtbarer. Sie haben bereits die inneren Kommunikationen, Sie dürfen sich glücklich schätzen darin zu leben, jeden Tag darin von neuem bestätigt zu werden und vor allem, was dann ja sowieso eine Selbstverständlichkeit ist, Sie leben nicht allein. Hören Sie auf, mit dem Unsinn mit dem Kopf gegen die Wand zu rennen. Gegen wen wollen Sie denn kämpfen, gegen die Verleger, die Leser, die Adenauer, die Ulbricht und Kennedys? Das sind doch alles höchstens lästige Fliegen, die Sie mit einem Ventilator entfernen können. Sie haben doch nicht das geringste mit diesen Leuten gemeinsam, viel weniger wie mit Ihrem Milchmann und dem Postboten. Sperren Sie sich doch nicht selber obendrein ab. Sie sprechen etwas, aus sich heraus, aus Ihrer eigenen Kommunikation heraus, zu der Sie einen von vorneherein von Ihnen ausgewählten Kreis zulassen. Was wollen Sie denn noch mehr – das ist doch das Höchste was der Mensch dieser Epoche überhaupt erreichen kann. (Mir ist das lange nicht *so* gegeben, und deswegen falle ich auch immer noch wieder in allerhand Abgründe – Sumpflöcher, besser gesagt.)
Ich hoffe daß Sie mich verstehen. Was ich tun möchte – um dies als Beispiel zu sagen etwa in der Form einer losen Zeitschrift eine Serie von Pamphlets herauszugeben (es besteht schon darüber ein vager Plan mit Artur Müller)
Jeder dieser in sich geschlossenen Pamphlets (zur Zeit, zur Gesellschaft, zur Umwelt, zu Gott teo) muß in einer solchen Kraft geschrieben sein, daß die Balance ins Wanken gerät. Der Leser, von vorneherein ein beschränkter Kreis, ohne besondere Werbung, wird auf die innere Kommunikation angesprochen, auf die magische Bindung von Mensch zu Mensch und die Isolierung der Einzelnen in der Umwelt und einem falsch verstandenen „Kosmos". Es bleibt dies bei dem Leser hängen – er denkt weiter, er entfaltet sich und den Pamphlet Autor mit oder ... er geht zu Grunde, er ist ausgeschaltet, der Fußtritt. Die Arbeit an einem solchen Pamphlet von einem Dutzend Seiten und vielleicht etwas mehr, entspricht in der eigentlichen Energie Leistung einem dicken Romanband und selbst dem Satz „Gesammelter Werke".

Sehen Sie, das können Sie machen, ich vielleicht auch zum Teil und das ist heute unsere Aufgabe ... nicht mit diesen Hanswürsten von Verlegern und Lektoren und Zeitungsschreibern sich herumzuschlagen.
Wenn ich das auf die Beine stellen kann, sind Sie der erste, der mit der Serie beginnen wird. Ich wende mich wieder „Geschäften" zu und ich werde das Geld aufbringen, die Sache mit finanzieren zu helfen, den Anfang wenigstens. Verstehen Sie, damit hätten wir uns immun gemacht. Wir müssen uns diese Parasiten vom Halse halten, das ist eine Sache der Reinlichkeit und auch der äußeren Ästhetik.
Sursum Corda.
Herzlichen Gruß
    Franz Jung

Ich gehe jetzt nach Wien, aber ich glaube nicht, daß ich dort bleiben werde. Ich kann Ihnen nicht sagen, wo ich bleiben werde, als ständige Adresse aber vorläufig werde ich über Müller und Fontana zu erreichen sein.

Carl Tiso   Hamburg 13, den 21. Juli 1961
                               Rothenbaumchaussee 26

Herrn
Franz Jung
P.O.Box 1154
San Francisko
Cal./USA

Lieber Franz!
Ich habe nur von fremden Leuten gehört, daß Du Dich in Europa herumgetummelt hast und eigentlich bin ich Dir böse, daß Du Dich nicht hier gemeldet oder ein paar kurze Zeilen geschrieben hast.
Du weißt sicher, daß ich in die Dienste der CONDOR Versicherungsgesellschaften getreten bin. Aber darüber kann Dir Herr B ö r n e r mehr erzählen, wenn Ihr Euch in den USA trefft. Herr Börner war hier in der Leitung der Auslands-

abteilung der CONDOR-Gesellschaften tätig und geht jetzt an die Harvard-Universität, um dort zu studieren. Herr Börner ist ein aufgeschlossener junger Mann mit besten Manieren und kommt aus einer guten Hamburger Familie. Wenn er Zeit und Gelegenheit findet und ihm der Weg nicht zu weit ist nach San Francisko, wird er sich bestimmt mit Dir in Verbindung setzen. Es wäre sehr nett, wenn Du ihm etwas helfen könntest, gute wirtschaftliche Eindrücke zu bekommen.
Ich hoffe bald von Dir zu hören, denn langsam sind wir beide in dem Alter, wo der eine Angst um den anderen haben sollte.
Leb wohl, herzliche Grüße
Dein Carl

Franz Jung
10/17 61
Mainhardt-Württemberg

Lieber Artur Müller,
wenn Sie ernstlich daran interessiert sind, etwas schon in der Pamphlet Sache zu unternehmen, sollte man an Karl Otten vorher schreiben, ob er noch an dem Projekt interessiert ist, als Mitherausgeber oder Mitbeitragender oder wie immer sonst.
Ich habe zwar den Eindruck, daß die Frau ihm seine anfängliche Begeisterung ausgeredet hat, weil eben die Sache von vornherein nichts einbringt als nur Arbeit – die Arbeit allerdings als eine Art Therapie gedacht, sich gegenüber dem Unverständnis dieser Zeit, der Korruption von Verleger- und Leserschaft abzuschützen und etwas immuner zu machen. Das war eigentlich mit die Basis-Idee. Die sonstigen Beiträge wären also mehr als Rahmen anzusehen – eigentlich nur dazu bestimmt, den Prospekt, auf den es ja im wesentlichen ankommt, zu rechtfertigen.
Sie fassen allerdings bereits das Ganze sehr viel ernster auf, wenn man das so nennen will, seriöser. Ein wenig verändert das ja dann das Bild, und ich glaube, wenn Sie ihm schreiben, daß Otten eher bereit sein wird mitzumachen – das Ganze bekommt ja einen literarischen Aspekt.

Ich würde das dann auch nicht mehr „Der Gegner" nennen, sondern einfach „Gegner". Vielleicht aber auch einfach „Herausforderung", Schriftenreihe, herausgegeben von Artur Müller – mich kann man auch aus dem Spiel lassen. Mein Beitrag würde besser heißen: in eigener Sache! (indirekt das Abschied Thema umfassend).
Den Bloy kann man vielleicht weglassen, wenn man den Kierkegaard hat. Will man etwas mit Reich anfangen, dann braucht man die Rechte, außerdem sind ja eben erst „selected works of WR" in Amerika erschienen.
Selbstverständlich ist Reich hier ein gutes Thema, umsomehr weil über die „kosmische Energie", weswegen Reich verurteilt wurde, bereits eine Reihe wissenschaftlicher Kongresse stattgefunden haben und das Thema sowieso in aller Munde ist. Ich empfehle für eine Reich Schrift das Buch: Listen, little man – eine sehr einleuchtende soziologische Perspektive. Das kann man mit Vor- und Nachwort sehr bunt aufziehen. (Aber wie gesagt, die Rechte liegen drüben. Es sind ja zwei sehr aktive Töchter, beides Psychoanalytiker, vorhanden.)
Vergessen Sie nicht die Albigenser. In der Time vom April 61 ist ein Artikel darüber erschienen. In Toulouse ist ein vom Staat subventioniertes Forschungszentrum gegründet worden. Prof. Nelli, der Soziologe an der dortigen Universität, ist der Leiter – ein sehr zugänglicher Mann. Beauftragt, alle Albigenser Sammlungen in Carcassonne zu einem Museum zu vereinigen. Der Fremdenverkehr hat sich der Sache angenommen. Von dort sind Einladungen und Bildmaterial und alles was Sie brauchen zu erhalten. Die französische Regierung, die Universität Toulouse, das Nelli-Institut und der Fremdenverkehr würden Ihr Projekt unterstützen. Vergessen Sie nicht, daß wir die Sache eher pro katholisch heute aufziehen könnten, jedenfalls nicht im alten Voltaire-Sinne – darin liegt für uns der Trick. Es gibt bereits einen neuen Catharer Bischof, Deodat Roche, residierend in Arques, früher dort Bischof, der Pilgerzüge nach Montségur organisiert etc. Auf was warten wir noch?
Ich werde nicht mehr allzu lange hier bleiben können. Leider höre ich weder von Ihnen noch von Ihrem Herrn Sohn, den ich bitten möchte in Frankfurt den Herrn Lang anzurufen und ihm einen Gruß zu bestellen. Bei dieser Gelegenheit

kann er feststellen ob in Frankfurt etwas für mein Buch geschieht.
Viele Grüße
> Ihr Franz Jung

WR *Wilhelm Reich*

FJ
10/21 61
Mainhardt-Württemberg

Lieber Artur Müller,
ich habe die beiden einliegenden Vorschläge an Heißenbüttel gesandt. Der eine ist die bekannte Hammerstein story, bei der mich die experimentelle Bearbeitung zu einer Funk Novelle trotzdem sehr reizt. Ich glaube es würde doch der Absicht zu einem größeren Projekt nicht schaden, sondern doch eher als ein Vorspann für das Interesse dienen können. Die zweite Sache interessiert mich ebenso sehr. Hier kann man ein ganz anderes Experiment machen. Ich sende Ihnen die Kopie mit. vielleicht regt es Sie an auch Ihrerseits etwas in dieser Sache zu machen – wenigstens lassen Sie es sich ein wenig durch den Kopf gehen – – – man schläft nachher besser.
Die Wohnung hier ist leider genau das Gegenteil, was ich mir gedacht und gewünscht habe. Genau wie in Wien, Kuchl, Grünwald eben die übliche Durchgangsstation. Ich sehe, daß ich das, was ich eigentlich suche, in Deutschland eben nicht finden kann. Ich brauche eine Stelle, wo ich alle meine Sachen konzentrieren kann, eine Stelle und einen Raum zum *Ausruhen*. Das ist hier für 2 – höchstens 3 Wochen berechnet, dafür ist es großartig, eben als ein Ort – für die Bürger, die das dann Ferien nennen – für mich aber im Gegenteil der Auftrieb nach einer Entspannung der Ruhe. Das heißt, ich muß, um mich überhaupt hier aufhalten zu können, arbeiten, den ganzen Tag denken und assoziieren und arbeiten. Gerade das kann ich auf die Dauer nicht mehr fortsetzen. Ich muß *ausspannen* können – ich sehe da sehr schwarz für meine

Zukunft, der Hirnschlag rückt schon näher. Selbstverständlich kann ich niemandem einen Vorwurf machen.
Ich habe mich auch nicht so deutlich ausdrücken können. Praktisch brauche ich, wie ich jetzt für den Augenblick sehe, ein größeres, meinetwegen leeres Zimmer, möglichst mit Kochgelegenheit, wo ich einige Tage ohne daß es jemanden stört einfach liegen und sonstwie in alten Manuskripten oder Zeitungen blättern kann, um den Geist auszuruhen, die Nerven und alles das, und wo es nichts ausmacht, wenn ich einige Wochen überhaupt nichts tue, keine Briefe empfange und keine beantworte. Anscheinend geht das eben in Deutschland nicht. Vielleicht finde ich jetzt in Frankreich, zwar nicht sofort, aber ich werde mich bemühen, in Paris nach solch einem Zimmer zu suchen. In Grünwald hatte mir das schon jemand angeboten – ich bin aber damals schon nicht mehr weiter darauf eingegangen, weil ich schon die Hoffnung auf den Raum um Stuttgart hatte.
Bei Ihnen wird sich ein Herr v. Rauch melden. Das ist der Mann aus Salzburg mit dem Fuhrmann Archiv. Ich hatte hier eine Unterredung in Marbach beim Nationalmuseum. Die Leute haben mich freundlicherweise mit dem Auto abgeholt und wieder zurückgebracht. Es handelte sich um die Gründung dort eines Fuhrmann Archivs und eines Studienzentrums, für dessen Leitung ich den v. Rauch, der ja schon große Vorarbeiten gemacht hat, vorgeschlagen habe. V. Rauch wird jetzt nach Marbach gehen und sich vorstellen. Ich gehe nicht mit, aber will ihn natürlich nachher sehen, wie die Sache ausgegangen ist. Als Verbindungsstelle habe ich mir erlaubt Sie bezw Ihre Wohnung vorzuschlagen, d.h. daß Rauch vorher zu Ihnen kommen wird, um das Zusammentreffen zu besprechen. Es hat keinen Zweck, daß R. noch extra nach hier kommt.
Wenn Sie nicht da sind, wird Ihr Herr Sohn das erledigen können.
Viele Grüße inzwischen und Empfehlung an die Familie
Ihr
   Franz Jung

VORSCHLAG FÜR EIN EXPERIMENT IN DER BIOGRAPHISCHEN DARSTELLUNG

(Seitenlinien und Perspektiven, die zu einem Ganzen organisch streben, vorzeitig gekappt)

Sprache und Vortrag in Synkopen, grober Stil – an den frühen Jazz erinnernd

Die Akzente

Um die Mitte des vorigen Jahrhunderts werden in Amerika, das Jahrzehnt vor und dasjenige nach dem Bürgerkrieg die großen amerikanischen Vermögen geboren. (Eisenbahnen und Stahl)

Es wickeln sich die großen Börsenkämpfe ab, für die der Bürgerkrieg nur eine technisch nutzbare Episode ist, überragend Astor, Gould und Frick, Morgan, Vanderbild und Rockefeller, am Schwanz Carnegie.

Charles Trent ist Börsenmakler, von der Picke auf gedient, mit eigener Klientele von „Unabhängigen". Reformer, Naturheilapostel, vor Kneipp Propagandist der Wasserkuren. Ein Ire, der Wasser trinkt, kein Whisky oder Tabak.

Der Gegenspieler ist Astor. Astor hat als Mätressen die Woodhill Schwestern. Der einen, Virginia, hat Astor eine Börsenmakler Firma eingerichtet, in deren Räumen bezw den Boudoirs der Schwestern die entscheidenden Börsenkämpfe geschlagen werden. Trent wird mit Virginia Woodhill befreundet, ein stiller Partner auch bei den Astor Geschäften.

Es scheint daß Astor die Woodhill Firma nur benutzt um falsche Gerüchte über seine Operationen an der Börse auszustreuen. Trent geht in Konkurs.

Nach kurzer Zeit aus der Haft befreit, durch Intervention von Virginia, beginnen die beiden eine radikale politische Reformbewegung zu starten, von Astor im geheimen unterstützt, gegen die Korruption (der Konkurrenten) für freie Meinung, freie Liebe (praktisch nur die Aufhebung der starren Ehegesetzgebung) und für das Frauenstimmrecht. Vorträge, Tanzveranstaltungen (um die Jugend von der Straße zu ziehen), eine Zeitung, eine Monatsschrift – bei beiden E.A.Poe als Redakteur.

Die Gegner sind nicht still – Virginia wird eingesperrt – Unmoral, Betrieb eines Öffentlichen Hauses etc

Trent als Zeuge der Verteidigung. Virginia wird freigesprochen.

In diesem Prozeß rollt Trent die Beecher-Stowe Affäre auf. Die Affäre wird zum größten politischen Skandal, den Amerika je erlebt hat. Als Zeuge der Anklage tritt der Methodistenpfarrer Beecher-Stowe auf, dem Trent nachweist, daß er selbst in intimen Beziehungen zu Virginia gestanden hat. Trent entlarvt das Buch „Onkel Toms Hütte" als eine Zusammenstellung von schamlosen Lügen, die ein gewisser Blackstone aus Chicago, örtlicher Präsident der Know noting men – einer Organisation ähnlich der SA im Dienste der Industriellengruppen in den Nordstaaten der Beecher-Stowe, Frau des besagten Reverend, übergeben hat und ihr 12000 Dollar als Beitrag für die Publikationskosten gezahlt hat, was dem publisher verschwiegen worden sei etc. Das Buch wird ein Welterfolg und ist – allerdings außerhalb der USA so bis heute geblieben.

Mit diesem Skandal startet Trent die radikale Bewegung als politische Plattform, genauer gesagt im heutigen Stil die liberale zwischen den beiden Koloss Parteien – auch das ist bis heute so geblieben.

Trent braucht für die Bewegung Geld und startet ein neues Eisenbahnabenteuer, die Missouri Pacific – eine Konkurrenz zu der Astorschen Trans Pacific. Astor baut mit Chinesen – keine Statistik der Toten – und schiebt alle Iren und sonstigen Trunkenbolde an die Missouri Baustellen ab. (Dort wird jeder Tote amtlich untersucht)

Trent geht wieder bankrott. Wieder eingesperrt. Die Gläubiger befreien ihn schließlich und setzen ihm eine kleine Rente aus. Inzwischen hat die radikale Bewegung großen Aufschwung genommen. Trent ist nicht mehr dabei. In den Versammlungen wird er nicht mehr zu Wort gelassen. Virginia wird als Kandidatin für die Präsidentschaft aufgestellt, die erste Frau in der amerikanischen Geschichte, und erhält auf der Plattform des Frauenstimmrechts 1 und eine halbe Million Stimmen.

Beide Schwestern heiraten englische Lords, gehen zeitweilig nach London und werden dort bei Hof empfangen. Virginia geht zurück nach Connecticut auf ihr Landgut und thront dort als das Idol der amerikanischen Frauenbewegung, ungekrönte Königin.

Die Schwester macht noch einmal von sich reden, als sie 1914 in England zur Bildung eines Amazonen Korps gegen Wilhelm II aufruft – eine Idee, die ein Jahr später von der englischen Regierung in veränderter Form aufgenommen wird. Trent ist nicht mehr dabei.

Trent hat sich völlig zurückgezogen, korrespondiert mit anarchistischen Gruppen in aller Welt Freigeld, und entwickelt eine Briefwechsel Freundschaft mit Louise Michel, der „roten Jungfrau der Pariser Kommune", die nach Neu Kaledonien ins Bagno geschickt worden war. Ihr entwickelt Trent den Plan eines internationalen Reisebüros und erklärt ihn in einer beigelegten Skizze: die Reise um die Welt in 80 Tagen. Diese Skizze hat die Michel an Jules Verne verkauft für 200 Franken und später für weitere 300 Franken auch die ganze Ausarbeitung übernommen. Daraus ist dann eine ständige „Geistschreiberei" der Michel für Verne entstanden; durch Quittungen von Vernes Zahlungen belegt stammen auch zum mindesten die Reise nach dem Mond und die Unterseebootfahrt zum Nordpol (Nautilus) von der Michel. Nicht erwiesen daß Trent auch daran beteiligt war. Die Michel hat aber Trent durch Geldzuweisungen unterstützt.

Trent ist schließlich verschwunden. Er war zuletzt wieder in die Dienste einer der Astorgesellschaften getreten und war so als eine Art Arbeitsinspektor in einem der Baulager eingesetzt. Dort ist er verschwunden, wahrscheinlich von Betrunkenen erschlagen worden.

Trent wird geflissentlich von der offiziellen Geschichtsschreibung übergangen. Selbst Meyers in der Geschichte der amerikanischen Vermögen erwähnt ihn nicht, obwohl er zu den Schlüsselfiguren dieser Epoche zählt. (Dasselbe Schicksal widerfährt übrigens heute auch den Woodhill Schwestern) Das Merkwürdige, alle die Forderungen, die damals um die 50iger Jahre die „Radikalen" aufgestellt haben, sind heute 100 Jahre später als Selbstverständlichkeit in die Gesellschaftsorganisation der USA eingegangen.

Für die *Durchführung* der auf etwa 1000 Zeilen berechneten Biographie – die amerikanische Geschichte in der Nußschale – sollten in der Sprechtechnik Synkopen verwendet werden, im Stil der Schriftsprache keineswegs Goethesche Klassik, sondern nichts Bedeutendes und Bedeutsames sondern einfach *vulgär*.

BETR. DIE HAMMERSTEINS
Der Kampf um die Eroberung der Befehlsgewalt im deutschen Heer 1932–1937

Die Generale
Beim Aufbau des deutschen Heeres unter der Weimarer Republik erhielt die altkonservative Tradition innerhalb der Generalität, an 1914/15 anschließend, das Übergewicht. Die reine militärische Offiziers Tradition in der Hierarchie der Befehlsgewalt, eine parteigebundene politische Tendenz war ausgeschlossen, dagegen freiere Diskussionen über außenpolitische und innenpolitische Perspektiven, die ihrerseits vor 1914 als ausgeschlossen hätten angenommen werden müssen; mehr als leicht interessierte, sogenannte „gebildete" Zuschauer, weniger als Mitwirkende.
Erleichtert ist das worden durch die Schwäche der jeweiligen deutschen Regierung, überhaupt einen festumrissenen außenpolitischen Kurs zu steuern, was andererseits wieder die Folge des Versagens der Gesamtwirtschaft war, einen außenpolitischen Kurs der Regierung zu stützen, was zu dem Wirtschaftschaos, dem Krieg der Großen gegen die Kleinen, Industrie gegen Mittelstand mit der Folge der ansteigenden Arbeitslosigkeit geführt hat – bei diesem Verfall war die Generalität fast ein unbeteiligter Zuschauer, mit den Ansätzen zu einer eigenen Militärpolitik, national verantwortlich, in sich ziemlich aufgeschlossen, ängstlich darauf bedacht, nicht die letzte Perspektive bereits zu präzisieren und auszusprechen: die Militär Diktatur. Das Heer, die Generalität hat in dem aufkommenden Nationalsocialismus keinen ernst zu nehmenden politischen Faktor gesehen, im besten Fall einen Hebel, mit dem die unpolitischen Massen in eine Richtung gestoßen werden können, wo man sie dann politisch erfassen kann. Hitler hat man dies Erfassen nicht zugetraut, ein Demagoge mit dem großen Zulauf aus der Masse der Arbeitslosen und Unbalancierten aus den mittleren und höheren Berufen, den Renten Offizieren aus dem 1. Weltkrieg – Typ eines Seifenkisten Redners, auf deutsche Verhältnisse übertragen, von einer leichten Komik umwittert.

Hammerstein
Initiator und Garant des deutsch-russischen Militärabkommens,

hatte die gleiche Beobachtung aus Moskau mitgebracht. Eine neue Version für die Analyse der russischen Revolution, vielleicht sogar für alle socialen Revolutionen überhaupt, an dem Beispiel Napoleons ermessen. Bedeutung und Einfluß der Kommunistischen Partei als administrative politische Spitze wird überschätzt. Die Partei wird nur geduldet als notwendiges Bindeglied, vorbereitend das politische Erwachen einer bisher apathischen Masse, einschließlich einer Spitzenintelligenz in den geistigen Berufen und einer nicht mehr an das Landgut gebundenen Adelsschicht. Die Partei wird nur solange zu benutzen sein, bis eine neue Führerschicht sich sammeln kann, die später das Volk administrativ zusammenzuhalten in der Lage sein kann. Als solche Schicht sieht Hammerstein die jungen aus den Kriegsschulen entlassenen Offiziere, die zudem durch verschiedene Kurse über Taktik und Organisation, die laufend von deutschen Gast Offizieren veranstaltet werden, hindurchgegangen sind.

Aus dem deutsch-russischen Militärbündnis wird zwangsläufig eine neue Außenpolitik geboren werden, mit welchem Direktziel und unter welchem Schwergewicht wird erst später entschieden werden können.

Die Tradition des Zarentums fortzusetzen (ohne Zar) als national russisches Ziel – darin liegt keine Bedrohung deutscher Interessen. Zunächst wird es Jahrzehnte in Anspruch nehmen, zudem mit Hilfe der deutschen Wirtschaft, bis sich eine solche Linie auch innenpolitisch konsolidiert. In Deutschland kann das, mit dem Rückhalt aus Rußland, schon in sehr viel kürzerer Zeit geschehen.

Das ist die Hammerstein'sche Konzeption. Sie ist – auf deutsche Verhältnisse übertragen innerhalb der Generalität zu einer Art Grundsatz-Leitmotiv geworden und sie hat den großen Einfluß von Hammerstein innerhalb des deutschen Offizierskorps begründet. Fast alle führenden Generale der Wehrkreisbezirke gehörten dieser Auffassung an, mit ganz wenigen Ausnahmen. (Man wird später diese Generale wiederfinden, offen oder sympathisierend in den Monaten vor und nach dem Hitler Attentat 1944)

Schleicher: eine der Ausnahmen in der wie oben charakterisierten Generalität. Bereits auf die akuten politischen Tagesprobleme ausgerichtet, ehrgeizig und mit einer stark gelockerten Offizierstradition. *Gegensatz zu Hammerstein.* In den Monaten vor und nach der Machtübernahme hatten beide Generale als Vertreter des Heeres den direkten persönlichen Kontakt zu Hindenburg, den beide gleichermaßen als einen bereits kindischen und schwachsinnigen Narren eingeschätzt haben. Die politischen Pläne, die Schleicher als Meinungsausdruck des Heeres Hindenburg vorzutragen hatte – oft mehrmals in einer Woche und jedesmal mit kleinen unbedeutenden Abweichungen, um das Interesse des Alten Herrn wachzuhalten – eine Volksbewegung mit einer wirtschaftlichen Diktatur an der Spitze, mit oder ohne Parlament, Notstandsgesetze etc, gestützt auf die Armee, die Administratoren in die politischen Schlüsselstellungen einschiebt – im Grunde die verschleierte Militärdiktatur – hat Hammerstein nur lauwarm unterstützt, aber auch nicht direkt widersprochen. Daraus ist einer der Eckpfeiler in der tragischen Entwicklung dieser Monate entstanden: Schleicher glaubte die Armee hinter sich zu haben – was in Wirklichkeit eine Täuschung gewesen ist. Hätte Schleicher in der entscheidenden Krise die Armee aufgerufen, so hätte die Mehrheit der Wehrbezirke nur „manövermäßig" reagiert. Hammerstein hatte in den Wehrkreisen abgewinkt. Er hatte die Gespräche bei Hindenburg mit starker Ironie seinen vertrauten Generalen interpretiert, die zum mindestens Schleicher nicht als den geeigneten Mann für die Machtübernahme erscheinen ließ. Schleicher mag das geahnt haben, aber er hatte keine Beweise; er hatte keinen Vertrauten. Der einzige, der ihm scheints treu ergeben war, ist sein Kabinettchef gewesen, der spätere General Reichenau, der erkannt hat, daß Schleicher nicht das Vertrauen der Armee besitzt. Reichenau hat versucht, sich Hammerstein zu nähern, und ist schroff abgewiesen worden. Darauf schwenkte Reichenau zu Hitler um. Er hat die Schleicher Pläne an Hitler und dessen Hintermänner verraten, hat hinter dem Rücken Schleichers die Unterredung Hitlers mit Hindenburg organisiert, die Schriftstücke vorbereitet, die Hindenburg zu unterzeichnen hatte und diesem das Vertrauen der Armee in ihn, Hindenburg, suggeriert. Zusammen mit den in die Unterredung eingestreuten Drohungen gegen den Sohn Hindenburg ist dann die Machtübergabe erfolgt – weder Schleicher noch Hammerstein noch sonst ein Vertreter der Armee waren

zugezogen; auch Reichenau hatte sich vorher entfernt.
Für die nationalsocialistische Durchdringung der Armee war dies der Anfang. Es hat noch einige Jahre gedauert, bis alle Widerstände beseitigt werden konnten, aber Position nach Position ging für die Generalität verloren. Hindenburg, Schleicher, der Blomberg Skandal, Seeckt, Halder ... noch hielt sich Hammerstein, dessen Prestige für die Hitler-Equippe ein schweres Hindernis war. Noch bestand das Parteiverbot innerhalb der Armee. Aber die überstürzte Aufrüstung brachte eine Flut von Reserve Offizieren in die Armee zurück, die Chance rascher Beförderung wurde zum Politikum.
Das deutsch-russische Militärbündnis konnte nicht länger gehalten werden, trotzdem sich die Generalität geschlossen, fast einem Ultimatum gleich, einer offenen Aufkündigung widersetzt hat. Es hat noch einen Aufenthalt gegeben, während dessen der praktische Sinn des Militärbündnisses verblaßte und eher langsam in das Gegenteil verkehrt wurde. Daraus ist dann von der nationalsocialistischen Führung beeinflußt die falsche Einschätzung des russischen Aufbaus entstanden, die Kenntnisse aus der Praxis über die russische Armee wurden zu hoch und zu allgemein gültig gewertet. In der Folge ist daraus die falsche Zielsetzung der deutschen Außenpolitik entstanden, mit der Aggression gegen Rußland im Hintergrund. Inzwischen hat dann die innere nationalsocialistische Intrigue mit vollen Touren eingesetzt, auch nach Rußland hinein. Die Abwehr in der Bendlerstraße wurde überspielt und geradezu zu einem Zentrum der oppositionellen Strömungen innerhalb der Armee gegen Hitler erst künstlich geschaffen.
Die Fälschung der Tuchatschewski Dokumente, die Moskauer Schauprozesse, beliefert mit falschem und halbechtem Material aus deutschen militärischen Archiven, als politische Dokumente auffrisiert – der Zweck: die noch verbliebenen Reste aus dem Militär-Vertrag, die russische Armeespitze mußte liquidiert werden.
Das ist der Hintergrund, Anfang und Ende einer Entwicklung, in der sich die Tragödie um die Hammersteins, beinahe nur nebenbei aber in einem direkten und ursächlichen Zusammenhang abgespielt hat.

Einleitung zu einem längeren Entwurf.

Paris 1961: Franz Jung, Hans Richter, Raoul Hausmann, Max Picard, Emil Szittya, Buchhandlung Calligrammes (v.l.n.r.).

23. X.

Lieber Franz,
Dankend habe ich dein Brief und das zweite Oktober sendung hundertfunfzig erhalten. Ich habe es deswegen gedacht weil fast ein Monat her habe ich keine Nachricht von Dir bekommen. Ich habe gedacht bist du doch nach Amerika zurückgefahren oder im schlimmsten Fall habe ich dich etwas schwehr beleidigt. Warum schreibst du nicht? Mindestens zu beruhigen. Selbstverständlich ist dein Zimmer hier eingerichtet, und mit die Heitzung geht es jetzt besser ich habe alle türe verstopft, so ist es schön warm. Wenn die Wohnung gut durchgeheitzt ist und bewohnt ist es anders. Selbstverständlich kannst du ruhig sein du findest hier immer ein Heim. Ich habe zwanzig zentner Holz gekauft, das reicht schon bis Frühjahr.

Mein Buch wird am zehnten dezember fertiggedruckt und ich muß hundertzwanzigtausend lira zahlen. Zwanzig habe ich schon als vorschuß bezahlt. Jetzt alle meine Kräfte sind dafür das Buch für Weihnachten herauszuhaben. Hoffentlich haben die leute das ernst gesagt. Hier kan man nihmer sicher sein. Ich habe ein sehr schönes Buch englisch ungefär hundert seiten,

es wäre schön wenn Du es auf deutsch übersetzen könntest, für meine Michaelsbuch.
Es freut mich daß du arbeiten kannst, auch von Pater Pio kannst du Radiovortrag halten.
Schreibst Du ungefähr wann Du kommen wirst? Viel könnte ich nicht einkaufen, ich mußte alles in das Druck stecken, nicht einmal der Badewanne habe ich gekauft. Bozen hat auch fertiggedruckt, ich mußte dreizehntausendvierhundert lire dafür zahlen, und deutsche Hefte geht es jetzt langsam. Wenn du ein St. Michaelvortrag würdest schreiben mit der hiesigen erscheinungen. Konntest Du nicht ein medicin für Blutdruck zu bekommen? Meine ist sehr niedrig und kann man in Herzschlag erlegen. Ich habe mir ein schöne dunkelblaue Jacke machen lassen. Bessere Wohnung momentan nicht möglich, und hier ist sehr schön und still, ohne autolärm.
Nun sei herzlichst gegrüßt. Ich habe Dein neue Buch bekommen, danke herzlichst, ich habe schon halb gelesen. Was sagen die Leute dazu? Was haben die Zeitungen darüber geschrieben? Schreibe mir öffter, herzl. gruß Sylvia

1961.
Dein neues Buch *„Der Weg nach unten".*

Franz Jung   10/31 61   Mainhardt-Württembg
                                          Pension Weber

Lieber Emil Szittya,
haben Sie vielen Dank für die Aufmerksamkeit, mit der Sie das Buch „Der Weg nach unten" gelesen haben.
In einigen Ihren Bemerkungen tun Sie mir nach meiner Auffassung Unrecht, aber ich kann selbst darüber nicht argumentieren, weil ich ja nicht einen bestimmten Standpunkt, eine Weltanschauung oder sonst was niederzulegen bestrebt war, sondern eine Darstellung, Wiedergabe und versuchsweise eine Erklärung meiner eigenen Reflexe zu den Vorgängen um mich herum, also meine eigene Person, zu der ich schlecht für oder wider diskutieren kann. Das ist eben so und kann eben leider

nicht anders sein. In dieser Hinsicht haben Sie glaub ich manches in diesem Buch nicht richtig verstanden. Ihre Bemerkung, das Buch reihe sich in die anti-kommunistische Front hat kaum volle Berechtigung.

Sie können zudem beruhigt sein, daß das Buch materiell kein Erfolg sein wird. Auf der Buchmesse ist es überhaupt nicht beachtet worden und ich habe auch noch keine Besprechung, die ja sowieso bedeutungslos sein würde, da niemand von den üblichen Kritikern das Buch von Anfang bis zu Ende lesen würde, um es zu verstehen, in irgendeiner Zeitung oder Zeitschrift gesehen.

Ich stehe auch nicht derart mit dem Verlag, daß dieser mich darauf aufmerksam machen würde.

Ich werde bald in Paris sein. Ich bin aber nicht ganz sicher, ob Ihr „Guten Tag" am Schluß Ihrer Anmerkungen nicht mehr einem „good by" entspreche und werde daher bei Ihnen vorerst schriftlich anfragen, ob mein Besuch Ihnen genehm ist.

Mit besten Grüßen
       Franz Jung

Mein lieber Franz Jung,

So ist die Sache wieder nicht. Ich freue mich *immer,* wenn ich mit dem Franz Jung zusammen sitze. Das schulde ich dem *Menschen* und dem *Dichter* Franz Jung.

Ich habe nicht gesagt, daß ihr Buch „ein antikommunistisches Buch ist" – sondern, daß man es „in die antikommunistische Front einrücken wird".

Das Buch, mit dem ich nicht immer einverstanden bin, ist *ein großes Werk.*

Also, ich *bestehe darauf,* Sie in Paris zu begrüßen.

Ihr
   Emil Szittya

November 1961.

6.XI.
Lieber Franz,
Dankend habe ich Dein Brief erhalten. Das Freulein Minna von Priesterseminar wird am 10. September nach S.Giovanni kommen. Ich habe nicht verstanden warum soll ich nach Salzburg fahren. In meine Reisedokument ist kein erlaubnis nach Österreich zu fahren, nur nach Deutschland, Frankreich u. nach Amerika U.S.A. Aber jetzt die verhältnisse haben mich derartig erschrocken, daß ich habe keine Mut mehr, ja das Krieg mich noch unterwegs trifft, und dann kann ich nicht mehr hierher zurück. Ich habe oft ohne Nichts dagestanden, aber jetzt bin ich kränklich, und das Bücher kann ich nur hier verkaufen. Ich würde hinkommen Dich nach hier zu holen, was kannst du arbeiten wenn Krieg wird wieder? Hier ist so eine verlassene Gegend daß weder russen noch amerikaner interessieren.
Ich schicke jetzt Dir das Kontrackt Kopie, wenn Du es unterschreiben hast sollst Du zurückschicken. Ich finde hier die Wohnung viel gesunder aber ohne Deine Hilfe schaffe ich nicht alle beide Miete zu zahlen. Ich habe große Angst daß Du zufällig stirbst, und dann ich bleibe ohne Wohnung, darum kann ich die Bauerwohnung nicht aufgeben.
Kuchl ist wunderschön nach die Postkarte und das Haus lag bestimmt sehr schön. Auch da Wallfahrt Maria Kirchental ist schön. Österreich ist mir immer sehr gut gefallen. Nur wäre nicht so kalt!
Das Bischofsamt hat mein Buch approviert, und jetzt bin ich in verhandlung mit verschiedene Drucker, nähmlich der mir Kredit gibt hat ein sehr hohe Druckpreis verlangt. Ich werde schon herauskriegen.
Nun habe ich kleine Schrank gekauft für deine Zimmer für wäsche. Sollst Du klug nachdenken wo willst Du leben wenn ein Krieg kommt? In Wien wird nichts viel übrig, Bayern nach der Profezeihung wird verschohnt als Kriegsplatz.
Wie geht es Dir? Und die Gesundheit? Mir ist das Blutdruck auf 90 gesunken, ich mußte teure injekzione und medicine kaufen. Zum Hilfsorganizazion bin ich nicht gegangen, weil sie stecken mich nur im Krankenhaus sofort, und ich will zu Hause sein.
Sei herzlichst gegrüßt Sylvia

Franz Jung   12/12 61   36 rue du Dragon, Paris 6e

Lieber Schwab,
ich habe Ihnen mein Buch nicht besonders zuschicken lassen, weil mir der Verlag mitteilte, Sie ständen sowieso auf der Liste und hätten auch bereits Fahnen bekommen. Wenn das nicht so ist, werde ich nochmals an den Verlag schreiben. Leider scheint das Buch unter völligem Schweigen unterzugehen. Ich habe wenigstens überhaupt noch keinen respons gesehen. Das ist natürlich ziemlich bitter, weniger was mich direkt angeht, als daß praktisch jede Möglichkeit einer Weiterarbeit abgeschnitten scheint.
Falls ich noch je wieder auf den Markt kommen sollte, werde ich den Verlag wechseln. Abgesehen von einem Fuhrmann Auswahlband, den vielleicht die Darmstädter Akademie herausbringen wird, mit oder ohne mich – ich selbst habe im Stuttgarter Radio-Essay eine Fuhrmann Sendung im nächsten Quartal – möchte ich meine Arbeit „Gott verschläft die Zeit" noch fertig machen. Angefangen hat die Arbeit eigentlich schon vor 40 Jahren. Sie wird heute immer aktueller, als das Thema: die Überwindung der Lebensangst, die Unsicherheiten des Kollektiven-Gesellschaftlichen und die Erkrankung des Individuellen, in der Masse dargestellt, in den Religionen, den Weltanschauungen etc in Wirklichkeit das alte Albigenser Thema ist, das auch äußerlich den Rahmen abgibt. Ich habe schon große Teile an sich fertig, aber noch keinen Zusammenhang, d h die revolutionäre psychologische Perspektive auf heute. Ich werde noch etwa ein Jahr für die Fertigstellung brauchen. Ich glaube, es hat keinen Zweck, mit dieser Sache wieder bei Luchterhand herauszukommen.
Hätten Sie eine vage Idee, an wen man sich wenden könnte – zunächst mal um überhaupt das Interesse festzustellen?
Es ist jetzt um die Weihnachtszeit, und Sie werden eine Menge Karten sowieso heraussenden – denken Sie dabei auch an mich mit ein paar Zeilen. Bei der Masse wird es nicht so schwer fallen.
In jedem Fall die üblichen seasonal greetings für Sie und Ihre Familie und im privaten herzlichst
                    Ihr Franz Jung

Franz Jung   36 rue du Dragon, Paris 6 e   12/20 61

Diogenes Verlag Zürich

Sehr geehrter Herr Daniel Keel,
ich schreibe auf Empfehlung von Herrn F Picard.
ich möchte Sie anfragen, ob der Verlag interessiert wäre, ein Band „Träume" von Emil Szittya, im Umfange von etwa 10 000–15 000 Worte herauszubringen.
Diese „Träume" sind während der Zeit der deutschen Okkupation in Frankreich von E S gesammelt und aufgezeichnet worden – unter den Maquisards, der Bevölkerung und den deutschen Soldaten. Sie sind in gewisserweise ein neuartiger Hintergrund eines Kriegsbuches, von einer ganz anderen Seite her gesehen. Einige dieser Träume sind in der Juillard Zeitschrift Nouvelle Literature 1958 in einer Serie veröffentlicht worden.
Zur Zeit werden diese Träume von Elisabeth Picard in Stuttgart – Bad Cannstadt Gnesenerstr übersetzt. Proben könnten Ihnen zur Verfügung gestellt werden.
Ich selbst trete nicht als Vermittler auf, sondern möchte nur im Interesse Szittyas eine Anregung geben, um ihn aus seiner selbst aufgezwungenen Isolierung etwas zu befreien. Die Adresse von Emil Szittya, dem Sie vielleicht auch direkt antworten könnten, ist E S Paris XIV, 149 rue du Chateau.
Mit besten Grüßen

Berlin-Pankow, den 22.Januar 62

Lieber Franz,
es freut mich, aus Deinem Brief vom 18.12., für den ich Dir bestens danke, zu erfahren, daß Du die Fotokopien vom „Fall Groß" erhalten hast.
Vor Jahren habe ich Dir einmal geschrieben: Bitte vergiß nicht, daß Du bei uns immer eine Heimat hast. Und das gilt auch selbstverständlich noch für heute. Für Dich als amerikanischen Bürger würde es nicht einmal die geringste Schwierigkeit haben, herzukommen. Von Westberlin aus, vom Zoologischen Garten könntest Du bis zum Bahnhof Friedrichstraße fahren und dort

am Kontrollpunkt einfach nach Vorzeigen Deines Passes unangefochten zu uns gelangen. Wenn Du an meine Schwestern schreiben würdest, könnten sie Dir sicher auch gern weiterhelfen. Hier würden sich bestimmt Möglichkeiten finden.
Kürzlich sprach ich mit Johnny Heartfield, der Dich herzlich grüßen läßt und vorschlug, Du solltest doch mal an ihn schreiben. Seine Adresse ist: John Heartfield, Berlin N 4, Friedrichstr. 129 Block D. Schreibe ihm doch mal, er ist genau so herzlich wie er es immer war und wir freuen uns jedesmal, wenn wir uns treffen und miteinander sprechen. Zwar ist seine Gesundheit nicht immer sehr stabil, aber er hat doch hier eine verdiente Anerkennung gefunden und das ist gut.
Ich hoffe, daß es Dir einigermaßen gut geht und verbleibe mit den besten Wünschen für Dich und
herzlichen Grüßen
wie stets

Von Cläre Jung.

Malaucène, 3/5 62
Lieber Szittya, das ist eine lächerliche Vorstellung, daß ich eine Spende des Stuttgarter Rundfunk ablehnen sollte. Ich glaube die ganze Idee ist der Phantasie des Herrn Sternfeld entsprungen. Ich wünschte ich hätte schon das *mir zustehende* Honorar des Stuttgarter Senders bekommen, angezeigt schon Mitte Februar bezw. März 10 und bis heute noch nicht eingetroffen – was mich hier in eine schwierige Lage bringt, denn ich hatte absolut mit dem Geld gerechnet. Die Bedenken, von denen Sternfeld spricht, sind also geradezu phantastisches kafkaesk
Mit Petersen ist es schlimm – ich habe ihm das damals schon gesagt, bei aller Freundlichkeit die man ihm entgegengebracht hat, darf er die solide Unterlage nicht vergessen – leider rächt sich das jetzt. Ich will ihm schreiben, aber ob es viel Zweck hat, weiß ich nicht.
Allerdings – gerade wenn ihre Ausstellung für Sie zunächst als finanzieller Mißerfolg erscheint, müssen Sie weitermachen – warum nicht in Deutschland, Köln, die Spiegel Galerie etc

und verbunden mit den literarischen Projekten. Sie selbst sind es doch, der sich das alles erschwert. Das darf keineswegs aufgegeben werden. Allerdings hat Elisabeth Picard mir es übelgenommen, daß ich ihr zugemutet habe, sie soll die Träume jetzt anbieten. Sie schreibt, sie kann das nicht und will selbst mit Ihnen sprechen. Damals hatte sie sich doch bereiterklärt zu übersetzen – und was ist denn das anderes als zusätzlich noch ein Angebotsbrief zu schreiben?!
Viele Grüße Ihr Franz Jung
Sobald ich hier beweglich geworden bin, fahre ich von hier weg.

Die Träume *erschienen deutsch unter dem Titel „Träume aus dem Krieg" im Löcker Verlag Wien 1987.*

Malaucène, 3/5
Lieber Szittya
Der glamour von Malaucène ist langsam verschwunden.
Meine Schreibmaschine kaputt und ich kann sie nicht repariert bekommen, nicht mal in Avignon, wohin ich extra gefahren bin.
Die Sonne hat hier bisher zweimal einige Stunden am Nachmittag geschienen, auch noch mit eisigem Wind gemischt, dies in jetzt 3 Wochen.
Die Stümpfe von den Platanen sind ein schrecklicher Anblick.
Die Hoteliers sind sehr nett, aber sie verstehen mich nicht. Obwohl ich kein Fleisch esse, oder nur sehr wenig, bekomme ich nur Fleisch, in zwei Gängen je mittags und abends. Ich bekomme deswegen nicht etwa mehr Käse.
Meine Schuhe kann ich hier nicht repariert bekommen, weil erstens der Schuster Bronchitis hat und auch sonst ein Philosoph zu sein scheint, zweitens aber weil ich kein Italiener bin – wie er mir ganz offen erklärt. Er hat damals die Schuhe in dieser Annahme angenommen, hat sich aber nach 2 Wochen jetzt überzeugt, daß er sich getäuscht hat. Habe sie unrepariert zurückbekommen.
Ich denke, ich werde bald von hier weggehen. Wohin weiß ich nicht. Wenn Sie mir sagen könnten, daß ich eine Aussicht

habe in Paris ein Zimmer zu bekommen, so einfach wie möglich – in einem Hotel oder frei – einzige Bedingung, daß ein elektrischer Anschluß vorhanden sein muß, wo ich auf einer Platte mir selbst Tee kochen kann – und zwar so oft ich will – also wenn es das gibt, und ich bezweifle es, denn die Dragon patrons hatten es mir auch zugesagt aber dann nicht gehalten – also dann werde ich wieder nach Paris kommen. Eventuell solange noch in der rue du Dragon wohnen, bis das Zimmer erreichbar ist – aber es muß wenigstens eine Chance sein. Ich könnte das dann in etwa 3–4 Wochen machen, weil ich bis dahin den Fuhrmann Band trotz aller Unbilden fertig gemacht haben werde.
Ansonsten viele Grüße und Empfehlung an Ihre Frau
Ihr Franz Jung

Ich denke, ich werde vielleicht vorerst nach Italien gehen, wenn ich eine Chance sehe

1962.
Fuhrmann Band *„Grundformen des Lebens"*.

Franz Jung, 3/8 62
Malaucène (Vaucluse) Hotel Chez-soi

Lieber Herr Heißenbüttel,
ich bin für einige Wochen nach der Provence übersiedelt, weil ich hier den Fuhrmann Auswahlband für die Akademie fertig machen will. Ich kann anschließend daran auch den Reich Essay hier beenden, so daß Sie damit in etwa 4–6 Wochen rechnen können. Bitte erinnern Sie sich, falls ihre Anstalt mich wieder mit Geld zu injizieren beabsichtigt, dies am besten über mein Konto bei der Bank of America, Zweigstelle Düsseldorf, D-Mark Ausländer-Konto geschehen kann.
Seinerzeit haben wir davon gesprochen, entweder vor Erscheinen des Akademie Bandes oder nachher (ich erinnere mich nicht mehr) einen direkten Essay von Fuhrmann, etwa Mensch und Gesellschaft in biologischer oder biosophischer Sicht über den Sender laufen zu lassen. Besteht dafür noch Interesse – weil

ich das natürlich jetzt leichter auswählen und zusammenstellen kann.

Mehr als eine Anregung oder Memo: In Paris ist jetzt das seit langem erwartete Buch von Pichon erschienen „Saint Néron", worin der Nachweis geführt wird, daß man den Kaiser Nero zu Unrecht all der Monster-Verbrechen bisher beschuldigt. Intrigue zwischem dem buchstabengläubigen Flügel der katholischen Kirche und den nachfolgenden römischen Kaisern, die die Erinnerung an die sozialistisch-christlichen Reformen Neros (das Manichäertum – was später auch zur Ausrottung der Albigenser geführt hat, das gleiche Prinzip) ihren Geschichtsschreibern zur Diffamierung und Ausrottung in Auftrag gegeben hatten.

Hier haben Sie eines dieser „Märchen", von denen wir damals auch gesprochen hatten. Ohne Emotion, ohne Appell an Gerechtigkeit und alles das, sozusagen aus dem linken Mundwinkel heraus kann man solche Geschichten erzählen. Man kann das verbinden zu einem Stilleben zusammen mit der Jungfrau von Orléans, die bekanntlich mit einer Staatsrente versehen im Kreise ihrer Familie verstorben ist ohne den Anspruch als Nationalheilige verbrannt zu sein, mit einigen freien Seitenbemerkungen gegen die Dramatiker (machen diese Leute eigentlich die Geschichte?) und vielleicht zusammen mit der story über den amerikanischen Bürgerkrieg, die Voodoo Magie um Lincoln (wer hat wen befreit?)

Verstehen Sie, die Leute, die das hören, gehen dann hinaus mit der etwas peinlichen Überlegung: waren das eigentlich Märchen? Hätten Sie dafür noch Interesse?

Die Hammerstein Sache habe ich fallen gelassen.

Die Virginia Woodhull story – Nacktkultur, Kaltwasser und Gesundbeten sind die Wurzeln der amerikanischen Milliardäre, liegt mir im Augenblick nicht mehr, ich muß dazu erst wieder mehr freien Humor sammeln. Soweit meine Pläne.

Mit besten Grüßen

    Franz Jung

Es wird Sie interessieren: nach Angabe des Verlages sind von meinem Buch immerhin 146 Exemplare bereits verkauft.

Mein Buch *„Der Weg nach unten"* im Luchterhand Verlag.

Franz Jung
36 r d Dragon Paris 6 e   13.4.62

Lieber Dr Pinthus,
leider habe ich vergeblich darauf gewartet, daß Sie über das Buch im Aufbau schreiben würden. Hoffentlich hat nicht Krankheit Sie daran gehindert.
Inzwischen ist die Kersten Kritik erschienen, die mich tief betroffen hat. Ich glaube beinahe Kersten hat das Buch überhaupt nicht gelesen, sondern nur nach einigen Namen geblättert, um sich das Alibi zu geben. Denn was er dort schreibt, sind dieselben Verdächtigungen und Verleumdungen, mit denen damals die kommunistische Parteipropaganda versucht hat mich totzuschweigen. Und Kersten als Chefadjudant von Münzenberg war ja darin führend. Nun habe ich ja in dem Buch gerade versucht, die innere Erklärung zu geben – das ist leider dem Kersten, der das ganze aus persönlichem Ressentiment geschrieben hat, um mich nachträglich in Dreck treten zu können, entgangen.
Ich wollte erst bei George, der mir bisher immerhin wohlwollend gesinnt schien, protestieren, aber es hat ja keinen Zweck. Kersten hat ja seinen Zweck inzwischen erreicht.
Werde ich Sie im Sommer in Europa irgendwo wiedersehen. Ich werde mich noch bis zum November hier herumtreiben.
Viele Grüße und alles Gute
     Ihr Franz Jung

Buch „*Der Weg nach unten*".

          27.8.1962
Lieber Franz,
schnell ein paar Zeilen wegen Marcion und M. Hess, damit sie Dich noch in Glücksburg erreichen.
Ich kann Dir, aber erst in ca. 1 Woche, leihweise schicken: Harnack, Marcion. Das Evangelium vom fremden Gott. Das ist ein ziemlich umfangreiches Werk, aber eine Übersetzung bringt es auch nicht, wenn ich mich recht erinnere. Meines

Wissens gibt es überhaupt keine Übersetzung, weder ist eine in dem Buch über apokryphe Evangelien drin, das Du Dir hier angesehen hast, noch in dem Werk von Hennecke, Neutestamentliche Apokryphen. Dieses Werk von Hennecke bringt nur eine Seite Bericht über Marcion, sonst aber viel mehr Texte in Übersetzung als das andere Büchlein. Wenn Du willst, kannst Du es ebenfalls gern haben, ich habe es sowieso hier stehen. Harnack bringt aber eine ausführliche Darstellung von Person und Lehre des Marcion, dazu die Texte in griechisch bzw. lateinisch. In dem Buch von Hennecke könntest Du dafür eine Menge übersetzter Texte der von der Gnosis beeinflußten Evangelien finden (u.a. die Texte, die in den letzten Jahren in Nag Hamâda gefunden worden sind). Dazu soll noch ein 2. Band mit den apokryphen Apostelgeschichten und -akten erscheinen. Von Moses Hess kann ich Dir besorgen: Philosophische und sozialistische Schriften 1837–1850. Eine Auswahl. Hrsg. u. eingel. v. A.Cornu u. W.Mönke. Berlin-Ost 1961. LXIX, 517 SS. Leinen. 38,--DM, ferner M.Hess, Briefwechsel. Hrsg. v. E.Silberner u. W.Blumenberg. 1959. 675 SS. Leinen. 48,--DM. (enthält 180 Briefe von Hess und 263 an ihn). Von I.Berlin habe ich aber nur ein Büchlein über Marx finden können, keines über Hess. Vielleicht ist das schon vergriffen, weil es in keinem Katalog mehr angezeigt ist. In Amerika ist nur noch eine Bibliographie über Hess zu haben (von Silberner) und ein Buch über ihn von Horace John Weiss (als Paperback). Das ist alles, was ich finden konnte. Nun schreibe mir bitte, wohin Du die Bücher, die Du brauchen kannst, haben willst. Außer den von Amerika könnte ich alle anderen Bücher innerhalb einer Woche heranschaffen (wenn nichts dazwischen kommt). Wenn Du sie ins Ausland geschickt haben willst, lasse ich sie als eingeschriebene Drucksache abgehen.
In Eile recht herzliche Grüße, auch
von meinen Eltern. Dein Wolfgang

Von Wolfgang Symanczyk, dem Neffen Franz Jungs.

Franz Jung, Hasselberg/Ostsee 8/28 62

Lieber Szittya, ich nehme an, daß Sie aus den Ferien zurück sind und auch sonst bei guter Gesundheit und Laune
Ich werde so um den 10.ten zurück in Paris sein und meine Übersiedlung nach Spanien vorbereiten.
Die Dinge entwickeln sich hier sehr ungünstig für mich, gegen den Luchterhand Verlag und gegen mich läuft eine Klage der Frau Trude Hesterberg wegen Beleidigung etc Verleumdung des Dr Schönherr – wofür es mir im Augenblick sehr schwer fällt Zeugen für meine Darstellung aufzutreiben, einige sind auch bereits verstorben. Der Verlag hat vorerst den Vertrieb eingestellt, vermutlich um einer einstweiligen Verfügung zuvorzukommen.
Das Ganze läuft auf eine Erpressung gegen den Verlag hinaus, der Verlag sucht einen Kompromiß, ich werde aber die Sache allein ausfechten, und dabei wahrscheinlich den Verlag so oder so verlieren.
Gegen Petersen läuft ein Verfahren wegen des Panizzas – er hat einige Unterstützung in der großen Presse, aber der Staatsanwalt wird sich wenig beeinflussen lassen. Vorläufig sind alle unsere Pläne dort aufgeflogen. Ich kündige zwar noch die Pamphlet Serie in einem Prospekt, der erst auch noch mitbeschlagnahmt war aber inzwischen freigegeben worden ist, an – aber ich glaube wir werden die Serie selbst nicht mehr drucken können. Grüße
    Franz Jung

Ich fahre von hier über Hamburg – Stuttgart nach Paris
Empfehlung an Ihre Frau. Viele Grüße Ihr Franz Jung

Pamphlet Serie „*Gegner*" oder „*Herausforderung*". –
Prospekt „*Meinen Gruß zuvor*".

Franz Jung
36 rue du Dragon, Paris 6 e   12.10.

Lieber Kurt Pinthus,
ich habe von Frida Sauveur Ihre Adresse erfahren. Leider werden wir uns diesmal in Marbach nicht sehen – aber vielleicht kommen Sie auf der Rückreise durch Paris – das wäre schön, uns hier zu treffen. Der diesjährige Weißwein in Frankreich ist ausgezeichnet, und das Essen auch noch ganz gut.
In der Hesterberg Sache hat der Verlag endlich den Briefwechsel mit der Dame eingestellt. Das Amusante, Herr Aufricht, der mein Hauptzeuge hätte sein sollen und der sich tapfer hat verleugnen lassen, wird jetzt von der Hesterberg als *ihr* Zeuge genannt. Also wer hat nun die Mahagonny Aufführung wirklich bezahlt? Das wird ein wundervolles Puzzlespiel – ich hoffe nur, daß Aufricht bei seiner Konversion ins Katholische nicht vergessen hat, daß überall vorläufig noch (im Westen zum mindestens) ein Gesetz gegen falsche Zeugenaussage besteht. Ich bin wahrscheinlich der einzige, der wirklich auf den Ausgang des Prozesses gespannt ist.
Ich lege Ihnen einen Prospekt bei für eine Serie, die zwar jetzt zu spät erscheint, das Konzil hat schon begonnen – praktisch wollte ich mit dem Evangelium des Marcion anfangen – und vielleicht überhaupt nicht, wenn ich nicht eine gewisse finanzielle Sicherheit für die Druckkosten auftreiben kann. Ich glaube, der Petersen wird Ihnen den Prospekt nach New York geschickt haben. Immerhin – ein wenig Spaß in den ernsten Zeitläuften. Die Sache sollte als Aufgalopp für mein Albigenser Buch erscheinen. Aber wahrscheinlich wird daraus nichts, auch nicht mit dem Albigenser Buch.
Viele Grüße
     Ihr Franz Jung

Mit Rowohlt verhandle ich wieder. Mein eigener Konferenzier gegen meine Bücher.

1962.
Prospekt *„Meinen Gruß zuvor"*. – Serie *„Gegner"* oder *„Herausforderung"*.

F. Jung, 36 rue de Dragon, Paris 6   29.11.62

Liebe Kate,
Was mich betrifft müssen alle früheren Pläne aufgegeben werden.
Ich werde in den nächsten Tagen die Klinik hier verlassen,
nachdem alle Tests beendet sind. Dann wird sich der Doktor
über die nachfolgende Form der Behandlung entscheiden.
Wahrscheinlich soll ich für einige Wochen in ein Kurhaus, um
das Geld bemüht sich eine Art Wohlfahrtspflegerin bei der
Deutschen Botschaft, die sich, nicht von mir gerufen, aber merk-
würdigerweise eingeschaltet hat.
Bis das erledigt ist, kann ich in einem der Heime, die hier
die Deutsche Botschaft für „Expatriierte" betreibt, unterkommen.
Es kommt nur eines mit einem residierenden Doktor in Frage,
da ich vorläufig in jedem Falle weiter behandelt werden muß.
Das Kurhaus soll später dazu dienen, mir eine Art Lebens-
balance wiederzuverschaffen.
Ob sich das aber für mich überhaupt lohnt, ich bin darüber sehr
skeptisch.
Der Vertrag mit Rowohlt ist vorläufig ziemlich in Frage gestellt.
Ich habe die Konzentration ziemlich verloren.
Ich hoffe, daß ich meine körperlichen Rückschläge überwinden
werde und wünsche Dir alles Gute.
Herzliche Grüße
      Franz

An Käte Ruminoff.

Franz Jung
36 rue du Dragon, Paris 6 e
12/1 62

Lieber Herr Dr. Raddatz,
gleichzeitig sind per Eingeschrieben die Jung Bücher an Sie
abgesandt worden.
Mein Vorschlag für einen Auswahlband würde ungefähr so
aussehen: Von der Annahme ausgehend, daß Thema und
Stilproblem ineinandergreifen, kann man eine durchgehende
Grundlinie aufstellen: Das Thema der Beziehung, zunächst in

der primitiveren Form der Beziehung zwischen den Geschlechtern. Das ist der Inhalt des Trottelbuches und der folgenden „Kameraden". Mit einer entsprechenden Einleitung versehen kann man aus der Emma Schnalke Novelle (Trottelbuch) einige typische Kapitel wählen und vielleicht auch aus Kameraden ein Kapitel. Erst dann greift die Psychoanalyse ein, in dem Roman „Sophie", den ich ganz zu bringen vorschlagen würde, das erste eigentlich durchgehend analytisch konstruierte literarische Erzeugnis. Versuche über das psychoanalytische Grundthema hinausgehend finden sich in der „Stephanie-Gavotte" (im Opferung Band) und den „Telepathen" (die Originalfassung zu dem späteren „Fall Groß"). Ich würde beide Novellen bringen – der Gavotte kann man einen anderen Titel geben – etwa „Geschwister". Die Telepathen sind im „Saul" Band.

Jetzt wandelt sich grundlegend das Stilproblem: die beiden Romane Opferung und Sprung aus der Welt sind schon reiner Expressionismus, der letztere wurde später schon zu den Dadaisten gerechnet. Beide Romane, 1917 und 18 erschienen, sind schon in den letzten Kriegsjahren kaum mehr beachtet worden und meiner Meinung nach zu Unrecht vergessen. Ich würde eventuell vorschlagen, aus beiden kleine typische Kapitel herauszunehmen, aus dem „Sprung" die Distanz zum Leser zum Beispiel. In dieser Zeit erschien dann die Freie Straße mit dem Eröffnungsaufsatz „Warum suchst du Ruhe etc" – den man vielleicht bringen könnte. Von hier aus verbreitert sich dann das Beziehungsproblem ins Soziale und Gesellschaftlich-Politische. Beginnend aus „Gnadenreiche etc" die Spitalserzählung „Läuterung", aus „Arbeitsfrieden" die ersten beiden Kapitel und eventuell „Joe Frank etc" ein oder zwei kleine Grotesken wie „Die Ausfahrt oder der Heizer und die Kellnerin". Die weitere Linie ist fixiert in den beiden Essaybänden „Technik des Glücks", von denen der zweite Band überhaupt kaum mehr zur Auslieferung damals gelangt ist. Ich würde vorschlagen, Teile daraus zu bringen, besonders aus dem zweiten Band. Von der ursprünglichen Analyse der Beziehung her das, was man damals noch Proletariat nannte, zum Gemeinschaftsverständnis und Glauben zu erziehen, ist dann gescheitert, hat überhaupt keinen response gefunden. Trotzdem literarisch gesehen nicht einfach völlig zu ignorieren.

Die Linie schließt dann ab mit dem letzten Roman, „Hausierer", dessen Schlußkapitel die gesamte Entwicklung noch einmal entstehen läßt.
Dazwischen liegt dann aus dem Vier-Männer-Buch die Novelle „Das Erbe". Ich würde vorschlagen, die ja sehr ausbalancierte Novelle nicht in den Band hineinzunehmen, sondern wenn eine Aufnahmefähigkeit für den Band erzielt ist sie eventuell gesondert für sich herauszugeben.
Die Dramen habe ich nicht berücksichtigt.
Unter den im Bühnenvertrieb Kiepenheuer als Manuskript gedruckten ist eigentlich nur „Der verlorene Sohn" erwähnenswert, ein heute durchaus aufführbares Drama mit einer sehr klaren dynamischen Konstruktion. Ich will mir das Ms von Frau Cläre Jung in Pankow besorgen. Es wären verhältnismäßig einige Änderungen notwendig, besonders in der ersten Hälfte den noch sehr starken Pirandello-Einfluß wegzubringen. Das ist leicht zu machen. Ich würde eventuell Ihnen das Drama ganz neu anbieten können.
Das sind ungefähr meine Vorschläge, durchgehend übrigens neutral kommentiert.
Man kann natürlich auch nur oberflächlich literarhistorisch gesehen einfach nur das Trottelbuch bringen, den Roman Sophie, einige der erwähnten Novellen und vielleicht das Drama „Saul". Ich glaube nur, daß man mit einer Serie eine tiefere Wirkung erzielen kann.
Ich hatte in den letzten Wochen einen ziemlichen körperlichen Zusammenbruch, der mich für einige Wochen in eine hiesige Klinik gebracht hat. Heute werde ich wahrscheinlich für einige Wochen einen Kuraufenthalt irgendwo nehmen müssen. Wo, ist noch nicht bestimmt. Meine Adresse aber bleibt dieselbe, und ich bin auch schon wieder so weit über den Berg, daß ich die innere Angleichung der Auswahl sogleich in Arbeit nehmen kann.
Mit besten Grüßen
   Franz Jung

Der Eröffnungsaufsatz wäre „Vorbedingungen des Zufalls" in der Zeitschrift „Was suchst du Ruhe, da du zur Unruhe geboren bist. Erste Folge der Vorarbeit", Verlag Freie Straße Berlin.

7. Dez. 1962

Lieber Papa,
Dein Brief vom 4. Dez. hat mir etwas Klarheit über Deine Lage verschafft. Ich weiß daß Du die Synthese der ärztlichen Befunde mit der nötigen Skepsis hinnimmst. Nicht daß die Befunde etwa falsch wären, sondern nur daß eben fast jeder beliebige Mensch der sich kerngesund fühlt, wenn er gründlich genug abgesucht wird, allerhand Abnormalitäten darbieten kann. Ich nehme an, daß es sich bei der Herzkrankheit um eine echte Verschlechterung Deiner Gesundheit handelt, die Du hauptsächlich durch das Herumreisen in Europa heraufbeschworen hast. Natürlich sind Pflege und Ruhe die einzig mögliche Kur, und ich wünschte nur Du wärst in dem Dorf geblieben, in der Nähe von Stuttgart, in dem Du letzten Sommer warst. Es hat allerdings auch keinen Zweck, eine miserable Existenz zu führen, die einem vollkommen gegen den Strich geht, nur um noch einmal die nächste Morgen Zeitung zu lesen ...
Was Geld betrifft, warte ich Deiner Anweisung nach mit den $ 200 bis Du mir eine Adresse schickst. Von Frau Fabian habe ich nichts gehört. Die Idee, die Rente zu finanzieren gefällt mir nicht. Ich glaube, daß man sich sehr leicht ausrechnen kann, wie hoch das Risiko ist, wenn man bedenkt daß die Statistiken gegen Dich sprechen. Ich denke daß wir froh sein sollen daß es mit der Renten-Überweisung bisher so gut geklappt hat, denn mit dem ständigen Adreßwechseln hättest Du viel Verzögerungen zu erwarten, womöglich argwöhnische Investigationen. Es tut mir eigentlich leid, daß ich nicht die Rente an einen abgelegenen Ort, wie Mallorca, umbestellt habe: womöglich würdest Du die nötige Ruhe dort finden, angezogen durch die Magie der Rente. Im Ernst, ich bin immer noch überzeugt, daß mit einiger Überlegung ein richtiger Ort in Europa gefunden werden könnte, wo Du die meiste Kaufkraft aus der Rente herausholen kannst. Was ich aber hauptsächlich sagen will, ist daß Du m.E. weniger ärztliche Hilfe gerade dort benötigen wirst, wo es die wenigsten Aufregungen, Zeitungen, Wirrwarr, und wo das Leben einfach und billig ist. Zwei Vorschläge: Athen, oder Belgrad. Paris, das mir persönlich eine der unsympathischsten Städte ist, ist meiner Erinnerung nach auch eine der teuersten.
Die Bank America hat jetzt die Adresse nach hier umgelegt. Das beiliegende Statement über 65.- hat inzwischen zwei weitere

Honorare von der SZ dazubekommen, als insgesamt $ 115.-,
abzüglich irgendwelcher Schecks die Du von dort aus ausgeschrieben hast. Ich weiß nicht, wie Du das Honorar bekommst,
aber es scheint Deine Rente etwas erweitert zu haben.
Joyce und Gregory sind vorgestern nach New York abgereist.
Gregory hat inzwischen, wie ich am Telephon höre, seinen ersten
Schnee gesehen. Hoffentlich kann er die vielen Treppen schaffen:
Vielleicht erinnerst Du Dich -- die Yacalis Familie lebt im 5.
Stock eines walk-up, und Joyces Psychiater-Bruder lebt auf dem
4., in einem anderen Haus. Joyce ist schwanger, und wir erwarten
ein neues Familienmitglied am 10. Juni. Vielleicht kann ich einige
meiner Supervisors überreden, mich auf eine große Inspektionsreise der Esso-Installationen zu schicken, heimlich aber mit der
Idee, alle diese Kleinkinder dem Großväterchen zu präsentieren.
Viele herzliche Grüße, und alles Gute, von Deinem Sohn
Peter.

Joyce und Gregory Jung.

13.1.63

Lieber Franz,
nun habe ich inzwischen den Koffer + Schlüssel an Herrn Müller
geschickt. Ich hoffe sehr, daß Deine Lebensgeister inzwischen
wieder erwacht sind, vielleicht gibt Dir die beigelegte Besprechung Deiner Autobiographie wieder etwas Auftrieb (falls Du sie
nicht schon kennst), die ich gerade gelesen habe. Dafür kann
man doch gern alle blödsinnigen oder bösartigen Ergüsse der
„Betroffenen" in Deutschland eintauschen, finde ich. Es sollte
mich wundern, wenn sich auf Grund dieser Besprechung (wer
mag sie wohl gemacht haben?) nicht ein englischer Verleger
sich für die Rechte einer Übersetzung interessieren würde.
Schicke mir das Blatt gelegentlich bitte zurück, da ich die Zeitschrift abonniert habe u. vor allem die Rezension auch behalten
will. – Hoffentlich kommt jetzt bei Rowohlt etwas heraus bei der
Vorbereitung Deines Auswahlbandes. Übrigens erscheint auch
das Periodikum wieder (halbjährlich) weiter.
Bei mir läuft auch alles noch nicht so wie es sein sollte –

ich will getrost bis zur nächsten Häutung warten. Auch das Wohnungsproblem ist noch keineswegs gelöst (zudem ist unsere Familie auf dem besten Wege sich zu vergrößern). Vor allem wünsche ich Dir für das Neue Jahr einen kräftigen Sog nach oben und zunächst baldige Gesundheit. Mit herzlichen Grüßen, auch von meinem Vater, Dein Wolfgang

Von Wolfgang Symanczyk.
Besprechung *„The alienated Self. Franz Jung: Der Weg nach unten"* *in der* Zeitschrift *„The Times Literary Supplement" vom 11. Januar 1963.*

Artur Müller   Stuttgart-Degerloch
                                Raffstr. 2
                                Tel. 762 743   17.2.63

Liebe und verehrte Käte Ruminoff,
ich kann auf Ihren Luft-Expreßbrief leider erst heute und nur in Stichworten antworten, doch hoffe ich, es wird daraus eine tragfähige Brücke.
Am 13.I. (letzter Brief am 5ten!) war F.J. geistig noch ganz lebendig. An dem Nachmittag dieses Tages war mein jüngster Sohn Ulrich bei ihm u. führte mit ihm ein langes Gespräch.
Am Mittwoch, 16.I. bekam F.J. sehr hohes Fieber. Wir mußten ihn am Abend in das Karl-Olga-Krankenhaus bringen. Er bekam ein Einzelzimmer und war darüber sehr erfreut.
Am Donnerstag traf ihn ein Gehirnschlag. Teilweise Lähmung. Er konnte nicht selbst lesen, ließ sich aber Briefe vorlesen, sprach einiges, lächelte viel.
In der Nacht vom Samstag auf Sonntag Verschlechterung. Sonntag noch Zeichen von Kontakt. Aber Nachmittag tiefer Schlaf.
Am Montag mittags 1 Uhr tat er seinen letzten Atemzug. In Gegenwart aller Ärzte.
Auf seinem Gesicht lag ein heiteres Lächeln.
Am Freitag, 25. Januar haben wir ihn unter einem strahlend blauen Winterhimmel, die Bäume glänzten voll Rauhreif, in die Erde gesenkt, auf dem Friedhof Degerloch, den er gut kannte.

Der Luchterhand Verlag ließ sich durch von Schleren vertreten, das Schiller National Museum schickte einen Herrn mit einem Kranz, aus München waren zwei junge Freunde (Zeitschrift „Tendenzen") gekommen. Und dann standen noch ich, meine Frau u. meine vier Kinder am Grabe.
F.J.'s Habseligkeiten stehen, d.h. standen schon bei mir. Darunter sind viele Briefe, spärliche Manuskripte.
Komplex Fuhrmann mit Einleitung F.J. geht an Sie. Er hat es mir selber noch aufgetragen! Ehrenburg Memoiren habe ich ihm aus einer Bibliothek besorgt. Er wollte es Ihnen wahrscheinlich besorgen später ...
Ich habe Frau Cläre Jung und Peter Jung noch *vor* dem Tode verständigt.
(Adresse Cläre Jung, Berlin – Pankow, Damerowstr. 46 – Tel. 48 72 63)
Anstehende Aufgaben:
1. Sammlung aller *gedruckten* Bücher. Zusammenstellung *eines* Bandes nach *seinen* Intentionen.
2. Sammlung aller ungedruckten Manuskripte, Sichtung und evtl. Auswahl für eine mögliche Drucklegung.
3. Das gleiche gilt für Notizen usw.
4. Sammlung und Sichtung seiner *gesamten Korrespondenz*. Meines Erachtens ein sehr wertvoller Schatz! Ein Koffer mit Korrespondenz muß sich in San Francisco befinden. Bei Peterl? F.J. wollte diesen Koffer immer nach hier haben. Kam nie!
5. Aufstellung einer Liste all der weltweitverstreuten Freunde von F.J.
6. Herausgabe einer kleinen Gedenkbroschüre für die Freunde.
Aber *wer* soll das alles tun?
Zwei Verlage sind am Werk von F.J. interessiert, Rowohlt u. Luchterhand. Freund war er mit keinem von beiden!!
Frage: Haben Sie eine Ur - Fassung der dann unter dem Titel „Weg nach unten" erschienenen Autobiographie?!
Sie sagen, Sie seien bereit, sich um den *ganzen* Nachlaß von F.J. zu kümmern. Ich möchte gerne, daß Sie aktiv eingeschaltet werden. *Wie* läßt sich das tun? Sind Sie materiell *etwas* unabhängig? Können Sie reisen? Die Verlage werden vorerst, fürchte ich, gar nichts bezahlen. Zur Klarheit: Ich selbst will am Werk u. Nachlaß von F.J. *nichts* verdienen!! Aber ich weiß, was F.J. *nicht* wollte u.z.T. *was* er wollte. Und ich will, daß F.J. mehr und mehr

sichtbar wird. Man müßte halt mal über alles reden können. Sagen Sie mir bitte Ihre Meinung.
Soviel für heute! Von Herzen Ihr
Artur Müller

P.S. 1. Medikamente kamen noch mehr. Lasse sie zurückgehen, ungeöffnet.
2. 10 Schecks liegen ununterschrieben hier. Was tun damit?
3. Buch von S.Leonhard liegt hier nicht!
4. Nach Ms. von Hadda muß ich erst forschen.
5. Reich-Essay wurde am 4.2. in Stuttgart gesendet.

ABBILDUNGSVERZEICHNIS

16 „Spandauer Tagebuch" Seite 115. 1915.
24 Postkarte mit Aufdruck „Industrie-Kurier". 1917.
25 Briefkopf des Verlages Freie Straße. 1915–16.
26 Notizen „Vorbemerkung". 1916.
27 Notizen „Vorbemerkung". 1916.
32 „Neue Jugend" Titelblatt. 1917.
33 Illustration von Raoul Hausmann zu Franz Jungs „Sprung aus der Welt". 1918.
34 „Dadaco" Blatt V. 1919.
40 „Socialistische Wirtschafts-Korrespondenz" Titelblatt. 1919.
41 Kuvert „Ost-Europa-Dienst". 1919.
42 „Deutsche Auswanderer Zeitung", Inserat. 1919.
43 Brief mit Kopf „Schutzbund deutscher Auswanderer". 1919.
48 Telegramm aus Kristiania. 1920.
54 Brief von Cläre Jung an Maximilian Harden. 1920.
56 Brief von Franz Jung an Cläre Jung. 23.12.1920.
64 Annonce aus „Räte-Zeitung" 1920, Nr. 1.
66 „Berliner Arbeiter-Buchvertrieb" Bestellzettel. 1920.
70 „Ein moderner Seeräuberroman" Berliner Tageblatt, 19. Mai 1921.
75 Postkarte von G.v.'t Reve. 1921.
79 Otto Gross-Monographie Titelblatt. 1921.
92 Familienfoto in Neiße. Um 1901.
98 aus: „Rabocij zurnal". 1922.
112 Abschiedsbrief der russischen Genossen der Fabrik Ressora. 1923.
114 Porträt Franz Jung. Ca. 1921.
126 Postkarte mit Aufdruck „Kontinent-Korrespondenz". 1924.
128 Brief von Franz Jung auf Briefbogen „Continental Press Agency". 1924.
130 Rechnung für „Kontinent-Korrespondenz". 1924.
136 „Kontinent-Korrespondenz" Briefkopf. 1924–25.
141 Vollmacht von Cläre Jung. 1925.
142 Brief von Dr. Kurt Bauchwitz. 1925.
151 Titelblatt der Zeitschrift „Sklaven". 1927.
154 Cläre und Franz Jung, Hermann Knüfken. Berlin Unter den Linden. 1928.
165 „Volk ohne Wurzeln". Notizen. Um 1927.
166 Titelblatt „Gegner". Juli 1931.
183 Anzeige für „Plans" aus „Gegner". 1931.
196 Clubkarte Franz Jungs. 1932.
197 Brief von Franz Jung auf „Gegner"-Briefbogen. 1932.
198 Seite der „Telna"-Korrespondenz. 1932.
202 Franz mit seinem Sohn Peter. 1937.
205 Telegramm an Gestapo Berlin. 2.12.1936.
206 Aktennotiz zu Jungs Verhaftung. 12.12.1936.
218 Brief von Franz Jung aus Preßburg. 1943.

224 Foto aus dem Presseausweis Franz Jungs. New York International Reports. 1957.
241 Bankscheck der National City Bank of New York. 1949.
242 Brief von Ruth Fischer. 1948.
262 Brief von Franz Jung auf Briefbogen „International Reports". 1955.
267 Brief von Franz Jung auf Briefbogen „Pacific European Service". 1956.
307 Franz Jung, Hans Richter, Raoul Hausmann, Max Picard, Emil Szittya in Paris. 1961.

REGISTER

Adenauer, Konrad 8, 294
Adler, Alfred 270
Aho, Juhani 137
d'Alembert, Jean Le Roud 280
Amberger, Josef 18
Ammon, v. 217, 219
Andersen, Hans Christian 20
Anzengruber, Ludwig 20
Appel, Jan 39, 109
Arnholdt, Wilhelm 266
Arwatow, Boris I. 110 f
Aslagsson, Olai 137
Astor 300 f
Aufricht, Ernst Josef 256, 320
Awertschenko, Arkadi T. 137

Bachmair, Heinrich F.S. 18
Balzac, Honoré de 20, 61
Baron, Erich 195
Bassanello, Giovanni 225 f
Baumeister, Willi 143
Bebel, August 80
Becher, Johannes R. 11, 143
Beecher-Stowe, Harriet E. 301
Behne, Adolf 143
Beierle, Alfred 51 f
Bekker, Rechtsanwalt 69, 77, 85
Belperron, Pierre 282
Bergier, Jaques s. Louis Pauwels 278
Bergmann, Ida 51
Berlin, Isaiah 318
Bermann-Fischer, Gottfried 161
Bernhard, Georg 87
Bernstein, Morey 246 f
Bertha, Köchin 93
Bessmertny, Alexander 59
Beye, Theodor 115, 132, 135, 147, 149 f, 167, 169, 188, 191, 193 f
Bhagan Shree Rajneesch 191
Bierhals, Emil 127
Blackstone 301
Blass, Dr. 85
Blei, Franz 170
Blomberg, Werner von 306

Bloy, Léon 297
Blumenberg, Werner 318
Böhmer 182
Börner 295 f
Bogdanow, Alexander A. 73
Boggi 241
Boscovich, Roger 14, 280 f, 285
Brandler, Heinrich 109
Breitkopf, Fritz 208
Brubacher 109 f
Bueck, Otto 193
Bulgakow, Michail A. 13

Campbell, Malcolm 115, 131 ff, 135
Canaris, Wilhelm 203
Carnegie 300
Cayce, Edgar 191 f
Céline, Louis-Ferdinand 274, 276
Cernik, A. 143
Chardin, Pierre Teilhard de, siehe Teilhard de Chardin
Chesterton, Gilbert K. 132 f, 135, 137
Chrustschow, Nikita S. 8
Churchill, Winston 210
Chwalek, Roman 208
Claassen, Eugen 158
Colin, Saul 233
Considerant, Victor 81, 124
Corkery, Daniel 137
Cornu, Auguste 318
Crane, Stephen 246

Dagny (Dagne) d.i. Dagny Jung
Danckwerts, Hans 217, 219
Deutsch, Alexander 194 ff
Dickens, Charles 20
Dirks, Walter 243
Döcker, Richard 143
Doesburg, Theo van 143
Drach, Fritz 50
Dreiser, Theodore 246

Ebert, Friedrich 44, 105

Eckhart, Meister 192
Ehrenburg, Ilja G. 327
Eich, Günter 169
Eichendorff, Joseph Freiherr von 20
Eisler, Hanns 160
Eisler-Pleuchot, Elfriede d.i. Ruth Fischer
Enfantin, Barthélemy Prosper 81
Ewald, Dr. 63

Fabian, Ruth 324
Fechter, Paul 133, 150, 152
Feuerstein, B. 143
Fischer, Ruth 7, 10, 13, 203, 214, 225, 243, 259, 271, 273 ff, 277, 285 ff
Flake, Otto 73
Flaszenberg, Hilary 29, 167
Flaubert, Gustave 20
Fogazzaro, Antonio 20
Fontana, Oskar Maurus 239, 274, 286, 291, 295
Fourier, Charles 7, 9 f, 13, 81, 115, 122 ff, 129, 189, 259
Fraenkl, Victor 49, 53 ff, 59 f, 61 ff, 67 f, 69, 106
Francé, Raoul 203, 222
Frank d. i. Franz Jung jun.
Frank, Herbert 57, 59
Frank, Joe d. i. Franz Jung 7, 58, 258
Franke, Dr. 208
Frankewitsch, Leo 127
Franz d. i. Franz Jung jun.
Freud, Sigmund 270, 281
Freundlich, Otto 67
Frick 300
Fried, Ferdinand 182
Friedländer, Otto 182
Fröhlich, Paul 258
Fuchs, Georg 17, 60, 75, 78, 84, 127, 207, 209
Fürmann, Pension 36
Fuhrmann, Arend 191
Fuhrmann, Elisabeth 191
Fuhrmann, Ernst 14 f, 158, 167, 182, 191, 225, 257, 260 f, 263 ff, 282, 285, 299, 311, 315, 327

Gaede, Dr. 211
Gallet, Louis 20
George, Manfred 317
Gerold, Karl 285
Gide, André 168 f
Göbel, Christian 127, 132, 135
Goethe, Johann Wolfgang von 20, 302
Goldschmidt, Alfons 44, 46, 51 f, 57, 59, 65
Goll, Iwan 143
Goncourt, Edmond de 61
Gontard, Gert von 167, 172
Gorki, Maxim 48
Gorter, Herman 68, 74, 77, 87
Gould 300
Grabisch, Josef 51 f, 73, 120, 127 f, 132 f, 135
Greenberg, Eva 192
Griffith 51 f.
Grin, Alexander 137 f.
Groddeck, Georg 81
Gropius, Walter 143
Gross, Anton Wenzel 15
Gross, Hans 17
Gross, Otto 13, 17 ff, 25, 35 f, 39, 72, 74, 76 f, 80, 84 f, 259 f, 270
Grosz, George 52, 62, 110 f, 127
Gubler 158
Guttfeld, Paul (Pegu) 158, 167, 192
Guttmann, Simon 51, 140, 200 f

Hadank, Günter 168 f
Hadda, Wolfgang 328
Halder, Franz 306
Hammerstein-Equord, Kurt Freiherr von 273 ff, 287, 298, 303 ff, 316
Hansen, Arvid G. 46, 48
Harden, Maximilian 51, 53 f, 73, 86
Harriet d. i. Harriet Jung
Harnack, Adolf von 317 f
Hartmeyer, Dr. 212

Hauptmann, Gerhart 15, 150
Hausmann, Raoul 167, 190
Heartfield, John 7, 17, 62, 75, 313
Heidegger, Martin 230
Heilborn, Adolph 122
Heisenberg, Werner 280 f
Heißenbüttel, Helmut 298, 315
Hemingway, Ernest 246
Hennecke, Edgar 318
Henry, O. 137
Herrmann-Neiße, Max (Macke) 52, 61 f
Hertwig, Hugo 261, 263 ff
Herz, Dr. 106
Herzfeld, Helmut s. John Heartfield 31, 58, 61
Herzfelde, Wieland 11, 110, 236
Hess, Moses 317 f
Hesterberg, Trude 319 f
Heyde, Hugo Hermann 69
Hindenburg, Paul von 305
Hirn, Elisabeth 93
Hitler, Adolf 8, 15, 272 f, 274, 281, 303 ff
Hoelz, Max 7, 39, 69, 113
Hoexter, John 51
Hurk, W.A.J.van den 69, 71, 73, 77, 87

Ihering, Herbert 132
Immermann, Karl Leberecht 20
Irenaeus 284

J. d. i. Jakob Reichenberg
Järnefelt, Arvid 137
Jakobsen, Jens Peter 20
James d. i. Jakob Reichenberg 52, 57, 60
Jean Paul 20
Jena, Irene von 287
Jenny 137
Joyce, James 190
Jung, Cläre 22 ff, 36, 39, 42, 47, 49 f, 52 f, 55, 58, 61, 67 f, 71 ff, 75, 78, 84, 88, 90, 93, 103, 110 f, 115, 122, 127 ff, 131, 139, 147, 193, 201, 204, 207, 211 ff, 215, 216 ff, 219, 226, 236, 248 f, 258, 263, 313, 323, 327
Jung, Clara Mutter von Franz Jung 88 ff
Jung, Clara Schwester von Franz Jung 63, 93
Jung, Dagny (Dagne) 89, 139 f, 203, 207 f, 212, 215 ff, 219 f, 225, 252 f, 236 ff
Jung, Franz sen. Vater von Franz Jung 88 ff.
Jung, Franz jun. Sohn von Franz Jung 62 f, 88 ff, 127, 140, 225, 252, 258
Jung, Franz „Abenteuer eines Fremden. Komödie" 115
„Akzente" 268
„Annemarie. Schauspiel" 39, 111
„Arbeiter Thomas. Roman" 10, 115, 155 ff, 159
„Arbeiter Thomas. Schauspiel" 115, 194, 196
„Arbeitsfriede. Roman" 39, 55, 60, 62, 73 f, 78, 80, 84, 89 f, 110, 115, 322
„Artistische Dramaturgie" 223
„Astoria. Eine Komödie" 115
„Das Erbe" 115, 152 f, 159, 323
„Erinnerung an Dagny" 254
„Erinnerungen an einen Verschollenen" 14
„Die Eroberung der Maschinen. Roman" 39, 73 ff, 78, 81, 84, 86, 111, 115, 249
„Gegen den Besitz" 17, 35 ff
„Das geistige Rußland von heute" 148
„Gequältes Volk" 115, 147, 194, 196
„Geschäfte" 115
„Die Geschichte einer Fabrik" 115, 132
„Gott verschläft die Zeit" 67, 311
„Der Fall Groß. Novelle" 14, 225, 231, 312, 322
„Herr Grosz. Schauspiel" 225, 229 f, 231 ff

„Hausierer" 115, 155, 167, 323
„Heimweh. Schauspiel" 115, 152
„Hunger an der Wolga" 39
„Jack London – Ein Dichter der Arbeiterklasse" 115
„Das Jahr ohne Gnade" 225, 254
„Joe Frank illustriert die Welt" 7, 39, 57, 60, 322
„Kameraden ..." 23, 322
„Die Kanaker" 39, 99
„Kulturprognose" 144 f
„Legende" 115, 146, 150
„Mehr Tempo! Mehr Glück! Mehr Macht! Die Technik des Glücks II. Teil" 73 f, 199, 268
„Meinen Gruß zuvor" im Prospekt der Petersen Press 319 f
„Opferung" 17, 29, 31, 322
„Proletarer (Norweg.) 47
„Proletarier" 39, 47 f, 52, 115
„Der Psychoanalytiker Wilhelm Reich" 14
„Reise in Rußland" 39, 63, 65, 68
„Revolte gegen die Lebensangst" 225, 243 ff
„Die Rote Woche" 39, 57, 62, 73 f, 110, 115, 132
„Samtkragen – der verlorene Sohn. Roman" 115
„Samtkragen. Der verlorene Sohn. Schauspiel" 161, 225
„Samtkragen oder Der verlorene Sohn. Schauspiel" 226 ff
„Saul" 323
„Sophie. Der Kreuzweg der Demut" 17, 322
„Spandauer Tagebuch" 21 f
„Der Sprung aus der Welt" 17, 35, 81, 322
„Die Stephanie-Gavotte" 322
„Die Technik des Glücks. I.Teil" 21, 39, 47, 52 f, 62, 67, 69, 72, 77, 81, 84, 249, 322
„Die Technik des Glücks. II. Teil" s. „Mehr Tempo! Mehr Glück! Mehr Macht!" 21, 40, 47, 52 f, 62, 67, 72, 77 f, 80 f, 84, 249, 322
„Die Telepathen" 322
„Das Trottelbuch" 322
„Variationen" 225
„Der verlorene Sohn" 115, 323
„Von geschlechtlicher Not zur sozialen Katastrophe" 77
„Für Genialität" 62 f
„Vorbedingungen des Zufalls" 323
„The way home" s. „Herr Grosz" (engl. Fassung)
„Der Weg nach unten" 225, 308, 316 f, 326 f
„Wie lange noch?" 39, 57 f, 61 f, 63, 107
„Die Wirtschaftsorganisation Sowjetrußlands" 60 f
Jung, Gregory 325
Jung, Harriet (ehem. Scherret; später Wisser) 203, 207, 212 f, 215 ff, 219, 221 f, 225, 236 f, 248 f
Jung, Josef 93
Jung, Joyce 325
Jung, Margot (später Rhein) 17, 21, 89, 139 f, 208, 211, 215, 225, 238, 241, 248 f, 252, 258, 261
Jung, Peter 203, 207, 211 f, 215 f, 225, 236 f, 239, 248 f, 252 f, 258, 327

Käte, Frl. 90
Kállai, Ernst 222
Kant, Immanuel 230
Kapp, Wolfgang 44, 104 ff
Kasack, Hermann 31
Keel, Daniel 312
Kennedy, John F. 8, 294
Herbart 143
Keresztúry, Dezsö 203, 223
Kersten, Kurt 11, 317
Keyserlingk, Gräfin 201
Kierkegaard, Sören 230, 297
Kipling, Rudyard 137

Klinge 90
Klinger, Franz d.i. Franz Jung 7, 39
Knaus 268
Kneipp, Sebastian 300
Knüfken, Hermann 39, 69, 87, 106, 127, 129
Kommer, Dr. 59
Kracauer, Siegfried 11, 158
Krassin, Leonid B. 46
Kris, E. 132
Kronacher, Alwin 160
Krutzsch, Siegfried 90
Kuh, Anton 170
Kuh, Margarethe (verh. Oehring) 80 f.
Kuh, Marianne 35
Kuh, Nina 34 f, 76
Kurtz, Rudolf 50, 193
Kurz, Gen. 109

Lagerlöf, Selma 20
Lamour, Philippe 167
Lampe, Jörg 285
Landa, Max M. 52
Lang 297
Lange, Hans 208
Larisch, Emil 113
Larsz, Franz d.i. Franz Jung 7, 113, 119 f, 134 f, 146
Lasker-Schüler, Else 12, 29, 31, 51
Le Corbusier 143
Lehmann-Reinickendorf 57
Lehnert, Adolf 208
Lemonnier, Camille 20
Lenin, Wladimir I. 7, 10, 148 f, 189, 272
Leonhard, Susanne 328
Lettow-Vorbeck, Paul von 105
Levi, Paul 53, 69
Levit 80
Lewin-Dorsch, Eugen 193, 201
Liebknecht, Büro von Theodor und Wilhelm 55 f, 59
Lincoln, Abraham 283, 285, 316
Lindner 90
Linich 90
Lissner, Erich 285

London, Charmian 120
London, Jack 73, 120 ff, 137, 225, 246 f
London, Joan 247
Loos, Adolph 143
Lossow, v. 274 f, 287
Lubeck, Theodor 93
Lubimoff (Regisseur) 194 f
Ludwig, Eduard 212
Lüttwitz, Walther Freiherr von 106
Luihn, Otto 48
Lukács, Georg 11
Lunatscharski, Anatoli W. 99 f
Lyk 191

Mack, Lindsay 280
Märten, Lu 143
Magnus, Erwin 120 f
Mann, Heinrich 176
Mann, Thomas 176
Mansfield, Katherine 137
Marcion 317 f, 320
Marcu, Eva 252
Marcu, Valeriu 252
Margot d.i. Margot Jung
Marianow, David I. 195
Markalous, Bohumil 143
Marx, Karl 318
Maslow, Arkadi (Tschemerinsky) 10, 214, 225, 271 ff, 275 f, 288
Maus, Heinz 251
May, Oberlandesgerichtsrat 105
Meher Baba 191
Meißner, Anna von (Sylvia) 203, 225, 285, 290, 308
Meißner, Hansjörg von 216, 219 f, 240
Meyers 302
Michel, Louise 302
Mierau, Fritz 48, 192, 204, 221, 288
Mierau, Sieglinde 47, 191, 204, 288
Mikkelsen, Ejnar 137
Minna, Frl. 310
Mönke, Wolfgang 318
Möricke 169

Moholy-Nagy, László 143
Morgan 171, 300
Morris, William 277
Mühsam, Erich 73
Müller, Artur 204, 225, 271 f, 274, 285, 287 f, 294 f, 296 f, 298, 325, 326
Müller, Hermann 57
Müller, Robert 55, 73
Müller-Ysenburg 73
Münzenberg, Willi 11, 110 f, 317
Mussolini, Benito 148

Nag, Martin 48
Napoleon Bonaparte 304
Nehru, Jawaharlal 259
Nelli, René 297
Nero 316
Nerval-Mozatti 20
Nezval, Vitěslav 143
Nietzsche, Friedrich 13, 200 230
Nilsen, Rudolf 47 f
Nonnenbruch, Fritz 207
Norris, Frank 246
Noske, Gustav 105

Oehring, Cläre d.i. Cläre Jung 17, 22 ff
Oehring, Richard, 22 f, 26
O'Neill, Eugene 227
Otten, Karl 19, 225, 269 ff, 293, 296
Otto, Emmy 127, 129, 147, 261
Otto, Ernst 129
Otto, Henriette (verh. Kertscher) 47, 129, 261
Otto, Käte 129, 261
Ottopal, Max 182
Ozenfant, Amédée 143

Pachta, Jan 143
Panizza, Oskar 319
Paul d.i. Paul Renard d.i. Franz Jung
Pauwels, Louis und Jacques Bergier 278
Peter d.i. Peter Jung

Peters, Arno 271
Petersen, Jes 313, 319 f
Pfemfert, Alexandra (Anja) 270
Pfemfert, Franz 17, 55, 57, 61, 84 236, 238
Picard, Elisabeth 312, 314
Picard, F. 312
Pichon, Jean-Charles 316
Pinthus, Kurt 255 f, 317, 320
Pio, Pater 274 f, 285, 288, 290, 308
Pirandello, Luigi 323
Piscator, Erwin 39, 115, 146, 152, 162, 194 f, 225, 228, 230, 236, 272
Planck, Max 280 f
Platsch 135
Plinius 287
Poe, Edgar Allan 300
Preczang, Ernst 147
Pressedienste
  „Agence Financière Economique", Paris 180
  „Agence Radio", Paris 180
  „Associated News Services", London 116, 119, 131, 133
  „Berlin-Express" 39
  „Central European Service", London und Wien 11, 203, 210
  „Continental Press Agency", London 7, 115
  „Deutsche Wirtschafts-Berichte", Berlin 115, 167, 186 f
  „Deutscher Feuilleton-Dienst", Berlin 207 f, 212, 216
  „Deutschland-Berichte", Prag, Paris 203, 209
  „International Reports", New York 225
  „Kontinent Korrespondenz/ Vereinigte Pressebüros", Berlin 7, 10, 115 ff, 131, 134, 137 f, 146 f
  – „Deutsch-englische Korrespondenz" 116 f
  – „Deutscher Wirtschaftsdienst" 116
  – „Englischer Dienst" 116 f, 119

- „Feuilleton-Korrespondenz" 116 f
- „Informationsdienst und Auskunftei" 116, 118
- „Korrespondenz nach England" 116
- „Kurzgeschichten Korrespondenz" 116, 137
- „Telefon- und Telegraphendienst" 117, 119

„Ost-Europa-Dienst Wien Sofia Konstantinopel" 39
„Pressedienst für Wirtschaftsaufbau", Berlin 203
„Rosams Konjunkturberichte", Berlin 116, 119
„Rosta", Moskau 102
„Russische Korrespondenz", Hamburg 39, 192
„Vela. Informationsdienst der Vereinigung leitender Angestellter", Berlin 181
Pruša, Vladimir Jan 143

Radbruch, Gustav Lamb. 106
Raddatz, Fritz J. 321
Radek, Karl 80, 97, 110
Radloff, v. 220
Rauch, Georg von 299
Rector, Martin 210
Reich, Annie 259
Reich, Wilhelm 14, 225, 259 f, 280 f, 285, 297, 315, 328
Reichelt 90
Reichenau, Walter von 305
Reichenbach, Bernhard 51 f, 57, 103, 236 f
Reichenberg, Jakob später Arnold A. Rubinstein (Decknamen: James Reich, J. Thomas, der Dicke) 10 129, 210
Reimann, Gunter 292
Renard, Paul d.i. Franz Jung 7, 189
Rilla, Walther 67
Rink 220
Robinson, Lennox 137
Roché, Déodat 297

Rockefeller 300
Rosen, Eric von 137
Rossi 290 f
Rubiner, Ludwig 76
Rubinstein, Sigmund 63
Ruminoff, Käte 321, 326
Ruminow 256
Ryberg, Frank d.i. Franz Jung 7, 135, 137
Rycken, Pels 69, 77

Saint-Simon, Claude-Henri 81
Salda, František X. 143
Sartre, Jean-Paul 230
Schaffgotsch 184
Scheidemann, Philipp 105
Scherret, Felix 207, 210, 213, 215 ff, 219 f
Schiemann, Elsa 18 f
Schleicher, Kurt von 274, 304 f
Schleren, v. 327
Schlosser, Alfred 208, 212
Schmeidler 199
Schneider, Sepp 102, 109 f
Schöffler, Heinz 269
Schönherr, Fritz 188, 319
Schönherr-Leipzig 147
Scholem, Werner 273 f
Schonauer, Franz 277
Schrimpf, Georg 30
Schüller, Hermann 62
Schulze-Boysen, Harro 191
Schwab, Alexander 203 f, 285, 311
Schwab-Felisch, Hans David 248, 253
Seeckt, Hans von 306
Seghers, Anna 194
Sehren-Zöllner, Paul 12, 110
Seliger 90
Senkpiel 68
Shakespeare, William 189
Silberner, Edmund 318
Sima, Josef 143
Simmons, Ruth 247
Sinclair, Upton 55, 81
Sosnowski 274
Spengler, Oswald 182, 200
Spielmann, Gen. 109

Spielvogel 90
Stalin, Josif W. 13
Stark, Günther 160
Steinbeck, John 246
Steiner, Rudolf 192
Stendhal 20, 47, 55
Sterne, Lawrence 20
Sternfeld, Wilhelm 313
Sternheim, Thea 169
Stifter, Adalbert 20
Stirner, Max 230
Strindberg 15
St.Sauveur, Frieda 320
Sudermann, Hermann 229
Swasdich (Swesditch), Peter 119
Sylvia d.i. Anna von Meißner
Symanczyk, Wolfgang 318, 325
Szittya, Emil 225, 288 f, 308 f, 312 ff, 319

Tautz, Titus 131, 191
Teige, Karel 143
Teilhard de Chardin, Pierre 14, 281
Thälmann, Ernst 10
Thakeray, William Makepeace 20
Thomas d.i. Jakob Reichenberg 225
Thomas von Kempen, 25, 244
Thompson 274 f
Timpe, Rechtsanwalt 106
Tiso, Carl 295
Tiso & Co. 217
Tito, Josip Broz 259
Tolstoi, Alexej N. 137
Torner 195
Trent, Charles 300 ff
Trotzki, Leo 7, 10, 155, 189, 271 273
Tschitscherin, Georgi W. 10, 39, 44
Tuchatschewski, Michail N. 306
Tuma, Elisabeth 90, 93
Turel, Adrien 199 f

Ulbricht, Walther 8, 294
Ullstein, Heinz 193

Václavek, Bedřiš 143
Vančura, Vladimir 143
Vanderbilt 300
Verlage
Verlag der Wochenschrift „Die Aktion", Berlin-Wilmersdorf 153
Verlag der Arbeiterbuchhandlung, Wien 81
Berliner Arbeiter-Buchvertrieb 39, 47, 63
Büchergilde Gutenberg, Berlin 147, 236, 253
Paul Cassirer, Berlin 81
Cotta'sche Buchhandlung Nachf., Stuttgart 271
Kurt Desch Verlag, München 204
Deutscher Korrespondenz Verlag (Deko-Verlag), Berlin 167, 182, 186 f
Diogenes Verlag, Zürich 312
Drei Masken Verlag, Berlin 63, 159 f
G. Feltrinelli, Milano 277
S.Fischer Verlag, Berlin 124
Folkwang-Auriga Verlag, Berlin 167
Verlag der Frankfurter Hefte, Frankfurt am Main 243
Verlag Freie Straße, Berlin-Wilmersdorf 17, 25, 28, 323
Gallimard, Paris 278
Gyldendal Verlag, Berlin 120 f
Konrad Hanf Verlag, Hamburg 73, 80
Henderson, London 132
Insel-Verlag, Leipzig 84
Internationaler Psychoanalytischer Verlag, Leipzig, Wien, Zürich 81
Verlag der K.A.P.D., Berlin 63
Gustav Kiepenheuer Verlag, Potsdam-Wildpark 81
Droemersche Verlagsanstalt Th. Knaur Nachf., München 192
Paul List Verlag, Leipzig 147,

Löcker-Verlag, Wien 314
Luchterhand Verlag, Neuwied und Berlin 270, 277, 285, 319, 327
Macmillan & Co., London 121
Malik-Verlag, Berlin 11, 52 f, 55, 57 f, 62, 73, 78, 80 f, 84, 110, 132, 153, 268
A.Marcus & E. Webers Verlag, Bonn 76
Mills & Boon, London 121
„Ny Verdens" Forlag, Kristiania 48
Paul Pattloch Buchhandlung und Verlag, Aschaffenburg 274
Verlag Philipp Reclam jun., Leipzig 20
Reiss Verlag, Berlin, später Basel 69, 72 f, 75 f, 78, 80, 84, 227, 229
Rex Verlag, Luzern 275
Rowohlt Verlag, Reinbek bei Hamburg 225, 320 f, 325, 327
Verlag August Scherl, Berlin 59
Arthur Seehof-Verlag, Berlin 60
B.G. Teubner, Leipzig 84
Ullstein, Berlin 122, 136, 138, 148 f, 170
Verne, Jules 302
Vietinghoff, v. 87
Violet, Franziska 204
Voltaire 15, 280, 297

Wangenheim 105
Ward, Artemus 137
Watter, General 104
Wedderkop, Hans von 140
Weingarten, Adolph 276
Weisenborn, Günther 238
Weiss, Horace John 318
Wells, Herbert George 52, 55
Westheim, Paul 143
Wetterwald, Emil 103
Wickel, Helmut 209 f
Wiegenstein 277
Wiegler, Paul 149
Wilder, Thornton 222, 227

Wilhelm II. 302
Winowska, Maria 274 f
Wolff 17
Woodhull, Virginia 300 ff, 316
Woodward 283

Yacalis 325

Zeitlin, Dr. 24
Zeitungen, Zeitschriften, Jahrbücher
  „Die Aktion", Berlin-Wilmersdorf 30, 76, 155
  „An Dich – Erde!" s. „Vorarbeit"
  „Arbeiter-Literatur", Wien (=Berlin) 132
  „Aufbau", New York 317
  „Berliner Börsen-Courier" 133
  „Berliner Tageblatt" 69, 89, 134
  „Berliner Zeitung" (B.Z.) 69, 208
  „Bremer Nachrichten" 225
  „Bund", Bern 225
  „Club Dada", Berlin 17
  „De Courant", Holland 86 f
  „Daily Chronicle", London 116 f
  „Daily Herold", London 132
  „Daily News", London 116 f
  „Deutsche Auswanderer-Zeitung", Breslau 39, 42
  „Die Deutsche Volkswirtschaft", Berlin 207
  „Figaro", Paris 287
  „Das Forum", München 76 f
  „Frankfurter Allgemeine Zeitung" 225
  „Frankfurter Generalanzeiger" 134
  „Frankfurter Hefte" 243
  „Frankfurter Zeitung" (F.Z.) 158
  „Die Freie Straße", Berlin-Wilmersdorf 17, 38, 76, 322
  „fronta", Brno. 115, 143, 146
  „Gegner", Berlin 13 f
  „Der Gegner", Halle, Leipzig,

Berlin-Halensee 62, 78, 167, 170 f, 173, 177 ff, 182, 190 f, 297
„Hamburger Volkszeitung", 49 f, 60
„Imago", Leipzig/Wien 81
„Industrie-Kurier", Berlin 17, 23, 42, 184, 225, 251
„Der Kampfruf", Berlin-Niederschönweide 61
„Kommunistische Arbeiter-Zeitung" (KAZ), Berlin 57, 60, 62, 68, 94, 97, 106
„Die Kommunistische Internationale", Moskau 68, 96 f, 99
„Krasnaja now", Moskau 195
„Meddelelser", Oslo 48
„Der Monat", München 253
„Nationalsozialistische Landpost", München 207
„Neue Jugend", Berlin 17, 155
„Die Neue Kunst", München 18
„Der neue Merkur", München, Berlin 52
„Neue Revue", Berlin 167, 170ff
„Die Neue Zeitung. Ausgabe Berlin" 253
„Die neue Zeitung", München 84
„Neue Zürcher Zeitung" 225
„Nouvelles littéraires", Paris 312
„Periodikum", München 251
„Pester Lloyd", Budapest 203, 221 f
„Plans", Paris 167, 176 ff, 182 f
„Porza", Berlin-Frohnau 172
„Prawda" 104
„Der Querschnitt", Berlin, Düsseldorf, Frankfurt am Main 115, 140
„Räte Zeitung", Berlin 39, 65, 76 f
„Revolution", München 18
„Die Rote Fahne", Berlin 60, 68, 74, 99, 111
„Rote Jugend" (R.J.), Berlin 52
„Sowjet", Wien 76
„De Telegraaf", Amsterdam 71
„Telegraph", London 59
„Tendenzen", München 327
„The Times. Literary Supplement", London 326
„De Tribune", Holland 77
„Um Weisheit und Leben" s. „Vorarbeit"
„Völkischer Beobachter" (VB), Berlin 207
„Vorarbeit", Berlin 17, 19, 25, 28
„Vossische Zeitung", Berlin 57, 69, 87, 201
„Was suchst du Ruhe, da du zur Unruhe geboren bist" s. „Vorarbeit"
„Weser-Kurier", Bremen 225
„Wiener Organ" 84
„Wirtschafts-Korrespondent", Hamburg 17, 225
„Die Zukunft", Berlin 54
Zola, Emile 20, 61, 73, 84
Zuckmayer, Carl 137 f

INHALT

Fritz Mierau, „Das Verschwinden von Franz Jung" 7

Vorarbeit 1913–1918. *17*
Franz Jung an Heinrich F.S. Bachmair 18.11.1913: *18* – Franz Jung an Heinrich F.S. Bachmair 9.2.1914: *18* Attest für Franz Jung von Dr. Otto Gross 1915: *19* – Franz Jung an Margot Jung 27.5.1915: *20* – Zwei Prospekte aus dem Spandauer Tagebuch 1915: *22* – Cläre Oehring an Franz Jung 19.7.1915: *23* – Franz Jung an Cläre Oehring 1915: *24* – Franz Jung an Cläre Oehring 1915: *25* – Franz Jung an Cläre Oehring 1915: *25* – Bemerkung 1915: *26* – Weitere Mitteilung Dezember 1915: *28* – Else Lasker-Schüler an Franz Jung 1916: *29* – Else Lasker-Schüler an Franz Jung 1916: *29* – Hermann Kasack an Franz Jung 23.9.1916: *31* – Meine Herren Dadaisten 1918: *35* – Marianne Kuh an Franz Jung 1917/18: *35* – Gegen den Besitz 1918: *36*.

Revolution 1919–1923. *39*
Franz Jung an Cläre Jung, Juli/August 1919: *42* – Franz Jung an den Rat der Volkskommissare zu Händen des Gen. Tschitscherin 23.5.1920: *44* – Denkschrift 1920: *44* – Cläre Jung an Franz Jung 4.11.1920: *46* – Martin Nag an Sieglinde Mierau 1.10.1984: *47* – Franz Jung an Cläre Jung November 1920: *49* – Fritz Drach, John Hoexter, Ida Bergmann an Franz Jung November 1920: *50* – Cläre Jung an Franz Jung 22.11.1920: *51* – Bemerkungen für Claire zu: Wie lange noch? Schauspiel von Joe Frank Dezember 1920: *58* – Cläre Jung an Franz Jung 1.1.1921: *59* – Franz Jung an Cläre Jung 4.1.1921: *61* – Cläre Jung an Franz Jung 14.1.1921: *62* – Rundschreiben des Berliner Arbeiter-Buchvertriebs von Franz Jung 17.1.1921: *63* – Walther Rilla an Franz Jung 18.1.1921: *67* – Franz Jung an Cläre Jung Januar 1921: *68* – Franz Jung an Herman Gorter Mai 1921: *68* – Franz Jung an Cläre Jung 8.6.1921: *69* – Cläre Jung an Franz Jung 18.6.1921: *71* – Franz Jung an Cläre Jung 26.6.1921: *72* – Herman Gorter an Franz Jung Juni 1921: *74* – Franz Jung an Cläre Jung 3.7.1921: *75* – Vorbestimmung. Im Kampf gegen das Verhängnis. Erster Ryberg-Film. Mitte 1921: *78* – Franz Jung an Cläre Jung 10.7.1921: *78* –

Notizen zur Otto Gross-Monographie 1921: *82* – Für Genialität 1921: *82* – Franz Jung an Cläre Jung 17.7.1921: *84* – Deutsche Gesandtschaft Haag an Auswärtiges Amt Berlin 23.6.1921: *86* – Franz Jung an seine Mutter 27.8.1921: *87* – Mutter, Vater und Sohn an Franz Jung 6.9.1921: *88* – Elisabeth Hirn an Fritz und Sieglinde Mierau 22.11.1978: *93* – Franz Jung an die deutschen KAPD-Genossen 4.9.1921: *94* – Franz Jung an Karl Radek 14.9.1921: *97* – Betr. Ausbau der Propaganda-Abteilung von Franz Jung und Sepp Schneider 1921: *100* – Bernhard Reichenbach an Franz Jung 29.9.1921: *103* – Erklärung über Gen. Emil Wetterwald 7.10.1921: *103* – Hermann Knüfken an die KAZ 28.11.1921: *104* – Paul Sehren-Zöllner an Franz Jung 10.2.1922: *107* – Cläre Jung an Wieland Herzfelde 4.12.1922: *110* – Die Arbeiter der Metallurgischen Fabrik Ressora an Franz Jung 9.11.1923: *113*.

Verbindungen 1924–1931. *115*
Betr. Kontinent Korrespondenz Frühjahr 1924: *116* – Rundschreiben der Kontinent Korrespondenz von Franz Larsz und Peter Swasdich 18.6.1924: *118* – Josef Grabisch an Franz Larsz 12.1.1924: *120* – Kontinent Korrespondenz an Charmian London 10.6.1924: *120* – Franz Jung an Adolph Heilborn, Ullstein Verlag 10.6.1924: *122* – Betr. Ausgewählte Werke von Charles Fourier 1924: *123* – Vorrede an das Gewissen 1931: *125* – Cläre Jung an Franz Jung 18.6.1924: *127* – Franz Jung an Cläre Jung 21.6.1924: *126* – Franz Jung an Cläre Jung 27.6.1924: *131* – Theodor Beye an Franz Larsz 27.6.1924: *133* – Franz Larsz an Kontinent Korrespondenz 30.6.1924: *134* – Malcolm Campbell an Franz Jung Juni 1924: *135* – Franz Jung an Ullstein Verlag 15.7.1924: *136* – Margot und Dagny Jung an Cläre und Franz Jung 1.12.1924: *139* – Franz Jung an Hans von Wedderkop 12.6.1925: *140* – Vladimir Jan Pruša an Franz Jung 29.1.1926: *143* – Kulturprognose 1926: *144* – Franz Larsz an Erwin Piscator 17.9.1926: *146* – Franz Jung an Ernst Preczang, Büchergilde Gutenberg 20.12.1926: *147* – Franz Jung an Paul List Verlag 20.12.1926: *147* – Franz Jung an Paul Wiegler, Ullstein Verlag 28.1.1927: *149* – Paul Fechter an Theodor Beye 7.3.1927: *150* – Über meine literarischen Arbeiten 1929: *153* – Franz Jung an Werte Kameraden

29.11.1929: *155* – Zwei Prospekte: Arbeiter Thomas. Parallel nur verknüpfte Handlungen, und: Zum Thema des Romans 1930: *155* – Paul Guttfeld an Franz Jung 27.6.1930: *158* – Franz Jung an Paul List Verlag 30.6.1930: *159* – Franz Jung an Gottfried Bermann, S. Fischer Verlag 9.1.1931: *161* – Franz Jung an Erwin Piscator 2.3.1931: *162* – Volk ohne Wurzeln: *164.*

Gegner 1931–1932. *167*
Franz Jung zu Günther Hadank. Die neue Bühne Juni 1931: *168* – Günther Hadank an Franz Jung 10.7.1931: *169* – Prospekt für den Inhalt der Zeitschrift. Prospekt für die gesellschaftliche Auswirkung 1930: *170* – Franz Jung an Gert von Gontard, Neue Revue 18.12.1930: *172* – Prospekte und Analysen zu den Zeitschriften Gegner und Plans 1931: *173* – Betr. Karbid 1931: *184* – Betr. Stickstoff 1931: *185* – Übersicht zum Neuaufbau des Deutschen Correspondenz-Verlages 1931: *186* – Drei Werbeannoncen Juni 1931. Der sozietäre Mensch / Timon. Ein Drama von Franz Jung / Heute und übermorgen von Raoul Hausmann: *189* – Paul Guttfeld an Sieglinde Mierau 11.12.1986: *191* – Eugen Lewin-Dorsch an Franz Jung 9.4.1931: *193* – Erwin Piscator an Franz Jung 17.5.1931: *194* – Franz Jung an Erwin Piscator Mai 1931: *195* – Adrien Turel an Franz Jung 22.3.1932: *199* – Simon Guttmann an Franz Jung 3.6.1932: *200* – Eugen Lewin-Dorsch an Simon Guttmann 16.6.1932: *201.*

Widerstand 1933–1945. *203*
Franziska Violet an Fritz und Sieglinde Mierau 5.8.1985: *204* – Franz, Harriet und Peter Jung an Cläre Jung und Felix Scherret 11.5.1937: *207* – Cläre Jung und Felix Scherret an Franz und Harriet Jung 17.5.1937: *207* – Programmerklärung der Deutschland-Berichte der Sopade: *209* – Bernhard Reichenbach an Martin Rector 14.11.1971: *210* – Harriet Jung an Cläre Jung und Felix Scherret 18.5.1937: *211* – Harriet und Peter Jung an Cläre Jung und Felix Scherret 7.12.1940: *212* – Ruth Fischer an Franz Jung 12.3.1942: *213* – Franz Jung an Cläre Jung und Felix Scherret 6.9.1943: *215* – Cläre Jung an Franz Jung 8.9.1943: *215* – Harriet Jung an Cläre Jung und Felix Scherret 11.10.1943: *216* – Franz

Jung an Cläre Jung 6.12.1943: *217* – Harriet Jung an Cläre Jung und Felix Scherret 27.2.1944: *219* – Hansjörg von Meißner an Cläre Jung 27.4.1944: *220* – Dezsö Keresztúry an Fritz Mierau 12.10.1984: *221*.

Heimkehr 1946–1963. *225*
Giovanni Bassanello an Franz Jung Januar 1946: *226* – Franz Jung an Reiss Verlag 10.10.1946: *227* – Franz Jung an Erwin Piscator Oktober 1946: *228* – Erwin Piscator an Franz Jung 1946: *229* – Entwurf B, Herr Grosz und Entwurf A, Der Hintergrund. November 1946: *231* – Franz Jung an Cläre Jung 21.3.1947: *236* – Margot Rhein an Franz Jung 27.4.1947: *237* – Cläre M. Jung an Günther Weisenborn, Kulturbund 25.5.1947: *238* – Franz Jung an Margot Rhein 15.6.1947: *239* – Margot Rhein an Franz Jung 21.8.1947: *240* – Franz Jung an Walter Dirks, Verlag der Frankfurter Hefte 1.5.1951: *243* – Revolte gegen die Lebensangst 1951: *244* – Revolte im Jenseits 1957: *246* – Cläre Jung an Franz Jung 13.7.1952: *248* – Franz Jung an Cläre Jung, August 1952: *249* – Franz Jung an Margot Rhein 3.5.1953: *253* – Franz Jung an Kurt Pinthus 7.1.1954: *255* – Ernst Fuhrmann an Franz Jung 13.1.1955: *256* – Franz Jung an Cläre Jung 15.4.1955: *258* – Franz Jung an Cläre Jung 30.12.1956: *263* – Franz Jung an Dr. Knaus 8.5.1958: *268* – Franz Jung an Karl Otten 6.1.1959: *269* – Karl Otten an Franz Jung 11.4.1959: *270* – Franz Jung an Ruth Fischer 22.2.1961: *271* – Betr. Maslow Biografie 1961: *272* – Franz Jung an Artur Müller 23.2.1961 mit dem Exposé einer Pamphlet-Serie: *274* – Franz Jung an Ruth Fischer 28.2.1961: *285* – Franz Jung an Ruth Fischer 1.3.1961: *287* – Erika Szittya an Fritz und Sieglinde Mierau 26.2.1985: *288* – Franz Jung an Emil Szittya 7.4.1961: *289* – Franz Jung an Sylvia (Anna von Meißner) 15.5.1961: *290* – Franz Jung an Gunter Reimann 15.5.1961: *292* – Franz Jung an Karl Otten 14.6.1961: *293* – Carl Tiso an Franz Jung 21.7.1961: *295* – Franz Jung an Artur Müller 17.10.1961: *296* – Franz Jung an Artur Müller 21.10.1961: *298* – Vorschlag für ein Experiment in der biographischen Darstellung 1961: *300* – Betr. Die Hammersteins 1961: *303* – Sylvia (Anna von Meißner) an Franz Jung 23.10.1961: *307* – Franz Jung an Emil Szittya 31.10.1961: *308* – Emil Szittya an

Franz Jung November 1961: *309* – Sylvia (Anna von Meißner) an Franz Jung 6.11.1961: *310* – Franz Jung an Hans David Schwab-Felisch 12.12.1962: *311* – Franz Jung an Daniel Keel, Diogenes Verlag 20.12.1961: *312* – Cläre Jung an Franz Jung 22.1.1962: *312* – Franz Jung an Emil Szittya 5.3.1962: *313* – Franz Jung an Emil Szittya 5.3.1962: *314* – Franz Jung an Helmut Heißenbüttel 8.3.1962: *315* – Franz Jung an Kurt Pinthus 13.4.1962: *317* – Wolfgang Symanczyk an Franz Jung 27.8.1962: *318* – Franz Jung an Emil Szittya 28.8.1962: *319* – Franz Jung an Kurt Pinthus 12.10.1962: *320* – Franz Jung an Käte Ruminoff 29.11.1962: *321* – Franz Jung an Fritz J. Raddatz 1.12.1962: *321* – Peter Jung an Franz Jung 7.12.1962: *324* – Wolfgang Symanczyk an Franz Jung 13.1.1963: *325* – Artur Müller an Käte Ruminoff 17.2.1963: *326.*

Abbildungsverzeichnis

Register

FRANZ JUNG WERKAUSGABE

Band 1/1: Feinde ringsum. Prosa und Aufsätze 1912–1963.
Erster Halbband bis 1930.
Band 1/2: Feinde ringsum. Prosa und Aufsätze 1912–1963.
Zweiter Halbband bis 1963.
Band 2: Joe Frank illustriert die Welt / Die Rote Woche /
Arbeitsfriede. Drei Romane.
Band 3: Proletarier / Arbeiter Thomas (Nachlaßmanuskript).
Band 4: Die Eroberung der Maschinen. Roman.
Band 5: Nach Rußland! Aufsatzsammlung
Band 6: Die Technik des Glücks. Mehr Tempo!
Mehr Glück! Mehr Macht!
Band 7: Theaterstücke und theatralische Konzepte.
Band 8: Sprung aus der Welt. Expressionistische Prosa.
Band 9: Abschied von der Zeit. Dokumente, Briefe,
Autobiographie, Fundstücke.
Band 10: Gequältes Volk. Ein Oberschlesien Roman
(Nachlaßmanuskript)

Supplementbände:
Fritz Mierau: Leben und Schriften des Franz Jung.
Eine Chronik. Sonderdruck aus Band 1/1.
Franz Jung: Spandauer Tagebuch. April–Juni 1915.

Die Erscheinungsweise der einzelnen Bände folgt nicht unbedingt
ihrer numerischen Zählung. Die Bände der Ausgabe sind
sowohl englisch broschur als auch gebunden lieferbar.
Änderungen der Zusammenstellung wie auch eine
Erweiterung der Auswahl bleiben vorbehalten.
Subskriptionsnachlaß bei Abnahme aller Bände beträgt
10% vom Ladenpreis des jeweiligen Bandes.
Subskription weiterhin möglich.

Verlegt bei Edition Nautilus, Hamburg

DER TORPEDOKÄFER
Hommage à Franz Jung
Essays / Interviews / Dokumente / Fotografien.
Herausgegeben von Lutz Schulenburg
Großformatige Broschur / 192 Seiten

Eine umfangreiche Glückwunschpostkarte zum diesjährigen 100. Geburtstag von Franz Jung. Neben einer umfangreichen Auswahl aus dem Fotonachlaß enthält der Band vielfälltige Beiträge, die die verschiedenen Gesichter Jungs ausleuchten und einen Zugang zu seinem Werk schaffen. Mit Beiträgen von: Hans Schwab-Felisch / Günter Reimann / Wolfgang Bortlik / Artur Müller / Walter Fähnders / Wolfgang Hadda / Franz Schonauer / Gerhard Bauer / Kurt Kreiler / Michael Rohrwasser / Hans-Jörg Viesel / Andreas Hansen / Wilhelm Arnholdt / Maximilian Rubel / Ruth Fabian / Erika Szittya / Adrien Turel / Peter Laudenbach / Peter Ludewig / Andreas Montag / Arnold Imhof / Rembert Baumann / Emil Szittya / Fritz Mierau.

Verlegt bei Edition Nautilus, Hamburg

Cläre Jung
PARADIESVÖGEL
Erinnerungen 1911–1945

Deutsche Erstausgabe. Mit einem Nachwort von Helga Karrenbrock und einem Brief mit Briefen von Fritz Mierau.
Gebunden / Illustriert / 230 Seiten

Erinnerungen einer emanzipierten Frau an ihre Jugend im Berlin der Kaiserzeit, an Politik und Kultur im Umbruch während der 20er und 30er Jahre, Café Größenwahn, Expressionismus, Novemberrevolution; ihre Lebensfreundschaft mit Franz Jung, Impressionen aus den frühen Jahren der UdSSR, Widerstand im Nazireich, schließlich das Ende des 2. Weltkrieges im zerstörten Berlin. Begegnungen mit Georg Heym, Franz Pfemfert, Oskar Maria Graf, Else Lasker-Schüler, Otto Groß, Rosa Luxemburg, Georg Schrimpf, Majakowski, Adrien Turel u.v.a. Die Aufzeichnungen dieses Lebensweges dokumentieren zugleich die Hoffnungen einer ganzen Generation, die mit der Jahrhundertwende aufbrach, der Geschichte einen anderen Lebenssinn abzuringen. Das Buch einer Frau, die schreibend ihr Leben erforscht: uneitel, ohne Koketterie, mit großer, ruhiger Selbstverständlichkeit.

Verlegt bei Edition Nautilus, Hamburg